A. Bode W. Händler

Rechnerarchitektur II

Strukturen

Mit 164 Abbildungen

Springer-Verlag
Berlin Heidelberg New York Tokyo 1983

Dr. Arndt Bode
Prof. Dr. Wolfgang Händler

Institut für Mathematische Maschinen und Datenverarbeitung (III)
der Universität Erlangen-Nürnberg,
Martensstraße 3, 8520 Erlangen

ISBN-13:978-3-540-12267-8 e-ISBN-13:978-3-642-69014-3
DOI: 10.1007/978-3-642-69014-3

CIP-Kurztitelaufnahme der Deutschen Bibliothek. Rechnerarchitektur/A. Bode;
W. Händler. - Berlin; Heidelberg; New York: Springer.
NE: Händler, Wolfgang: 2. Strukturen. - 1983. (Informatik-Lehrbuchreihe)
ISBN-13:978-3-540-12267-8

2145/3140-543210

Einleitung

Der vorliegende Band umfaßt den zweiten Teil eines Vorlesungszyklus über Rechnerarchitektur, der an der Universität Erlangen-Nürnberg für Informatik-Studenten nach dem Vorexamen angeboten wird. Während sich der Teil 1 mit den Grundlagen und Verfahren der Rechnerarchitektur befaßt (BODE, HÄNDLER, 1980), wird im zweiten Band die Verbindung zwischen den eingeführten theoretischen Verfahren einerseits und existierenden und zukünftigen Rechnern und Konzepten andererseits hergestellt.

Als gemeinsamer Leitfaden für die Darstellung der verschiedenen Rechnerstrukturen vom einfachen PRINCETON-Rechner (BURKS, GOLDSTINE, Von NEUMANN, 1946) bis zum hochparallelen Entwurf des Mega-Mikroprozessors mit einer Million Prozessoren (WITTIE, 1976) wird im ersten Kapitel das Erlanger Klassifikations System (ECS) eingeführt. Die Koordinaten dieses Klassifikationssystems definieren gleichzeitig eine Reihe weiterer Kapitel dieses Buches, da sie typische Rechnerstrukturen beschreiben.

Im zweiten Kapitel werden als Vertreter dreier wichtiger Varianten von klassischen Universalrechnern die Familien CDC 6600 und Nachfolger (CYBER), IBM System 360/370 und Nachfolger sowie Burroughs B 5000 und Nachfolger diskutiert. Als Vertreter von Universalrechnern werden hier Großrechner eingeführt, da diese auf möglichst große Leistung, hohen Bedienungskomfort und Zuverlässigkeit ausgerichtet sind, d.h. es wurden keine Kosten gescheut, technologisch und organisatorisch höchst entwickelte Lösungen anzustreben. Die in Mini- und Microrechnerarchitekturen vorfindlichen Eigenschaften werden daher im allgemeinen eine echte Untermenge der in den beschriebenen Großrechnern realisierten Eigenschaften sein, weswegen sich eine detaillierte Besprechung dieser Elemente vom Standpunkt der Rechnerarchitektur in vielen Fällen erübrigt.

Die Familie CDC 6600 steht für Rechner, bei denen der zentrale Prozessor durch Peripherieprozessoren von Ein/Ausgabevorgängen und der Ausführung des Betriebssystems entlastet ist, so daß er voll für rechenintensive Aufgaben zur Verfügung steht. Der "Prozessor" besteht hier zusätzlich aus einer Reihe von Funktionseinheiten (Rechenwerken), die im Sinne des Befehlspipelinings bis zu 10 verschiedene Befehle eines Programms überlappt ausführen können.

Die Familie IBM System 360/370, das klassische Beispiel für die Entwicklung eines Familienkonzeptes (vgl. BODE, HÄNDLER, 1980), führt mit der Anlage IBM System/360 Modell 67 und ihren Nachfolgern das Prinzip der Virtualität, insbesondere bezogen auf die Speicherhierarchie, ein. Der - vor allem aus Kostengründen - beschränkt vorhandene schnelle Hauptspeicher wird durch Hard- und Software-Unterstützung in Seiten eingeteilt und ein automatischer Seitenaustausch bei Bedarf mit den langsameren, aber billigeren Peripheriespeichern durchgeführt, so daß die Beschränkung für den Benutzer verdeckt bleibt. Die entstehende Struktur begünstigt die drei "Multis": multiprogramming (Mehrfachprogrammierung), multi-access (Mehrfach-Zugriff) und multiprocessing (Multiprozessorbetrieb).

Die dritte Familie, Burroughs B 5000, unterstützt wie die zweite den Multiprozessorbetrieb durch virtuelle Adressierung. Die gesamte Rechnerstruktur ist darüberhinaus jedoch sprachorientiert, d.h. die Maschinensprache ist hier eine höhere Programmiersprache: ALGOL. Entsprechend ist der Rechner eine "Kellermaschine". Programme und Daten werden über Deskriptoren adressiert und sind daher lageunabhängig. Im Gegensatz zu der festen Seiteneinteilung bei den IBM Systemen 360/370 werden hier Speicherbereiche in Segmente variabler Länge eingeteilt, die logisch zusammengehörigen Programmteilen, etwa Blöcken oder Prozeduren, entsprechen.

Die genannten klassischen Universalrechner sind bereits Parallelrechner, werden heute jedoch auch manchmal als "timid multiprocessors" bezeichnet, da der Hauptaugenmerk bei ihrem Entwurf auf der Entwicklung eines oder einiger weniger hochgezüchteter Prozessoren mit zugehörigem Familienkonzept besteht. Es erscheint jedoch als eine wesentliche Aufgabe der Rechnerarchitektur, den hochgezüchteten, "monolithischen" Lösungen Konzepte für Rechner mit höherem Parallelitätsgrad gegenüberzustellen, also das Familienkonzept durch das Konzept der Größenmodularität (HÄNDLER, 1977a) abzulösen: man erhofft sich, einfache Rechnerbausteine (Einheitsbausteine) zu entwerfen, die - verbunden über ein sinnvolles Kommunikationskonzept (etwa: beschränkte Nachbarschaften) - zu fast beliebigen Rechnerstrukturen und insbesondere an die Aufgabe angepaßte Leistungsfähigkeit ergänzbar sind, ohne dabei die Technologie von Modell zu Modell zu wechseln.

Im dritten Kapitel werden daher zunächst das Pipelining und seine verschiedenen Realisierungen besprochen: Rechner mit Macropipelining, Befehlspipelining und Phasen-Pipelining sowie Datenflußrechner. Das vierte Kapitel beschreibt die Nebenläufigkeit und ihre Realisierung in verschiedenen Rechnerstrukturen: Multiprozessoren, Feldrechner, Assoziativrechner.

Im abschließenden fünften Kapitel über Adaptierbarkeit wird gezeigt, daß flexible Parallelrechnerstrukturen realisierbar sind, die das dynamische Umschalten von verschiedenen Betriebsarten zulassen. Ein wesentlicher Aspekt flexibler Strukturen ist die Fehlertoleranz: Ansätze fehlertoleranter Rechner werden daher ebenfalls im 5. Kapitel eingeführt.

Mit dem Aufkommen der VLSI-Technologie, die es in den nächsten Jahren erlauben wird, 10^5 und deutlich mehr Transistorfunktionen auf einem einzigen Bauelement unterzubringen, wird auch die Rechnerarchitektur mit neuartigen Fragestellungen konfrontiert, die jedoch im Rahmen einer getrennten Abhandlung behandelt werden müssen. Dabei wird man untersuchen, wie die in diesem Band behandelten Strukturen unter VLSI-Bedingungen zu realisieren sind (vgl. dazu auch MEAD, CONWAY, 1980) und in welchem Umfang hochparallele Spezialrechnerstrukturen, etwa systholische Felder (KUNG, 1980), Bedeutung gewinnen. Voraussetzung für solche Überlegungen ist jedoch, daß geeignete rechnergestützte Methoden und Hilfsmittel geschaffen werden, Schaltungen dieser Komplexität zu entwerfen, zu verifizieren, herzustellen und zu testen (vgl. dazu RICE, 1982).

Neben der in den einzelnen Kapiteln genannten Literatur soll an dieser Stelle auf eine Reihe von Übersichtswerken zum gleichen Thema hingewiesen werden. Allgemeine Betrachtungen zur Rechnerarchitektur finden sich bei BELL, NEWELL, 1971, JESSEN, 1975, STONE, 1975, TANENBAUM, 1976, KUCK, 1978, BAER, 1980 und GILOI, 1980. Einen sehr guten Überblick über den aktuellen Stand weltweiter Rechnerarchitektur-Projekte ergeben Tagungsberichte von teilweise jährlich abgehaltenen Rechnerarchitekturtagungen: "1st bis 7th annual symposium on computer architecture" (LIPOVSKI, SZYGENDA, 1973, IEEE 1974, 1976, 1977, 1978, 1979, 1980a), "1st bis 6th workshop on computer architecture for non-numeric processing" (z.B. ACM, 1978) sowie HASSELMEIER, SPRUTH, 1974, HÄNDLER, 1976, BOULAYE, LEWIN, 1977. Ausführliche Beschreibungen der drei klassischen Universalrechnerfamilien finden sich bei:

THORNTON, 1970 für die CD 6000, ORGANIK, 1972 und CHU, 1975 für die B 5000, AMDAHL, BLAAUW, BROOKS, 1964 und CASE, PADEGS, 1978 für das IBM System 360/370.

Über den Bereich der Parallelrechner berichten ausführlich die Bücher: HOBBS et al., 1970, LORIN, 1972, ENSLOW, 1974, MIES, SCHÜTT, 1976, THURBER, 1976 sowie wiederum Tagungsberichte von teilweise jährlich veranstalteten Symposien: "International conference on parallel processing", früher auch als "Sagamore-conference" benannt (RADC-SU, 1972, IEEE, 1973, FENG, 1974, IEEE, 1975, ENSLOW, 1976, BAER, 1977, LIPOVSKI, 1978, GARCIA, 1979, IEEE, 1980b), seit 1979 gibt es die "European conference on parallel and distributed processing" (SYRE, 1979), über den Bereich der Parallelrechneraktivitäten mit Mikroprozessorsystemen und mikroprogrammierten Rechnern berichten die Tagungsbände zur jährlichen Tagung "EUROMICRO" (z.B. SAMI, THOMPSON, MEZZALIRA, 1980), schließlich bleiben die Tagungsbände zu den Symposien "Parallel Computers - Parallel Mathematics" (FEILMEIER, 1977) sowie CONPAR 81 (HÄNDLER, 1981) zu erwähnen.

An dieser Stelle sei allen denjenigen gedankt, die zur Fertigstellung dieses Bandes der Rechnerarchitektur beigetragen haben: Frau Petra Wagner für die sorgfältige Schreibarbeit, Frau Lotte Lange für die Erstellung der Zeichnungen, Herrn Martin Rathke für die Unterstützung beim Bedienen des Editors (auf dem EGPA-Rechner) sowie einer Vielzahl von Kolleginnen und Kollegen in- und außerhalb des IMMD für fachliche Anregungen und Beiträge.

Inhaltsverzeichnis

1 Klassifikation von Rechnerstrukturen: das Erlanger Klassifikations-System (ECS)

1.1 Motivation

In der Entwicklung von Rechenanlagen ist seit etwa 1960 eine Tendenz festzustellen, die klassische Von-Neumann-Struktur zugunsten komplexerer Organisationen, die ein höheres Maß paralleler Aktivitäten beim Datenverarbeitungsvorgang ermöglichen, aufzugeben. Für diese Entwicklung sind drei Gründe wesentlich (BODE, HÄNDLER, 1978):

1. Die Anstrengungen im Bereich der Technologie, die Verarbeitungsleistung der Rechner auf der Basis gleichartiger interner Organisation (ein Befehlsstrom) immer weiter zu steigern, finden langsam ihre Grenzen in den physikalischen Eigenschaften der verwendeten Bausteine. Mit dem möglichen Übergang von Halbleiter- auf Josephson-Technologie werden zwar Ende der 80er Jahre Rechner mit Zykluszeiten um etwa 1 ns (bausteinintern unter 500 ps) realisierbar sein, die maximale Leitungslänge zwischen zwei Moduln eines solchen Rechners darf dann aber ca. 15 cm nicht überschreiten. Elektrische Signale breiten sich maximal mit Lichtgeschwindigkeit aus: in 1 ns ca. 30 cm (ANACKER, 1979). Größere Geschwindigkeitssteigerungen werden dann nur noch durch ein Abgehen von sequentiellen Rechnerstrukturen und durch den Übergang zu parallelen Arbeitsweisen zu gewinnen sein. Die hohen Kosten bei der Einführung leistungsfähiger Technologien führen schon heute dazu, Leistungssteigerung durch strukturelle - nicht technologische Änderungen zu erzielen (aus der Fülle der Literaturstellen zu diesem Punkt seien hier nur BAER, 1973, HÄNDLER, 1977a, STEIN, 1978 und KUZNIA, 1979, genannt).

2. Die Anwendung von Rechnern in Bereichen wie etwa der Flugsicherung, wo Personen und hohe Sachwerte ein fehlerfreies Funktionieren der Kontrollalgorithmen erfordern, stellt höchste Ansprüche an die Zuverlässigkeit von Rechnersystemen, unabhängig von deren Leistungsfähigkeit. Redundante Strukturen und zugehörige Fehlertoleranz-Mechanismen ersetzen auch hier die sequentielle PRINCETON-Struktur, um ein "fail-soft"-Verhalten des Gesamtsystems zu erzielen, das bei Ausfall von Teilmoduln die defekten Elemente isoliert und weiter funktionsfähig bleibt - wenn auch mit verringerter Leistung (HÄNDLER, 1964, MAEHLE, 1977). Die Implementierung der Fehlertoleranz-Mechanismen erfordert dabei jedoch nicht unerheblichen Hardware/Software-Aufwand.

3. Bei den bisher überwiegend installierten sequentiellen Rechnern und zugehörigen Programmiersprachen bestand die Aufgabe des Programmierers meist darin, die inhärente Struktur des zu lösenden Problems auf die Rechnerstruktur abzubilden. Diese Aufgabe ist insbesondere dann sehr aufwendig, wenn das zu lösende Problem paralleler Natur ist. Seit etwa 1970 werden daher verstärkt Versuche angestellt, variierbare oder rekonfigurierbare Rechnerstrukturen bereitzustellen, um neben der höheren Verarbeitungsleistung und Zuverlässigkeit auch eine höhere Programmierfreundlichkeit zu erzielen. Verschiedene Ansätze mit mehr oder weniger theoretischen Ergebnissen sind etwa Datenflußsysteme, entstanden aus Überlegungen zu Berechnungsschemata, vgl. Band 1 (BODE, HÄNDLER, 1980) sowie DENNIS, MISUNAS, 1974, SYRE, COMTE, HIFDI, 1977 und weitere Entwürfe für dynamisch rekonfigurierbare Rechnersysteme (REDDI, FEUSTEL, 1974, MILLER, COCKE, 1974, LIPOVSKI, 1977, KARTASHEV, KARTASHEV, 1980)).

Eine Reihe von "Parallelrechnern" sind in den letzten Jahren gebaut und teilweise auch sehr bekannt geworden wie etwa die in den folgenden Kapiteln näher beschriebenen ILLIAC IV (BARNES et al., 1968), CD 6600 und Nachfolger in der CYBER-Serie (THORNTON, 1970) und C.mmp/Cm* (WULF, BELL, 1973, SWAN, FULLER, SIEWIOREK, 1977, SWAN, BECHTOLDSHEIM, LAI, OUSTERHOUT, 1977). Die genannten Rechner haben strukturell recht wenig Gemeinsamkeiten, wenn man einmal davon absieht, daß sie nicht der klassischen Von-Neumann-Struktur entsprechen und die Daten in irgendeiner Weise "parallel" verarbeitet werden. Um diesen Parallelismus-Begriff genauer zu fassen und eine Klassifikation der verschiedenen Parallelrechner zu erhalten, wurde von HÄNDLER, 1975 eine Beschreibungsmethode eingeführt, die den folgenden Kriterien genügen sollte:

- Eindeutige Einordnung und Unterscheidung verschiedener Ansätze von Parallelrechnern,
- Kurzbeschreibung der genannten Maschinen, die auf einen Blick die wesentlichen Strukturmerkmale darstellt,
- Allanwendbarkeit bzw. Erweiterbarkeit, so daß auch künftige Entwicklungen zu beschreiben sind.

Die Beschreibungsmethode sollte also einen einfachen Eigenschaftsraum mit relevanten Koordinaten aufspannen, in dem dann die einzelnen Rechensysteme genau einen - im Falle von rekonfigurierbaren Anlagen auch mehrere - Punkte einnehmen. Der Auswahl der einzelnen Koordinaten kommt dabei großes Gewicht zu, da Klassifikationen im Sinne einer formalen Sprache das Denken beeinflussen können (WHORF, 1963, hat dies für natürliche Sprachen formuliert) und bei ungeeigneter Wahl damit für zukünftige Entwürfe der Blick auf die beste (parallele) Lösung verstellt werden kann. Bei geeigneter Wahl der Koordinaten besteht Hoffnung, Leerstellen im aufgespannten Raum zu entdecken, die gegebenenfalls Hinweise auf zukünftige Forschungsrichtungen darstellen. In diesem Sinne haben Klassifikationen auch einen wesentlichen Einfluß auf die weitere Entwicklung der Rechnerarchitektur (HÄNDLER, 1977a).

Bevor nunmehr auf die vorgeschlagene Klassifikation eingegangen wird, soll eine Reihe bekannterer Ansätze ähnlicher Art sowie eine kurze Bewertung eingeführt werden.

1.2 Vorschläge zur Klassifikation von Rechenanlagen

Die erste in größerem Umfang benutzte Klassifizierungsmethode stammt von FLYNN, 1966 (vgl. auch FLYNN, 1972). Er schlägt eine "makroskopische" Betrachtungsweise von Rechnern vor, wobei eine Bewertung der Effektivität verschiedener Organisationsformen im Vordergrund steht, ohne auf die verschiedenen Lösungen für die Ein/Ausgabe und auf Unterschiede der Maschinenbefehlssätze einzugehen. FLYNN charakterisiert Rechner als Operatoren auf zwei verschiedenartigen Informationsströmen: dem bzw. den Befehls- oder Steuerungsström(en) und dem bzw. den Datenström(en). Entsprechend führt er eine "zweidimensionale" Klassifikation ein, deren Hauptrichtungen

- der Befehlsstrom und
- der Datenstrom sind.

FLYNN unterscheidet lediglich zwei verschiedene Werte für beide Dimensionen: einfacher oder mehrfacher Fluß. Damit kann diese Klassifikation in der Form eines Rechteckes mit den folgenden Eckpunkten dargestellt werden (vgl. Abbildung 1.1):

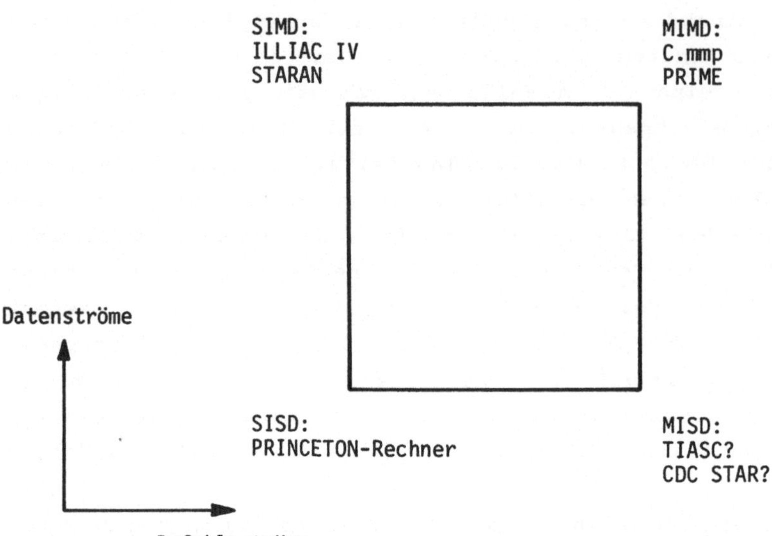

Abbildung 1.1. Klassifikation nach FLYNN, 1971 mit einigen Beispielrechnern. Die Fragezeichen beziehen sich auf Mehrdeutigkeiten der Einordnung (vgl. Text)

- Rechner mit einfachem Befehlsstrom und einfachem Datenstrom: SISD (single instruction stream - single data stream),
- Rechner mit mehrfachem Befehlsstrom und einfachem Datenstrom: MISD (multiple instruction stream - single data stream),
- Rechner mit einfachem Befehlsstrom und mehrfachem Datenstrom: SIMD (single instruction stream - multiple data stream),
- Rechner mit mehrfachem Befehlsstrom und mehrfachem Datenstrom: MIMD (multiple instruction stream - multiple data stream).

Diese Methode hat den Vorteil, eine sehr einfache Klassifikation für Rechner darzustellen. In Abbildung 1.1 wird eine Reihe von Beispielrechnern den verschiedenen Kategorien zugeordnet. Die detaillierte Beschreibung dieser Rechner findet sich in den folgenden Kapiteln dieses Bandes.

Die Klassifikation nach FLYNN wird auch heute noch häufig verwendet, wenn auch eine Reihe von Autoren leichte Änderungen vorgeschlagen haben: HIGBIE, 1973 unterteilt die Klasse SIMD nochmals nach den Typen:

- Feldrechner (array processor),
- Assoziativrechner (associative processor),
- Assoziativer Feldrechner (associative array processor),
- Orthogonalrechner (orthogonal processor).

KUCK, 1978 verwendet für die zweite Koordinate des FLYNN'schen Systems "execution streams", wobei folgende Fälle zu unterscheiden sind:
- single execution stream: das Leitwerk des Systems kann zu einem bestimmten Zeitpunkt nur genau einen Operationstyp steuern
- multiple execution stream: das Leitwerk kann zu einem Zeitpunkt mehrere Operationstypen gleichzeitig steuern.

Zusätzlich werden für beide Koordinaten zur genaueren Beschreibung von Pipeline-Rechnern die Charakterisierungen:
- scalar (skalar)
- array (hier im Sinne von Vektor oder Feld)

eingeführt, so daß insgesamt 16 verschiedene Rechnertypen entstehen. Zum Vergleich mit der späteren Klassifizierung mit ECS seien hier im Vorgriff auf die genauere Beschreibung die Klassen für die Rechner ILLIAC IV: SISSEA für "single instruction scalar, single execution array" und CDC STAR: SIASEA für: "single instruction array, single execution array" genannt. KUCK betont ferner, daß bei näherer Betrachtung der Systeme bisweilen ihre Klassifizierung geändert werden muß, so daß ILLIAC IV etwa in die Klasse SISMEA eingereiht wird! ENSLOW, 1974, THURBER, WALD, 1975, STONE, 1975, JESSEN, 1975, THURBER, 1976 und 1979 verwenden ebenfalls die Klassifikation nach FLYNN, um parallele Rechnerstrukturen zu beschreiben. THURBER, 1979 betrachtet ECS als eine Präzisierung.

Die Klassifikation nach FLYNN beinhaltet Schwachpunkte, die im wesentlichen folgende Gründe haben (HÄNDLER, 1976):

- das sehr hohe Abstraktionsniveau der genannten Klassen führt etwa dazu, strukturell so sehr unterschiedliche Rechner wie den Feldrechner ILLIAC IV und den Assoziativrechner STARAN (BATCHER, 1977) in der gleichen Klasse SIMD zu führen,
- die Klasse MISD wurde der Systematik wegen aufgeführt. Einige Autoren, wie HIGBIE, haben in diese Klasse die Pipeline-Rechner (vgl. spätere Kapitel) eingeordnet, andere - z.B. GILOI, 1977, betrachten diese Einordnung als etwas gewaltsam, da in gewissem Sinne auch hier mehrere Datenströme vorliegen.

Eine weitere, auch in größerem Umfang angewandte Beschreibungsmethode ist durch die Rechnerbeschreibungssprachen PMS und ISP gegeben (für Processors, Memories, Switches und Instruction Set Processor, vgl. Band 1 sowie BELL, NEWELL, 1971). Mit PMS werden Rechner auf der Ebene der verschiedenen Module strukturell beschrieben, wobei auf höchstem Niveau drei verschiedene Rechnertypen unterschieden werden: "simple computer", "compound computer" und "network". Diese Beschreibungsmethode (es handelt sich nicht um ein Klassifikationsverfahren) ist im Sinne einer höheren Programmiersprache formal definiert, wobei die Syntaxbeschreibung sehr umfangreich ist. Abbildung 1.2 zeigt als Beispiel einen Ausschnitt aus der Syntaxdefinition. Neben der fest vorgeschriebenen Syntax ist es in PMS weiterhin möglich, Moduleigenschaften benutzerdefiniert (in Prosa) zu beschreiben. ISP definiert den Maschinenbefehlssatz der jeweiligen Rechner. Damit wird ein recht hoher Freiheitsgrad bei der Rechnerbeschreibung erlaubt, so daß das Ziel einer einheitlichen Klassifikation nicht erreicht wird. Ferner ergibt sich aus dem starken Detaillierungsgrad ein Beschreibungsmittel, das es nicht mehr ermöglicht, unter verschiedenen Rechnern auf einen Blick zu differenzieren.

FENG, 1972 führt eine weitere Präzisierung ein, indem er für den Fall der Parallelrechner mit Nebenläufigkeit (vgl. Abschnitt 1.3) eine zweidimensionale Charakterisierung vorschlägt, deren Dimensionen

- die Datenwortlänge (word width nach FENG, sonst meist "word length") und
- die Bitscheibenlänge (Bitslice length)

sind. Abbildung 1.3 zeigt die Klassifikation nach FENG für einige Beispielrechner (der Rechner SIMDA, vgl. GONZALES, 1972, wird erst im 3. Kapitel besprochen). Für FENG stellen die entsprechenden Punkte, die die einzelnen Rechner in der aufgespannten Ebene einnehmen, den maximal erzielbaren Grad an Parallelarbeit dar. Die Klassifikation nach FENG kann als unmittelbarer Vorgänger von ECS betrachtet werden, sie hat jedoch den Nachteil, daß mehrere selbständige Prozessoren nicht charakterisiert werden können.

In SIEWIOREK, BELL, NEWELL, 1982 wird mit den Kiviat-Graphen eine erstmals bei FERRARI, 1978 verwendete Beschreibungsmethode aufgegriffen und für die Leistungsangabe verschiedenster Rechner benutzt. Es handelt sich um die graphische Darstellung von 6 Größen:

11.3 complex-processor:= simple-processor (

Mp-concurrency: (1 P|1 P with interrupt|1 program with multiple concurrent subprograms|1 Pc - n Pio|monitor + 1 user program|monitor + 1 swapped program| fixed multiprogramming|multiprogramming|segmented-programming);
multiprogramming:= (no relocation|protect only|1 segment|2 segment/pure|impure segments|> 1 segments|paging)
segmented-programming:= (fixed length page segments|multiple length page segments|variable length page segments|named segments);

P-concurrency: (serial/serial by bit|parallel/parallel by word|multiple instruction streams|multiple data streams (arrays)|pipeline processing| instruction-memory);

instruction-memory:= (none|1 instruction look ahead|n instruction look ahead| cache/look aside/slave memory))

⋮

oder:

12. Computer

12.1 Computer/C:= simple-computer|compound-computer|network

12.2 simple-computer:= component (

structure: 1Pc|1 Pc.interrupt:

subcomponents: Pc. Mp-set,*controlled: component-set(Pc);

cocomponents: none;

function: (scientific|business data processing|general purpose|process control/ control|communication:= (switching|store and forward)|terminal control/ input-output/io|display|file processing/file control|time sharing;

access-time: access-time(Mp);

cycle-time: min(cycle-time(Mp));

access-type: access-type(Mp.min);

instruction-type: instruction-type(Pc))

A simple computer consists of a single Pc (possibly with interrupt capability) with an Mp (possibly a set of them) plus some set of transducers, Ms's, switches, and controls. It is a complete system that can stand alone and accomplish processing for a wide variety of functions.
Almost all of its significant parameters are derived from those of the Pc or the Mp (using the Mp with the minimum cycle time if there are several Mp's).

EXAMPLES C('Whirlwind I: Mp(core; 8µs/w; 2048w; 16b/w);
Pc(M.processor␣state:~2w; 1 instruction/w; 1 address/instruction);
1948 ~ 1966)
C('LGP-30; technology; vacuum tubes; power: 1500 watts;
Mp(drum, 4096 w; 31 b/w; t.access:.260 ~ 16.6ms);
Pc(1 address/instruction; 1 instruction/word; Mps: ~ 2w))

⋮

Abbildung 1.2. Ausschnitt aus der Syntaxbeschreibung von PMS, nach BELL, NEWELL, 1971

- Prozessorleistung (gemessen in verarbeiteten Bytezugriffen des Prozessors auf den Speicher pro Sekunde)
- Hauptspeicher-Kapazität und -Zugriffszeit
- Peripheriespeicher-Kapazität und -Zugriffszeit
- Übertragungsrate der verschiedenen Kommunikationskanäle für
  . Peripheriegeräte für die "menschliche" E/A
  . Verbindungen zu weiteren Rechnern
  . Verbindungen zu zusätzlichen externen Geräten

Die entsprechenden Größen sind auf einer logarithmischen Skala aufgetragen, die die Werte $1\text{-}10^6$ annehmen kann und gegebenenfalls für alle Achsen mit einem weiterem Leistungsfaktor, der rechts oben in der Abbildung wiedergegeben wird, multipliziert werden können (im Beispiel 10^3, vgl. Abbildung 1.4). Numerische Angaben an den einzelnen Achsen bezeichnen individuelle Skalierungen (Division durch 10^3 bei der "menschlichen" Peripherie) beziehungsweise die Anzahl identischer Komponenten (24 Peripheriegeräte).

Ein wesentliches Ziel der Verwendung der Kiviat-Graphen besteht darin, neben den absoluten Größenangaben über die Rechnerkomponenten deren Ausgewogenheit überprüfen zu können ("system-balance"). Insofern sollen die beiden AMDAHL-Regeln berücksichtigt werden:

- AMDAHL-Regel 1: Die Kapazität des Hauptspeichers in Bytes sollte mindestens der Anzahl der auszuführenden Instruktionen pro Sekunde entsprechen.
- AMDAHL-Regel 2: Die E/A-Übertragungsrate in Bit pro Sekunde sollte mindestens der Anzahl der auszuführenden Instruktionen pro Sekunde entsprechen.

Berücksicht man das Instruktionsformat der CDC 6600 (15- und 30-Bit Befehle, vgl. Kapitel 2.1.1.2), so kann man feststellen, daß der Grundsatz der Ausgewogenheit bei diesem Rechner eingehalten ist.

Die Kiviat-Graphen sind jedoch für die Darstellung der internen Struktur bzw. Organisation des Rechners (vor allem der Merkmale Pipelining und Nebenläufigkeit) ungeeignet und werden daher bei SIEWIOREK, BELL, NEWELL, 1982 auch als Zusatzinformation zu PMS, ISP-Beschreibungen verwendet.

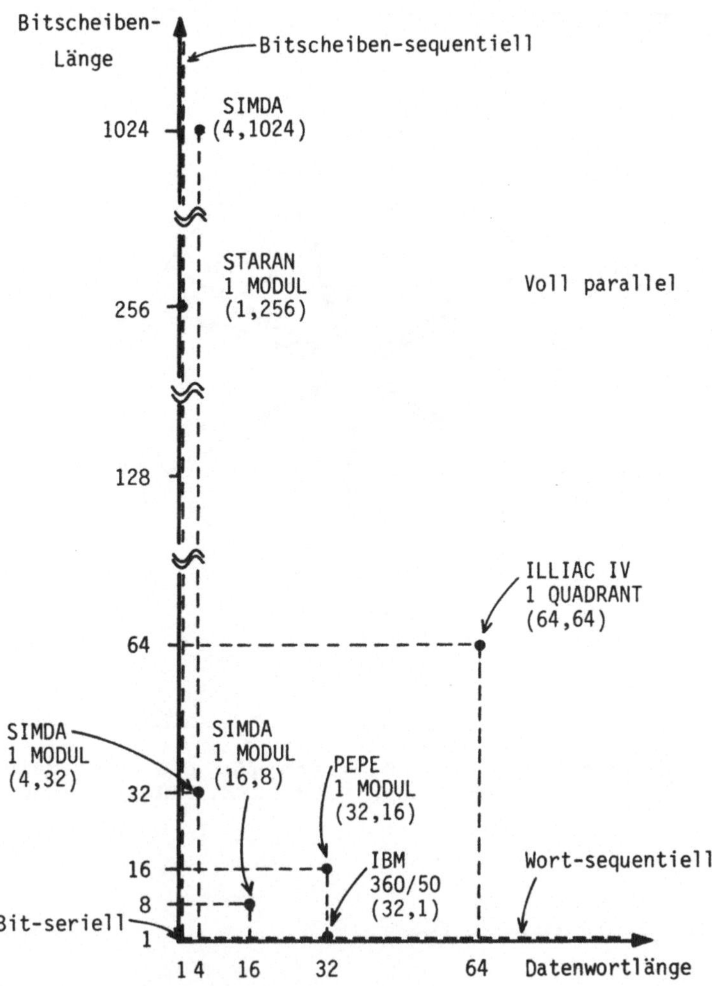

Abbildung 1.3. Klassifikation nach FENG, 1972

Bevor wir nunmehr zur Beschreibung von ECS übergehen, soll hier noch ein nicht numerischer Ansatz zur Klassifikation verschiedener Rechnerarchitekturen nach GILOI, 1980a und b dargestellt werden: Nach GILOI ist die Architektur eines Rechners durch 1. ein Operationsprinzip (Informations-, Kontrollstruktur) und 2. eine Struktur (Hardware-Betriebsmittel und ihre Verbindungen) charakterisiert. Eine Aufspaltung der verschiedenen Informations- und Kontrollstrukturen ergibt die in Abbildung 1.5 dargestellten Architekturklassen. Die Darstellung erscheint recht hilfreich, liefert jedoch keine Orientierung für die Leistungsfähigkeit der beschriebenen Architekturen im Sinne eines maximal erzielbaren Parallelismus wie etwa bei FENG.

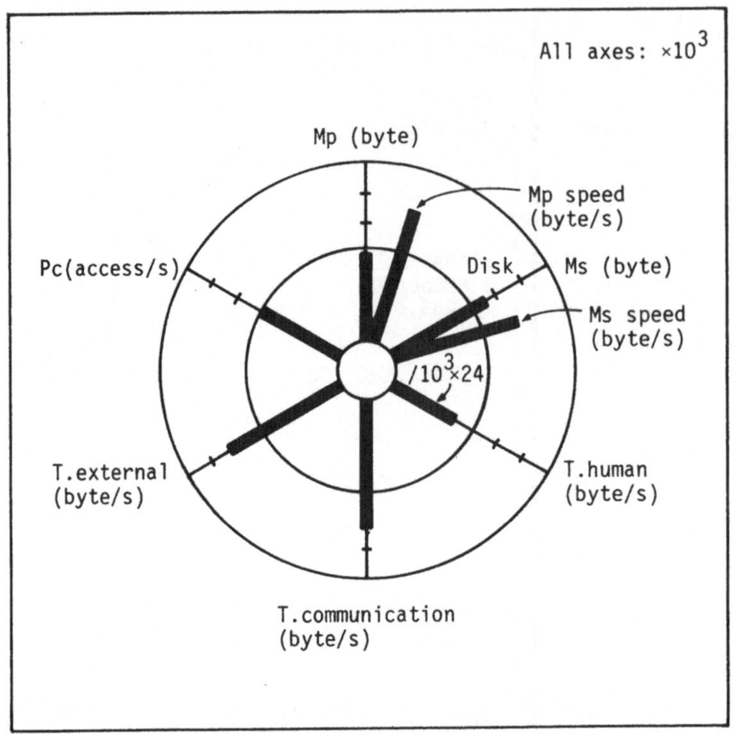

Abbildung 1.4. Kiviat-Diagramm für die Beschreibung des Rechners CDC 6600 nach SIEWIOREK, BELL, NEWELL, 1982

1.3 Einführung in ECS

Das Erlanger Klassifikationssystem ECS (Erlangen Classification System) wurde 1974 von HÄNDLER eingeführt (HÄNDLER, 1975) und später weiter präzisiert (HÄNDLER, 1976,1977,1980a, BODE, HÄNDLER, 1978). Das Ziel von ECS ist es, in einer einfachen Tripel-Notation zwischen drei verschiedenen Ebenen des Parallelismus zu unterscheiden. Ferner wird auf diesen 3 Ebenen getrennt zwischen Nebenläufigkeit und Pipelining. Es werden ferner eine Reihe von Operatoren auf den Tripeln bzw. dessen Stellen definiert, um auch zusammengesetzte bzw. dynamisch rekonfigurierbare "flexible" Strukturen zu erfassen. Neben der reinen Strukturbeschreibung liefert ECS also auch ein grobes Bewertungsmaß für die Leistungsfähigkeit (im Sinne des maximalen Parallelismus nach FENG) und die Flexibilität (Anzahl der verschiedenen Arbeitsmodi einer gegebenen Hardware) einer zu klassifizierenden Rechenanlage. Mit HÄNDLER, 1980 wird auch eine standardisierte graphische Darstellungsweise eingeführt.

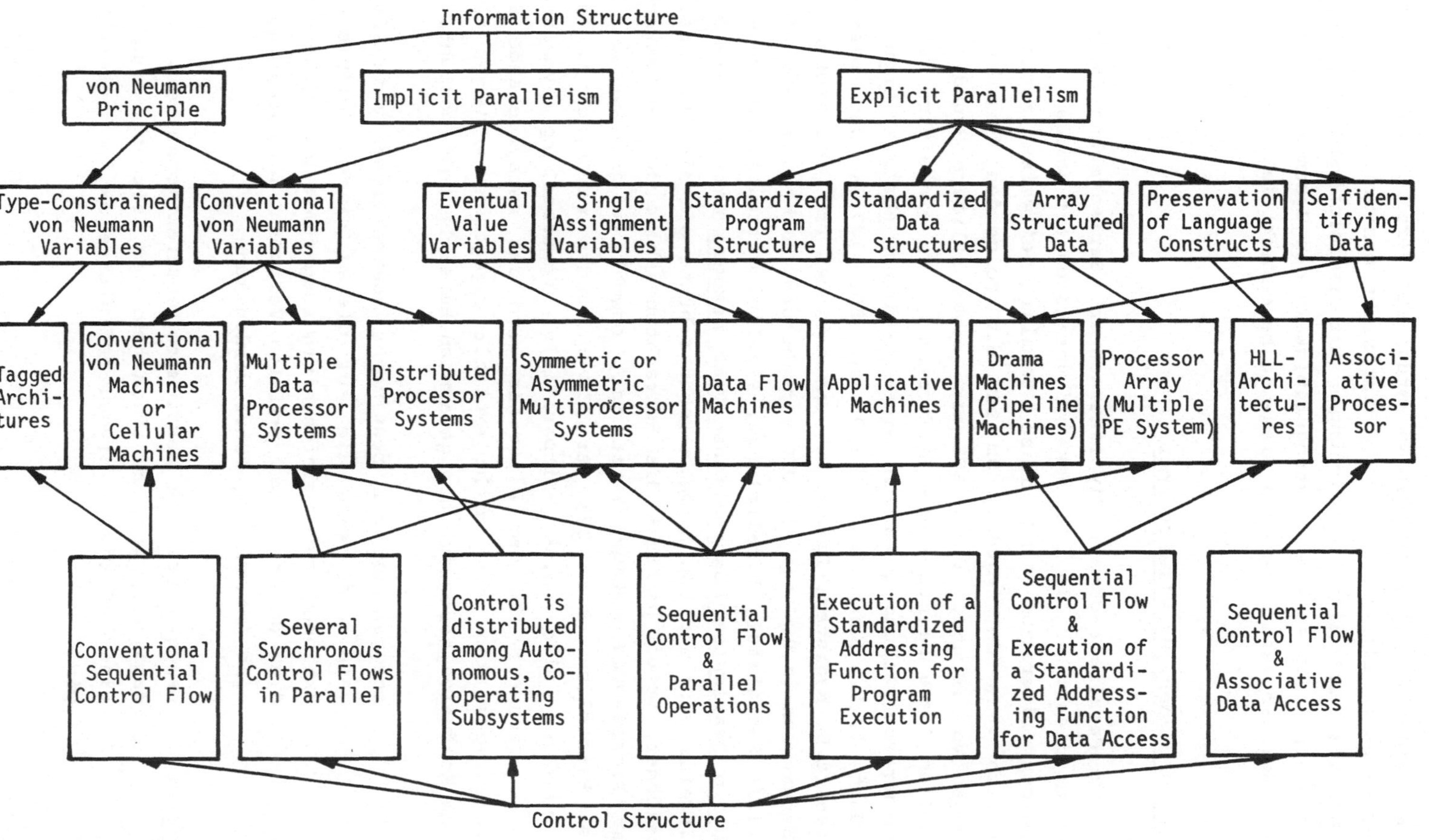

Abbildung 1.5. Architekturklassen nach verschiedenen Informations- und Kontrollstrukturen. Aus: GILOI, 1980a

Wie bei der Klassifikation nach FLYNN werden die Verbindungen zwischen den verarbeitenden Elementen der Struktur nicht beschrieben. Man geht also davon aus, daß diese Verbindungen mit ausreichender Kapazität vorhanden sind, daß also die Leistungsfähigkeit des Gesamtssystems nur durch Engpässe der verarbeitenden Elemente beschränkt ist.

1.3.1 Serienrechner, Parallelrechner

Die Begriffe Parallelrechner, Pipelinerechner, Serienrechner sind im Text bis zu dieser Stelle als bekannt vorausgesetzt worden. In der einschlägigen Literatur sind diese Termini teilweise recht unterschiedlich verwendet worden. Um für die folgenden formalen Beschreibungen von Rechnern durch ECS eine etwas solidere Grundlage zu haben, sollen diese Begriffe hier noch einmal kurz eingeführt werden: Jede Rechnerbeschreibung wird auf einem gewissen Abstraktionsniveau durchgeführt (vgl. Band 1, S. 179 und SU, 1974), das passive Strukturen (z.B. Register, Daten ...) und Aktionen bzw. Operatoren auf diesen Strukturen (z.B. logische UND-Verknüpfung, ALUs ...) verwendet. Die Begriffe Serialität, Parallelität, Pipelining etc. können jeweils nur auf ein bestimmtes Abstraktionsniveau bezogen definiert werden. Beispielsweise wird der von Neumann-Rechner heute oft als Serienrechner bezeichnet, wobei implizit die Betrachtungsebene der Rechenwerke oder der Prozessoren vorausgesetzt ist, obwohl beispielsweise die einzelnen Bitstellen (z.B. 32) der ALU-Operanden taktsynchron verknüpft werden, also eine bitparallele Verarbeitung vorliegt (Parallelwortrechner). In der Literatur wird das entsprechende Beschreibungsniveau also meist nicht explizit angegeben, weswegen eine recht hohe Konfusion bezüglich der genannten Bezeichnungen besteht.

Serialität — bezogen auf ein bestimmtes Abstraktionsniveau liegt dann vor, wenn die auf diesem Niveau definierten Aktionen nicht gleichzeitig ausgeführt werden können, d.h. daß zu einem gewissen Zeitpunkt höchstens genau eine Aktion ausgeführt werden kann.

Parallelität — bezogen auf ein bestimmtes Abstraktionsniveau liegt dann vor, wenn zu einem gewissen Zeitpunkt mehr als eine auf diesem Niveau definierte Aktion ausgeführt wird.

Der Begriff Parallelität oder Parallelverarbeitung wird sinnvollerweise in die Bereiche Nebenläufigkeit und Pipelining (Fließbandverarbeitung) weiter untergliedert:

Nebenläufigkeit bezogen auf ein bestimmtes Abstraktionsniveau liegt dann vor, wenn die Ressourcen des zu beschreibenden Rechners das gleichzeitige Ausführen vollständiger auf diesem Niveau definierter Aktionen erlauben.

Pipelining (Fließbandverarbeitung) bezogen auf ein bestimmtes Abstraktionsniveau liegt dann vor, wenn die auf diesem Niveau definierten Aktionen in n Teilaktionen unterteilt worden sind, die in einer - meist linearen - Anordnung spezialisierter, taktsynchron arbeitender Teilwerke $T_1,\ldots,T_n$ ausgeführt werden. Jede Aktion muß zu ihrer vollständigen Ausführung alle n Teilwerke (die Pipeline) durchlaufen, wobei nach jedem Takt von T_i nach T_{i+1} übergegangen wird. Die Gesamtausführungszeit einer Aktion beträgt also n Taktintervalle, jedoch können sich in einer Pipeline zu einem Zeitpunkt bis zu n Aktionen zeitlich überlappt in Bearbeitung befinden. In einer Pipeline wird Parallelverarbeitung durchgeführt, wenn sich zu einem Zeitpunkt mehr als genau eine Aktion in Ausführung befindet.

Die Spezialisierung der Teilwerke der Pipeline muß dabei nicht notwendig fest sein, sie kann durchaus variabel - etwa programmierbar - sein. Eine weitere Spezifizierung des Pipelinings findet sich in Kapitel 3.1.

Eine einfache Darstellung von Nebenläufigkeit und Pipelining zeigt Abbildung 1.6.

Parallelrechner sind Rechenanlagen, die auf dem gewählten Beschreibungsniveau durch Nebenläufigkeit und/oder Pipelining charakterisiert sind.

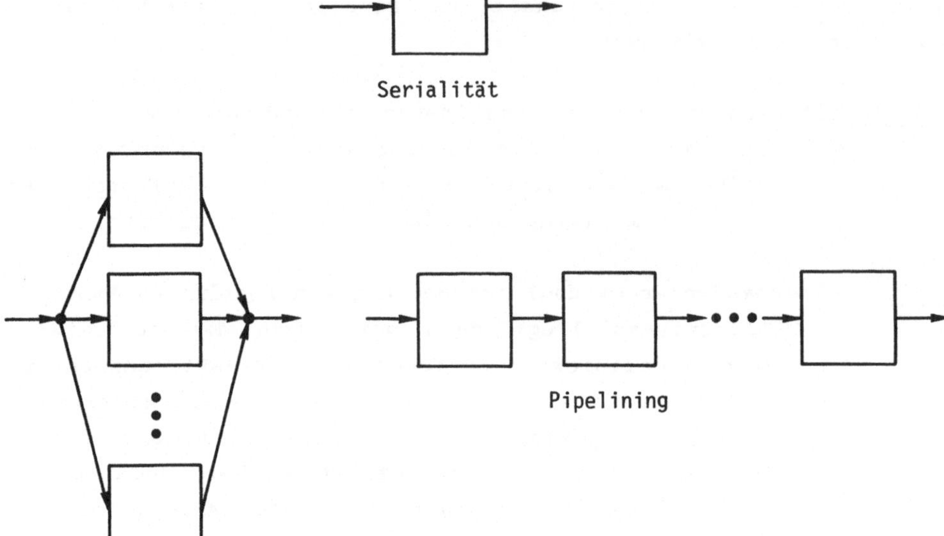

Abbildung 1.6. Serialität, Nebenläufigkeit und Pipelining

In der Literatur findet sich diese Bezeichnung zumeist für Beschreibungsniveaus ab dem einzelnen Maschinenwort, also etwa für die (Maschinen-)Instruktions-Ebene oder die Programm-Ebene (BAER, 1973, HOCKNEY, 1977, AMDAHL, 1977, FENG, 1972).

1.3.2 Beschreibungsniveaus in ECS

Für die Beschreibung der Grobstruktur von Rechenanlagen mithilfe von ECS werden drei logische Ebenen herangezogen, die sich als Hardware-Elemente oder als durch diese bearbeitete Programmelemente beschreiben lassen:

- Leitwerk bzw. Programm
- Rechenwerk bzw. Maschineninstruktion
- Elementare Stelle des Rechenwerkes bzw. Datenwort.

Das Leitwerk interpretiert ein gegebenes Maschinenprogramm Instruktion für Instruktion, d.h. es steuert die gesamten Abläufe im Rechner. Das Rechenwerk führt gemäß der Steuerung des Leitwerkes Sequenzen von Mikroinstruktionen aus, die jeweils genau einen Maschinenbefehl realisieren. Die elementare Stelle des Rechenwerkes führt, angestoßen von einer Mikrooperation aus der Mikroinstruktion bzw. gesteuert aus einem fest verdrahteten Leitwerk, eine Operation auf genau einer Bitstelle des Datenworts aus.

Jede Rechnerkonfiguration besteht aus einer bestimmten Zahl k von Leitwerken, die ihrerseits eine bestimmte Zahl d von Rechenwerken steuern, die wiederum eine bestimmte Zahl w von elementaren Stellen umfaßt. Die Zahlen k,d,w definieren dabei den Umfang der Nebenläufigkeit des Rechners auf der jeweiligen Betrachtungsebene.

Bei Pipeline-Organisationen können k' spezialisierte Leitwerke ein größeres Programm zusammen bearbeiten, d' spezialisierte Rechenwerke die einzelnen Maschinenbefehle eines Programms parallel ausführen und w' spezialisierte elementare Teilwerke überlappt Teilbearbeitungsschritte auf den jeweiligen Bitpositionen realisieren.

Mit den eingeführten 6 Größen läßt sich nunmehr eine recht präzise Beschreibung von Rechenanlagen angeben:

$$t_{RECHNERTYP} = (k * k', d * d', w * w');$$

Die Notation $t_{RECHNERTYP}$ besteht also aus einem Tripel, das für die drei angegebenen logischen Betrachtungsniveaus in der jeweils ersten Stelle den Grad an Nebenläufigkeit, in der zweiten Stelle den Grad an Pipelining angibt. Das Multiplikationszeichen "*" als Trennzeichen zwischen den beiden Stellen jedes Niveaus erscheint deshalb gerechtfertigt, weil im Sinne des "maximalen Parallelismus" nach FENG bei Vorliegen von Nebenläufigkeit und Pipelining im idealisierten Fall eine Leistungssteigerung, die sich aus dem Produkt beider Parallelitätsgrade ergibt, gegenüber dem seriellen Fall zu erzielen ist.

Ein hier nicht weiter verfolgter Ansatz besteht darin, das Klassifikationsverfahren nicht nur zur Beschreibung von Rechnerstrukturen, sondern auch zur Beschreibung von Anwendungen zu nutzen (mit geänderter Interpretation der Tripel), wobei jedoch für eine Anwendung mehrere Tripel stehen würden, die den jeweiligen inhärenten Parallelismus verschiedener Schritte des Algorithmus beschreiben (z.B. d-stellige Vektoroperation gefolgt durch Skalaroperation: (1,d,w) - (1,1,w)). In einer dynamisch rekonfigurierbaren Rechnerstruktur könnten die für eine Aufgabe benötigten Rekonfigurationsschritte durch die Abfolge der entsprechenden ECS-Tripel gesteuert wrerden.

Bevor im nächsten Abschnitt eine Reihe von Rechnern als Beispiele mit ECS klassifiziert werden, sollen anhand der Werte für die einzelnen Stellen im Tripel Begriffe zur Beschreibung von Serien- und Parallelrechnern eingeführt werden, die in der Literatur im allgemeinen weniger präzise gefaßt sind.

Serienrechner: Alle 6 Größen in ECS haben den Wert 1: k = k' = d = d' = w = w' = 1;

Multiprozessor: Es können zu einem Zeitpunkt mehrere Programme interpretiert werden: k > 1;

Feldrechner (array processor): Es können mehrere Rechenwerke taktsynchron (K=1) den gleichen Maschinenbefehl auf unterschiedlichen Daten ausführen (bzw. durch eine Maske deaktiviert werden): d > 1;

Parallelwortrechner: Oft auch von-Neumann-Rechner oder Princetonrechner genannt: es können mehrere elementare Schaltkreise gleichzeitig auf verschiedenen Bits eines Datenwortes arbeiten: w > 1. "w" wird die Wortlänge eines Rechners genannt.

Rechner mit Macropipelining (Prozessorpipelining): Ein mehrfach zu bearbeitendes Hauptprogramm wird in mehrere Teilprogramme (Prozesse) aufgeteilt, die auf verschiedenen Prozessoren überlappt bearbeitet werden, wobei Zwischenergebnisse über gemeinsame Speicher weitergegeben werden: k' > 1. Die einzelnen Leitwerke sind dabei durch Programmierung zu dedizierten Teilwerken der Pipeline geworden (vgl. HÄNDLER, 1973).

<u>Rechner mit Befehlspipelining</u> (Instruktionspipelining): Ein Rechner verfügt über mehrere spezialisierte Rechenwerke (z.B. Multiplikation, Addition, Adressierung, ...), die es erlauben, die einzelnen Instruktionen eines Datenstromes - also eines Programms - gleichzeitig auszuführen, sofern zwischen diesen keine Konflikte bestehen (Zugriff auf gleiche Speicherzelle, Zwischenergebnis o.ä., vgl. genaue Behandlung im Kapitel 2 dieses Bandes): d' > 1. Das Entdecken der Konflikte und die Befehlsfreigabe übernimmt das sogenannte "scoreboard" (vgl. CD 6600, THORNTON, 1970). Die Pipeline ist hier nicht seriell, sondern nebenläufig (vgl. Kapitel 3.1).

<u>Rechner mit Phasen-Pipelining:</u> Die Ausführung jeder einzelnen Instruktion ist auf spezialisierte Teilschaltkreise aufgeteilt, die autonom und gleichzeitig im Sinne einer Fließbandtechnik arbeiten: w' > 1. Die Teilwerke sind dabei typischerweise folgenden Aufgaben zugeordnet: Befehl holen, Operandenadressen berechnen und Operanden holen, Operanden verarbeiten (ALU), Folgebefehlsadresse berechnen. Ferner kann die Ausführungsphase weiter unterteilt sein: arithmetisches Pipelining (Beispiel Gleitpunkt-Multiplikation: Summe der Exponenten, Produkt der Mantissen, Normieren des Resultats).

Damit ergeben sich die in Abbildung 1.7 dargestellten Beziehungen zwischen den einzelnen Rechnertypen. (Es wird darauf hingewiesen, daß in früheren Veröffentlichungen zu ECS das Phasen-Pipelining auch als arithmetisches Pipelining bezeichnet wurde.)

Es folgt eine Liste von Bezeichnungen für Parallelrechner, die in Übersichtsartikeln zur Rechnerarchitektur abweichend von der hier eingeführten Nomenklatur verwendet werden. Die Literaturzitate verweisen dabei nicht notwendig auf den Urheber der entsprechenden Architekturen hin. Zunächst zu Bezeichnungen für Parallelrechner mit Nebenläufigkeit:

<u>Homogener Multiprozessor</u> (homogeneous multiprocessor, BAER, 1973) für Multiprozessoren.

<u>Parallelverarbeitende Maschine</u> (SCHÜTT, 1980) für Parallelrechner; dagegen werden dort Feldrechner "Parallelrechner" genannt.

<u>Assoziativrechner</u> (THURBER, WALD, 1975, YAU, FUNG, 1977, FOSTER, 1977, MOTSCH, 1977): Feldrechner mit inhaltsorientiertem Datenzu-

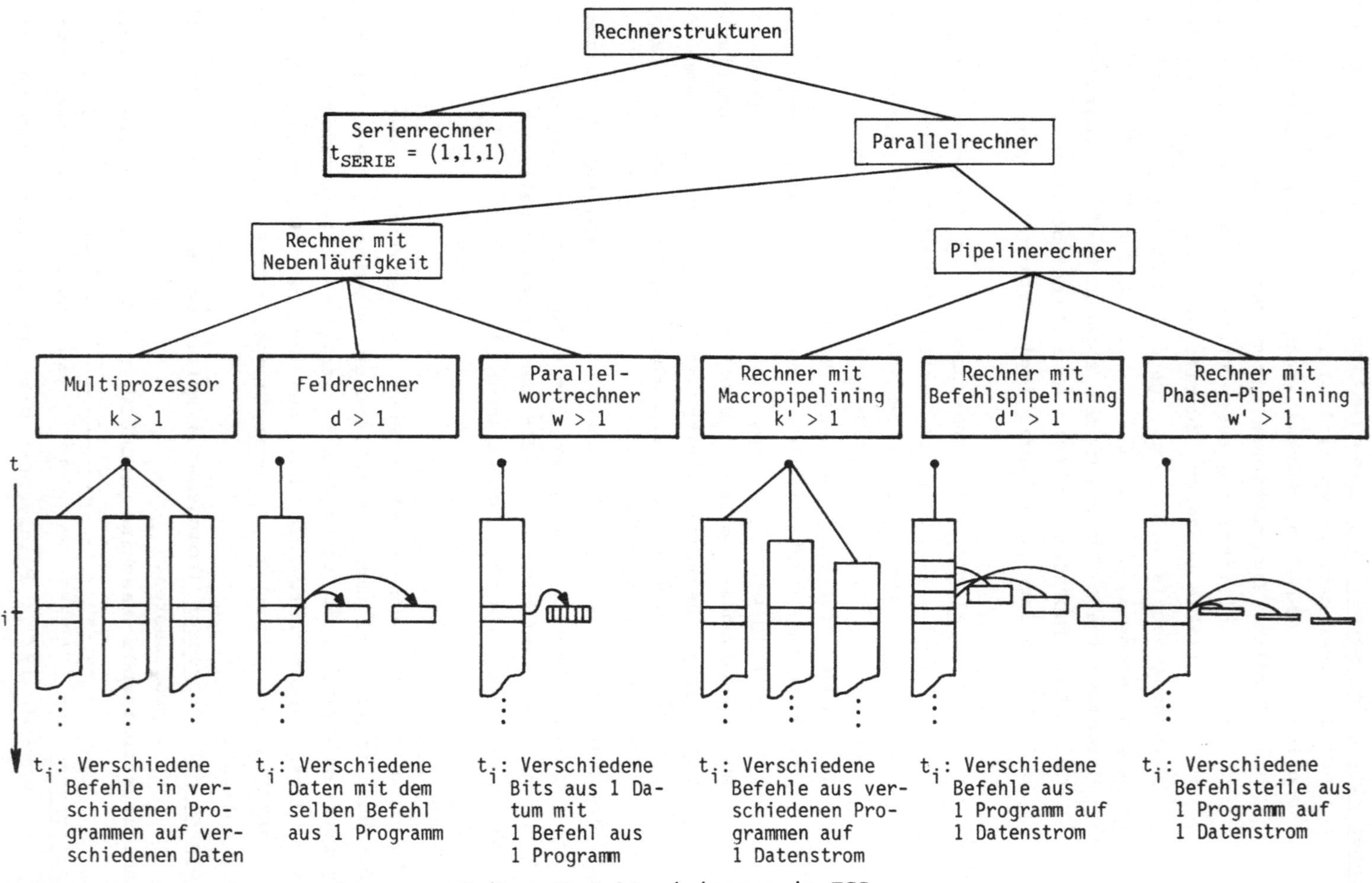

Abbildung 1.7. Rechnerstrukturen und ihre Charakterisierung in ECS

griff (vgl. BODE, HÄNDLER, 1979, Kapitel 3.3.3.1). Im Fall der bitseriellen Assoziativrechner d > 1, w = 1, bei wort- oder blockorientierten Assoziativrechnern d > 1 und w > 1.

Für Parallelrechner mit Pipelining finden sich die folgenden Begriffe:

Nicht-homogener Multiprozessor (non-homogeneous multiprocessor, BAER, 1973) für Rechner mit Befehlspipelining.

Pipeline-Prozessor (BAER, 1973) für Rechner mit arithmetischem Pipelining, bei SCHÜTT, 1980 für Rechner mit arithmetischem und/oder Befehlspipelining.

Vektor-Prozessor (vector processor, RAMAMOORTHY, LI, 1977, KOZDROWICKI, THEIS, 1980): Rechner mit arithmetischem Pipelining bzw. Befehlspipelining, teilweise auch Feldrechner, insofern sie die Bearbeitung von vektorartigen Operanden auf Maschinenbefehlsebene zulassen.

Look-ahead-Prozessor (KELLER, 1975): Rechner mit Einrichtungen, die Befehlspipelining und/oder Phasen-Pipelining möglich machen.

Datenflußrechner (data flow processor, DENNIS, 1980, DENNIS, BOUGHTON, LEUNG, 1980, COMTE, HIFDI, 1979, GILOI, 1980, TRELEAVEN, 1977): Rechner mit Befehlspipelining, bei denen das "scoreboard" durch entsprechende Programmiersprachen (konfliktfreie Datenflußschemata, vgl. Kapitel 3.2.2.2) ersetzt wird.

Reduktionsmaschinen (demand driven processor, BERKLING, 1971, KLUGE, 1982, TRELEAVEN, 1981): Rechner, bei denen die "Programmausführung" mittels schrittweiser Reduktion von längeren (arithmetischen) und beliebig geschachtelten Ausdrücken durch Applikation, d.h. Anwendung der im Ausdruck vorkommenden Funktionen auf ihren Wert, durchgeführt wird (im Sinne der funktionalen Programmierung). Erlauben Reduktionsmaschinen die nebenläufige Abarbeitung von Teilausdrücken, so können die entsprechenden Rechner als Multiprozessoren mit spezieller Kommunikationsstruktur betrachtet werden.

Weitere Begriffe zur Beschreibung verschiedenster Formen des Parallelismus sind:

Ensembles (SCHÜTT, 1980): Für Multiprozessoren und flexible Architekturen, die mehrere Betriebsarten wie Multiprozessorbetrieb, Feldrechnerbetrieb oder verschiedene Arten des Pipelining zulassen.

Mikroinstruktions-Pipelining (MICK, BRICK, 1980, SALISBURY, 1976): Die Ausführung wird durch mehrere spezialisierte Mikroteilwerke, die autonom und gleichzeitig arbeiten können, im Sinne einer Fließbandverarbeitung überlappt realisiert. Typische Teilphasen des Mikroinstruktionszyklus sind: Mikroinstruktion holen, Mikroinstruktion dekodieren, Mikroinstruktion ausführen, Mikroinstruktionsfolgeadresse generieren. Diese Ebene des Parallelismus wird in der bisherigen Darstellung von ECS nicht erfaßt. Für manche Zwecke erscheint es jedoch angebracht, mikroprogrammierte Rechner durch eine vierte Stelle zu charakterisieren, z.B. m * m', wobei m die Bitlänge der Mikroinstruktion, m' das Niveau des Mikropipelinings definiert, um die verschiedenen Grade des Parallelismus auch auf diesem Niveau zu beschreiben. Dieser Aspekt wird hier jedoch nicht weiter verfolgt.

1.3.3 Anwendungsbeispiele, Graphische Darstellung

1.3.3.1 Abkürzungsregeln

Zur Beschreibung verschiedener Rechner werden zwei einfache Abkürzungsregeln für ECS aufgestellt:

- Entfällt auf einem der drei Betrachtungsniveaus das Pipelining, so wird in der entsprechenden Stelle der ECS-Beschreibung das Multiplikationszeichen "*" und die zugehörige "1" weggelassen, z.B.:

  (k * k', d * 1, w * 1) = (k * k', d, w);

- Ist auf einer der drei Betrachtungsebenen eine Pipelinestruktur vorhanden, jedoch keine Nebenläufigkeit, so kann die führende "1" in der entsprechenden Stelle des ECS-Tripel entfallen. Das Multiplikationszeichen "*" muß jedoch zur eindeutigen Unterscheidung zwischen Nebenläufigkeit und Pipelining erhalten bleiben:

  (1 * k', d * d', w * 1) = (* k', d * d', w);

Die im folgenden genannten Beispielrechner werden in diesem Kapitel nur kurz eingeführt, soweit dies für das Verständnis der entsprechenden ECS-Beschreibung notwendig ist. Ausführlichere Beschreibungen finden sich in den Kapiteln 2-5 bzw. der angegebenen Literatur.

1.3.3.2 Serienrechner

Die offenbar "spartanischste" Lösung für einen Rechner stellt der Serienrechner dar. In den fünfziger Jahren wurde dieser von van der POEL, 1952, und FROMME (vgl. POESCH, FROMME, 1954) tatsächlich realisiert, wobei der Name MINIMA auf das Ziel, größt mögliche Hardware-Ersparnis zu erzielen, hinweist.

$$t_{MINIMA} = (1,1,1);$$

Die bitserielle Behandlung des Datenwortes machte allerdings zusätzlichen Verwaltungsaufwand nötig (Iteration über die einzelnen Bitstellen), so daß diese Lösung durch die Hardware-Entwicklung überholt ist.

1.3.3.3 Parallelwortrechner

Einer der ersten industriell hergestellten Parallelwortrechner war die IBM 701, die eine Wortlänge von 36 Bit besaß (BUCHHOLZ, 1953).

$$t_{IBM\ 701} = (1,1,36);$$

Sie ist ein klassischer Vertreter der PRINCETON-Rechner bzw. von-NEUMANN-Rechner. Diese Rechner bestehen aus

- Leitwerk bzw. Steuerwerk (LW),
- Rechenwerk (RW)
- Hauptspeicher (HS)
- Ein/Ausgabewerk (EA).

Für diese Teilwerke kann auch die in Abbildung 1.8 gezeigte graphische Darstellung verwendet werden (vgl. HÄNDLER, 1980). Leitwerk und Rechenwerk bilden gemeinsam den Prozessor. Die Nebenläufigkeit auf der Wortebene ist graphisch nicht dargestellt, da sie heutigem Stand der Technik entspricht.

Die hier und in den folgenden Abschnitten eingeführte graphische Darstellung für die Werke eines Rechners wird im weiteren für die Beschreibung verschiedenster Rechnerarchitekturen verwendet. Bei einigen Detaildarstellungen wurde jedoch auch auf eine davon abweichende Notation (meist herstellernahe) zurückgegriffen, um bestimmte Einzelheiten (z.B. Register) besonders hervorzuheben.

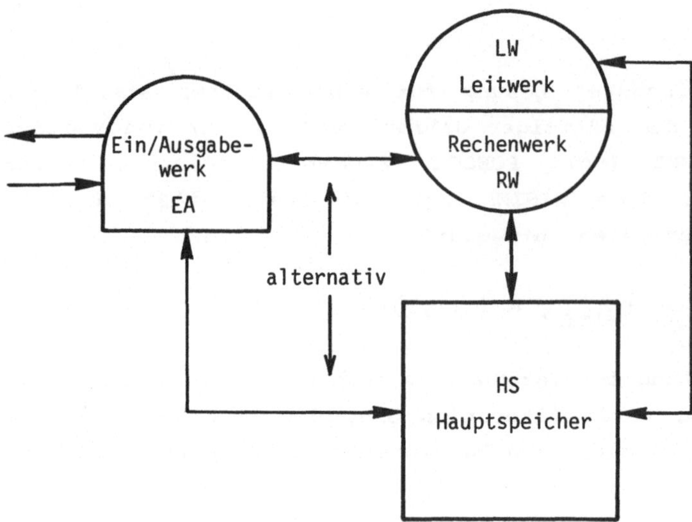

Abbildung 1.8. Struktur des klassischen von NEUMANN-Rechners, die direkte Verbindung von E/A zum Hauptspeicher (der sogenannte DMA) ist erst später entwickelt worden

1.3.3.4 Feldrechner

Wird mehr als ein Rechenwerk von einem gemeinsamen Leitwerk gesteuert, können also gleichzeitig mehrere Datenelemente gemäß einem identischen Befehl aus einem Programm verknüpft werden, liegt ein Feldrechner vor (graphische Darstellung vgl. Abbildung 1.8). Typische Beispiele für diese Rechnerklasse sind die Architekturen SOLOMON (SLOTNICK et al., 1962), ILLIAC IV (BARNES et al., 1968), MPP (BATCHER, 1980) sowie der bitserielle Assoziativrechner STARAN E (BATCHER, 1977). Aus historischer Sicht steht K. Zuse das Verdienst zu, als erster auf diese Verarbeitungsart hingewiesen zu haben (ZUSE, 1958).
Alle diese Rechner benötigen für die Steuerung und Kommunikation mit der Umwelt zusätzliche Steuerrechner, die gewöhnliche Parallelwortrechner sind (z.B.: PDP-11, PDP-10). Diese sollen hier noch nicht in der ECS-Notation beschrieben werden. Die Zusammensetzung mehrerer Rechner zu einer umfassenden Struktur wird erst in Abschnitt 1.3.4 besprochen. Aus dem gleichen Grund ist auch der EA-Teil in Abbildung 1.9 weggelassen worden.

$t_{\text{SOLOMON (ohne Steuerrechner)}} = (1,1o24,1);$
$t_{\text{ILLIAC IV (ohne Steuerrechner)}} = (1,64,64);$
$t_{\text{MPP(ohne Steuerrechner)}} = (1,16384,1);$
$t_{\text{STARAN E(ohne Steuerrechner)}} = (1,2048,1);$

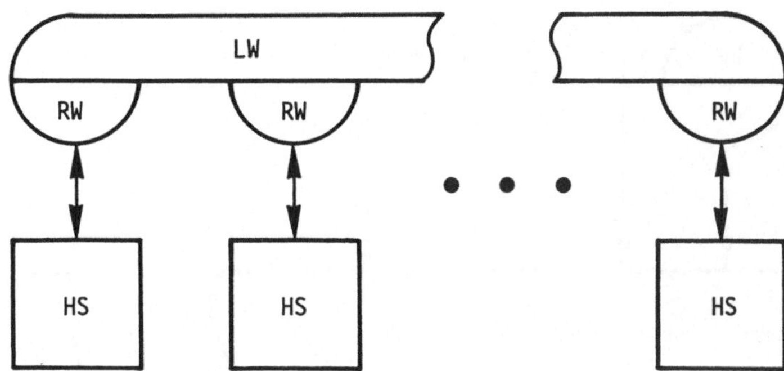

Abbildung 1.9. Funktionsschaltbild eines Feldrechners mit lokalen Speichern, die Ein/Ausgabe ist nicht dargestellt

1.3.3.5 Multiprozessoren

Die Vervielfachung von ganzen Prozessoren, also von Rechenwerken und Leitwerken, so daß innerhalb eines Systems gleichzeitig mehrere Programme berechnet werden können, führt zu Multiprozessoren (diese Beschreibung weicht von den sehr engen Definitionen des Begriffs "multiprocessor" durch den American National Standard ANSI, bzw. derjenigen von ENSLOW, 1974, die ein integriertes zentrales Betriebssystem bzw. den Zugriff aller Prozessoren auf genau einen gemeinsamen Speicher fordern, ab). Abbildung 1.10 zeigt einen Multiprozessor mit einem gemeinsamen Speicher; andere Topologien mit zugeordneten Speichern und beschränkten Nachbarschaften sind jedoch ebenfalls zugelassen. Typische Beispiele für Multiprozessoren sind PRIME (BASKIN, BORGERSON, ROBERTS, 1972), PLURIBUS (HEART et al., 1973), C.mmp (WULF, BELL, 1973), Cm* (SWAN et al., 1977), X-TREE (DESPAIN, PATTERSON, 1978) und EGPA (HÄNDLER, HOFMANN, SCHNEIDER, 1976). Auch Multiprozessoren verfügen oft über einen zusätzlichen Steuerrechner, der beispielsweise das Laden der Programme in die Einzelrechner durchführt. Die folgenden ECS-Beschreibungen berücksichtigen diese Steuerrechner nicht. Bei einigen Rechnern ist es ferner möglich, verschiedene "Betriebsarten" zu realisieren, d.h. verschiedene Arten des Pipelinings und der Nebenläufigkeit entsprechend der Natur des zu berechnenden Algorithmus anzuwenden. Diese Flexibilitätseigenschaft, die etwa für EGPA und C.mmp gilt, wird erst im Abschnitt 1.3.4 behandelt.

$t_{PRIME} = (5,1,16);$

$t_{PLURIBUS} = (14,1,16);$

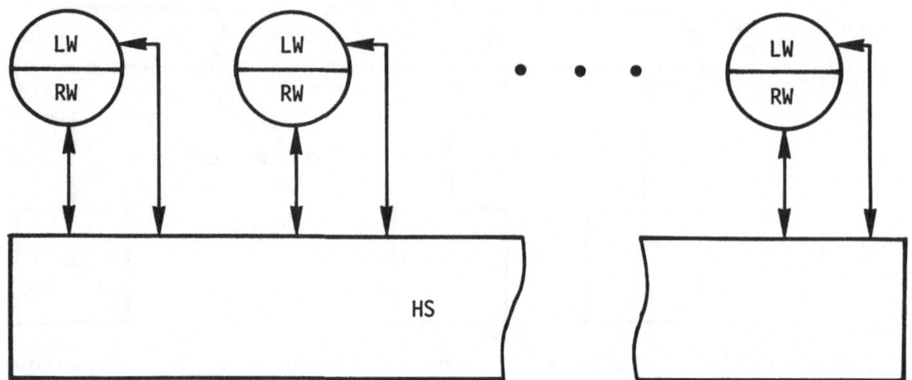

Abbildung 1.10. Funktionsschaltbild eines Multiprozessors mit gemeinsamem Speicher, die Ein/Ausgabe ist nicht dargestellt

Die Beschreibung von PLURIBUS bezieht sich auf eine Maximalkonfiguration. Da das System fehlertolerant realisiert ist, wobei defekte Moduln aus dem "Consensus" der aktiven Moduln ausgeschlossen werden (KATSUKI et al., 1976), ist auch eine kleinere Konfiguration lauffähig (Beschreibung in Abschnitt 1.3.4).

$t_{C.mmp} = (16,1,16);$

$t_{Cm*/Cluster} = (14,1,16);$

Die Beschreibung für Cm* umfaßt den maximalen Ausbau eines "clusters", der aus bis zu 14 Minirechnern LSI-11 und einem Spezial-Adressrechner zur Herstellung der Verbindung mit weiteren "clusters" besteht. Adreßrechner und weitere "cluster" werden erst in Abschnitt 1.3.4 beschrieben.

$t_{X-TREE} = (k,1,32);$

mit $k = \sum_{i=1}^{n} 2^{i-1}$, n = Tiefe des Baumes

X-TREE ist als ein hierarchisch organisierter Multiprozessor in der Form eines binären Baumes mit einigen zusätzlichen Querverbindungen geplant.

$t_{EGPA/A-Ebene} = (k,1,32);$

$$\text{mit } k = \sum_{i=1}^{n} 2^{2(i-1)}, \ i = \text{Anzahl der Ebenen}$$

$$t_{EGPA/A\text{-}Ebene/Pilot} = (4,1,32);$$

Im EGPA-Projekt besteht der hierarchisch aufgebaute Parallelrechner aus zusammengesetzten Elementarpyramiden, deren Basisrechner die Arbeitsebene bilden und von höheren Betriebssystemrechnern überwacht werden. In der Pilotkonfiguration (n=2) mit 5 Rechnern AEG 80/60 besteht die A-Ebene aus 4 Elementen. Der Betriebssystemrechner sowie die flexible Verwendung von EGPA für andere Arten des Parallelismus werden erst in Abschnitt 1.3.4 besprochen.

1.3.3.6 Rechner mit Phasen-Pipelining

Wird die Bearbeitung von Maschinenbefehlen in mehrere Teilprozesse zerlegt, die unabhängig voneinander gleichzeitig bearbeitet werden, liegt der Fall des Phasen-Pipelining vor (vgl. Abbildung 1.11). Eine große Zahl von Rechnern verwendet diese Technik, um die verschiedenen Vorgänge der Befehlsholphase, der Datenholphase, der Decodierung und der eigentlichen Ausführung zu überlappen (vgl. KÖHLER, 1978, PRECHTL, SCHNEIDER, 1978). Typische Vertreter dieser Vorgehensweise sind Großrechner, etwa der Typ SIEMENS 7.880 (WIEHLER, BRUNS, 1979), aber auch bereits Mikroprozessoren wie INTEL 8086 (SIEMENS, 1979a). In der Literatur wirde diese Form der Überlappung der Befehlsabarbeitung oft auch "pipelining at the system level" (RAMAMOORTHY, LI, 1977) oder "computer that pipeline the processing of instructions" (HOCKNEY, 1977) genannt.

Weniger häufig findet man Rechner, die die Funktionsweise des Rechenwerkes (also nur einen Teil der Befehlsabarbeitung) in Teilprozesse zerlegen, die überlappt bearbeitet werden können. Diese Form des Phasenpipelinings nennt man arithmetisches Pipelining. Sinnvoll ist diese Arbeitsweise immer dann, wenn die einzelne Operation recht umfangreich ist (z.B. Gleitpunkt-Multiplikation), diese sich in Suboperationen möglichst gleichlanger Dauer zerlegen läßt und schließlich ein Strom von möglichst auf konsekutiven Speicher-Adressen liegenden Daten (z.B. Vektoren) mit der gleichen Operation verknüpft werden soll (vgl. dazu auch Kapitel 3). Typische Vertreter dieser Rechner sind CD STAR 100 (HINTZ, TATE, 1972), TI ASC (TEXAS INSTRUMENTS, 1971) und CRAY-1 (RUSSELL, 1978). In der Literatur wird

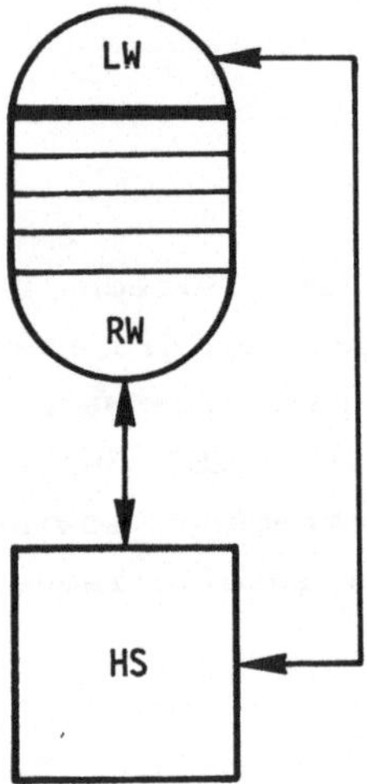

Abbildung 1.11. Funktionsschaltbild eines Rechners mit Phasen-Pipelining, die Ein/Ausgabe ist nicht dargestellt

diese Form des Phasen-Pipelinings auch "pipelining at the subsystem level" (RAMAMOORTHY, LI, 1977) bzw. "computers that pipeline arithmetic" (HOCKNEY, 1977) genannt.

$t_{\text{SIEMENS 7880}}$ = (1,1,64*6);
$t_{\text{INTEL 8086}}$ = (1,1,16*2);
$t_{\text{CD STAR 100}}$ = (1,2,64*4);
$t_{\text{TI ASC}}$ = (2,4,64*8);
$t_{\text{CRAY-1}}$ = (1,*12,64*14);

Die Beschreibung bei CD STAR 100 bezieht sich auf die zwei Gleitpunktpipelines. Für den Rechner TI ASC ist die maximale Konfiguration, bestehend aus 2 IPU's (instruction processing units) mit je 4 multifunktionalen Pipelines beschrieben, wobei die Angabe "64*8" sich auf die maximale Pipelinelänge bezieht. Einzelne Operationen wie etwa Addition (3 Pipelinestufen) und Multiplikation (4 Pipelinestufen) sind weniger stark überlappt. Die gleiche Aussage gilt für die Beschreibung des CRAY-1. Eine exakte Beschreibung dieser Rechner in ECS findet sich im Abschnitt 1.3.4.

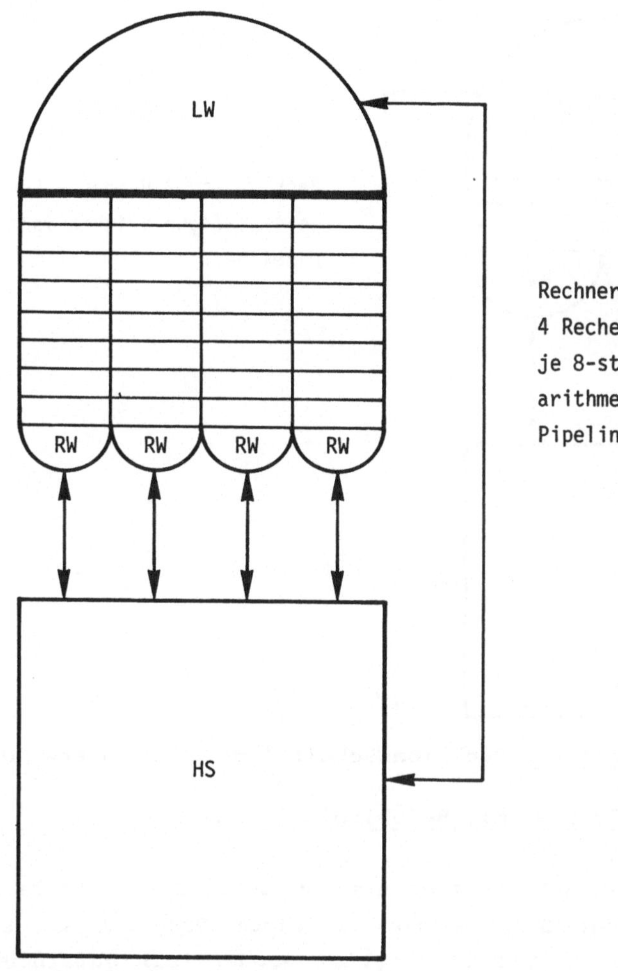

Abbildung 1.12. Funktionsschaltbild des Rechners TI ASC mit 1 IPU

Der Rechner CRAY-1 verfügt zusätzlich über Befehlspipelining, was durch "*12" in der zweiten Stelle der ECS-Beschreibung gekennzeichnet ist (vgl. folgender Abschnitt). Graphische Darstellungen für die Rechner TI ASC (mit 1 IPU) und CDC STAR 100 finden sich in Abbildung 1.12 und 1.13.

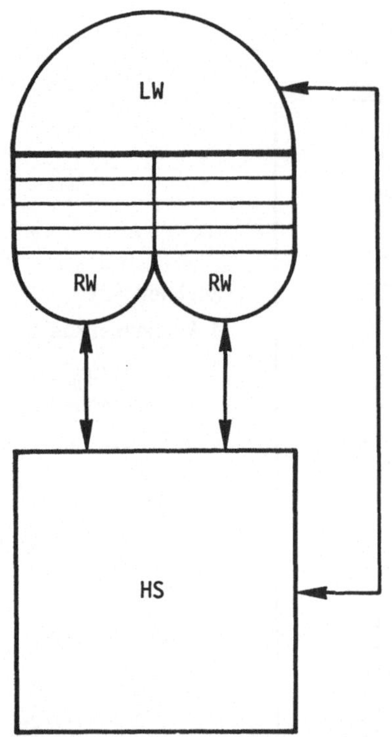

Rechner mit 2 Rechenwerken und je 4-stufiger arithmetischer Pipeline.

Abbildung 1.13. Funktionsschaltbild des Rechners CD STAR-100

1.3.3.7 Rechner mit Befehlspipelining

Stellt ein Rechner mehr als ein zugeordnetes Rechenwerk zur Verfügung, so daß der Befehlsstrom zu einem Programm so überlappt bearbeitet werden kann, daß im Programm sequentiell aufeinanderfolgende Befehle parallel (gleichzeitig) ausgeführt werden (sofern keine Konflikte zwischen den einzelnen Befehlen vorliegen), spricht man von Befehlspipelining (vgl. Abbildung 1.14). Die Befehlspipeline ist hier keine serielle, sondern eine nebenläufige Pipeline (vgl. Kap. 3.1 und Abbildung 3.2). Die Größe d' beschreibt hier also nicht die Anzahl der Stufen der Phasen-Pipeline, die als Voraussetzung für die Befehlspipeline gegeben sein muß, sondern den Grad der Nebenläufigkeit dieser Pipeline in genau einer Stufe, nämlich derjenigen der Rechenwerke.

Typische Vertreter dieser Klasse von Rechnern sind die CD 6600 und Nachfolger (CD 7600, CYBER 175 und 176, vgl. THORNTON, 1970 und CONTROL DATA, 1977), CRAY-1 sowie Datenflußrechner wie LAU (COMTE, HIFDI, 1979).

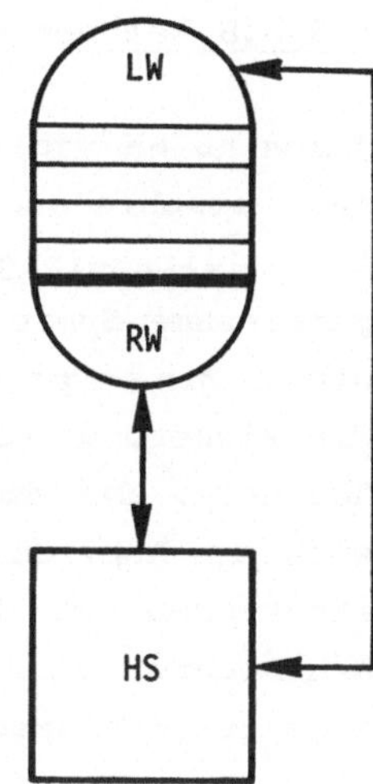

Abbildung 1.14. Funktionsschaltbild eines Rechners mit Befehlspipelining, die Ein/Ausgabe ist nicht dargestellt

$$t_{CD\ 6600/Zentralprozessor} = (1,*10,60);$$
$$t_{CYBER\ 176/Zentralprozessor} = (1,*9,60);$$
$$t_{CRAY-1} = (1,*12,64*14);$$
$$t_{LAU} = (1,*24,16);$$

Für alle beschriebenen Systeme gilt, daß mit dem angegebenen Tripel lediglich der Zentralprozessor charakterisiert ist. Mit der Ein/Ausgabe, meist realisiert durch eigene Prozessoren, ergeben sich zusammengesetzte Strukturen, die erst in Abschnitt 1.3.4 behandelt werden. Dies gilt auch für "asymmetrische" Strukturen wie etwa den Rechner CRAY-1, bei dem die einzelnen Funktionseinheiten unterschiedlich große Wortlängen (Adressen: 24 Bit, Daten: bis zu 64 Bit) verarbeiten und zusätzlich über unterschiedlich viele Pipelinestufen verfügen. Das angegebene Tripel beschreibt einen Maximalwert, die exakte Klassifikation findet sich in Abschnitt 1.3.4.

1.3.3.8 Rechner mit Macropipelining

Durchlaufen viele Daten gleiche Programme, die sich als Teilprogramme auf verschiedene Prozessoren eines Multiprozessors aufteilen lassen, die gleichzeitig überlappt arbeiten, wobei die Daten jeweils über gemeinsame Speicher weitergegeben werden, spricht man von Macropipelining. Ein typisches Beispiel für solche Anwendungen liegt in der Flugsicherung vor (HÄNDLER, 1973). Die graphische Darstellung von Rechnern, die im Sinne des Macropipelinings organisiert sind, findet sich in Abbildung 1.15. Ein typisches Beispiel für solche Rechnerstrukturen ist das System PEPE (BERG et al., 1972). Die Steuer- und E/A-Rechner sind in diesem Fall nicht beschrieben, da sich mit ihnen eine zusammengesetzte Struktur ergibt (Abschnitt 1.3.4).

$$t_{PEPE} = (*3,288,32);$$

Da für PEPE gilt: d = 288; liegt hier gleichzeitig ein Rechner mit Nebenläufigkeitseigenschaften vor. Wegen der funktionalen Aufteilung der Teilwerke wurde das System hier aber in die Klasse der Rechner mit Macropipelining eingeordnet.

1.3.4 Zusammengesetzte Rechnerstrukturen: Operationen auf ECS-Tripeln

Die bisher eingeführte Tripel-Schreibweise erlaubt es, homogene Rechnerstrukturen zu beschreiben. Für die Beschreibung komplexer Gesamtstrukturen, die sich aus einfachen homogenen Teilstrukturen zusammensetzen lassen, müssen nunmehr Operationen auf den Tripeln eingeführt werden, die im wesentlichen den folgenden beiden Fällen gerecht werden:

- Beschreibung der Architektur von Rechnern, die aus verschiedenen homogenen Teilstrukturen bestehen, beispielweise Rechner, die neben den Rechenwerken noch autonome Ein/Ausgabeprozessoren umfassen, oder Feldrechner, die zu ihrem Betrieb noch einen konventionellen Steuerrechner ("host") benötigen.
- Beschreibung von (dynamisch) rekonfigurierbaren Architekturen, also Maschinen, die je nach Struktur des zu berechnenden Anwendungsproblems in unterschiedlichen Betriebsarten arbeiten können.

Für die Erfassung des ersten Falles werden zwei "Konkatenations-Operatoren" eingeführt: "*" und "+" sowie das Element "0". Für den zweiten Fall, die Betriebsartenmodularität, wird ein Alternativ-Operator "v" angegeben. Aus diesen Operatoren werden im folgenden auch zusammengesetzte Ausdrücke gebildet.

Der Operator "*" für das Zusammensetzen verschiedenartiger Tripel erscheint immer dann gerechtfertigt, wenn zusammengesetzte Architekturen beschrieben werden sollen, wobei die verschiedenen Teilstrukturen im Sinne einer Pipeline organisiert sind und, wie das etwa bei speziellen Ein/Ausgabeprozessoren der Fall ist, eine Art "Macropipeline" bilden. Tatsächlich muß in diesem Fall jedes Programm (als "job" vom Betriebssystem gesteuert) zumindest eine Kette: Eingabeprozessor - Zentralprozessor - Ausgabeprozessor durchlaufen. Da die verschiedenen beteiligten Prozessoren dieser Kette unabhängig und simultan arbeiten können, liegen hier die Eigenschaften eines Fließbandes vor, bei dem die einzelnen Programme die zu realisierenden Produkte darstellen. Ein ähnlicher Fall liegt bei den Steuerrechnern zu unkonventionellen Parallelrechnerstrukturen vor.

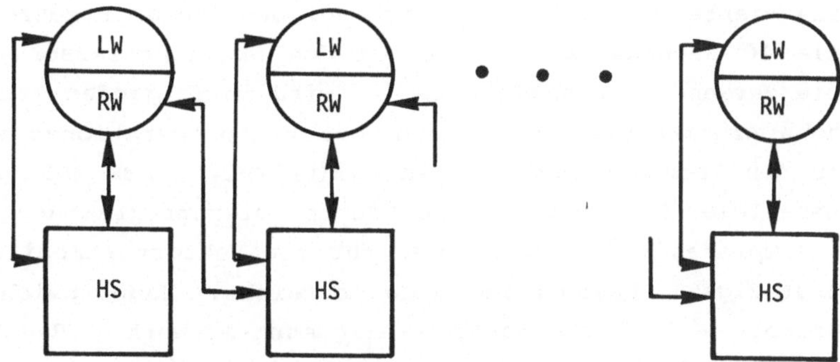

Abbildung 1.15. Funktionsschaltbild eines Rechners mit Macropipelining, die Ein/Ausgabe ist nicht dargestellt

Beispiele für die Verwendung des Operators "*" liegen mit den Rechnern CD 6600, CD 7600, PEPE, ILLIAC IV und BSP (JENSEN, 1978, BURROUGHS, 1977) vor. Der Rechner CD 6600, dessen Zentraleinheit durch das Tripel (1,*10,60) beschrieben wird, verfügt über 10 Peripherieprozessoren der Wortlänge 12 Bit:

$$t_{CD\ 6600} = (10,1,12) * (1,*10,60);$$

Das System PEPE wird durch einen Steuerrechner CD 7600 ergänzt, der seinerseits 15 Peripherieprozessoren umfaßt:

$$t_{CD\ 7600} = (15,1,12) * (1,*9,60);$$
$$t_{PEPE} = (15,1,12) * (1,*9,60) * (*3,288,32);$$

Eine graphische Darstellung der zusammengesetzten Struktur des Rechners CD 7600 findet sich in Abbildung 1.16. Der Feldrechner ILLIAC IV wurde zunächst mit einem Großrechner Burroughs B 6700 (ORGANIK, 1973), später mit 2 Großrechnern DEC PDP 10 (BELL et al., 1978) betrieben:

$$t_{B\ 6700-ILLIAC} = (1,1,48) * (1,64,64);$$
$$t_{PDP\ 10-ILLIAC} = (2,1,36) * (1,64,64);$$

Der Burroughs Scientific Processor BSP ist ein spezieller Feldrechner für Vektoroperationen, der zusätzlich einen Skalarprozessor umfaßt. Der BSP wird von einem Großrechner B 7800 gesteuert.

$$t_{B7800/BSP} = [(7,1,48)*(1,1,48)*(4,1,48)] * [(1,1,48)*(0,16,48*5)];$$

Die ersten drei Tripel beziehen sich auf die Zentralprozessoren, den E/A-Prozessor und die Diagnoseprozessoren des Steuerrechners B 7800. Das vierte Tripel bezieht sich auf den Skalarprozessor, das fünfte auf die 16 Rechenwerke, die durch den Skalarprozessor gesteuert werden. Die Verwendung des Elements "0" wird im folgenden Text eingeführt. Die hohe Arbeitsleistung des BSP bei Vektoroperationen wird im Gegensatz zu den Rechnern mit Pipelining (CRAY-1, CYBER 205, vgl. unten) durch parallele Rechenwerke und deren mikroprogrammgesteuerte Schaltung ("Templates": Mikroprogramme für die Vektorverarbeitung) zu einer Art 5-stufigen Phasen-Pipelining erreicht: Hauptspeicher - Alignment-Network - 16 Rechenwerke - Alignment-Network - Hauptspeicher. Inzwischen wurde bekannt, daß die Firma Burroughs den BSP nicht auf den Markt bringen wird. Wegen seiner interessanten Eigenschaften wurde er dessen ungeachtet hier aufgenommen.

Der Operator "+" wird verwendet, um nicht homogene zusammengesetzte Strukturen zu beschreiben, die nicht im Sinne einer Macro-Pipeline organisiert, sondern als Alternativen für die Verarbeitung der Daten vorhanden sind. Es soll dabei möglich sein, daß die durch "+" verknüpften Teilstrukturen im Sinne eines exklusiven Oders verknüpft sind, also echt alternativ, oder daß sie parallel betrieben werden. Es ergibt sich also

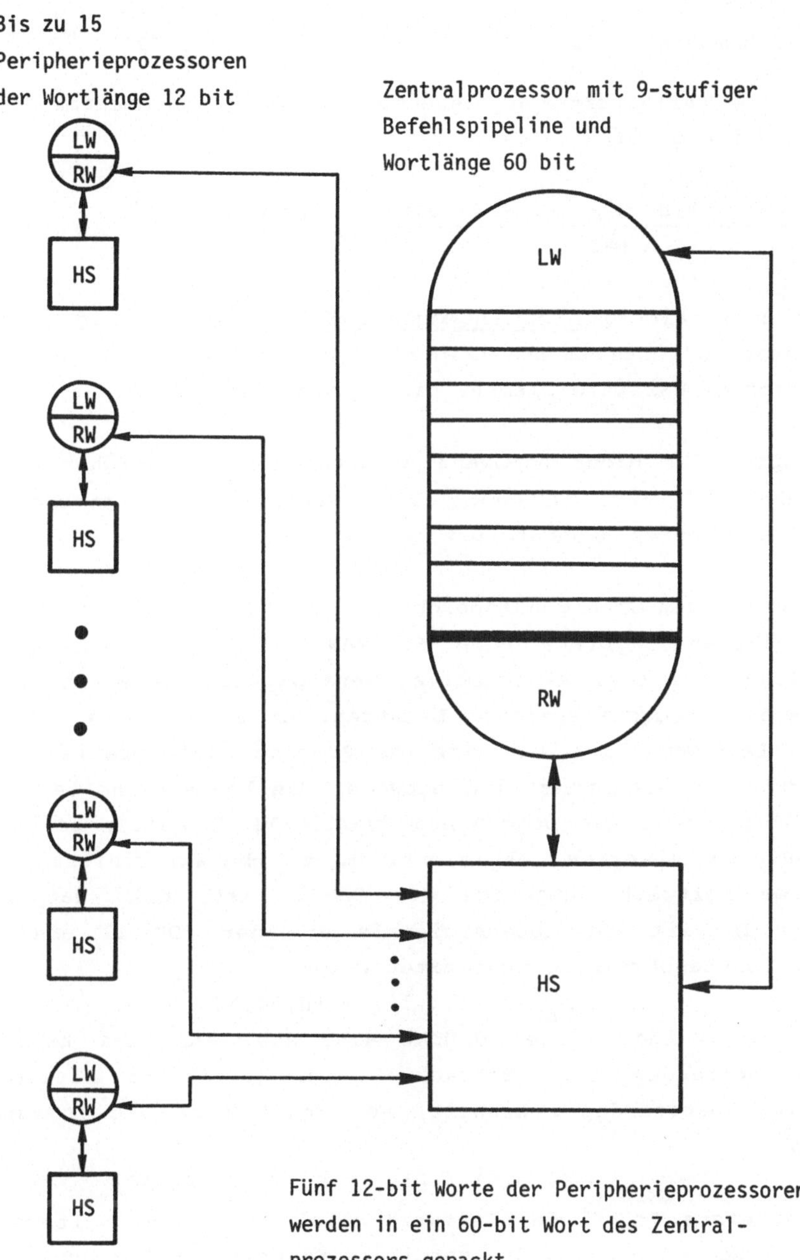

Abbildung 1.16. Funktionsschaltbild des Rechners CD 7600

$$t_{nicht\ homogen} = (k_1*k_1',d_1*d_1',w_1*w_1') + (k_2*k_2',d_2*d_2',w_2*w_2') + \ldots;$$

Gleichartige Teilstrukturen lassen sich jedoch zusammenfassen, so daß beispielsweise gilt:

$$\underbrace{(1,d,w) + (1,d,w) + \ldots + (1,d,w)}_{n\text{-mal}} = (n,d,w);$$

Für die Beschreibung nicht homogener Strukturen benötigt man ferner das Element "0", das im ECS-Tripel an den Stellen erscheint, an denen das zugehörige Hardware-Element nicht vorhanden ist.

Als Beispiel für nicht homogene Strukturen wird zunächst das System OMEN (SHOOMAN, 1970, THURBER, 1976) ausführlich besprochen, sodann eine Reihe weiterer Rechner kurz beschrieben.

OMEN baut auf dem Orthogonalspeicherprinzip (Speicher mit horizontalem und vertikalem Zugriff) nach SHOOMAN, 1970 auf und besteht im wesentlichen aus zwei alternativen Verarbeitungseinheiten, die einen gemeinsamen Orthogonalspeicher benutzen. Es existiert jedoch nur ein einziges Leitwerk, das das einzelne Programm interpretiert. Je nach Anforderung des Programms wird entweder das konventionelle Rechenwerk (eine PDP-11) oder die sogenannte "vertikale Einheit", bestehend aus 64 Ein-Bit-Rechenwerken, aktiviert. Um zu charakterisieren, daß das gemeinsame Leitwerk dasjenige der PDP-11 ist, d.h. daß auch die vertikale Einheit ihre Steuersignale aus der PDP 11 erhält, kann folgende ECS-Beschreibung abgeleitet werden:

$$t_{OMEN} = (1,1,16) + (0,64,1);$$

Die "0" im zweiten Tripel drückt also aus, daß hier kein eigenes Leitwerk vorhanden ist. Betrachtet man jedoch das Leitwerk als gemeinsame übergeordnete Einheit, so ergibt sich die folgende ECS-Notation:

$$t_{OMEN} = (1,0,0) * [(0,1,16) + (0,64,1)];$$

wobei das erste Tripel das Leitwerk allein, die zwei weiteren Tripel das PDP-11 Rechenwerk und die vertikale Einheit beschreiben, die - für sich genommen - nicht in der Lage sind, ein Programm zu interpretieren.

Nicht homogene Strukturen treten besonders bei Rechnern mit Befehlspipelining und arithmetischem Pipelining auf, da die einzelnen Funktionseinheiten je nach Art der arithmetisch/logischen Operation, die sie ausführen, unterschiedlich viele Pipeline-Stufen umfassen. Beispiele sind die Rechner CRAY-1, MU5 (IBBETT, 1972, IBBETT, CAPON, 1978) und CYBER 203 (KASCIC, M.J., 1979, CONTROL DATA, 1979).

$$t_{CRAY-1} = (1,0,0) * [(0,*1,24*2) + (0,*1,24*6) + (0,*1,64) + (0,*1,64*2) + (0,*3,64*3) + (0,*2,64*4) + (0,*1,64*6) + (0,*1,64*7) + (0,*1,64*14)];$$

Das gemeinsame Leitwerk steuert 12 Funktionseinheiten unterschiedlich starker arithmetischer Pipeline-Grade. Die beiden ersten Tripel der eckigen Klammer beziehen sich auf Adressrechenwerke mit der Wortlänge 24 Bit, die restlichen Tripel beziehen sich auf die Skalar bzw. Vektor-Rechenwerke mit je 64 Bit Wortlänge.

$$t_{CYBER\ 203} = (1,0,0) * [(0,*1,64) + (0,*1,64*3) + (0,*2,64*5) + (0,*1,64*56) + (0,*2,64*?)];$$

Bei der CYBER 203 steuert das im "scalar processor" liegende gemeinsame Leitwerk 5 skalare Rechenwerke mit verschiedenen Stufen des arithmetischen Pipelinings (beschrieben durch die 4 ersten Tripel in der eckigen Klammer), sowie zwei Vektor-Rechenwerke, deren arithmetische Pipelinestufen in der Literatur nicht angegeben sind.

$$t_{MU5} = (1,0,0) * [(0,*1,32*6) + (0,*1,64*6)];$$

Die Steuerung des MU5-Rechners geschieht durch ein zentrales Leitwerk ("instruction buffer unit" und "primary operand unit"), das die 16/32-Bit-Befehle in einer 6-stufigen Pipeline zur Verarbeitung in der "Index-Arithmetic Unit" (32 Bit) oder der "Accumulator-Unit" (64 Bit) vorbereitet.

Ein Beispiel für eine zusammengesetzte Struktur mit Nebenläufigkeit und Pipelining ist das System Cm*:

$$t_{CM*} = [(1,1,16) * (14,1,16)] + [(1,1,16) * (14,1,16)] + \ldots;$$

Jede eckige Klammer des ECS-Tripels beschreibt ein "cluster" von CM*, das aus bis zu 14 Prozessoren LSI-11 und einem autonomen Adreßrechner für die "inter-cluster-Kommunikation" besteht. Die Prozessoren in einem cluster und der Adreßrechner können im Sinne einer Macropipeline parallel arbeiten. Die einzelnen cluster arbeiten völlig autonom nebenläufig.

Für die Beschreibung der Flexibilität von Rechenanlagen wird der Operator "v" eingeführt. Flexibilität ist dabei in dem Sinne gemeint, daß eine gegebene Hardware in verschiedener Weise benutzt werden kann, d.h. daß - bezogen auf die Beschreibungsniveaus von ECS - eine rekonfigurierbare Hardware vorliegt. Die meisten heutigen Rechner sind auf genau eine Betriebsart zugeschnitten, es wird ihnen deshalb die Flexibilität "1" zugewiesen.

Eine Ausnahme bildet das System ICL-DAP (REDDAWAY, 1973, BIRD, 1975, PARKINSON, 1977):

$$t_{DAP} = (1,64,64)\ v\ (1,128,32)\ v\ (1,4096,1);$$

DAP (ohne Steuerrechner) besteht aus einem Speicher und 4096 1-Bit-Prozessoren, die entweder zusammengefaßt zu Gruppen von 64 Elementen wie 64 64-Bit Rechenwerke eines Feldrechners ("main store mode processing") oder wie 4096 1-Bit Rechenwerke ("array mode processing") organisiert sein können. Die beiden durch "v" getrennten Tripel bedeuten, daß zu einem gegebenen Zeitpunkt nur genau eine der beiden Beschreibungen für die Arbeitsweise des Rechners zutrifft.
Um ein Maß für die Flexibilität von Rechnern zu gewinnen, definieren wir:

$$F(t_{RECHNER}) = |(k_1{*}k'_1, d_1{*}d'_1, w_1{*}w'_1)\ v\ (k_2{*}k'_2, d_2{*}d'_2, w_2{*}w'_2)\ v\ \dots\ v\ (k_n{*}k'_n, d_n{*}d'_n, w_n{*}w'_n)| = n;$$

wobei "||" die Anzahl verschiedener durch "v" verknüpfter Tripel zu einem Rechner bezeichnet.
Es gilt also:

$$F(t_{DAP}) = 3;$$

Weitere Beispiele für flexible Rechnerstrukturen sind die Systeme C.mmp (WULF, BELL, 1973) und EGPA (HÄNDLER, HOFMANN, SCHNEIDER, 1976).

$$t_{C.mmp} = (16,1,16)\ v\ (1,16,16)\ v\ ({*}16,1,16);$$
$$F(t_{C.mmp}) = 3;$$

Die angegebene Schreibweise geht davon aus, daß C.mmp als Multiprozessor, als Feldrechner und als Rechner mit Macropipelining betrieben werden kann.

$$t_{EGPA\text{-}PILOT} = [(1,1,32)v(1,32,1)]\ {*}\ [(4,1,32)v({*}4,1,32)v(4,32,1)];$$

Die Pilotversion des EGPA-Projekts besteht aus einer Pyramide von 5 Rechnern AEG 80-60, wobei die Pyramidenspitze als Betriebssystemrechner dient. Die 4 Arbeitsrechner können als Multiprozessoren, als Rechner mit Macropipelining sowie als Feldrechner mit Assoziativrechnereigenschaften im sogenannten Vertikalverarbeitungsmodus betrieben werden (BODE, 1980a und 1980b). Ferner können auch verschiedene Zuordnungen auf einer Pyramide realisiert werden, so daß beispielsweise

$$t_{EGPA-PILOT} = (1,1,32) * [(3,1,32) + (1,32,1)];$$

entsteht, wenn 3 Rechner als Multiprozessoren, einer als assoziativer Feldrechner verwendet werden. Betrachtet man weitere mögliche Partitionierungen, so entsteht

$$F(t_{EGPA-PILOT}) >> 4;$$

womit EGPA als eine sehr flexible Rechnerstruktur dargestellt ist.

Rechner, bei denen Fehlertoleranz auf dem Betrachtungsniveau der ECS-Tripel durch Hardware oder Software unterstützt wird, sind in der Lage, bei Ausfall von gewissen Moduln weiterzuarbeiten - wenn auch im allgemeinen mit verringerter Leistung. Diese Rechner verfügen über eine gewisse Flexibilität, wie etwa das System PLURIBUS:

$$t_{PLURIBUS} = (14,1,16) \vee (13,1,16) \vee (12,1,16) \vee \ldots;$$

$$F(t_{PLURIBUS}) < 14;$$

Wie viele Prozessoren im PLURIBUS-System ausfallen können, bevor das Gesamtsystem ausfällt, hängt von der eingestellten Strategie der "Consensus"-Bildung der intakten Prozessoren ab (ROBINSON, ROBERTS, 1978).

Zum Abschluß dieses Abschnitts soll aus der ECS-Beschreibung noch ein gewisses Maß für die Leistungsfähigkeit der beschriebenen Rechnerstrukturen im Sinne des maximalen Parallelismus nach FENG, 1972 abgeleitet werden.

$$P_{max}(k*k',d*d',w*w') = k \times k' \times d \times d' \times w \times w';$$

Der entstehende Wert ist eine Vergleichszahl, die nur dann in irgendeiner Weise aussagekräftig ist, wenn für die beschriebenen Rechnerstrukturen zur Implementierung identische Technologie verwendet wird.

Für zusammengesetzte Strukturen gilt: P_{max} für durch "*" verbundene Tripel wird durch Addition der P_{max} für die einzelnen Teiltripel ermittelt. P_{max} für nicht ¬homogene Strukturen, die unter Verwendung von "*", "+" und "0" beschrieben sind, ergibt sich durch Substitution der "0" durch eine "1" (und Streichen des entsprechenden Leitwerk-Tripels), Errechnung des P_{max} für die so entstandenen Teiltripel und Bildung der Summe dieser Teiltripel.

Für flexible Strukturen (Verwendung von "v") gilt, daß sich P_{max} aus dem Maximum der Teil-P_{max} der durch "v" verknüpften Tripel ergibt. Im allgemeinen wird der gefundene Wert für die alternative Konfiguration jedoch identisch sein. Einige Beispiele:

$$P_{max}(t_{EGPA\ PILOT}) = P_{max}([(1,1,32)v(1,32,1)] * [(4,1,32)v \ldots]) = 160;$$

$$P_{max}(t_{MU5}) = P_{max}((1,0,0) * [(0,*1,32*6)+(0,*1,64*6)]) = 384;$$

Die errechneten Vergleichszahlen sind jedoch wegen der genannten Implementierungsabhängigkeit sowie der Organisationsverluste bei parallelen Arbeitsweisen nur als sehr grobe Überschlagswerte zu betrachten.

1.3.5 Geschichtlicher Rückblick auf mathematische Maschinen

Fasst man mathematische Maschinen bzw. Rechner als Instrumente, welche die Vorhersage von gewissen Fakten naturwissenschaftlichen bzw. technischen Geschehens ermöglichen (HÄNDLER, 1980b) zusammen, so kann man von einer mehr als 2000-jährigen Geschichte der Informatik sprechen (HÄNDLER, 1976 und 1977b). Es sind dabei im wesentlichen zwei große Entwicklungslinien zu unterscheiden (vgl. Abbildung 1.17):

- digitale Rechenhilfsmittel, die auf der Verwendung verschiedener Zahlensysteme beruhen, und
- analoge Rechenhilfsmittel, deren Arbeitsweise auf der geometrisch-physikalischen Analogie bzw. Entsprechung gegründet ist.

Die Tripelbeschreibung durch ECS bezieht sich nur auf die erstere beider Kategorien, dennoch soll hier auch kurz über die Entwicklung der Analogrechner berichtet werden.

Die Geschichte der <u>digitalen Rechenhilfsmittel</u> beginnt mit dem Suan Pan (Ostasien), Soroban (Japan), Stschoty (Rußland), dessen dezimaler Nachkomme, der Abacus, heute noch vielerorts Verwendung findet.

$$t_{\text{ABACUS}} = (0,0,n);$$

Die ECS-Darstellung für den Abacus mit den beiden führenden Nullen soll beschreiben, daß bei diesem Rechenhilfsmittel weder ein Leitwerk für programmierte Steuerung, noch ein Rechenwerk vorliegt. Vielmehr muß hier der Mensch sein Gedächtnis (für das "Programm") und seine arithmetischen Fähigkeiten einsetzen, um auf n Stellen zu operieren, wobei im wesentlichen das Problem des Übertrags gelöst werden muß.
Ein beträchtlicher Fortschritt gelingt im 17. Jahrhundert mit der Entwicklung der Vierspezies-Tischrechenmaschine nach SCHICKARD (1592-1635), PASCAL (1623-1662) und LEIBNIZ (1646-1716).

$$t_{\text{TISCHRECHNER}} = (0,1,w);$$

Hier liegt nun ein echtes Rechenwerk vor, das jedoch nicht programmgesteuert arbeitet, d.h. ein längerer Algorithmus muß vom Menschen gesteuert Schritt für Schritt ausgeführt werden, wobei die Einzelschritte aus Addition, Subtraktion, Multiplikation und Division bestehen können.

Als die zentrale Erfindung für Rechenanlagen im heutigen Sinne ist die Programmsteuerung zu betrachten. Sie hat ihren Ursprung in den lochkartengesteuerten Webstühlen nach JACQUARD und Musik-Automaten-Steuerungen im 18. Jahrhundert. Die von BABBAGE (1792-1871) entwickelte "analytical machine" ist logisch als unmittelbarer Vorgänger der Parallelwortrechner zu verstehen,

$$t_{\text{ANALYTICAL ENGINE}} = (1,1,w);$$

wenngleich sie aus mechanischen Gründen nicht funktionsfähig war. "w" kennzeichnet in diesem Fall die Anzahl von Dezimalstellen! Erst mit Hilfe elektronischer Rechner gelingt die funktionsfähige Realisierung dieser Idee weit über 100 Jahre später nach den Arbeiten von ZUSE, referiert in ZUSE, 1970, dessen Anlage Z3 1941 die erste funktionsfähige programmgesteuerte Rechenanlage war, sowie dem klassischen Entwurf von BURKS, GOLDSTINE und von NEUMANN, 1946, der noch heute die Rechnerarchitektur weitgehend beherrscht.

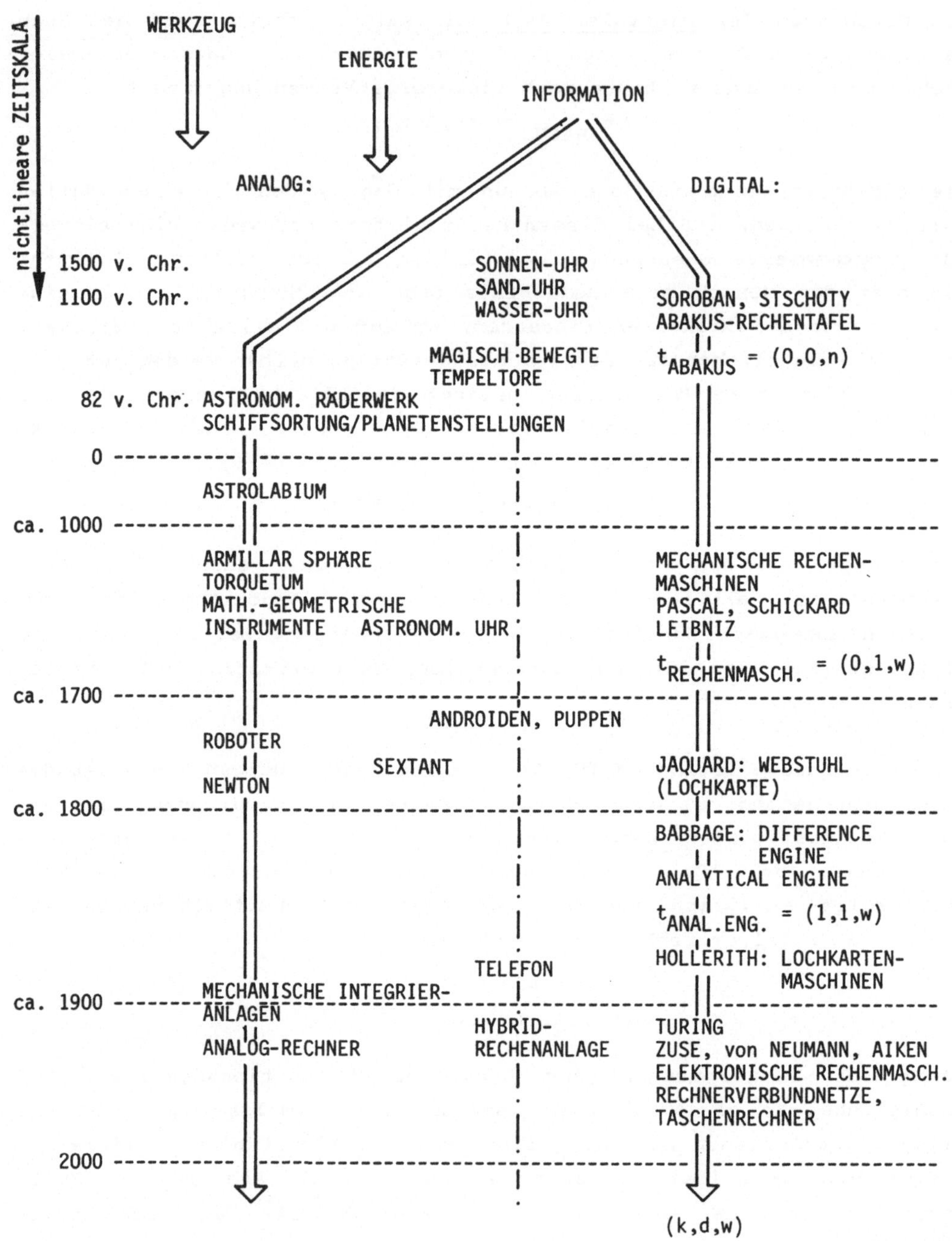

Abbildung 1.17. Darstellung der Vorläufer heutiger Rechenanlagen, getrennt nach digitaler und analoger Entwicklungslinie

Analoge Rechenhilfsmittel waren, wie das auf 82 v. Chr. datierte Räderwerk von Antikythera beweist (De SOLLA PRICE, 1959), technologisch bereits hochentwickelt. Das Räderwerk war ein astronomisches Gerät, das möglicherweise auch als nautisches Hilfsmittel unter Verwendung der Himmelskörper-Konfigurationen diente. Es bestand aus einer Vielzahl von Zahnrädern und enthielt sogar ein Differentialgetriebe zur Bildung einer Differenz.
Ähnliche Zielsetzungen werden mit den ab 700 n.Chr. entwickelten Astrolabien verfolgt, die die Möglichkeit der Orientierung im Weltraum, die Berechnung der Ortszeit sowie des Auf- und Untergangs bekannter Gestirne boten, indem sie die Bahnen und Relationen der Gestirne im kleinen Maßstab nachbilden.
Integrieranlagen, für die Lord KELVIN (früherer Name: THOMPSON, 1876) das Prinzip der Rückkopplung erfand, wurden um die Jahrhundertwende zunächst mechanisch, dann elektromechanisch und schließlich elektronisch als sogenannte Analogrechner hergestellt.

Die Verknüpfung der hohen Parallelitätseigenschaften von Analogrechnern mit den Vorteilen einfacher Programmierbarkeit von Digitalrechnern wird in den Hybridrechnern angestrebt, die auch heute noch hergestellt werden (z.B. System EAI 2000, vgl. ILIC, 1977), gegenüber den Digitalrechnern jedoch fast keine Bedeutung mehr haben. Eine weitere Variante von Rechenanlagen mit Zwischenstellung zwischen Analog- und Digitaltechnik sind die digitalen Integrieranlagen DDA (digital differential analyzers), vgl. ERISMANN, 1962.

Abschließend soll an dieser Stelle eine tabellarische Übersicht über die chronologische Entwicklung bei Parallelrechneraktivitäten unter Verwendung von ENSLOW, 1977, erwähnt werden (vgl. Abbildungen 1.18a,b und c).

Parallelrechner-Chronologie

Datum	Hersteller und Typenbezeichnung	Bemerkungen
1958	National Bureau of Standards: PILOT	3 unabhängig voneinander arbeitende Rechner, die kooperieren konnten
ca.1958	IBM AN/FSQ-31 und 32	Frühe Rechner mit Halbleiter-Technologie, Modell SAGE, keine Multiprozessoren sondern Duplex-Systeme
1960	Burroughs D-853 (viele weitere militärische Namen)	Erstes modulares System mit identischen Prozessoren und gemeinsamem Speicherblock. Bis zu 4 Prozessoren, 16 Speichermoduln, 10 E/A-Geräte und 64 Anschlüsse. Eines der ersten Beispiele für ein modernes Betriebssystem:ASOP (automatic operating and scheduling program)
1960	Ramo Wooldridge TRW-400	"Polymorphes System" für militärische Anwendungen, nicht fertiggestellt, jedoch wegweisende Konzepte
5/1960	UNIVAC LARC	Ein E/A-Prozessor und ein Zentralprozessor, die parallel arbeiten können: Lieferung 1 Exemplars an die Livermore AEC Laboratories
5/1961	IBM STRETCH (7030)	Ursprünglicher Entwurf mit getrenntem Zeichenverarbeitungs- und Arithmetikprozessor wurde aufgegeben (kein Multiprozessor jedoch Befehls-look-ahead). 7 Exemplare geliefert
2/1963	Burroughs B 5000	1 oder 2 Prozessoren und bis zu 8 Speichermoduln, Programme verschieblich, virtuelle Speicherverwaltung und Hardware. Maschinensprache baut auf Polnischer Notation auf. Ab 11/1964: B 5500 (vgl. Kap. 2)
1963	IBM 704X/709X	Direkt gekoppelte Systeme (vgl. Kap. 2)
1963	BENDIX G-21 (später CDC)	Multiprozessor-Version der G-20 entwickelt für Carnegie Institute of Technology System mit Kreuzschienenverteiler
1963	IBM, MSC	Ein Spezial-Multiprozessorsystem für das "Manned Space Center". Ursprünglich mehrere 7090 mit gemeinsamem großem Kernspeicher, später 360/75
9/1964	CDC 6600	Rechner mit Befehlspipelining und bis zu 10 Peripherieprozessoren (ab 1969: bis zu 20), (vgl. Kap. 2)
11/1964	Burroughs B 5500	Verbesserte Version der B 5000
1964	GE 645 (sp. Honeywell)	Bestellt für das Projekt MAC am MIT
5/1965	GE 645 (sp. HIS-645)	Auslieferung an das MIT, keine Standard-Hardware, MULTICS-Betriebssystem
5/1965	UNIVAC 1108	Mehrprozessor (timid)
1965	SOLOMON I	Erster großer Feldrechner (nur Entwurf)
3/1966	IBM 360/67	2-Prozessor-Timesharing-System
4/1966	CDC 6500	CDC 6400 mit 2 Prozessoren

Abbildung 1.18a. Chronologische Darstellung von Parallelrechneraktivitäten, Teil 1. Parallel*wort*rechner sind nicht berücksichtigt

Datum	Hersteller und Typenbezeichnung	Bemerkungen
12/1966	XDS SIGMA 7	
1966	SOLOMON II	Nur Entwurf
6/1967	CDC 6700	Zwei CDC 6600
8/1967	XDS SIGMA 5	
1968	CDC 7600	Schnellere CDC 6600 mit Hauptspeicherhierarchie
4/1969	IBM 360/65 MP	Zweiprozessorversion zu 360/65
5/1970	XDS SIGMA 6	
10/1970	Burroughs B5700	B 5500 mit größerem Hauptspeicher. 4 Systeme können 1 gemeinsame Plattenperipherie verwalten
1970	CII IRIS 80	Multiprozessor mit Prozessoren, die als anonyme Ressourcen betrachtet werden, virtuelle Speicher
1971	Honeywell 6050, 6060, 6080; Burroughs B 6700; DEC 10/1055, 10/1077; XDS SIGMA 8, 9; UNIVAC 11	
1971	SDC PEPE	Prototyp für die Verarbeitung von Radardaten im "ballistic missile defense system"
1971	FAIRCHILD SYMBOL 2R	7 Spezialprozessoren
1972	UNIVAC 1106; HONEYWELL 2088	
9/1972	ILLIAC IV	Feldrechner mit 64 Rechenwerken, gesteuert durch einen Großrechner (Multiprozessor), vgl. Kap. 3
1972	Burruoghs B 7700; CDC CYBER 72 . . . 76	
1972	GOODYEAR STARAN S	Assoziativer Feldrechner
1972	TI ASC	Pipelinerechner mit mehreren Rechenwerken, vgl. Kap. 4
5/1973	BBN PLURIBUS	Multi-Minirechnersystem, zugeschnitten auf hohe Zuverlässigkeit
1973	CDC STAR-100	Wie TI ASC
1974	IBM 370/158 MP und 370/168 MP	Mehrprozessorsysteme mit gemeinsamem realem und virtuellem Hauptspeicher
1974	CDC CYBER 175	Ähnlich CDC 6000 und CYBER 70-Serie
1974	Carnegie Mellon Univ. C.mmp	Multi-Minirechner mit 16 PDP-11 und gemeinsamem Speicher (Kreuzschienenverteiler)
1975	UNIVAC 1100/10, 20, 40	
1975	TANDEM T16	Fehlertoleranter Multiprozessor
1976	DEC 10/1088	Doppelprozessor
1976	CRAY - 1	Pipeline-Rechner
1976	IBM 370/158 AP und 370/168 AP	Asymmetrische Multiprozessoren
11/1976	UNIVAC 1100/80	

Abbildung 1.18b. Chronologische Darstellung von Parallelrechneraktivitäten, Teil 2

Datum	Hersteller und Typenbezeichnung	Bemerkungen
1977	GOODYEAR STARAN E	Assoziativer Feldrechner
1978	EGPA Univ. Erlangen-Nürnberg	Flexibel erweiterbarer hierarchischer Multiprozessor mit Betriebsartenmodularität
1978	Cm*	Multiprozessoren mit "cluster"-Bildung, kein Kreuzschienenverteiler
1978	LAU	Datenflußrechner mit bis zu 32 Rechenwerken
1978	Siemens SMS 1-3	Multiprozessor mit Pipelining
1980	DIRMU Univ. Erlangen-Nürnberg	Baukastensystem für speichergekoppelte Multiprozessoren mit Fehlertoleranzeigenschaften
1981	INTEL iAPX-432	Erster Mikroprozessor mit Unterstützung für software-transparentes Multiprocessing und Fehlertoleranzeigenschaften

Abbildung 1.18c. Chronologische Darstellung von Parallelrechneraktivitäten, Teil 3

2 Parallelismus, Virtualität und Sprachorientierung in den klassischen Universalrechnerfamilien

Als Vertreter typischer Entwicklungen klassischer Universalrechner wurden die 3 Familien CDC 6000, IBM 360 und Burroughs B 5000 mit ihren jeweiligen Nachfolgern ausgewählt, da mit diesen Rechnern erstmalig die inzwischen in vielen weiteren Rechnern angestrebten Ziele realisiert wurden:

- Effizienz bei der Ausführung (Hardware), d.h. hohe arithmetische Fähigkeiten durch Parallelismus auf verschiedenen Ebenen (Nebenläufigkeit und Pipelining) in der Familie CDC 6000,
- Benutzerorientierung durch Virtualität in der Familie IBM 360 und
- Sprachorientierung durch virtuelle Adressierung und hardwaremäßige Kellerorientierung in der Familie Burroughs B 5000.

In den folgenden drei Unterkapiteln werden daher die genannten Familien genauer beschrieben.

2.1 Parallelismus in der Familie CDC 6000, CYBER 70 und CYBER 170

Der Rechner CDC 6600 als erstes ausgeliefertes Element einer umfangreichen Rechnerfamilie wurde bereits im Kapitel 1 dieses Bandes mit seiner ECS-Darstellung eingeführt:

$$t_{\text{CDC 6600}} = (10,1,12) * (1,*10,60);$$

Mit dieser Beschreibung wird bereits klar, daß ein recht hoher Grad an Parallelismus vorliegt: es handelt sich um eine zusammengesetzte Struktur aus 10 Ein/Ausgabeprozessoren der Wortlänge 12 Bit, die - wie im folgenden gezeigt wird - auch die gesamten Organisationsaufgaben, also den Ablauf des Betriebssystems übernehmen, und dem eigentlichen "Prozessor", der aus 10 spezialisierten Funktionseinheiten jeweils der Wortlänge 60 Bit besteht. Die Funktionseinheiten des Zentralprozessors sind im Sinne des Befehlspipelining organisiert. Weitere Besonderheiten des Rechners CDC 6600 sind die Überlappung ("interleaving") von Hauptspeicherbänken und die Unterstützung des Multiprogramming durch spezielle (relocation-)Register. Es ergeben sich daher Parallelarbeiten auf verschiedensten Ebenen, wie die Herstellerdarstellung in Abbildung 2.1 zeigt.

2.1.1 Detailbeschreibung CDC 6600

2.1.1.1 Systemübersicht

Ausführliche Beschreibungen der CDC 6600 finden sich bei CONTROL DATA, 1963, THORNTON, 1964 und THORNTON, 1970, vergleichende Betrachtungen mit Universalrechnern bei BELL, NEWELL, 1971, LORIN, 1972, TANENBAUM, 1976 und BAER, 1980.

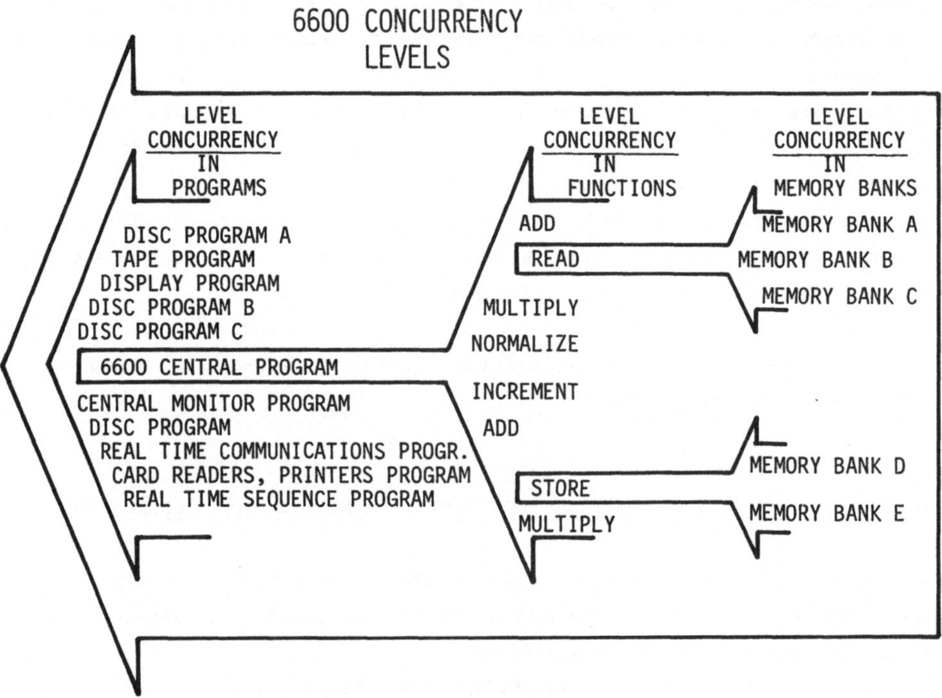

Abbildung 2.1. Darstellung der verschiedenen Ebenen an Parallelität in der Rechenanlage CDC 6600 (nach CONTROL DATA, 1963)

Betrachtet man zunächst einmal die Zentraleinheit des Rechners mit ihren 10 Funktionseinheiten als einen Prozessor, so ergibt sich die Gesamtsystemdarstellung in Abbildung 2.2. Nach dieser Darstellung besteht der Rechner CDC 6600 aus 11 voneinander unabhängigen Prozessoren, den 10 Peripherie- und Steuerprozessoren mit ihren aus je 4 K 12-Bit Worten bestehenden Privatspeichern und dem Zentralprozessor.

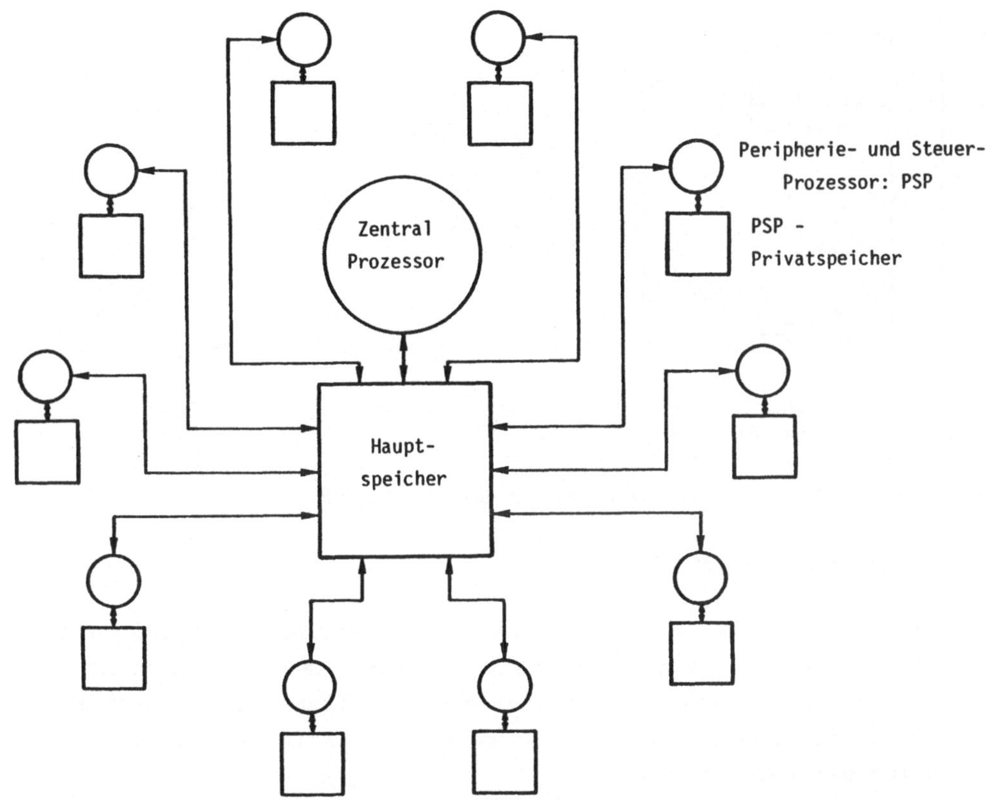

Abbildung 2.2. Funktionsschaltbild des Gesamtssystems CDC 6600 mit 10 Peripherieprozessoren und 1 Zentralprozessor, dessen Aufbau aus mehreren Funktionseinheiten hier nicht dargestellt ist

Zwischen den Peripherieprozessoren, die für die Steuerung der Peripherie und die Ausführung des Betriebssystems zuständig sind, und dem Zentralprozessor liegt der Hauptspeicher des Systems mit einer Kapazität von 2^{17} = 128 K 60-Bit Worten, die in 32 Bänke zu je 4 K Worten aufgeteilt sind (Adreßlänge jedoch: 18 Bit). Die gesamte Interprozessor-Kommunikation verläuft über den gemeinsamen Hauptspeicher, wobei die Parallelarbeit durch die Adreßüberwachung des Zentralprozessors von einem Peripherie- und Steuerrechner unterstützt wird (vgl. "obere Grenze", "untere Grenze" in Abbildung 2.3). Als Systemtakt fungiert der sogenannte "major cycle" von 1000 ns, der für das Schreiben oder Lesen des Speichers benötigt wird, sowie die "minor cycles" von 100 ns, die als Grundtakte für die Funktionseinheiten des Zentralprozessors und die Peripherieprozessoren dienen. Abbildung 2.3 zeigt, daß die 10 Peripherieprozessoren 12 Ein/Ausgabekanäle für die Kommunikation mit der Umwelt steuern.

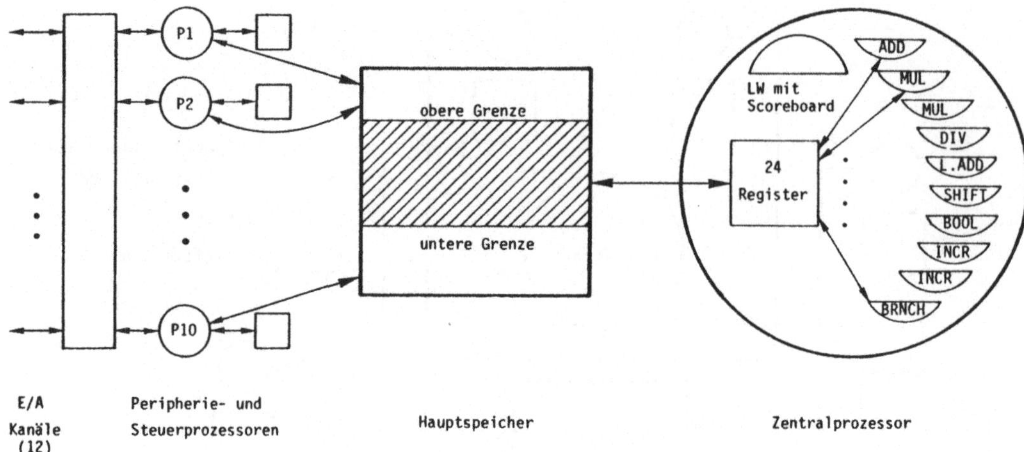

Abbildung 2.3. Funktionsschaltbild des Rechners CDC 6600

2.1.1.2 Zentralprozessor

Der Zentralprozessor besteht aus 10 Funktionseinheiten, die als unabhängige Rechenwerke - gesteuert durch das "scoreboard" (vgl. unten) - überlappt den Befehlsstrom eines Programms bearbeiten können:

- 1 Additionseinheit für Addition oder Subtraktion von Gleitpunktzahlen (60 Bit Darstellung)
- 1 Additionseinheit ("long add") für Addition oder Subtraktion von 60 Bit Festpunktzahlen
- 2 Multiplikationseinheiten für Multiplikation von Gleitpunktzahlen
- 1 Divisionseinheit für die Division von Gleitpunktzahlen und das Abzählen von auftretenden "1" in einem 60-Bit-Datum
- 1 Schiebeeinheit für Rotations- und Schiebeoperationen sowie das Normalisieren, Packen und Entpacken von Gleitpunktzahlen
- 1 Boolesche Einheit für einfache logische Operationen
- 2 Incrementier-Einheiten für die Adreßrechnung, d.h. Addition und Subtraktion von 18-Bit langen Adreßdaten
- 1 Verzweigungseinheit zur Unterstützung von Programmsprüngen.

Abbildung 2.4 zeigt eine Übersicht über die einzelnen Maschinenbefehle für die jeweiligen Funktionseinheiten und die zugehörigen Ausführungszeiten in "minor cycles", also Vielfache von 100 ns.

Zentralprozessor-Befehle: Ausführungszeiten in "minor cycles"

Oktal-Code	Befehl		Zyklen
	Verzweigungs-Einheit		
00	STOP		--
01	RETURN JUMP to K		11
02	GO TO K + Bi	(Note 1)	6*
030	GO TO K if Xj = zero	Note 2	6*
031	GO TO K if Xj ≠ zero	Note 2	6*
032	GO TO K if Xj = positive	Note 2	6*
033	GO TO K if Xj = negative	Note 2	6*
034	GO TO K if Xj is in range	Note 2	6*
035	GO TO K if Xj is out of range	Note 2	6*
036	GO TO K if Xj is definite	Note 2	6*
037	GO TO K if Xj is indefinite	Note 2	6*
04	GO TO K if Bi = Bj	Note 1	6*
05	GO TO K if Bi ≠ Bj	Note 1	6*
06	GO TO K if Bi ≧ Bj	Note 1	6*
07	GO TO K if Bi < Bj	Note 1	6*
	Note 1. GO TO K + Bi und GO TO K if Bi - - - Tests werden in der Incrementier-Einheit durchgeführt. Note 2. GO TO K if Xj - - - Tests werden in der "long add"-Einheit durchgeführt.		
	* 5 "minor cycles" zusätzlich, falls der Zielbefehl außerhalb des Befehlspuffers liegt (Speicherkonflikte nicht berücksichtigt).		
	Boolesche Einheit		
10	TRANSMIT Xj to Xi		3
11	LOGICAL PRODUCT of Xj and Xk to Xi		3
12	LOGICAL SUM of Xj and Xk to Xi		3
13	LOGICAL DIFFERENCE of Xj and Xk to Xi		3
14	TRANSMIT Xk COMP to Xi		3
15	LOGICAL PRODUCT of Xj and Xk COMP to Xi		3
16	LOGICAL SUM of Xj and Xk COMP to Xi		3
17	LOGICAL DIFFERENCE of Xj and Xk COMP to Xi		3
	Schiebeeinheit		
20	SHIFT Xi LEFT jk places		3
21	SHIFT Xi RIGHT jk places		3
22	SHIFT Xi NOMINALLY LEFT Bj places		3
23	SHIFT Xi NOMINALLY RIGHT Bj places		3
24	NORMALIZE Xk in Xi and Bj		4
25	ROUND AND NORMALIZE Xk in Xi and Bj		4
26	UNPACK Xk to Xi and Bj		3
27	PACK Xi from Xk and Bj		3
43	FORM jk MASK in Xi		3

Abbildung 2.4a. Maschinenbefehle und Ausführungszeiten für den Zentralprozessor CDC 6600, Teil 1
COMP: Complement

Additions-Einheit

30	FLOATING SUM of Xj and Xk to Xi	4
31	FLOATING DIFFERENCE of Xj and Xk to Xi	4
32	FLOATING DP SUM of Xj and Xk to Xi	4
33	FLOATING DP DIFFERENCE of Xj and Xk to Xi	4
34	ROUND FLOATING SUM of Xj and Xk to Xi	4
35	ROUND FLOATING DIFFERENCE of Xj and Xk to Xi	4

LONG ADD-Einheit

36	INTEGER SUM of Xj and Xk to Xi	3
37	INTEGER DIFFERENCE of Xj and Xk to Xi	3

Multiplikations-Einheit*

40	FLOATING PRODUCT of Xj and Xk to Xi	10
41	ROUND FLOATING PRODUCT of Xj and Xk to Xi	10
42	FLOATING DP PRODUCT of Xj and Xk to Xi	10

Divisions-Einheit

44	FLOATING DIVIDE Xj by Xk to Xi	29
45	ROUND FLOATING DIVIDE Xj by Xk to Xi	29
46	PASS	--
47	SUM of 1's in Xk to Xi	8

Incrementier-Einheit*

50	SUM of Aj and K to Ai	3
51	SUM of Bj and k to Ai	3
52	SUM of Xj and K to Ai	3
53	SUM of Xj and Bk to Ai	3
54	SUM of Aj and Bk to Ai	3
55	DIFFERENCE of Aj and Bk to Ai	3
56	SUM of Bj and Bk to Ai	3
57	DIFFERENCE of Bj and Bk to Ai	3
60	SUM of Aj and K to Bi	3
61	SUM of Bj and K to Bi	3
62	SUM of Xj and K to Bi	3
63	SUM of Xj and Bk to Bi	3
64	SUM of Aj and Bk to Bi	3
65	DIFFERENCE of Aj and Bk to Bi	3
66	SUM of Bj and Bk to Bi	3
67	DIFFERENCE of Bj and Bk to Bi	3
70	SUM of Aj and K to Xi	3
71	SUM of Bj and K to Xi	3
72	SUM of Xj and K to Xi	3
73	SUM of Xj and Bk to Xi	3
74	SUM of Aj and Bk to Xi	3
75	DIFFERENCE of Aj and Bk to Xi	3
76	SUM of Bj and Bk to Xi	3
77	DIFFERENCE of Bj and Bk to Xi	3

* Bei doppelten Einheiten geht der Befehl zur freien Einheit.

Abbildung 2.4b. Maschinenbefehle und Ausführungszeiten für den Zentralprozessor CDC 6600, Teil 2, DP: Double precision

Um einen möglichst hohen Prozessordurchsatz zu erzielen, wurde der Zentralprozessor mit 24 Registern ausgestattet, um zeitaufwendige Hauptspeicherzugriffe für das Holen und Ablegen von Zwischenergebnissen zu vermeiden (vgl. Abbildung 2.5):

- 8 60-Bit Operandenregister X0,X1,...,X7 zur Versorgung der Funktionseinheiten mit Operanden. Die Register X1 bis X5 sind für aus dem Hauptspeicher gelesene Operanden, X6 und X7 für in den Hauptspeicher abzulegende Ergebnisse reserviert. Die zugehörigen Hauptspeicheradressen stehen in den
- 8 18-Bit Adreßregistern A0,A1,...,A7. Eine Inhaltsänderung in den Ai produziert unmittelbar einen lesenden (A1 bis A5) bzw. einen schreibenden (A6,A7) Hauptspeicherzugriff, so daß neue Operanden in die Operandenregister geschrieben bzw. Ergebnisse aus ihnen gelesen werden. Adreßwerte können durch Verwendung der
- 8 18-Bit Indexregister B0,B1,...,B7 ("increment-register") modifiziert werden. Die Modifikationen werden dabei durch die Incrementier-Einheiten durchgeführt (vergleiche Abbildung 2.4), wobei Addition und Subtraktion der Inhalte von A_i,B_i und X_i sowie von Konstanten möglich ist (echte Adreßrechnung).

Die Register A0,B0 und X0 haben keine Verbindung zum Hauptspeicher, A0 und X0 können daher als Akkumulatoren verwendet werden, B0 enthält konstant den Wert Null (für Abfragen, bedingte Sprünge etc.).

Eine weitere Maßnahme zur Verringerung zeitaufwendiger Hauptspeicherzugriffe ist die Realisierung eines 8x60 Bit Befehlskellers im Zentralprozessor (vgl. Abbildung 2.5), der die jeweils nächsten auszuführenden Befehle eines Programms beinhaltet. Insbesondere bei Programmen mit kurzen Schleifen ist es so möglich, daß ein Programm über einen größeren Zeitabschnitt ohne Hauptspeicher-Befehlsholphase auskommt. Das Format der CDC 6600 Zentralprozessor-Befehle ist in Abbildung 2.6 dargestellt: es handelt sich um 15-Bit bzw. 30-Bit-Befehle, die 3-Registeradressen bzw. 2-Register- und eine Adreßkonstante bzw. einen Operanden der Länge 18 Bit umfassen. In Abbildung 2.6 wird ebenfalls dargestellt, welche Kombinationen aus 15- und 30-Bit-Befehlen in einem 60-Bit-Speicherwort vorhanden sein können. Es folgt daraus, daß der Befehlskeller maximal 32, minimal 16 Befehle beinhalten kann. Der Befehlskeller wird vom Speicher immer dann nachgefüllt, wenn er leer zu werden droht bzw. das laufende

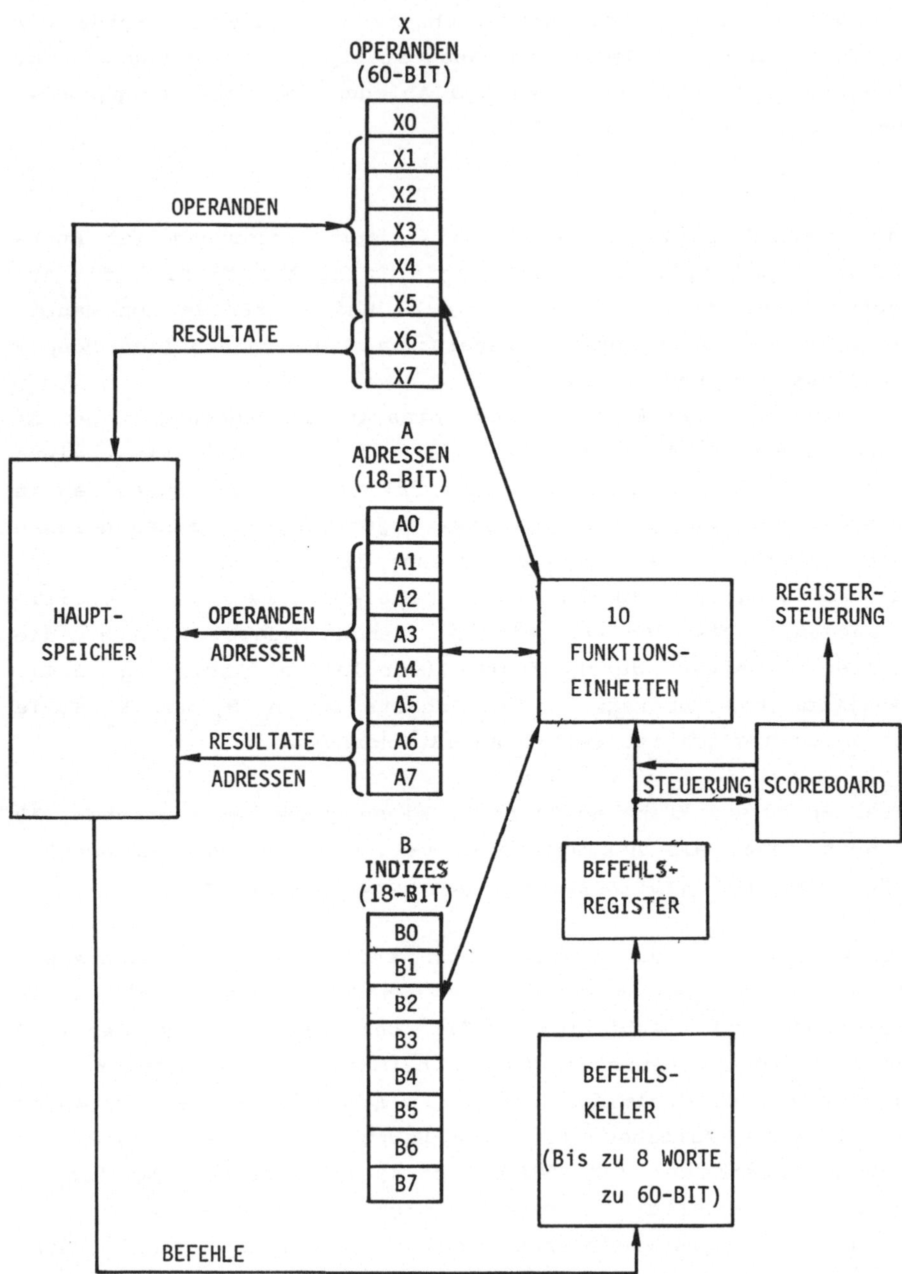

Abbildung 2.5. Funktionsschaltbild des Zentralprozessors CDC 6600 mit seinen Arbeitsregistern

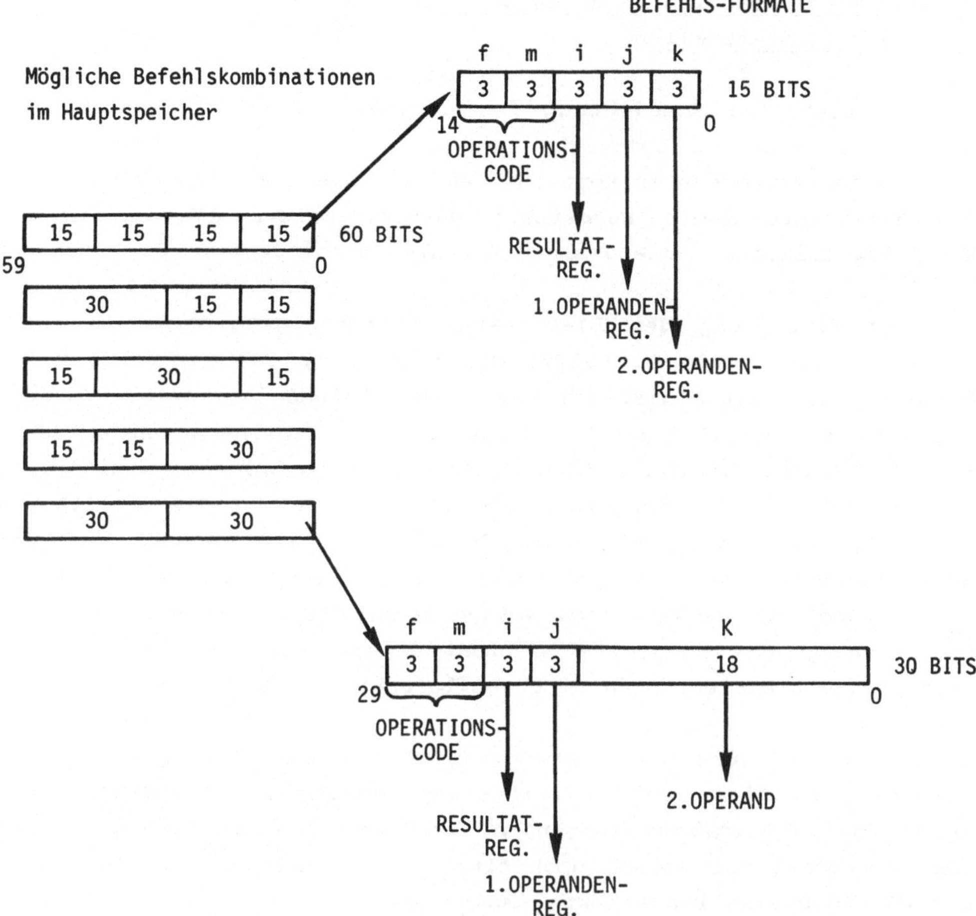

Abbildung 2.6. Formate der Zentralprozessor-Befehle CDC 6600 und ihre möglichen Abspeicherungsformen in den 60-Bit Worten des Hauptspeichers

Programm einen Sprungbefehl ausführt. Der Befehls"keller" entspricht im wesentlichen einem beweglichen Fenster über dem Programmcode, wobei die Instruktionen jeweils 2 Worte vor der laufenden ausgeführten Programmadresse geladen werden.

2.1.1.3 Konfliktauflösung durch das scoreboard

2.1.1.3.1 Problemstellung

Eine einzigartige Einrichtung ist das sogenannte "scoreboard", ein Hardware-Element des Leitwerks, das dafür sorgt, daß mehrere Befehle eines Befehlsstroms überlappt auf den verschiedenen Funktionseinheiten des Zentralprozessors ausgeführt werden, sofern dies nicht durch Konflikte zwischen den einzelnen Befehlen verhindert wird.

Bei der Behandlung der Elementaren Berechnungsschemata im Band 1 (BODE, HÄNDLER, 1980 S. 168ff) wurde gezeigt, daß nur konfliktfreie Schemata auch deterministisch sind, d.h. gleiche "Ergebnisse" unabhängig von der Ausführungsreihenfolge der Operatorinstanzen entstehen. Einfache Rechnerprogramme (ohne Kontrollstrukturen) lassen sich leicht auf Elementare Berechnungsschemata abbilden, so daß die Konfliktfreiheit für Programme beim Versuch der Parallelisierung und damit gegebenenfalls der Vertauschung der "ursprünglichen" Ausführungsreihenfolge nachgewiesen werden kann. Dieser Nachweis wird unter Einbeziehung von Kontrollstrukturen entsprechend aufwendiger (vgl. dazu auch die Ausführungen zu Datenflußschemata in Kapitel 3.2.2.2).

Zurück zur CDC 6600: das scoreboard muß also datenabhängige Konflikte erkennen und diese durch Verzögerung auflösen, d.h. die zu nicht erwünschten Ergebnissen führenden Ausführungsreihenfolgen verhindern. Das scoreboard muß jedoch noch eine weitere Aufgabe erfüllen: da bei der CDC 6600 eine beschränkte Anzahl physikalischer Operatorinstanzen (Funktionseinheiten) und Speicherzellen (Register) vorliegt (im Gegensatz zu den Elementaren Berechnungsschemata, wo diese in beliebiger Zahl als vorhanden vorausgesetzt werden), müssen auch Konflikte bezüglich der Mehrfachbenutzung der einzelnen Funktionseinheiten oder Register aufgelöst werden.

THORNTON, 1970 unterscheidet somit 3 Arten von Konflikten:

- Konflikt erster Art: zwei Befehle versuchen auf die gleiche Funktionseinheit oder das gleiche Ergebnisregister zuzugreifen.

  Beispiel: a) Konflikt zwischen Funktionseinheiten:
  X5 = X4 + X3; 1. Befehl
  X6 = X1 + X2; 2. Befehl
  Offensichtlich versuchen beide Befehle, auf die Additionseinheit zuzugreifen. Die Konfliktauflösung

besteht darin, den 2. Befehl erst dann freizugeben (CDC-Terminologie: ISSUE), wenn der erste beendet ist, d.h. die Parallelisierung wird verhindert. Da für Inkrementierung und Multiplikation 2 Einheiten bereitstehen, wird die Wahrscheinlichkeit eines Konfliktes bei diesen Befehlen reduziert.

Beispiel: b) Konflikt zwischen Ergebnisregistern

X5 = X4 + X3; 1. Befehl

X5 = X1 x X2; 2. Befehl

Beide Befehle versuchen, Ergebnisse in X5 abzulegen, die Konfliktauflösung besteht darin, den 2. Befehl erst nach Beendigung der Ausführung des 1. Befehls freizugeben, d.h. die Parallelisierung wird verhindert.

- <u>Konflikt zweiter Art:</u> ein Befehl benötigt das Ergebnis eines bereits freigegebenen, aber noch nicht zu Ende ausgeführten Befehls als Eingabeoperand.

Beispiel: X5 = X3 + X4; 1. Befehl

X7 = X6 / X5; 2. Befehl

Der zweite Befehl benötigt das Ergebnis der Addition als Divisor in der Division. Die Konfliktauflösung in diesem Fall besteht darin, den 2. Befehl zwar freizugeben (ISSUE), die eigentliche Ausführung (START) in der Divisionseinheit aber so lange anzuhalten, bis das Ergebnis X5 der Addition zur Verfügung steht. Diese Maßnahme ist sinnvoll, da die Addition ja bereits freigegeben ist, d.h. mit einem baldigen Ergebnis zu rechnen ist.

- <u>Konflikt dritter Art:</u> ein Befehl benutzt ein Register zum Speichern des Ergebnisses, wobei dieses Register als Eingabeoperand eines vorher freigegebenen, aber noch nicht gestarteten Befehls dient.

Beispiel: X3 = X1 / X2; 1. Befehl

X5 = X4 * X3; 2. Befehl

X4 = X0 + X6; 3. Befehl

Zwischen dem 1. und 2. Befehl besteht bezüglich Register X3 ein Konflikt 2. Ordnung. Zwischen dem 2. und 3. Befehl entsteht daher ein Konflikt 3. Ordnung bezüglich Register X4. Da die Befehle in Abständen von 1 "minor cycle" freigegeben werden (ISSUE), die Addition sehr viel schneller als die Division oder

Multiplikation ist, ist das Ergebnis für X4 im 3. Befehl bereits vor dem START der Multiplikation (2. Befehl) fertig, denn diese wird ja wegen des Konflikts 2. Ordnung bezüglich X3 erst gestartet, wenn das Ergebnis der Division als Eingabeoperand bereitsteht. Damit wird aber auch die Eingabe von X4 in die Multiplikationseinheit verzögert. Die Auflösung dieses Konflikts besteht darin, das Ergebnis des 3. Befehls unter Kontrolle des scoreboard solange in der Additionseinheit zwischenzuspeichern, bis X4 verwendet werden kann.

2.1.1.3.2 Beschreibung der Funktionsweise des scoreboard durch ein markiertes PETRI-Netz

Für die Beschreibung der Funktionsweise des scoreboard ist eine Darstellung dieser Einheit als markiertes Petri-Netz (vgl. BODE/HÄNDLER, 1980 S. 158ff) hilfreich, wie sie von BAER, 1980 vorgeschlagen wird (vgl. Abbildung 2.7):
Die Bedingungen des Petri-Netzes sind numeriert, wobei die Nummern in der nachfolgenden Beschreibung definiert sind. Die Transitionen entsprechen den Steuerungsanweisungen, die das scoreboard produziert. Sie sind daher durch entsprechende Namen markiert.

Bevor also die Ausführung eines Befehls in der entsprechenden Funktionseinheit stattfindet, muß eine Reihe von Bedingungen erfüllt sein:

1: Der Befehl muß im Befehlskeller stehen, interpretiert und zur Freigabe bereit sein.

2: Die benötigte Funktionseinheit muß frei sein (kein Konflikt 1. Ordnung).

3: Das zur Aufnahme des Ergebnisses angegebene Register darf nicht für diesen Zweck von einem freigegebenen, aber nicht zu Ende geführten Befehl reserviert sein.

ISSUE: Sind 1 bis 3 belegt, kann der Befehl freigegeben werden, damit werden folgende Bedingungen belegt ("wahr"):

4: Der nächste Befehl kann geholt und interpretiert werden.

5: Die Funktionseinheit ist reserviert und wartet auf das "GO READ"-Signal, das angibt, daß die Eingabeoperanden für die

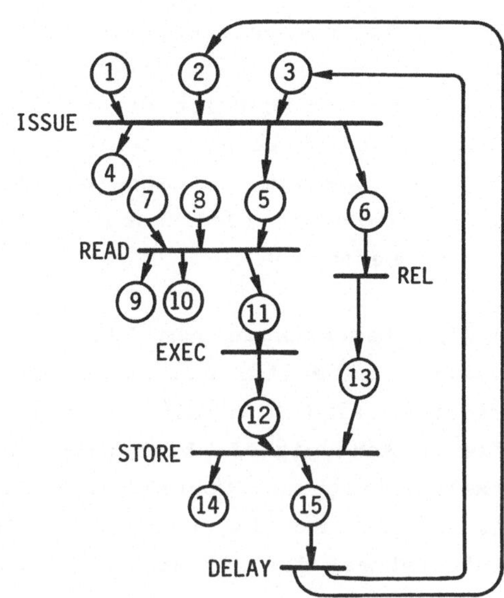

Abbildung 2.7. Schematische Darstellung der Funktionsweise des scoreboard des Rechners CDC 6600 durch ein markiertes PETRI-Netz

entsprechende Operation bereit sind.

7, 8: Die beiden Eingabeoperanden sind bereit, warten also nicht auf Ergebnisse noch nicht ausgeführter Befehle.

READ: Sind 5, 7 und 8 belegt, so werden die Eingabeoperanden eingelesen.

9, 10: Die durch READ gelesenen Register sind frei für die Aufnahme neuer Werte.

11: Das eigentliche Verknüpfungsschaltwerk innerhalb der Funktionseinheit ist arbeitsbereit.

EXEC: Ist 11 belegt, wird die Verknüpfung der Operanden entsprechend dem auszuführenden Befehl durchgeführt.

12: Die Ausführung des Algorithmus durch die Hardware ist abgeschlossen.

6: Die Funktionseinheit ist bereit, ein "REQUEST FOR RELEASE"-Signal abzuschicken.

REL: Ist 6 belegt, wird das "REQUEST FOR RELEASE"-Signal von der Funktionseinheit an das "scoreboard" abgeschickt. (Diese Aktion verläuft parallel zur Transition READ, kann jedoch wegen deren Abhängigkeit von weiteren Bedingungen gegebenenfalls bereits früher schalten.)

13: Das Ergebnisregister ist frei für die Aufnahme des Resultats.

STORE: Sind 12 und 13 belegt, wird das in der Funktionseinheit produzierte Ergebnis im Ergebnisregister abgespeichert.

14: Das Ergebnisregister enthält den berechneten Wert.

15: Die Freigabebedingung für die Funktionseinheit und das Ergebnisregister ist erfüllt.

DELAY: Ist 15 belegt, wird eine Verzögerung um einen "minor cycle" eingelegt, danach sind Funktionseinheit (Bedingung 2) und Register (Bedingung 3) frei für die Ausführung des nächsten Befehls.

Einige Bemerkungen zum Petri-Netz aus Abbildung 2.7: Das Petri-Netz besitzt keine (Anfangs-)Markierung, die laut Definition benötigt wird. Vielmehr sind hier die Bedingungen 1, 7 und 8 "Eingabebedingungen", die in Abhängigkeit hier nicht beschriebener Vorgänge Marken erhalten (Befehlsholphase, Operandenbereitschaft in Registern). Die Bedingungen 4, 9, 10 und 14 sind im gleichen Sinne "Ausgabebedingungen" des Petrinetzes, die die Aktivität dieser Vorgänge ansteuern.

Die Übergänge von Transition DELAY zu Bedingung 2 und von DELAY nach Bedingung 3 sind im Sinne des PETRI-Netzes redundant (könnten also zusammengefaßt werden), wurden hier aber aufgenommen, da sie sich auf verschiedene Hardware-Elemente beziehen.
Abschließend bleibt zu bemerken, daß die Darstellung der Funktionsweise durch das PETRI-Netz eine immer noch recht starke Abstraktion von der tatsächlichen Implementierung des scoreboard darstellt. Eine ausführliche Darstellung findet sich bei THORNTON, 1970. Ferner sei an dieser Stelle auf den Artikel von DENNIS, 1970, verwiesen, in dem eine etwas vereinfachte Struktur der CDC 6600 und insbesondere die Funktionsweise des scoreboard mithilfe von Elementaren Berechnungsschemata und Petri-Netzen beschrieben wird.

2.1.1.3.3 Beispiel: Beschleunigung eines Anwenderprogramms durch Befehlspipelining und Konfliktauflösung durch das scoreboard

Das nachfolgend beschriebene Beispiel ist aus THORNTON, 1970, entnommen. Es soll einerseits darstellen, daß die oben geschilderten Konfliktfälle recht häufig auftreten, daß mit Hilfe des scoreboard aber dennoch eine recht beträchtliche Geschwindigkeitssteigerung gegenüber einer rein sequentiellen Programmausführung - also ohne Befehlspipelining - zu erzielen ist.

Die Aufgabe besteht darin, mit dem Maschinenbefehlssatz der CDC 6600 die quadratische Gleichung

$$Y = AX^2 + BX + C;$$

zu berechnen, wobei die Werte A,B,C und X als im Hauptspeicher vorhanden vorausgesetzt werden, das Ergebnis Y wieder im Hauptspeicher abgelegt werden soll.

Abbildung 2,8 zeigt das Programm für die Berechnung (aus Darstellungsgründen wurde nicht nach dem eigentlich effizienteren Horner-Schema vorgegangen). Die jeweiligen Ausführungszeiten sind in "minor cycles" angegeben, d.h. in Abschnitten zu 100 ns relativ zum Ausführungsbeginn. Zum Verständnis der Abläufe sind folgende Regeln zu beachten:

1. Die Programme sind in 60-Bit Worten des Hauptspeichers abgelegt. Je nach Format der Befehle enthält ein solches Wort, gekennzeichnet durch N1,N2,N3,N4 bis zu 4 Befehle (in unserem Beispiel maximal drei). Die Ausführung konsekutiver Befehlsworte benötigt im Minimum 8 "minor cycles". Im Falle des "loop-mode" (Zugriff auf den Befehlskeller) wird die Zahl der Zyklen auf 4 verringert.
2. Die doppelt langen Befehle (30 Bit) können nur im Abstand von 2 minor cycles freigegeben werden (ISSUE).
3. Die Funktionseinheiten sind 1 minor cycle nach Abspeicherung des Resultats im Ergebnisregister wieder frei.
4. Für die einzelnen Ausführungszeiten gelten die in Abbildung 2.4 angegebenen Werte.
5. Für das Lesen (FETCH) bzw. Schreiben (STORE) aus dem Hauptspeicher sind 5 "minor cycles" nach der Adreßrechnung anzusetzen.

Die in Abbildung 2.8 angegebenen Zeiten beziehen sich auf folgende Ereignisse:

ISSUE: Relative Zeitangabe über die Freigabe des Befehls,
START: Starten des Befehls,
RESULT: Befehl ausgeführt und Ergebnis verfügbar,
UNIT FREE: Funktionseinheit frei für Ausführung des nächsten Befehls,
FETCH: Operand vom Hauptspeicher gelesen und im X-Register verfügbar,
STORE: Resultat im Hauptspeicher abgelegt.

			ISSUE	START	RESULT	UNIT FREE	FETCH	STORE
N1	A1 = A1 + K1	FETCH X	1	1	4	5	9	
	A2 = A2 + K2	FETCH A	3	3	6	7	11	
N2	X0 = X1 * X1	FORM X^2	9	9	19	20		
	X6 = X0 * X2	FORM AX^2	10	19	29	30		
	A3 = A3 + K3	FETCH B	11	11	14	15	19	
N3	A4 = A4 + K4	FETCH C	17	17	20	21	25	
	X3 = X3 * X1	FORM BX	20	20	30	31		
	X5 = X6 + X3	FORM AX^2 + BX	21	30	34	35		
N4	X7 = X5 + X4	FORM Y	35	35	39	40		
	A7 = A7 + K5	STORE Y	36	39	42	43		47

Abbildung 2.8. Beispielprogramm und relative Zeitverhältnisse angegeben in "minor cycles" auf dem Rechner CDC 6600

Im ersten Befehlswort stehen nur 2 (doppeltlange) Befehle, die dem Einlesen von X und A dienen. Die Adressen werden durch Addieren der Adreßkonstanten auf die Adreßregisterwerte gebildet. Der erste der beiden Befehle wird sofort freigegeben und gestartet, da kein Konflikt vorliegt. Das Resultat der Adreßrechnung liegt 3 Zyklen nach dem Start vor (vgl. Befehl 50 in Abbildung 2.4), ein weiterer Zyklus wird benötigt, um die Inkrementier-Einheit wieder freizugeben, 5 Zyklen nach der Adreßberechnung steht schließlich der Wert X im Register X1 bereit. Der zweite Befehl wird 2 Zyklen nach dem ersten gestartet (da es sich um einen doppeltlangen Befehl handelt). Alle weiteren Zeitverhältnisse verhalten sich analog zum 1. Befehl, da keine Konflikte vorliegen.

Im zweiten Befehlswort stehen 3 Befehle: 2 (kurze) Multiplikationsbefehle und ein doppeltlanger Adreßrechnungsbefehl. Die erste Multiplikation wird mit dem 9. Zyklus freigegeben (8 Zyklen nach Freigabe des ersten Befehls aus dem ersten Befehlswort), und sofort gestartet, da kein Konflikt vorliegt. Das Ergebnis liegt nach 10 weiteren Zyklen vor (vgl. Befehl 40 in Abbildung 2.4). Der zweite Multiplikationsbefehl kann bereits im 10. Zyklus freigegeben werden (1 Zyklus nach dem vorhergegangenen Befehl, da es sich um ein kurzes 15-Bit Format handelt), jedoch erst im 19. Zyklus gestartet werden, da ein Konflikt 2. Ordnung bezüglich Register XO vorliegt usw.. Ein Konflikt 1. Ordnung liegt schließlich zwischen dem letzten Befehl des 3. Befehlswortes und dem ersten Befehl des 4. Befehlswortes vor, da - im Gegensatz zur Multiplikation - nur eine Additionseinheit vorliegt, weswegen der zweite Additionsbefehl erst nach Freigabe der Additionseinheit freigegeben werden kann.

Abbildung 2.9 zeigt das zeitliche Verhalten der Zentraleinheit des Rechners CDC 6600 für das angegebene Beispiel in der Form eines GANTT-Diagramms (vgl. BODE/HÄNDLER, 1979, S. 47ff.), wobei in der unteren Hälfte des Diagramms das Zeitverhalten für eine rein sequentielle Bearbeitung bei unterstellten gleichen Befehlsausführungszeiten dargestellt ist. Es zeigt sich, daß durch das Befehlspipelining eine Geschwindigkeitssteigerung um einen Faktor 78/46, d.h. ca. 1,7 erzielt wird. Dieses Beispiel zeigt andererseits recht deutlich, daß mit dem 10-fachen Pipelining im realen Fall keine 10-fache Leistungssteigerung im Sinne des maximalen Parallelismus (nach FENG, 1972) zu erzielen ist, die Werte also bisweilen weit darunter liegen.

BELL, NEWELL, 1971, geben als Erwartungswert für die mittlere Leistungssteigerung der 10 Funktionseinheiten gegenüber dem rein sequentiellen Prozessor der Rechenanlage CDC 6400 einen Faktor von 2,5 an!

2.1.1.4 Programmverwaltung

Die bereits beschriebenen A,B und X-Register des Zentralprozessors werden beim Programmstart, der durch einen "EXCHANGE JUMP"-Befehl eines Peripherieprozessors ausgelöst wird (vgl. Abschnitt 2.1.1.5), initialisiert. Als Befehlszähler fungiert das 18-Bit lange P-Register, das 60-Bit-Befehlsworte im Hauptspeicher adressiert. Das P-Register wird wie bei einem konventionellen Parallelwortrechner hochgezählt:

1. P: = P+1, wenn alle Befehle aus einem Befehlswort ausgelesen, der letzte an das Instruktions-Register gegeben worden ist.
2. Bei Sprungbefehlen wird P auf den angegebenen Zielwert gesetzt, bei Sprüngen mit Vermerk der Rücksprungadresse (RETURN JUMP) wird vor der Verzweigung P+1 als Rücksprungadresse abgespeichert.
3. Bei Programmwechseln wird P auf den im "exchange jump package" (Zustandsvektor zu einem Programm) angegebenen Wert gesetzt.

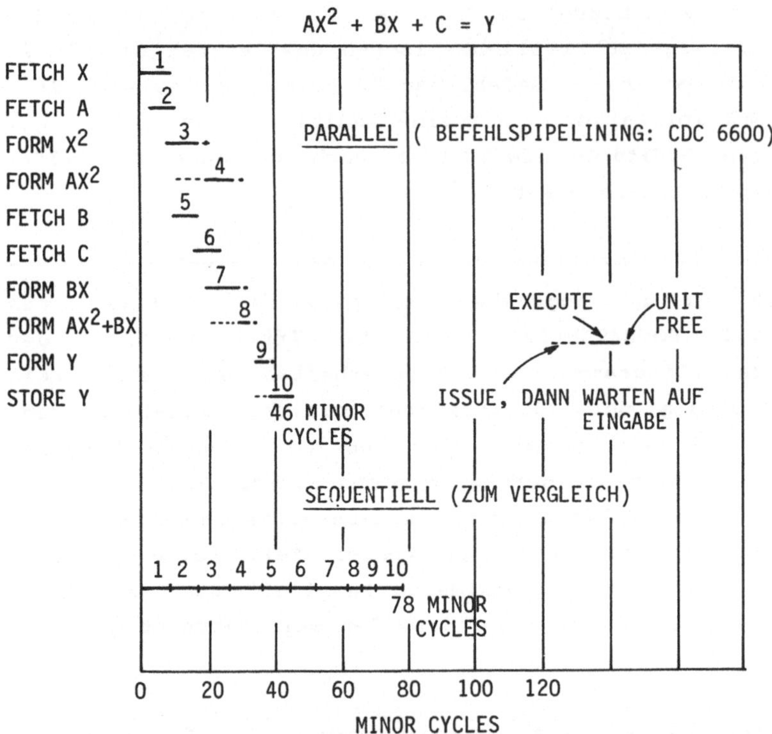

Abbildung 2.9. GANTT-Diagramm zur Darstellung der zeitlichen Abläufe für die Ausführung des Beispielprogramms aus Abbildung 2.8 auf der Rechenanlage CDC 6600 und einer idealisierten sequentiellen Maschine

Führt ein Peripherie- und Steuerprozessor einen Prozeßwechselbefehl ("EXCHANGE JUMP") aus, so wird der Zentralprozessor gestartet bzw. unterbrochen und mit der Anfangsadresse des Zustandsvektors eines zu bearbeitenden Prozesses versorgt. Die Adresse befindet sich im A-Register des entsprechenden Peripherie- und Steuerprozessors und zeigt auf eine Hauptspeicheradresse. Im einzelnen umfaßt der Zustandsvektor die folgenden Informationen (vgl. Abbildung 2.10):

- die Adreß-, Index- und Operandenregister Ai, Bi, Xi
- den Befehlszähler P, der auf das Befehlswort mit dem ersten auszuführenden Befehl des Programms zeigt,
- die Referenz-Adresse RA und die Feldlänge FL, die die untere Grenze des Programm- und Datenbereichs sowie dessen Ausdehnung im Hauptspeicher definieren. Da jede Adresse zu einem Programm aus P+RA gebildet wird, sind die Programme im Speicher verschieblich ("relocatable"), die Verschiebung wird durch einfache Änderung von RA im Zustandsvektor erreicht.

- den "exit mode", der es dem Programmierer erlaubt, eine der in Abbildung 2.10 aufgelisteten Haltebedingungen für den Prozessor zu definieren. Der Zentralprozessor führt einen Sprung auf die Adresse 0+RA durch, diese wird durch die Peripherie- und Steuerprozessoren erkannt und die Fehlerbedingung untersucht.

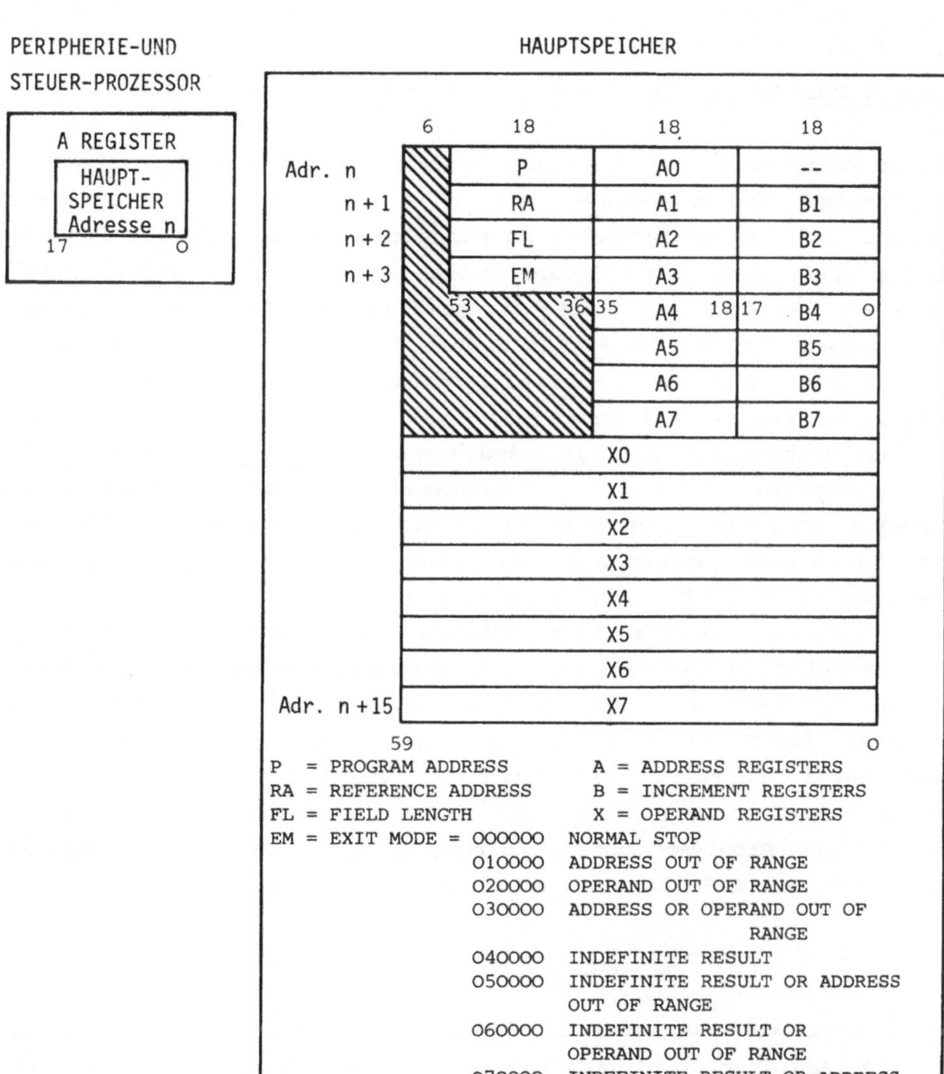

Abbildung 2.10. Zustandsvektor zu einem Programm ("exchange jump package") in der Rechenanlage CDC 6600

Beim Zustandswechsel lädt der Zentralprozessor die Informationen zum neuen Programm in die entsprechenden Register und legt die laufende Information des unterbrochenen Programms in die gleichen 16 Worte des Hauptspeichers ab, so daß später das unterbrochene Programm wieder aktiviert werden kann.

2.1.1.5 Peripherie- und Steuerprozessoren

Die 10 Peripherie- und Steuerprozessoren verhalten sich logisch wie 10 unabhängige 12-Bit Rechner mit je 4 K 12-Bit Privatspeicher und Zugriff auf den gemeinsamen Hauptspeicher sowie auf die Peripheriegeräte. Der Grundzyklus dieser Prozessoren ist der "major cycle" von 1000 ns, dem auch die Speicherzugriffszeit entspricht. Physikalisch sind jedoch nur die 10 Registersätze der einzelnen Prozessoren sowie ihre Privatspeicher, die die Programme enthalten, vorhanden. Die restlichen Prozessorelemente sind aus Ersparnisgründen in einer nur einfach vorhandenen Einheit, dem sogenannten "slot" (vgl. Abbildung 2.11), realisiert, die im time-sharing von den 10 logischen Prozessoren abwechselnd genutzt wird. Der "major cycle" von 1000 ns ist also in 10 fest zugeordnete Teilzyklen zu 100 ns aufgeteilt, in denen jeweils ein logischer Prozessor die entsprechende physikalische Einheit (Volladdierer für Adreßrechnung, Ein/Ausgabe, Datenzugriff auf Hauptspeicher etc.) benutzt. Zur Zustandsbeschreibung der im time-sharing betriebenen 10 Peripherie- und Steuerprogramme genügen die 4 Register A,P,Q und K, die zu einem 10x4 Schieberegister, dem sogenannten "barrel", zusammengefaßt sind. Nach jeweils 100 ns wird der nächste Registersatz aus dem barrel in das slot geschoben, so daß das nächste Programm zur Ausführung gelangt. Streng genommen ändert sich damit die ECS-Klassifikation der CDC 6600 in:

$$t_{\text{CDC 6600}} = (1,1,12) * (1,{*}10,60);$$

da physikalisch nur eine ausführende Einheit vorhanden ist. Da das slot 2 Addierer für unterschiedliche Wortlängen (12 Bit für den Privatspeicher, 18 Bit für den gemeinsamen Hauptspeicher) umfaßt, muß ferner definiert werden:

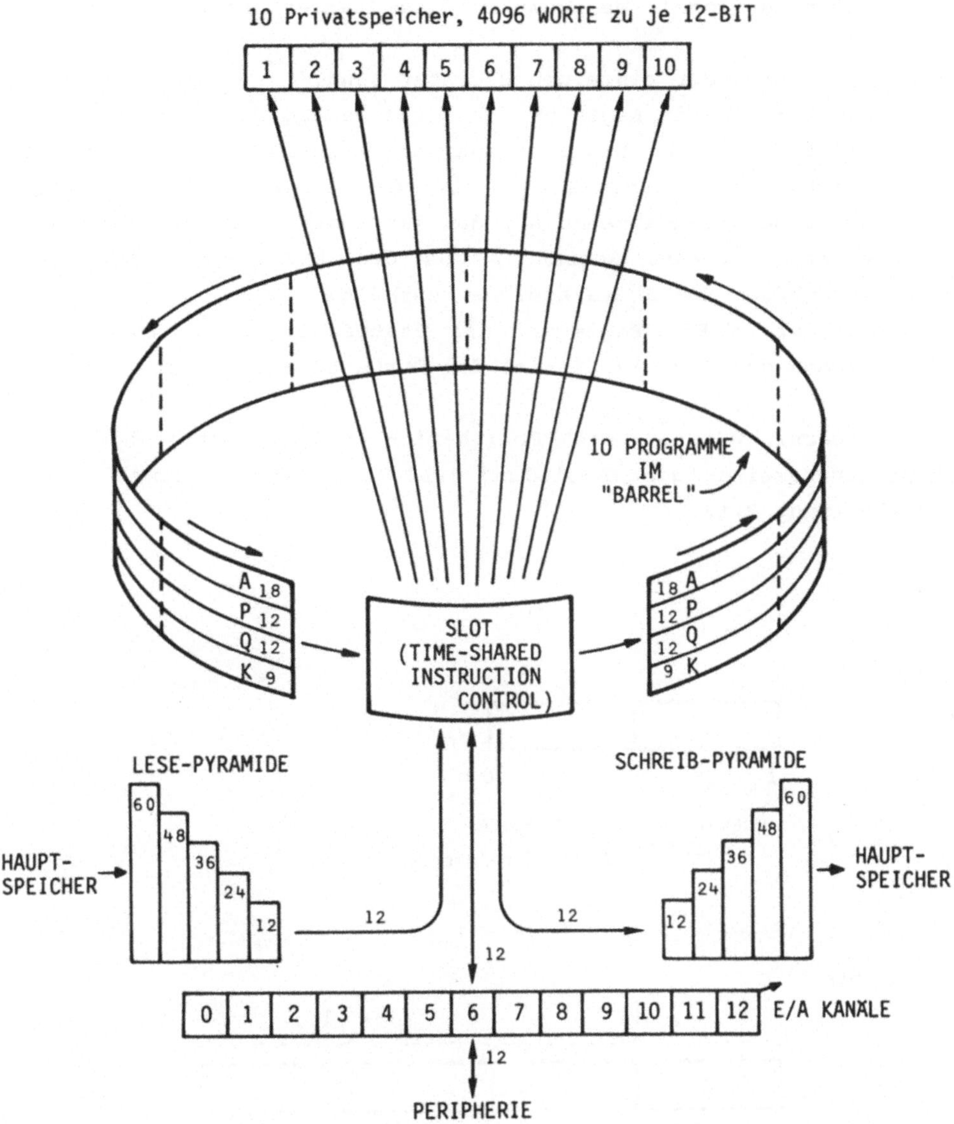

Abbildung 2.11. Schematische Darstellung der 10 logischen Peripherie- und Steuerprozessoren des Rechners CDC 6600

$$t_{CDC\ 6600} = \{(1,0,0)*[(0,1,12)+(0,1,18)]\} * (1,*10,60);$$

wobei sich der Inhalt der geschweiften Klammer auf das "slot" bezieht.

Die Bedeutungen der einzelnen Register sind:

- A-Register: 18-Bit Register zur Adressierung des Hauptspeichers,
- P-Register: 12-Bit Register zur Adressierung des Privatspeichers, fungiert als Befehlszähler für den einzelnen Peripherie- und Steuerprozessor und zeigt auf den laufenden auszuführenden Befehl,
- Q-Register: 12-Bit Register, das den laufenden Befehl oder ein Datenwort aus dem Privatspeicher enthält,
- K-Register: 9-Bit Register, das Statusinformation enthält (Operationscode des Befehls, Anzahl der Durchläufe im "barrel").

Eine Übersicht über die Peripherie- und Steuerbefehle und ihre Ausführungszeiten gibt Abbildung 2.13, die Befehlsformate finden sich in Abbildung 2.12.

a) 12 bit

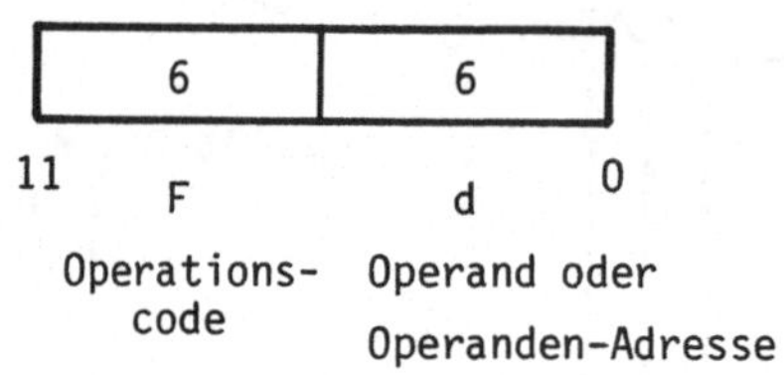

b) 24 bit

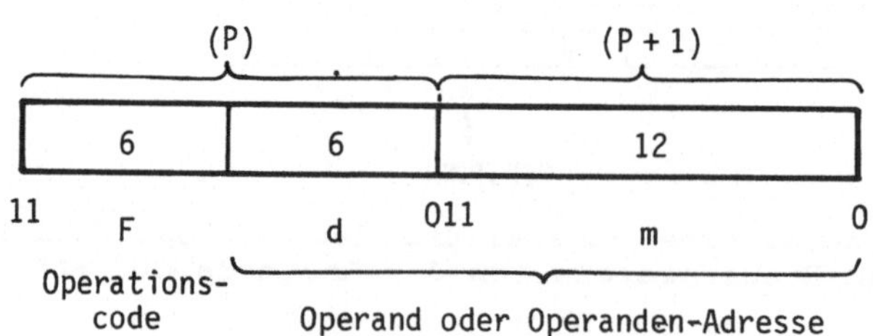

Abbildung 2.12. Befehlsformate für Peripherie- und Steuerprozessoren des Rechners CDC 6600

Peripherie- und Steuerprozessor-Befehle

Oktal-Code	Befehl	Zyklen	Oktal-Code	Befehl	Zyklen
00	Pass	1	42	Subtract ((d))	3
			43	Logical difference ((d))	3
01	Long jump to m + (d)	3			
02	Return jump to m + (d)	4	44	Store ((d))	3
03	Unconditional jump d	1	45	Replace add ((d))	5
04	Zero jump d	1	46	Replace add one ((d))	5
05	Nonzero jump d	1	47	Replace subtract one ((d))	5
06	Plus jump d	1			
07	Minus jump d	1	50	Load (m + (d))	3-4
10	Shift d	1	51	Add (m + (d))	3-4
11	Logical difference d	1	52	Subtract (m + (d))	3-4
12	Logical product d	1	53	Logical difference (m + (d))	3-4
13	Selective clear d	1	54	Store (m + (d))	3-4
14	Load d	1	55	Replace add (m + (d))	5-6
15	Load complement d	1	56	Replace add one (m + (d))	5-6
16	Add d	1	57	Replace subtract one (m + (d))	5-6
17	Subtract d	1			
			60	Central read from (A) to d	min. 6
20	Load dm	2	61	Central read (d) words from (A) to m	5 plus 5/word
21	Add dm	2			
22	Logical product dm	2	62	Central write to (A) from d	min. 6
23	Logical difference dm	2	63	Central write (d) words to (A) from m	5 plus 5/word
24	Pass	1			
25	Pass	1	64	Jump to m if channel d active	2
26	Exchange jump	1-4	65	Jump to m if channel d inactive	2
27	Read program address	1	66	Jump to m if channel d full	2
			67	Jump to m if channel d empty	2
30	Load (d)	2			
31	Add (d)	2	70	Input to A from channel d	2
32	Subtract (d)	2	71	Input (A) words to m from channel d	4 plus 1/word
33	Logical difference (d)	2			
34	Store (d)	2	72	Output from A on channel d	2
35	Replace add (d)	4	73	Output (A) words from m on channel d	4 plus 1/word
36	Replace add one (d)	4			
37	Replace subtract one (d)	4	74	Activate channel d	2
			75	Disconnect channel d	2
40	Load ((d))	3	76	Function (A) on channel d	2
41	Add ((d))	3	77	Function m on channel d	2

Abbildung 2.13. Befehlssatz und Ausführungszeiten der Peripherie- und Steuerprozessoren im Rechner CDC 6600

Die kurze Operanden(adresse) d (6 Bit) wird zu 12 Bit durch führende Nullen ergänzt und als Direktoperand oder Operandenadresse verwendet, im Falle der direkten oder indizierten Adressierung auf den langen Adreßwert m aufaddiert.

Die Befehle 60 bis 63 (vgl. Abbildung 2.13) sind Hauptspeicherzugriffe, die Worte oder Blöcke von Daten zwischen Peripherie- und Hauptspeicher austauschen.

Jegliche Ein/Ausgabe des Rechners geschieht durch Übergabe der Daten vom Peripheriegerät in den Peripheriespeicher und dann in den Hauptspeicher bzw. umgekehrt. Zur Anpassung der 60-Bit Worte des Hauptspeichers an die 12-Bit Worte des Peripheriespeichers existieren jeweils 5 Register mit den Wortlängen 60,48,36,24 und 12 Bit, die in Abbildung 2.11 als Schreib- bzw. Lese-Pyramide bezeichnet sind. Beim Lesen aus dem Speicher wird zunächst das gesamte 60-Bit Speicherwort in das 60-Bit Register der Pyramide geschrieben. Das slot entnimmt nun jeweils einen 12-Bit Teil des Registers und legt ihn im Peripheriespeicher ab, der Rest des Wortes (48 Bit) wird in der nächsten Stufe der Pyramide abgelegt usw., solange bis das gesamte 60-Bit Wort abgelegt ist, d.h. daß das 60-Bit Hauptspeicherwort in 5 12-Bit Peripheriespeicherworte zerlegt ist. Die Pyramiden sind Teil des slots und können von bis zu 4 Peripherieprozessoren im Time-sharing quasi gleichzeitig verwendet werden, bei mehr als vier Speicheranforderungen einer Kategorie müssen die entsprechenden Aufträge warten, indem sie das "barrel" durchlaufen, bis weniger als 4 Speicherworte in der Pyramide vorhanden sind. Die Ausführungszeiten für die entsprechenden Befehle der Peripherie- und Steuerprozessoren sind daher auch programmabhängig (vgl. Abbildung 2.13).

Das Betriebssystem des Rechners ist fest einem der Peripherieprozessoren zugeordnet, die restlichen 9 Prozessoren sind dynamisch mit Ein/Ausgabearbeiten belegt, die über die 12 Kanäle stattfinden. In einem typischen System CDC 6600 könnte man also etwa folgende Zuordnung erwarten (vgl. BELL, NEWELL, 1971):

Peripherer Prozessor 1:	Ausführung des Betriebssystems,
Peripherer Prozessor 2:	Betrieb der Systemkonsole,
Peripherer Prozessor 3:	Plattentransferverwaltung,
Peripherer Prozessor 4:	Verwaltung von Zeilendrucker, Kartenleser, -stanzer,
Peripherer Prozessor 5:	Verwaltung der Kommunikation mit einem Satelliten-Rechner,
Peripherer Prozessor 6:	Verwaltung der Magnetbandeinheit,
Peripherer Prozessor 7:	Verwaltung von 64 angeschlossenen Fernschreibern,
Peripherer Prozessor 8-10:	frei.

Diese Darstellung macht deutlich, wie stark der Zentralprozessor von Organisationsaufgaben entlastet ist, indem autonome Peripherieprozessoren in einer Rechnerstruktur vorgesehen werden. Dies ist einer der wesentlichen Gründe dafür, daß die CDC 6600 lange Zeit als der schnellste kommerziell verfügbare Rechner galt (BELL, NEWELL, 1971).

2.1.2 Kurzbeschreibung der Rechner CDC 6400, CDC 7600, CYBER 70, CYBER 170

Während der Rechner CDC 6600 mit Befehlspipelining ausgestattet ist, sind die Maschinen CDC 6400 und CDC 6500 mit konventionellen "seriellen" Prozessoren versehen, wobei die CDC 6500 deren zwei besitzt. Beide Maschinen behalten jedoch das Konzept der Peripherieprozessoren bei (vgl. Abbildung 2.14).

$$T_{CDC\ 6400} = (10,1,12) * (1,1,60);$$
$$T_{CDC\ 6500} = (10,1,12) * (2,1,60);$$

Der Rechner CDC 7600 (vgl. CONTROL DATA, 1968) ist eine leicht

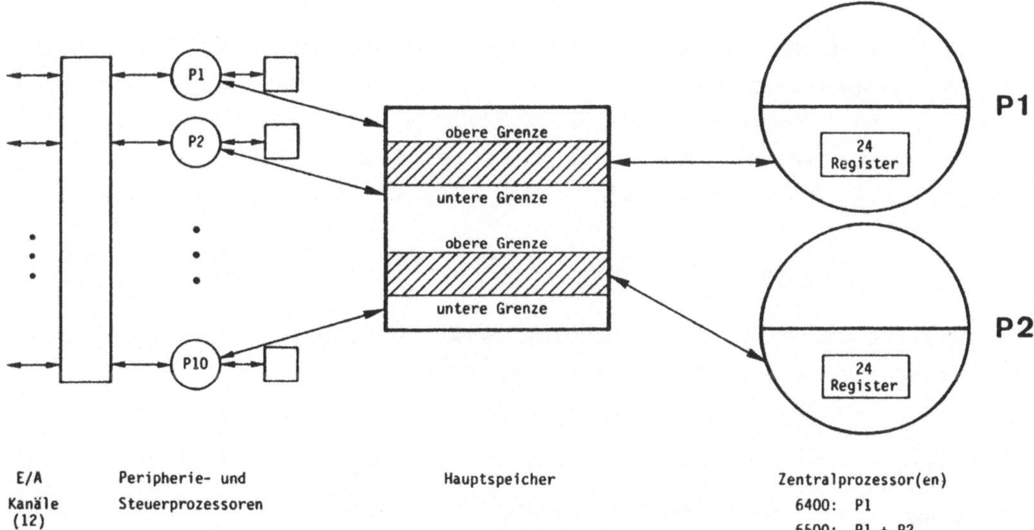

Abbildung 2.14. Vereinfachtes Blockschaltbild der Rechner CDC 6400 und CDC 6500

veränderte Version der CDC 6600, wobei durch Änderung der Technologie der "minor cycle" auf 25 ns beschleunigt wurde (Faktor 4 gegenüber CDC 6600). Er besitzt nur noch 9 Funktionseinheiten, jedoch bis zu 15 Peripherieprozessoren und eine Aufteilung des Hauptspeichers in schnellen Teil ("SCM = small core memory", 64K x 60 Bit, 275 ns Zugriffszeit) und langsamen Teil ("LCM = large core memory", 512K x 60 Bit, 1,7 µs Zugriffszeit). Die Peripherieprozessoren der CDC 7600 sowie aller nachfolgenden CYBER-Rechner sind reale Prozessoren, also nicht virtuell wie bei CDC 6600.

$$t_{CDC\ 7600} = (15,1,12) * (1,*9,60);$$

Die Rechner CYBER 70 sind Nachfolger der Familie CDC 6000, wobei vom Standpunkt des Programmierers die CYBER 72 weitgehend identisch mit der CDC 6400 ist, ebenso die CYBER 73 mit der CDC 6500 und schließlich die CYBER 74 mit der CDC 7600 (vgl. TANENBAUM, 1976). Die Familie CYBER 70 kann bis zu 20 Peripherieprozessoren umfassen, so daß gilt:

$$t_{CYBER\ 72} = (20,1,12) * (1,1,60);$$
$$t_{CYBER\ 73} = (20,1,12) * (2,1,60);$$
$$t_{CYBER\ 74} = (20,1,12) * (1,*9,60);$$

sofern eine maximale Konfiguration vorliegt.

Beim Modell 76 der CYBER 70-Serie (vgl. CONTROL DATA, 1972) können bis zu 13 Peripherie-Prozessoren ("FLPP = first level peripheral processor") und 1 Verwaltungsprozessor ("MCU = maintenance control unit") angeschlossen werden. Abbildung 2.15 zeigt diese Konfiguration, auf der auch die beiden Hauptspeicherteile SCM und LCM zu erkennen sind.

$$t_{CYBER\ 76} = (1,1,12) * (13,1,12) * (1,*9,60);$$

Die Familie CYBER 170 (vgl. CONTROL DATA, 1977) umfaßt im wesentlichen verbesserte Versionen der Familie CYBER 70:

$$t_{CYBER\ 171} = t_{CYBER\ 172} = t_{CYBER\ 174} = (20,1,12)*(2,1,60);$$
$$t_{CYBER\ 173} = (20,1,12) * (1,1,60);$$
$$t_{CYBER\ 175} = (20,1,12) * (1,*9,60);$$
$$t_{CYBER\ 176} = (20,1,12) * (13,1,12) * (1,*9,60);$$

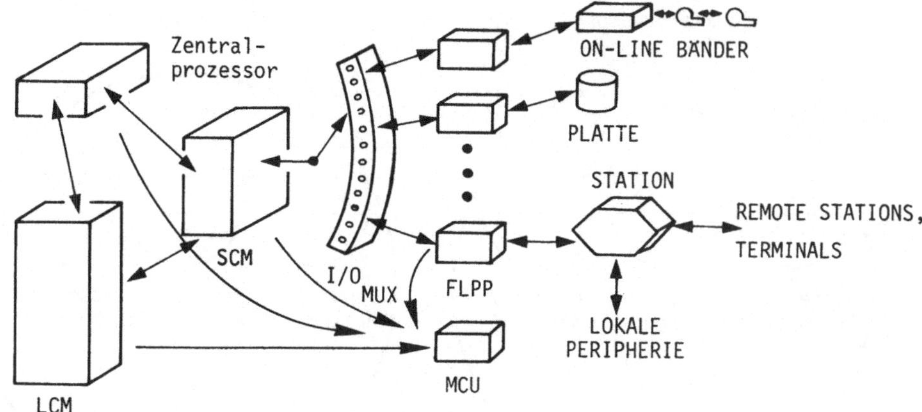

Abbildung 2.15. Funktionsschaltbild des Rechners CYBER 76, Abkürzungen im Text erklärt

Die Modelle CYBER 171, CYBER 172 und CYBER 174 sind strukturell analog aufgebaut, unterscheiden sich jedoch in der Arbeitsgeschwindigkeit ihrer bis zu 2 Zentralprozessoren. Das Modell CYBER 173 ist mit nur einem Zentralprozessor erhältlich. Die Modelle CYBER 175 und 176 haben Zentralprozessoren mit dem von der CDC 6600 her bekannten Befehlspipelining, jedoch unterscheiden sie sich bezüglich der Ausbaumöglichkeiten ihrer Peripherieprozessoren: zusätzlich zu den maximal 2 "peripheral processor subsystems", die zusammen bis zu 20 Peripherie- und Steuerprozessoren umfassen, sind bei der CYBER 176 bis zu 13 "peripheral processor units" anschließbar. Die Abbildungen 2.16 und 2.17 zeigen die Funktionsschaltbilder der CYBER 172 (mit 2 "seriellen" Prozessoren) und der CYBER 176 mit ihren 9 im Sinne des Befehlspipelining betriebenen Funktionseinheiten.

2.2 Virtualität in der Familie IBM 360/370 und Nachfolger

Bevor auf die Einzelbeschreibung der Eigenschaften der IBM-Familie IBM 360/370 und Nachfolger eingegangen wird, erscheint es nützlich, allgemein auf die Begriffe Virtualität, virtueller Speicher, virtuelle Maschine einzugehen, um dann eine Einordnung dieser Familie auch im Vergleich zu anderen möglichen Realisierungen zu ermöglichen.

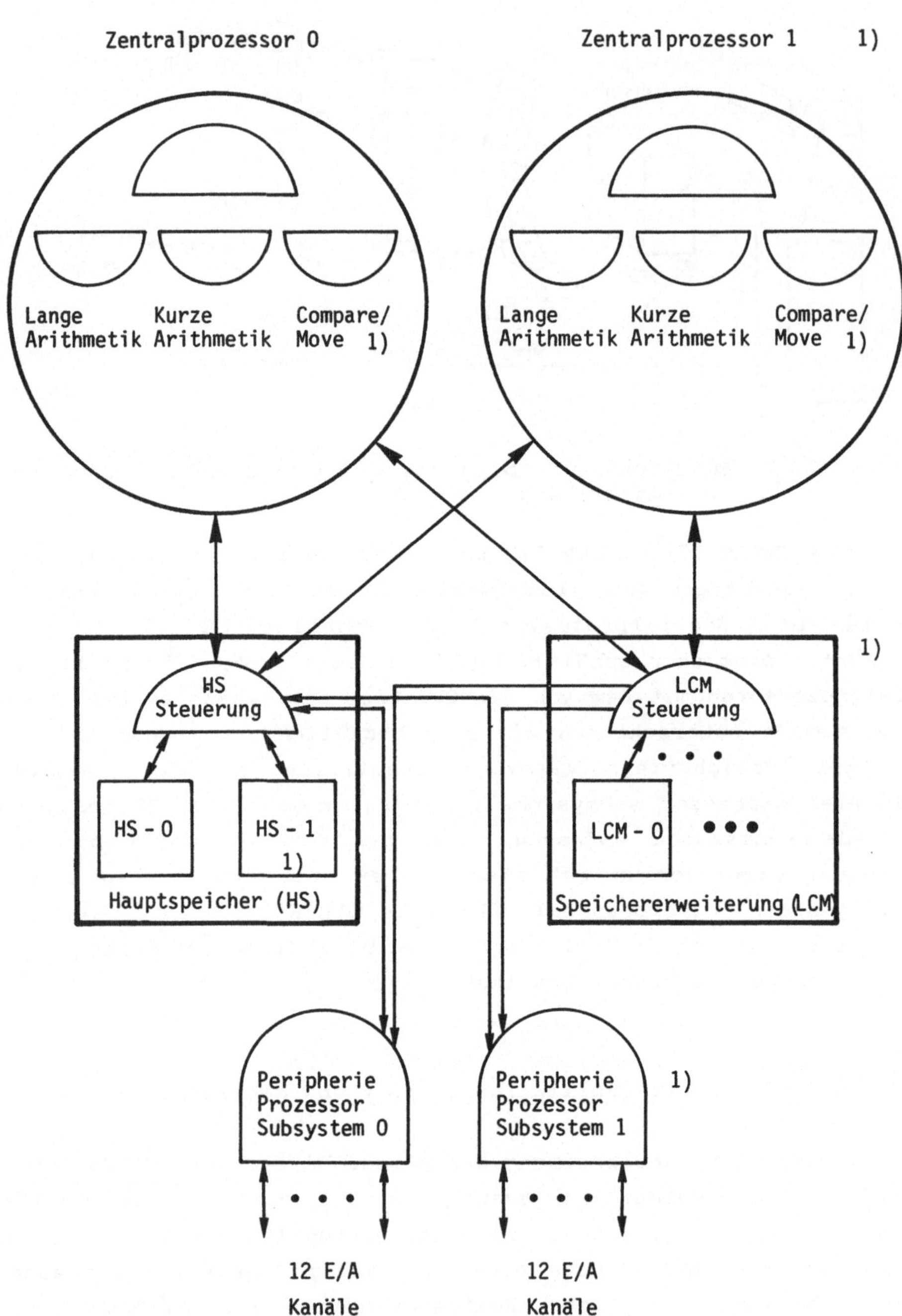

1) Optional

Abbildung 2.16. Funktionsschaltbild des Rechners CYBER 172

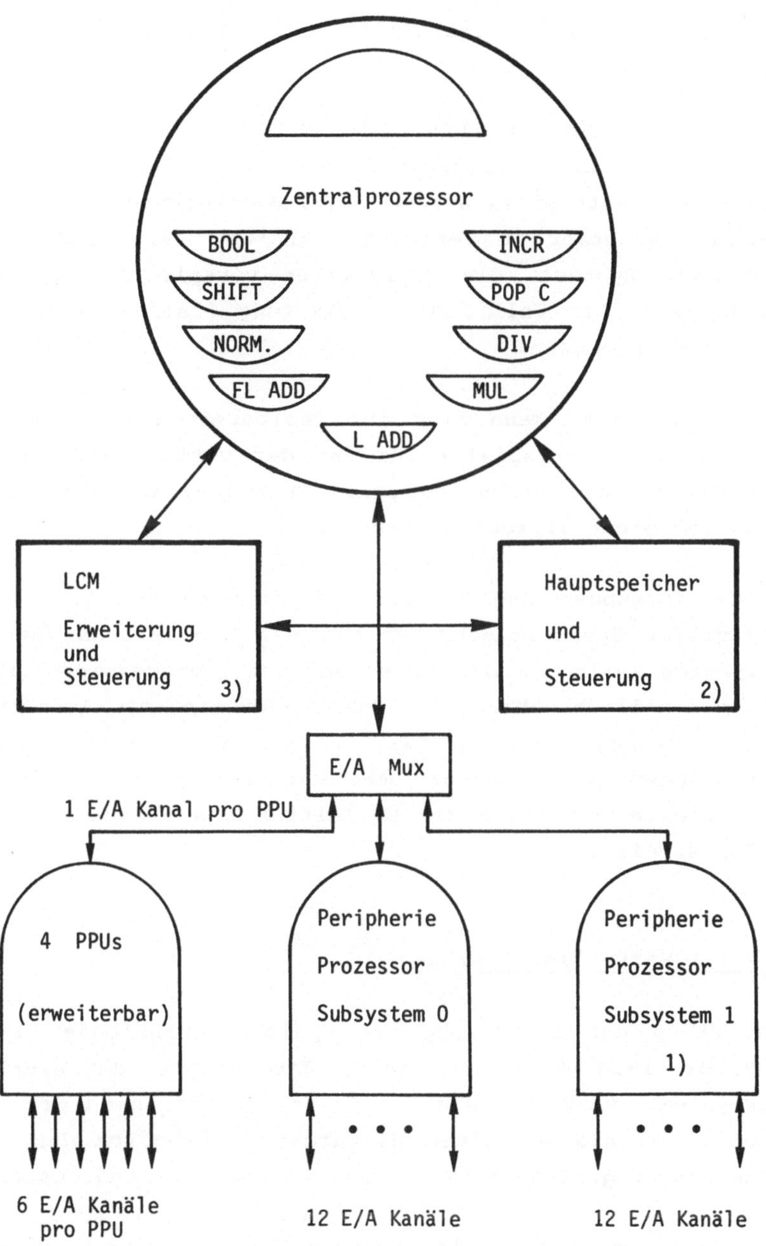

1) Optional

2) Grundausbau: 16 unabhängige Speicherbänke zu je 4K 60-bit Worte (erweiterbar auf 8K, 12K, 16K)

3) Grundausbau: 2 unabhängige Speicherbänke zu je 256K 60-bit Worte (erweiterbar auf 4, 8 Bänke)

Abbildung 2.17. Funktionsschaltbild des Rechners CYBER 176

2.2.1 Vorbemerkung: Virtualität, virtueller Speicher, virtuelle Maschine

In Band 1 (BODE, HÄNDLER, 1980 S. 7) wurde die Virtualität als ein wesentlicher Gestaltungsgrundsatz der Rechnerarchitektur eingeführt: die Eigenschaft eines Systems, die Begrenzungen seiner Implementierung vor dem Benutzer zu verbergen. BLAAUW, 1972, weist darauf hin, daß virtuelle Systeme, die Fähigkeiten vorspiegeln, die nicht real vorhanden sind, im Fall hoher Auslastung ("stress") ihre realen Grenzen eingestehen müssen.

Die Virtualität kann sich auf Teilbereiche eines Rechners beziehen; ein typisches Beispiel dafür ist der virtuelle Speicher, jedoch auch auf das gesamte Verhalten eines Rechners: in diesem Fall spricht man dann von einer virtuellen Maschine.

In den folgenden zwei Kurzabschnitten wird gezeigt, wie die Einführung virtueller Speichertechniken für die Realisierung der drei "multis": multiprogramming, multiaccess und multiprocessing notwendig war und wie virtuelle Maschinen das Familienkonzept mit Aufwärtskompatibilität einer großen Zahl hardwaremäßig sehr unterschiedlicher Rechner ermöglichen (d.h. Rechner mit unterschiedlicher Implementierung und Realisierung im Sinne der Definition von BLAAUW, vgl. BODE, HÄNDLER, 1979, S. 4ff).

2.2.1.1 Virtueller Speicher

Im Rahmen der Behandlung der Speichertechnologien in Band 1 (BODE, HÄNDLER, 1980, S. 96 ff.) wurde dargestellt, daß heutige (Groß-)Rechnersysteme durch mehrstufige Speicherhierarchien gekennzeichnet sind, wobei sich die einzelnen Hierarchien bezüglich der drei Haupteigenschaften: Zugriffsgeschwindigkeit, Kapazität und Kosten unterscheiden.

Aus Effizienzgründen sind Rechner im allgemeinen so organisiert, daß das Leit- und Rechenwerk nur auf die unterste Stufe der Speicherhierarchie, den Hauptspeicher bzw. Cache-Speicher, direkt zugreift, um ein Programm auszuführen. Alle zur Ausführung relevanten Programmteile und Daten müssen sich zum entsprechenden Zeitpunkt also im schnellen und teuren Hauptspeicher befinden, während die momentan nicht aktiven Programme auf höheren Stufen der Speicherhierarchie mit langsamen, billigeren Speichern höherer Kapazität abgelegt sind.

Es besteht also zu jedem Zeitpunkt das Problem der Einordnung von Information in die Speicherhierarchie ("storage allocation problem", vgl. DENNING, 1970), d.h. der Abbildung der logischen Adressen eines Programms auf die physikalischen Adressen des Speichers ("Adreßraum", "Speicherraum", vgl. KERAMIDIS, BOLCH, 1974). Sind die Speicherressourcen einerseits, die Platz-Anforderungen des Programms andererseits bekannt, so kann diese Zuordnung statisch, also vorgeplant durchgeführt werden, beispielsweise bei dedizierten Systemen (z.B. Mikroprozessor für Steueraufgaben mit Programm im ROM, kleinem RAM für Daten). Die in diesem Kapitel zu besprechenden Großrechner sind aber weder notwendig fix bezüglich ihres Speicherausbaus (Rekonfiguration), noch ist von vornherein das Anforderungsprofil der Programme (z.B. Rechenzentrumsbetrieb) bekannt. Es muß also eine dynamische Zuordnung vorgenommen werden. Man kann die dynamischen Zuordnungsstrategien weiter dahingehend unterscheiden, welche Instanz die Abbildung von logischen auf physikalische Adressen vornimmt.

Die programmierte Zuordnung verlangt vom Programmierer hohen Aufwand für problemfremde und nur der Rechnerhardware geschuldete Verwaltungsaufgaben. DENNING, 1970 verweist darauf, daß Blockstrukturen und Kellerkonzepte in ALGOL, sowie die daraufhin zugeschnittenen sprachorientierten Rechner wie z.B. die Burroughs B 5000 zumindest teilweise dem Versuch entsprechen, die Adreßzuordnung durch den Programmierer zu steuern (vgl. auch Abschnitt 2.3).

Eine virtuelle Behandlung des Speicherproblems liegt jedoch erst in der automatischen Zuordnung durch den Rechner vor, die für den Programmierer die begrenzte Kapazität des Hauptspeichers bzw. das Vorhandensein einer Speicherhierarchie verdeckt und ihm die Illusion gibt, er habe nur einen einstufigen, sehr großen Hauptspeicher zu adressieren. Erstmals wurde dieses Konzept 1961 für den ATLAS-Rechner von der Universität Manchester vorgeschlagen (FOTHERINGTON, 1961), ab etwa Mitte der 60er Jahre wurde es in den meisten Großrechnern (IBM 360/67,85 und 195, CDC 7600, Burroughs B 6500 usw.) angewendet. In diesen Rechnern ist dann auch erstmalig die Grundidee der Trennung zwischen logischer Adresse (im Programm) und dem physikalischen Speicherplatz realisiert. Es wird also Aufgabe der Rechner-Hardware und Software, dafür zu sorgen, daß die ablauffähigen Programme mit ihren Daten nur dann physikalisch im Hauptspeicher liegen, wenn sie ausgeführt werden und daß die programm-generierten logischen Adressen auf die physikalischen Speicherzellen zugreifen, die sie adressieren sollen. Diese Techniken sind insbesondere dann notwendig, wenn der Rechner im Zeitmultiplexbetrieb von mehreren Programmen ("multiprograming") und mehreren Benutzern ("multiaccessing") verwendet wird, wobei möglicherweise auf den Hauptspeicher auch noch von mehreren Prozessoren zugegriffen wird ("multiprocessing"). In diesen genannten Fällen wäre es für den Programmierer fast unmöglich, die Hauptspeicheradressen effizient zu verwalten, weswegen die folgenden Verfahren der Realisierung des virtuellen Speichers angewendet werden:

- Seitenadressierung ("paging"), d.h. die Einteilung des Adreßraumes in Elemente fester Länge,
- Segmentadressierung ("segmentation"), d.h. die Einteilung des Adreßraumes in Elemente variabler Länge in Abhängigkeit logisch zusammengehöriger Programmteile wie Blöcke, Prozeduren u.ä.,
- Kombination aus Seiten- und Segmentadressierung.

Bei der Seitenadressierung werden die Seiten des Programms auf Kacheln ("frame") gleicher Größe des Speichers abgebildet, wobei aus Gründen der einfachen Adreßbildung die feste Größe der Kacheln als eine Zweierpotenz von adressierbaren Einheiten wie Bytes oder Worten (typisch 2^7 bis 2^{12}, vgl. WETTSTEIN, 1978) gewählt wird. Zu jedem Programm existiert eine Kacheltabelle, in der zu jeder programmspezifischen Seitennummer die physikalische Anfangsadresse der entsprechenden Kachel im Speicher vermerkt wird (vgl. Abbildung 2.18). Eine weitere Realisierungsmöglichkeit der Kacheltabelle besteht darin, die Tabelle so groß zu machen, wie der Speicher insgesamt Kacheln umfaßt und in der Tabelle die Seitennummer abzulegen, so daß durch die relative Lage in der Tabelle die Kachelanfangsadresse definiert ist.

Beim Zugriff auf den Speicher müssen dann alle Einträge der Tabelle auf das Auftreten der entsprechenden Seitennummern durchsucht werden, wobei es aus Laufzeitgründen naheliegt, die Tabelle nicht im Hauptspeicher abzulegen, sondern als Assoziativspeicher zu realisieren, weswegen das Tabellenbasisregister entfallen kann (vgl. Abbildung 2.19).

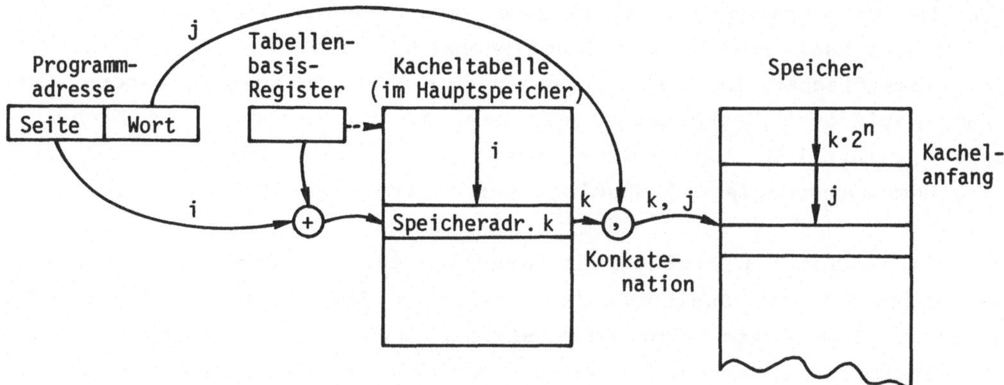

Abbildung 2.18: Zuordnung zwischen programmspezifischem Adreßraum und Speicherraum bei Seitenadressierung mit Kacheltabelle im Speicher

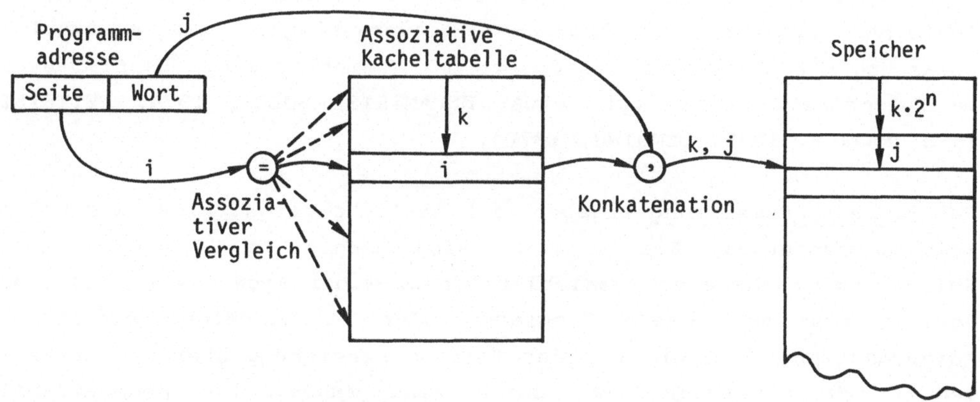

Abbildung 2.19. Adreßzuordnung bei Seitenadressierung mit Kacheltabelle in spezifischem Assoziativspeicher

Für die Entkopplung der Adreßräume verschiedener Programme muß beim Programmwechsel jeweils das Tabellenbasisregister auf den Anfangswert der spezifischen Kacheltabelle umgespeichert werden (mehrere programmspezifische Kacheltabellen), bzw. in der assoziativen Kacheltabelle zusätzlich zur Seitennummer die Programmnummer (aus einem Programmnummernregister) abgelegt werden (vgl. WETTSTEIN, 1978).

Die Eigenschaft der Virtualität bezüglich der Speicherhierarchie, also der Austausch von Speicherseiten zwischen dem Hauptspeicher und den Hintergrundspeichern wird sehr einfach dadurch realisiert, daß die Kacheltabelle um ein weiteres Bit verlängert wird, das anzeigt, ob sich die entsprechende adressierte Seite im Hauptspeicher befindet oder nicht. Ist dies nicht der Fall, wird eine Programmunterbrechung durchgeführt, um die angeforderte Seite in den Hauptspeicher zu laden, wobei Ersetzungsstrategien definieren, welche Kachel zu überschreiben ist, Lade- und Belegungsstrategien angeben, wann und wohin das Laden der neuen Seite zu geschehen hat. Mit diesem Verfahren ist es also möglich, Programme auszuführen, die einen höheren Speicherbedarf haben als die Kapazität des Hauptspeichers, ohne daß sich dieses in den logischen Adressen des Programms niederschlägt. Eine ausführliche Befassung mit diesen Strategien muß dem Themenkreis der Betriebssysteme zugeordnet werden (vgl. etwa: KERAMIDIS, BOLCH, 1974, WETTSTEIN, 1978, MATICK, 1975, DENNING, 1970).

Bei Segmentadressierung ergeben sich ähnliche Verhältnisse wie bei der Seitenadressierung. Die Segmente sind jedoch im Gegensatz zu den Seiten bzw. Kacheln von variabler Länge, wobei sich diese Länge durch logisch zusammenhängende Programm- oder Datenbereiche ergibt. Die Adreßumsetzung kann wie bei der Seitenadressierung über Segmenttabellen im Hauptspeicher bzw. durch eine assoziative Segmenttabelle erfolgen. Abbildung 2.20 zeigt den ersten Fall.

Wie die Seitenadressierung kann auch die Segmentadressierung dazu verwendet werden, einen virtuellen Speicher zu implementieren. Es ergibt sich jedoch wegen der variablen Länge der Segmente beim dynamischen Ein- und Auslagern das Problem des Speicherverschnitts: soll ein Segment einer gewissen Größe eingelagert werden, so kann möglicherweise der Fall eintreten, daß dafür im Hauptspeicher kein genügend großer zusammenhängender freier Platz vorhanden ist, obwohl die Summe der einzelnen freien Teilbereiche wesentlich größer ist als

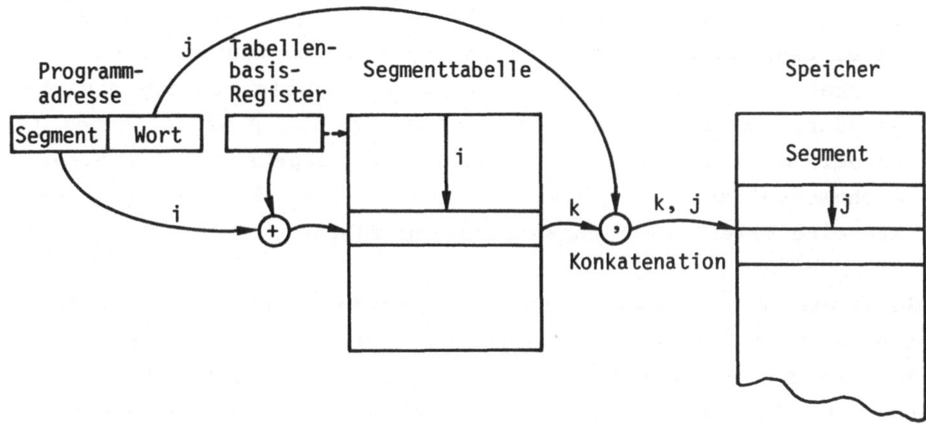

Abbildung 2.20. Adreßzuordnung bei Segmentadressierung

die gesuchte Segmentgröße. Wegen der Adressierungsart über eine Wortadresse innerhalb der Seite ist aber gefordert, daß die Segmente beim Einlagern vollständig auf konsekutiven Speicheradressen abgelegt werden. Bei fester Seitenadressierung kann dieses Problem des Verschnitts nicht auftreten. Hier können nur die Fälle auftreten, daß a) noch Hauptspeicherseiten frei sind, b) keine Seiten mehr frei sind, so daß dann eine Ersetzungsstrategie in Anwendung kommt.

Trotz des Nachteils des Verschnitts von physikalischem Speicherraum war das erste kommerzielle virtuelle Speichersystem (für die Burroughs B 5000) auf der Basis der Segmentadressierung implementiert, während das erste (nicht-kommerzielle) System, die bereits genannte ATLAS, einen virtuellen Speicher auf der Basis von Seitenadressierung aufwies.

Eine Kombination aus Seiten- und Segmentadressierung ist aus den folgenden Gründen sinnvoll:

- Um die Prozedur des Nachladens, Auslagerns u.ä. von Speicherseiten schnell ausführen zu können, ist zu fordern, daß die Kacheltabelle immer im Hauptspeicher gehalten wird (kein Auslagern auf Sekundärspeicher). Im Mehrbenutzerbetrieb heißt das, daß sämtliche Kacheltabellen für alle Benutzer im Hauptspeicher vorhanden sein müssen und dort sehr viel Speicherplatz belegen, da schon die einzelne Kacheltabelle recht umfangreich werden kann.

- Sollen im Mehrbenutzerbetrieb verschiedene Benutzer auf gleiche Daten oder Codestücke zugreifen können, so müßte bei benutzerspezifischen Kacheltabellen jeder einzelne Verweis auf die gleiche Kachel geändert werden, sofern eine Änderung der physikalischen Lage der Kachel stattfindet. Bei großen, daher gegebenenfalls ausgelagerten Kacheltabellen und vielen Benutzern würde das zu extrem komplexen Kacheltabellenverwaltungsstrategien führen.

Die Lösung der genannten Probleme besteht darin, die Adreßbildung um eine weitere Stufe zu erweitern, d.h. die Kacheltabelle in eine kleinere Segmenttabelle und eine größere Seitentabelle aufzuteilen, indem jeweils logisch zusammengehörige Seiten zu Segmenten zusammengefaßt werden. Die Segmenttabellen für alle Benutzer werden dann immer im Hauptspeicher gehalten, so daß der Zugriff auf gemeinsam benutzte Daten oder Programme über Segmente organisiert wird, indem die entsprechenden Seitentabelleneinträge für einige Segmenttabelleneinträge identisch sind. Die benutzerspezifischen Seitentabellen werden dann nur noch in den Hauptspeicher geladen, wenn die zugehörigen Programme aktiv sind (vgl. Abbildung 2.21).

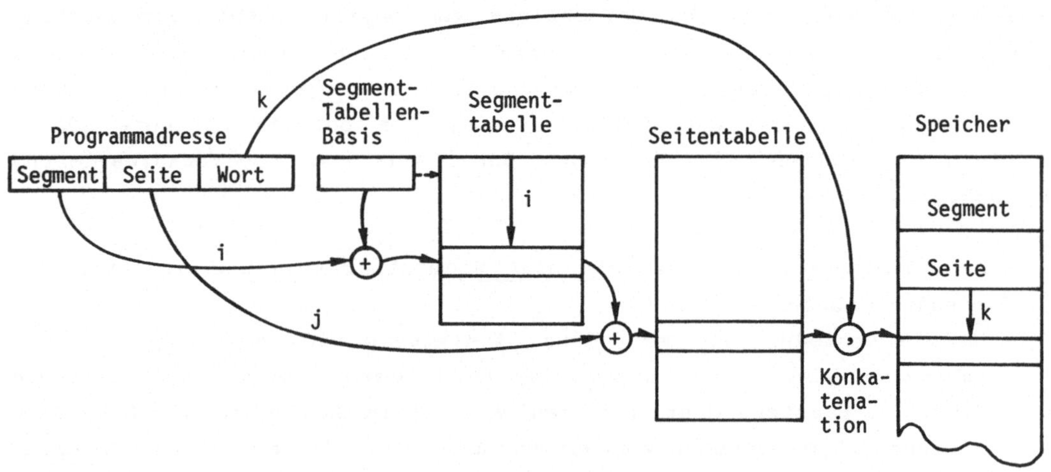

Abbildung 2.21. Adreßzuordnung bei Segment- und Seitenadressierung

Auch bei dieser zweistufigen Adreßzuordnung kann die Adreßumsetzung durch Assoziativregister vorgenommen werden. Faßt man mehrere Segmente wiederum zu Blöcken zusammen, so entsteht analog eine dreistufige Adressierung (vgl. WETTSTEIN, 1978). Eine ausführliche Behandlung der zweistufigen Adreßzuordnung bei den Rechnern IBM 360/370 folgt in den nächsten Abschnitten.

Der Vollständigkeit halber sei hier noch auf die in einigen Rechnern mit Mehrbenutzerbetrieb angewendete Technik der Programmumsetzung ("Swapping") verwiesen, bei der aktive Programme vollständig in den Hauptspeicher geladen werden, nicht aktive Programme ebenso vollständig auf Hintergrundspeicher ausgelagert werden.

2.2.1.2 Virtuelle Maschinen

Unter einer virtuellen Maschine versteht man die funktionelle Simulation oder Nachbildung eines Rechners auf einem anderen (Wirts-)Rechner ("host"), dessen Struktur derjenigen der virtuellen Maschine mehr oder weniger ähnlich sein kann. Dabei kann ein einzelner Wirtsrechner auch eine Vielzahl virtueller Maschinen simulieren (SEAWRIGHT, 1979). SIEGERT, 1979 weist darauf hin, daß in letzter Zeit in gesteigertem Maße virtuelle Maschinen eingesetzt werden, insbesondere, um innerhalb einer Großrechnerfamilie neue Betriebssysteme bzw. neue Rechnerhardware zu testen und einzuführen, wobei die Kompatibilität der bereits vorhandenen Programme für das alte Betriebssystem bzw. die alte Hardware mit den neuen Elementen erhalten bleibt.

Als wichtige Anwendungen von virtuellen Maschinen nennt SIEGERT, 1979:

- "Test von Betriebssystemen,
- Paralleler Betrieb von Betriebssystemen bei Einführung neuer Systemversionen,
- Einsatz neuer Maschinenkomponenten, insbesondere neuer Geräte, ohne Änderung vorhandener Programme,
- Paralleler Betrieb von alten und neuen Betriebssystemen (Migration innerhalb einer Rechnerfamilie),
- Emulation anderer Maschinen beim Übergang zu einer neuen Rechnerarchitektur (Migration zu neuen Rechnern),
- Bereitstellung benutzerspezifischer virtueller Maschinen, deren Konfiguration 'weitgehend unabhängig' von der realen Konfiguration der Anlage ist,

- Bildung unabhängiger und extrem isolierter Subsysteme (Datenschutz, Ausfallsicherheit)."

Über die Implementierung der virtuellen Maschine auf dem Wirtsrechner ist dabei zunächst noch nichts ausgesagt, sie kann durch Software, Firmware (man spricht dann von Emulation, vgl. BODE, HÄNDLER, 1980, S. 226 ff.), Hardware oder entsprechende Mischformen erfolgen. Aus Geschwindigkeitsgründen wird man aber zumindest eine teilweise Realisierung durch Mikroprogramme und unterstützende Hardware fordern, so daß das Wirtschaftlichkeitsargument der Kompatibilität innerhalb von Rechnerfamilien letztlich auch einen entscheidenden Einfluß auf die Architektur zukünftiger Rechner ausüben wird, von denen man Emulationsfreundlichkeit, also (dynamische) Mikroprogrammierbarkeit und entsprechende Hardwareeigenschaften erwartet.

Als Beispiel sei das virtuelle System VM/370 für die IBM-Familie 360/370 genannt (AUROUX, 1974): die Implementierung virtueller Maschinen geschieht hier durch ein System-Programm (Steuerprogramm: virtual machine system), das die Ressourcen des Wirtsrechners im Teilnehmerbetrieb verschiedenen virtuellen Maschinen zugänglich macht. Die einzelnen virtuellen Maschinen werden im Hauptspeicher des Wirtsrechners durch eine Menge von Tabellen repräsentiert, die deren verschiedene Komponenten und ihren Zustand beschreiben. Auf diese Tabellen greift dann das Steuerprogramm zu, so daß auf einer Maschine des IBM-Systems /370 im Teilnehmerbetrieb gleichzeitig verschiedenste Betriebssysteme der Familien 360/370 arbeiten können: DOS, DOS/VS, OS/MVT, OS/VS1, OS/VS2 usw. sowie das virtuelle System selbst.

Als Hauptproblem des virtuellen Systems beschreibt SEAWRIGHT, 1979 die hohen Laufzeiten, insbesondere bei der Interrupt-Behandlung. Eine teilweise Verbesserung geschieht durch die Realisierung einiger Teilroutinen als Mikroprogramme (VMA: virtual memory assist, vgl. HELLER, 1980). Wird der Gedanke der virtuellen Maschine jedoch mit Mehrprozessorkonzepten verbunden (vgl. GOLDBERG, MAGER, PERRY, 1979), so daß beispielsweise in einem Feld identischer Rechner jeder einzelne Prozessor eine spezielle virtuelle Maschine realisiert, so können aufwendige Prozeßwechsel vermieden werden. GOLDBERG et al., 1979 verweisen auf die Vorteile der dynamischen Erweiterbarkeit, Modularität und Maschinenunabhängigkeit eines solchen Konzepts.

Einen umfassenden Überblick über die Anwendung virtueller Maschinen in den Großrechnerfamilien IBM 360/370 und SIEMENS 7.000/4004 gibt der Tagungsband SIEGERT, 1979.

2.2.2 Detailbeschreibung der IBM Systeme /360 und /370

Die Rechner der Familie IBM System /360 werden an dieser Stelle aus den beiden folgenden Gründen sehr ausführlich behandelt:

- Sie genügen dem Prinzip der Virtualität, insofern sie die Emulation früherer IBM-Rechner gestatten (IBM 704, 709, 1401, 1410, 1440, 1460, 1620, 7010, 7040, 7044, 7070, 7074, 7090, 7094), also virtuelle Maschinen darstellen. Dies gilt für alle Modelle des Systems /360 (also auch die zunächst beschriebenen Grundmodelle). Die virtuelle Speicherverwaltung wird dagegen erst mit dem Modell 67 eingeführt, das im folgenden Abschnitt behandelt wird.

- Die genannten Systeme sind durch ihre hohe Verbreitung zu einem gewissen Standard bezüglich Großrechnern geworden. Viele Details finden sich auch bei Rechnern anderer Hersteller (Befehlstypen, Codierungen, Adreßarten etc.).

Insgesamt umfaßt das IBM System /360 die Modelle 20, 22, 25, 30, 40, 44, 50, 60, 62, 65, 67, 70, 75, 85, 91, 195, wobei die Modelle 30, 40, 50, 60, 62 und 70 als sogenannte Grundmodelle bezeichnet werden, die im folgenden Unterabschnitt zunächst ausführlich behandelt werden, bevor auf das Modell 67 eingegangen wird, sowie auf einige Besonderheiten der Modelle 85,91 und 195. Insgesamt wurden fast 30.000 Systeme /360 produziert (GERMAIN, 1981).

Das System /370 umfaßt bisher die Modelle 115, 115-2, 125, 125-2, 135, 135-3, 138, 145, 145-3, 148, 155, 158, 158-3, 165, 168, 168-3, 195, 3031, 3032, 3033.
Ausführliche Beschreibungen der IBM-Familie System /360 finden sich bei AMDAHL, BLAAUW, BROOKS, 1964, BLAAUW, BROOKS, 1964, STEVENS, 1964, in vielen Firmenschriften, sowie einigen Werken zur Rechnerarchitektur, etwa BAER, 1980 und BELL, NEWELL, 1971. In der letztgenannten Quelle wird auch Kritik an einigen Architekturmerkmalen der Familie geübt, wobei als Alternative zu den hochgezüchteten Monoprozessorsystemen der IBM Systeme ein Multiprozessorkonzept mit einfachen Pro-

zessoren vorgeschlagen wird. Die IBM-Familie System /370 ist bei CASE/PADEGS, 1978, GERMAIN, 1981 und KATZAN, 1974 sowie einer Vielzahl von Firmenschriften dokumentiert.

2.2.2.1 IBM System /360, Grundmodelle

Die vier wesentlichen Innovationen der Grundmodelle des IBM Systems /360 bestanden nach AMDAHL, BLAAUW, BROOKS, 1964 in den folgenden Punkten:

- Ein neues Speicherkonzept mit hoher Kapazität, einer Hierarchie bezüglich der Zugriffsgeschwindigkeiten, flexiblem Speicherschutz und einfacher Verschieblichkeit von Programmen sowie Festspeichern als Mikroprogrammspeicher,
- Ein Ein/Ausgabesystem mit hoher Parallelität, ausgelegt für Geräte mit verschiedenen Arbeitsgeschwindigkeiten,
- Eine Allzweck-Organisation mit neuen Überwachungsfunktionen, mächtigen logischen Operationen und einer Vielzahl von Datenformaten,
- Eine vollständige Auf - und Abwärts-Kompatibilität bezüglich der Maschinensprache für zunächst 6 Grund-Modelle, deren Leistung einen Bereich zwischen den Faktoren 1 und 50 abdeckt (zählt man weitere Modelle hinzu, wächst der Faktor beträchtlich: BELL, NEWELL, 1971, geben z.B. den Faktor 314 an).

Die Grundmodelle 30,40,50,60,62 und 70 haben die in Abbildung 2.22 dargestellte Funktionsstruktur, wobei bezüglich des Ausbaus der Speicher, Kanäle und E/A-Geräte Differenzen bestehen, die logische Grundstruktur jedoch erhalten bleibt. Das Ein-Ausgabesystem arbeitet wie eine Menge von Kanälen, die parallel zueinander und zur Aktivität des Prozessor arbeiten können. Es wird dabei zwischen Multiplexkanälen und Selektorkanälen unterschieden, wobei erstere für den Anschluß langsamer Geräte (etwa Fernschreiber), die quasiparallel im Multiplexbetrieb bedient werden, letztere für den Anschluß schnellerer Peripheriegeräte dienen.

Abbildung 2.23 zeigt schematisch die wesentlichen Register und Datenpfade der beschriebenen Rechner. Das Rechenwerk umfaßt 16 Allzweckregister zu je 32 Bit, die für die Aufnahme von Daten, Adressen und Indexwerten verwendet werden. Vier weitere (optionale) Register zu je 64 Bit dienen der Aufnahme von Gleitpunkt-Daten.

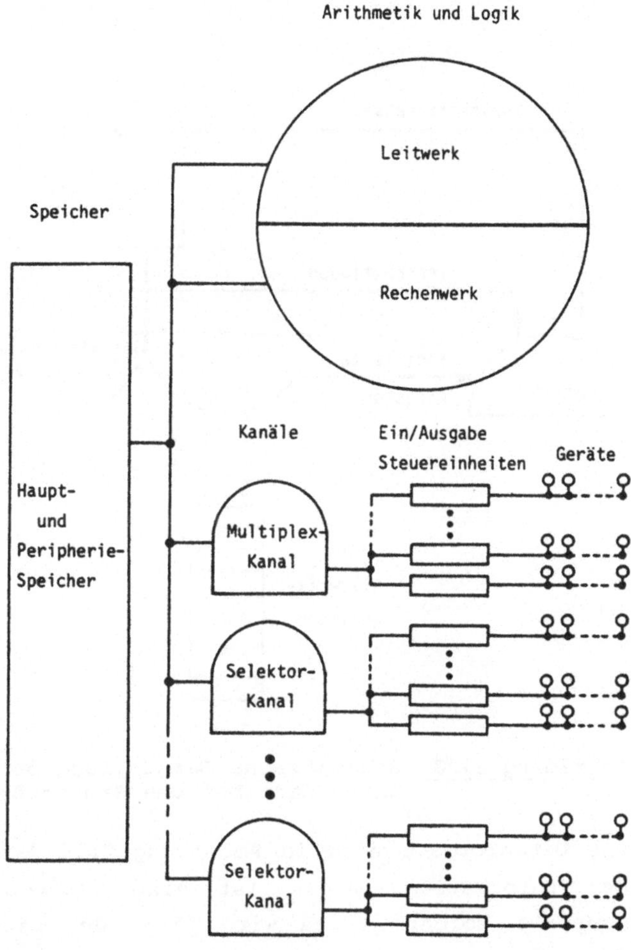

Abbildung 2.22. Funktionsschaltbild der Rechner IBM System /360 Modelle 30,40,50,60,62 und 70

Man unterscheidet vier Typen von Befehlen:

- logische Operationen auf Bitstellen, Zeichenfolgen und festen Worten,
- Dezimal-Arithmetik auf Ziffernfolgen,
- Festpunktarithmetik,
- Gleitpunktarithmetik.

Die im folgenden beschriebene interne Datendarstellung, die Datenformate, der Befehlssatz und die Befehlsformate werden hier recht ausführlich dargestellt, da sie weitgehend als Standard akzeptiert wurden und bis heute für eine Vielzahl von Groß-, Klein- und Kleinstrechner verschiedenster Hersteller (bis hin zum Mikroprozessor Z 8000, vgl. SHIMA, 1979) charakteristisch sind.

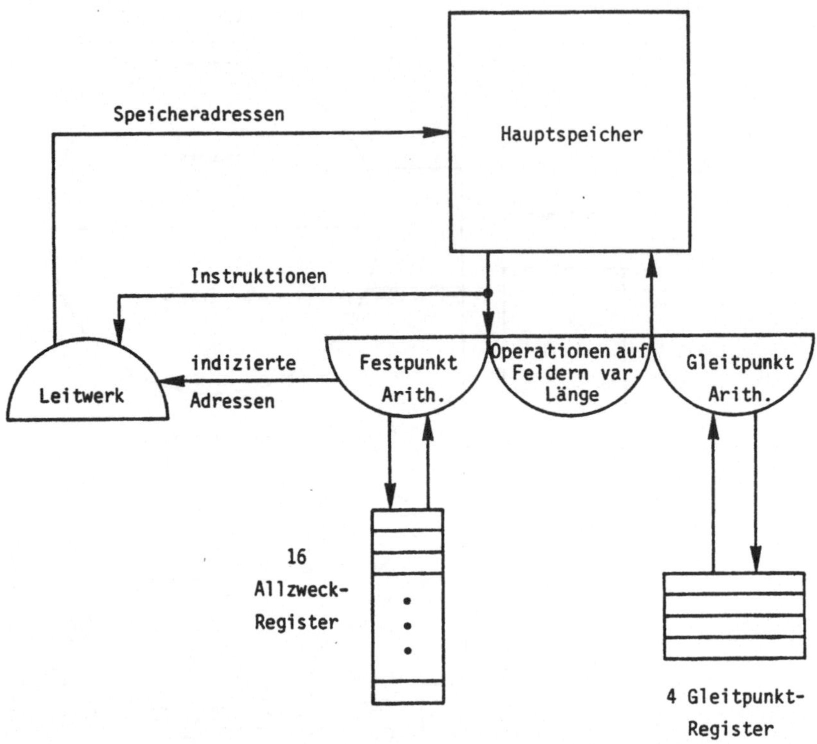

Abbildung 2.23. Schematische Darstellung der wesentlichen Register und Datenpfade bei den Grundmodellen des IBM Systems /360

Die Datenformate sind in Abbildung 2.24 dargestellt: Das Grundelement der Informationseinheit ist eine 8-Bit-Einheit, das "Byte". Eine Gruppe n solcher Bytes wird "Feld der Länge n" genannt. Felder der festen Länge 2, 4 und 8 Bytes heißen "Halbworte", "Ganzworte" bzw. "Doppelworte".

Die Lage eines Feldes im Speicher ist durch die Adresse des am weitesten links stehenden Bytes des Feldes definiert, wobei variable Felder auf beliebigen Byte-Adressen, feste Felder entsprechend ihrer Länge nur auf Adressen beginnen dürfen, die durch 2, 4 oder 8 teilbar sind.

Die Festpunktarithmetik arbeitet normalerweise auf Ganzworten, aus Geschwindigkeits- oder Speicherplatzgründen können in den meisten Befehlen auch Halbworte vereinbart werden, für Produkte und Dividenden werden Doppelworte verwendet, die dann in geraden/ungeraden Registerpaaren abgelegt werden. Die Operanden werden im Zweierkomplement dargestellt. Da die Länge der Adresse 24 Bit beträgt, ist diese im 32-Bit Ganzwort unterzubringen: es können daher sämtliche Festpunkta-

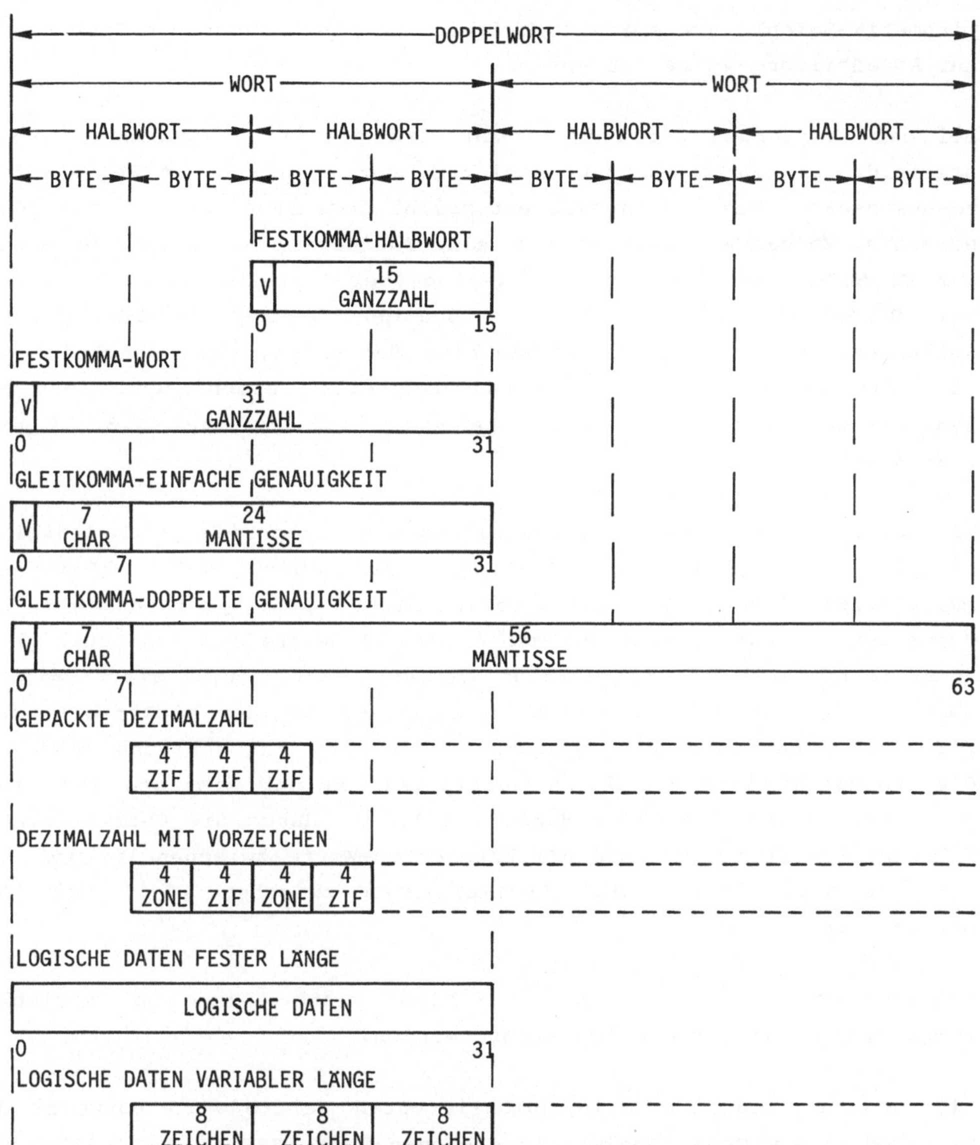

Abbildung 2.24. Datenformate der Rechner IBM System /360; V = Vorzeichen, CHAR = Charakteristik, ZIF = Ziffer

rithmetik-Befehle sowie Schiebebefehle und einige logische Operationen zur Adreßbildung verwendet werden.

Bei der Ausführung der Operationen wird jeweils 1 Operand im Registerfeld, der zweite im Hauptspeicher oder ebenfalls im Registerfeld vorausgesetzt. Die Zieladresse entspricht jeweils einer der Operandenadressen. Es handelt sich also um eine Zweiadreßmaschine, im Gegensatz zur CD 6600, die eine echte Drei-(Register-)Adreßmaschine darstellt, vgl. Befehlssatz in Abbildung 2.4, und der Burroughs B 5500, die als Kellermaschine eine Nulladreß-Maschine darstellt, vgl. Abschnitt 2.3 (für die Behandlung der Vor- und Nachteile verschiedenartiger Befehlsformate vgl. das Beispiel in Abb. 2.56, Kapitel 2.3.1.5 bzw. JESSEN, 1975).

Die beiden Gleitkomma-Zahlendarstellungen unterscheiden sich lediglich bezüglich der Länge der Mantisse, die durch 4-Bit (Hexadezimal-)Ziffern dargestellt wird, bei einfacher Genauigkeit durch 6, bei doppelter - durch 14 Stellen, was 7 bzw. 17 Dezimalstellen Genauigkeit entspricht. Die Gleitkommazahlen werden immer normalisiert vorausgesetzt: der "radix"-Punkt wird immer links von der höchstwertigsten Ziffer der Mantisse vorausgesetzt, d.h. der tatsächliche Wert der Gleitkommazahl entsteht durch Multiplikation der Mantisse mit einer Potenz der Basis (bei IBM: Basis = 16), die durch die Charakteristik (Charakteristik:= Exponent +64; Exponenten-Werte zwischen +64 und -63) bestimmt wird. Damit sind Dezimalzahlen zwischen 10^{-78} und 10^{75} darstellbar.

Logische Operationen können auf Feldern fester Länge und variabler Länge bis zu 256 Bytes durchgeführt werden.

Als interner Code für alle anschließbaren Geräte wird entweder der Extended Binary Coded Decimal Interchange Code (EBCDIC, vgl. Abbildung 2.25) oder eine 8-Bit Erweiterung des Codes der International Standards Organization (ISO, vgl. Abbildung 2.26) vorausgesetzt.

Bei Dezimalarithmetik werden die Dezimalziffern 0 bis 9 jeder Stelle in jeweils 4 Bit codiert durch die Folgen 0000 bis 1001, die übrigen 4-Bit Folgen 1010 bis 1111 werden als Codes für Vorzeichen verwendet. Dezimalarithmetik ist sinnvoll, wenn Daten in dieser Form vorliegen und nur wenige Verarbeitungsschritte bis zu ihrer Ausgabe durchgeführt werden sollen, so daß eine Wandlung in Zweierkomplementdarstellung zu

BIT POSITIONEN → 01	00				01				10				11			
23 → / 4567	00	01	10	11	00	01	10	11	00	01	10	11	00	01	10	11
0000	NULL				SP	&	-									0
0001							/		a	j			A	J		1
0010									b	k	s		B	K	S	2
0011									c	l	t		C	L	T	3
0100	PF	RES	BYP	PN					d	m	u		D	M	U	4
0101	HT	NL	LF	RS					e	n	v		E	N	V	5
0110	LC	BS	EOB	UC					f	o	w		F	O	W	6
0111	DEL	IL	PRE	EOT					g	p	x		G	P	X	7
1000									h	q	y		H	Q	Y	8
1001									i	r	z		I	R	Z	9
1010			SM		¢	!		:								
1011					.	$	,	#								
1100					<	*	%	@								
1101					(	)	_	'								
1110					+	;	>	=								
1111					|	¬	?	"								

PF Punch off
HT Horizontal tab
LC Lower case
DEL Delete
RES Restore
NL New line

BS Backspace
IL Idle
BYP Bypass
LF Line feed
EOB End of block
PRE Prefix

SM Set mode
PN Punch on
RS Reader stop
UC Upper case
EOT End of transmission
SP Space

Abbildung 2.25. Darstellung des EBCDIC-Codes

zeitaufwendig wäre und der Speicherplatzbedarf für die Dezimaldarstellung nicht so sehr ins Gewicht fällt.

Die Befehlsformate sind in Abbildung 2.27 dargestellt. Sie lassen sich in 5 Grundformate (RR,RX,RS,SI,SS) einteilen:

RR steht für Register-Register, RX für Register-Indexed Storage (also indizierter Speicherzugriff), RS für Register-Storage, SI für Storage-Immediate Operand (also Direktoperand), SS für Storage-Storage. Das erste Byte jedes Befehls definiert den Operationscode, die ersten vier Bits hiervon die Länge und das Format. Das zweite Byte wird entweder als ein 8-Bit-Feld oder als zwei 4-Bit-Felder mit folgenden Bedeutungen verwendet (vgl. Abbildung 2.27): R: 4-Bit Register-Adresse für Operanden, X: 4-Bit Index-Register-Adresse, M: 4-Bit Maske, L: 4- oder 8-Bit Feldlänge, I: 8-Bit Direktoperand. Das zweite und dritte Halbwort spezifizieren Speicheroperanden durch eine 4-Bit Basisregisteradresse (B) und einen 12-Bit Displacement-Wert

BIT POSITIONEN→76
↓ └→X5

4321	00				01				10				11			
	00	01	10	11	00	01	10	11	00	01	10	11	00	01	10	11
0000	NULL	DLE			SP	0					_	P			@	p
0001	SOH	DC1			!	1					A	Q			a	q
0010	STX	DC2			"	2					B	R			b	r
0011	ETX	DC3			#	3					C	S			c	s
0100	EOT	DC4			$	4					D	T			d	t
0101	ENQ	NACK			%	5					E	U			e	u
0110	ACK	SYNC			&	6					F	V			f	v
0111	BELL	ETB			'	7					G	W			g	w
1000	BS	CNCL			(	8					H	X			h	x
1001	HT	EM			)	9					I	Y			i	y
1010	LF	SS			*	:					J	Z			j	z
1011	VT	ESC			+	;					K	[			k	{
1100	FF	FS			,	<					L	CS2			l	|
1101	CR	GS			-	=					M	]			m	}
1110	SO	RS			.	>					N	∧			n	¬
1111	SI	US			/	?					O	`			o	DEL

Third ISO draft proposal for 6 and 7 bit coded character sets for information processing interchange. International Standards Organization. June 1964.

NULL Null/idle
SOH Start of heading
STX Start of text
ETX End of text
EOT End of transmission
ENQ Enquiry
ACK Acknowledge
BELL Audible or attention signal

BS Backspace
HT Horizontal tabulation
LF Line feed
VT Vertical tabulation
FF Form feed
CR Carriage return
SO Shift out
DLE Data link escape
SI Shift in

DC1 Device control
DC2 Device control
DC3 Device control
DC4 Device control (stop)
NACK Negative acknowledge
SYNC Synchronous idle
ETB End of transmission block
CNCL Cancel
EM End of medium

SS Start of special sequence
ECS Escape
FS File separator
GS Group separator
RS Record separator
US Unit separator
SP Space, normally non printing
CS2 Currency symbol
` Grave accent
DEL Delete

Abbildung 2.26. Darstellung des auf 8 Bit erweiterten ISO-Codes

(D: Offset-Adresse). Wie bereits erwähnt, ist die effektive Speicheradresse E eine 24-Bit Adresse, die im allgemeinen Fall durch die Operation

$$E = B + X + D;$$

gebildet wird, wobei B und X 24-Bit Adressen (Ganzzahlen) sind, die in den durch B bzw. X adressierten Basis- bzw. Indexregistern stehen und D ein 12-Bit Adreßwert ist, der in der jeweiligen Operation mit Speicherzugriff explizit angegeben wird. Wird für Basis- oder Index-Register die Adresse 0 angegeben, so ist - unabhängig vom Inhalt des Registers R0 - bei der Adreßbildung der Wert "Null" zu verwenden.

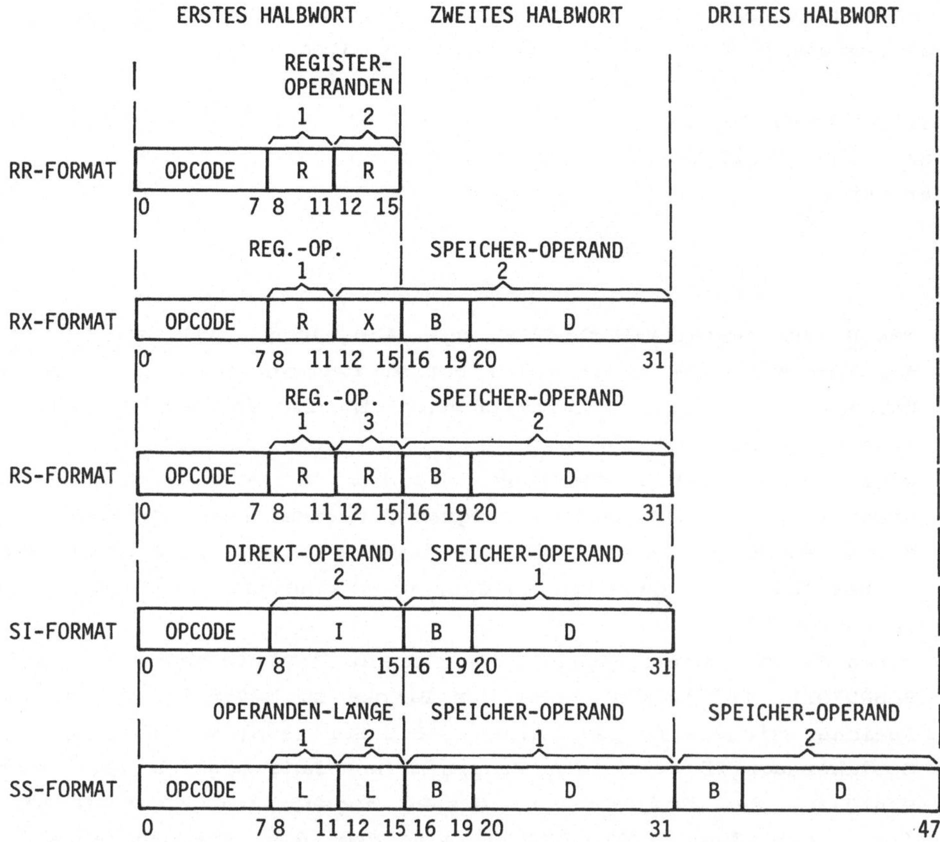

Abbildung 2.27. Grundformate der Befehle des IBM Systems /360

Durch die Adressierung über eine Basisadresse in einem Allzweck-Register ist die Verschieblichkeit von Programmen und Daten gegeben. Bei Verwendung des RX-Formates, also Adreßbildung mit Indexregister ist eine doppelte Indizierung (über Basis- und Indexregister) möglich. Die relative Adresse D erlaubt den Zugriff auf 4096 Bytes für jeweils einen Wert der Basisadresse. Die Effektivadresse erlaubt insgesamt die Adressierung von 16 M Bytes, bei späteren Modellen mit Zusatz erweitert auf 32 Bit-Adressen die Adressierung von 4 G Bytes (Giga = Milliarden). Die hier zu beschreibenden Grundmodelle verfügten noch nicht über das Konzept des virtuellen Speichers, das erst 1967 mit dem Rechner System /360 Modell 67 angeboten wurde (vgl. unten).

Die Abbildungen 2.28a und b stellen den Befehlssatz für die Rechner des Systems /360 getrennt nach den 5 Formaten dar.

Die Implementierung von Betriebssystemen mit Multiprogramming wird durch drei weitere Eigenschaften der zu beschreibenden Rechner unterstützt:

- das Programm-Status-Wort (PSW, vgl. Abbildung 2.29), ein Doppelwort, das die zu einem laufenden Programm gehörende Zustandsinformation beinhaltet und bei Unterbrechungen in festen Hauptspeicherzellen abgelegt wird,
- eine Unterbrechungsbehandlung, die nach 5 verschiedenen Unterbrechungsklassen (Ein/Ausgabe, Programm, Systemdienst, externer Wunsch, Maschinen-Überprüfung), für die jeweils eigene Programmstatusworte im Hauptspeicher gehalten werden, unterscheidet und ihnen Prioritäten zuweist,
- einen Speicherschutzmechanismus ("capability"-Konzept, vgl. SALTZER, SCHROEDER, 1975), der jedem der Blöcke zu 2.048 Bytes, in die der Speicher eingeteilt ist, einen 4-Bit-Schlüssel zuweist, so daß ein Speicherzugriff durch ein Programm nur dann möglich ist, wenn der Schlüssel des Programms in dessen zugehörigem Programmstatuswort (vgl. Abbildung 2.29 "KEY") mit dem des entsprechenden Speicherblocks übereinstimmt. Bei Speicherzugriffen durch einen Kanal wird dessen Schlüssel aus dem Kanalstatuswort entnommen (vgl. Abbildung 2.30). (Man bezeichnet die Kennung bei den Daten oft auch als "Schloß", diejenige bei den zugreifenden Programmen als "Schlüssel".)

Die Rechner des IBM Systems /360 unterscheiden zwischen Benutzerzustand ("problem state") und Überwacher-Zustand ("supervisor state"). Während in letzterem alle Maschinenbefehle ausgeführt werden können, sind im Benutzer-Zustand alle E/A-Befehle und einige Steuerbefehle (z.B. das Setzen des Speicherzugriffs-Schlüssels im PSW) gesperrt.

Zwischen den E/A-Geräten und den Prozessoren der Rechner des IBM Systems/360 sind die Kanäle und die Ein/Ausgabe-Steuereinheiten als Geräteanpassungen (vgl. Abbildung 2.22) so geschaltet, daß die gesamte E/A-Programmierung mit 4 Befehlen durchgeführt werden kann (vgl. Abbildung 2.28a):

RR Format

xxxx	Branching and status switching 0000xxxx		Fixed-point fullword and logical 0001xxxx		Floating-point long 0010xxxx		Floating-point short 0011xxxx	
0000			LPR	LOAD POSITIVE	LPDR	LOAD POSITIVE	LPER	LOAD POSITIVE
0001			LNR	LOAD NEGATIVE	LNDR	LOAD NEGATIVE	LNER	LOAD NEGATIVE
0010			LTR	LOAD AND TEST	LTDR	LOAD AND TEST	LTER	LOAD AND TEST
0011			LCR	LOAD COMPLEMENT	LCDR	LOAD COMPLEMENT	LCER	LOAD COMPLEMENT
0100	SPM	SET PROGRAM MASK	NR	AND	HDR	HALVE	HER	HALVE
0101	BALR	BRANCH AND LINK	CLR	COMPARE LOGICAL				
0110	BCTR	BRANCH ON COUNT	OR	OR				
0111	BCR	BRANCH/CONDITION	XR	EXCLUSIVE OR				
1000	SSK	SET KEY	LR	LOAD	LDR	LOAD	LER	LOAD
1001	ISK	INSERT KEY	CR	COMPARE	CDR	COMPARE	CER	COMPARE
1010	SVC	SUPERVISOR CALL	AR	ADD	ADR	ADD N	ALR	ADD N
1011			SR	SUBTRACT	SDR	SUBTRACT N	SER	SUBTRACT N
1100			MR	MULTIPLY	MDR	MULTIPLY	MER	MULTIPLY
1101			DR	DIVIDE	DDR	DIVIDE	DER	DIVIDE
1110			ALR	ADD LOGICAL	AWR	ADD U	AUR	ADD U
1111			SLR	SUBTRACT LOGICAL	SWR	SUBTRACT U	SUR	SUBTRACT U

RX Format

xxxx	Fixed-point halfword and branching 0100xxxx		Fixed-point fullword and logical 0101xxxx		Floating-point long 0110xxxx		Floating-point short 0111xxxx	
0000	STH	STORE	ST	STORE	STD	STORE	STE	STORE
0001	LA	LOAD ADDRESS						
0010	STC	STORE CHARACTER						
0011	IC	INSERT CHARACTER						
0100	EX	EXECUTE	N	AND				
0101	BAL	BRANCH AND LINK	CL	COMPARE LOGICAL				
0110	BCT	BRANCH ON COUNT	O	OR				
0111	BC	BRANCH/CONDITION	X	EXCLUSIVE OR				
1000	LH	LOAD	L	LOAD	LD	LOAD	LE	LOAD
1001	CH	COMPARE	C	COMPARE	CD	COMPARE	CE	COMPARE
1010	AH	ADD	A	ADD	AD	ADD N	AE	ADD N
1011	SH	SUBTRACT	S	SUBTRACT	SD	SUBTRACT N	SE	SUBTRACT N
1100	MH	MULTIPLY	M	MULTIPLY	MD	MULTIPLY	ME	MULTIPLY
1101			D	DIVIDE	DD	DIVIDE	DE	DIVIDE
1110	CVD	CONVERT DECIMAL	AL	ADD LOGICAL	AW	ADD U	AU	ADD U
1111	CVB	CONVERT BINARY	SL	SUBTRACT LOGICAL	SW	SUBTRACT U	SU	SUBTRACT U

RS, SI Format

xxxx	Branching status switching and shifting 1000xxxx		Fixed-point logical and input/output 1001xxxx		1010xxxx	1011xxxx
0000	SSM	SET SYSTEM MASK	STM	STORE MULTIPLE		
0001			TM	TEST UNDER MASK		
0010	LPSW	LOAD PSW	MVI	MOVE		
0011		DIAGNOSE	TS	TEST AND SET		
0100	WRD	WRITE DIRECT	NI	AND		
0101	RDD	READ DIRECT	CLI	COMPARE LOGICAL		
0110	BXH	BRANCH/HIGH	OI	OR		
0111	BXLE	BRANCH/LOW EQUAL	XI	EXCLUSIVE OR		
1000	SRL	SHIFT RIGHT SL	LM	LOAD MULTIPLE		
1001	SLL	SHIFT LEFT SL				
1010	SRA	SHIFT RIGHT S				
1011	SLA	SHIFT LEFT S				
1100	SRDL	SHIFT RIGHT DL	SIO	START I/O		
1101	SLDL	SHIFT LEFT DL	TIO	TEST I/O		
1110	SRDA	SHIFT RIGHT D	HIO	HALT I/O		
1111	SLDA	SHIFT LEFT D	TCH	TEST CHANNEL		

Abbildung 2.28a. Darstellung des Befehlssatzes der Rechner des IBM Systems /360, Teil 1: RR, RX, RS und SI-Formate

SS Format

	Logical		Decimal
	1100xxxx	1101xxxx	1110xxxx	1111xxxx

	1100xxxx	1101xxxx (Logical)	1110xxxx	1111xxxx (Decimal)
0000				
0001		MVN MOVE NUMERIC		MVO MOVE WITH OFFSET
0010		MVC MOVE		PACK PACK
0011		MVZ MOVE ZONE		UNPK UNPACK
0100		NC AND		
0101		CLC COMPARE LOGICAL		
0110		OC OR		
0111		XC EXCLUSIVE OR		
1000				ZAP ZERO AND ADD
1001				CP COMPARE
1010				AP ADD
1011				SP SUBTRACT
1100		TR TRANSLATE		MP MULTIPLY
1101		TRT TRANSLATE AND TEST		DP DIVIDE
1110		ED EDIT		
1111		EDMK EDIT AND MARK		

Abkürzungen: N = NORMALIZED, DL = DOUBLE LOGICAL, S = SINGLE, SL = SINGLE LOGICAL, U = UNNORMALIZED, D = DOUBLE

Abbildung 2.28b. Darstellung des Befehlssatzes der Rechner des IBM Systems /360, Teil 2: SS-Format

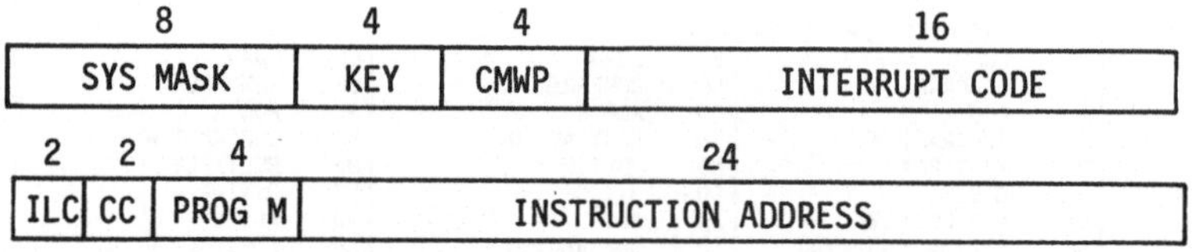

8	4	4	16
SYS MASK	KEY	CMWP	INTERRUPT CODE

2	2	4	24
ILC	CC	PROG M	INSTRUCTION ADDRESS

SYS MASK - MPX channel
SEL channels 1-6
External

KEY - Storage protection key

CMWP - Character set mode
Mach check
Wait state
Problem state

ILC - Instruction length code

CC - Condition code

PROG M - Fixed point overflow
Decimal overflow
Exponent underflow
Significance

Abbildung 2.29. Darstellung des Programmstatuswortes der Rechner des IBM Systems /360

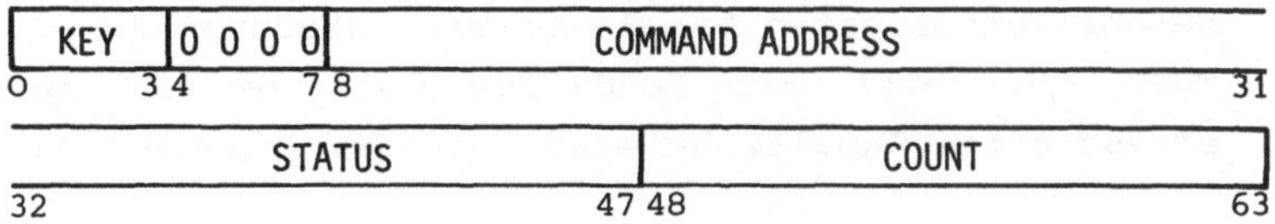

KEY	0 0 0 0	COMMAND ADDRESS
0 3	4 7	8 31

STATUS	COUNT
32 47	48 63

Bits 0 - 3: Speicherschutzschlüssel ("Key")
4 - 7: Null
8 - 31: Adresse des letzten Kanalbefehlswortes ("CCW")
32 - 47: E/A - Geräte-Status und Kanalstatus
48 - 63: Restwert des letzten benutzten Kanalbefehlswortes

Abbildung 2.30. Darstellung des Kanalstatuswortes der Rechner des IBM Systems /360

- START I/O initiiert E/A Operationen durch Adressierung eines Kanals und eines Gerätes. Ist der so angestoßene Kanal frei, führt er die Operation selbständig aus, der Zentralprozessor kann währenddessen weiterarbeiten,

- HALT I/O stoppt den Kanal,
- TEST CHANNEL setzt den Condition Code im PSW auf den Zustand des im

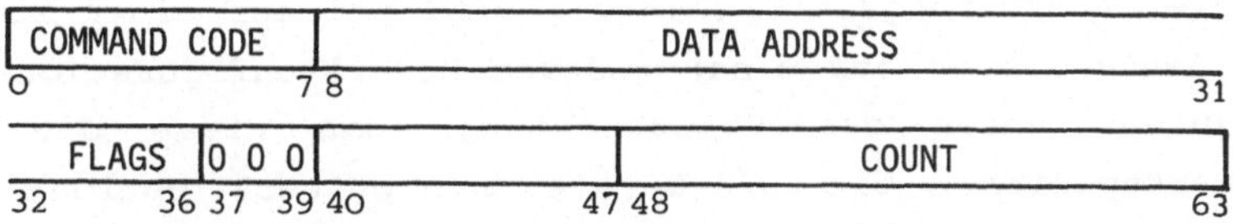

COMMAND CODE	DATA ADDRESS
0 7	8 31

FLAGS	0 0 0		COUNT
32 36	37 39	40 47	48 63

Bits 0 - 7: Befehlscode
8 - 31: Adresse eines bytes im Hauptspeicher
32 - 36: Status-Bits: 32: Adresse des nächsten Kanalbefehlswortes wird verwendet
33: Befehlscode und Adresse des nächsten Kanalbefehlswortes wird verwendet
34: Mögliche falsche Längenangabe wird unterdrückt
35: Übertragung in den Hauptspeicher wird unterdrückt
36: Unterbrechung
37 - 39: Null
40 - 47: wird ignoriert
48 - 63: Anzahl der zu verarbeitenden Bytes

Abbildung 2.31. Darstellung des Kanalbefehlswortes der Rechner des IBM Systems /360

Befehl adressierten Kanals (frei, unterbrochen,...),
- TEST I/O setzt den Condition Code im PSW auf den Zustand des adressierten Kanals, Unterkanals oder E/A-Gerätes.

Die Kanäle sind so ausgelegt, daß sie nach einem START I/O-Befehl autonom ein Kanalprogramm, bestehend aus einer Folge von Kanal-Befehlsworten (vgl. Abbildung 2.31), aus dem Hauptspeicher auslesen, den Datentransfer ausführen und überwachen, die Anzahl der übertragenen Sätze zählen und bei Auftreten von Sonderbedingungen bzw. am Ende der E/A-Operation den Prozessor unterbrechen, wobei ein Kanalstatuswort (vgl. Abbildung 2.30) in einer festen Hauptspeicherzelle abgelegt wird.

Zum Abschluß der Behandlung der Grundmodelle 30,40,50,60,62 und 70 soll anhand von Abbildung 2.32 noch einmal auf das bei IBM erstmals in dieser Weise eingeführte Familienkonzept eingegangen werden, das bei AMDAHL, BLAAUW, BROOKS, 1964 unter dem Begriff "intermodel compatibility" behandelt wird. Es bedeutet, daß alle Modelle des IBM Systems /360 streng auf- und abwärtskompatibel sind ("strictly program compatible"), daß also richtige Programme, die nicht implizit von ihrer Ausführungszeit abhängig sind und auf einer Modellkonfiguration A laufen, auch auf einer anderen Modellkonfiguration B dieser Familie laufen, unter der Voraussetzung, daß diese die benötigte Speicherkapazität, die E/A-Geräte und weitere optionale Eigenschaften, bereitstellt.

Vorteile dieser Kompatibilität sind nach AMDAHL, BLAAUW, BROOKS, 1964:
- Mit der Zeit wachsende Leistungsanforderungen eines Benutzers können mit leistungsfähigeren Modellen aus derselben Familie befriedigt werden, ohne daß bestehende Programmsysteme auf eine neue Maschinenarchitektur zugeschnitten werden müssen.
- Vom Hersteller geschriebene Systemsoftware ist durch hohen Nutzungsgrad gekennzeichnet, da sie nicht nur auf genau einen Rechner zugeschnitten ist, Benutzerprogramme sind übertragbar (angesichts der Software-Erstellungskosten bzw. "Software-Krise" ein wichtiges finanzielles Argument).
- Große, überlastete Systeme können auch durch kleine Modelle unterstützt werden.
- Es existiert ein sehr großes Spektrum an Konfigurationsmöglichkeiten für alle möglichen Anwendungen.

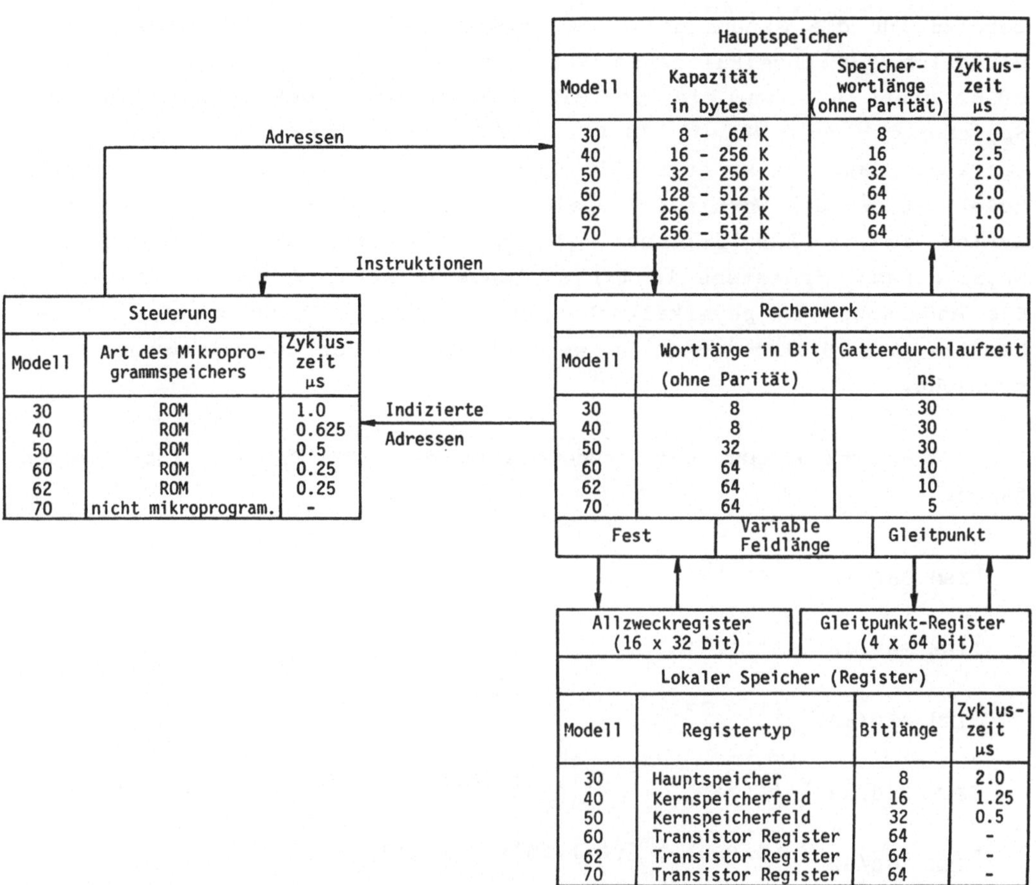

Hauptspeicher

Modell	Kapazität in bytes	Speicherwortlänge (ohne Parität)	Zykluszeit µs
30	8 - 64 K	8	2.0
40	16 - 256 K	16	2.5
50	32 - 256 K	32	2.0
60	128 - 512 K	64	2.0
62	256 - 512 K	64	1.0
70	256 - 512 K	64	1.0

Steuerung

Modell	Art des Mikroprogrammspeichers	Zykluszeit µs
30	ROM	1.0
40	ROM	0.625
50	ROM	0.5
60	ROM	0.25
62	ROM	0.25
70	nicht mikroprogram.	-

Rechenwerk

Modell	Wortlänge in Bit (ohne Parität)	Gatterdurchlaufzeit ns
30	8	30
40	8	30
50	32	30
60	64	10
62	64	10
70	64	5

Lokaler Speicher (Register)

Modell	Registertyp	Bitlänge	Zykluszeit µs
30	Hauptspeicher	8	2.0
40	Kernspeicherfeld	16	1.25
50	Kernspeicherfeld	32	0.5
60	Transistor Register	64	-
62	Transistor Register	64	-
70	Transistor Register	64	-

Abbildung 2.32. Wesentliche Implementierungsmerkmale der Rechner des IBM Systems /360, Grundmodelle 30, 40, 50, 60, 62, 70

Diese Vorteile des Familienkonzepts werden durch ein Auseinanderfallen von logischer und physikalischer Struktur ermöglicht (bzw. im Sinne von BLAAUW: Auseinanderfallen von Architektur einerseits, Implementierung und Realisierung andererseits). Die logische Struktur des Rechners - wie sie der Programmierer sieht - muß aus Kompatibilitätsgründen identisch für alle Modelle sein, die physikalische Struktur - wie sie der Ingenieur, der die Maschine entwirft, sieht - ändert sich von Modell zu Modell, wobei die Differenzen sich beispielsweise auf die Technologie der Schaltkreise, Zugriffsgeschwindigkeit der Speicher, Breite der Datenpfade, Technik der Leitwerksimplementierung und Komplexität des Rechenwerkes beziehen. Abbildung 2.32 zeigt, daß bereits für die Grundmodelle des IBM Systems /360 große Unterschiede bezüglich der physikalischen Struktur bestehen: während die Modelle 60,62 und 70 etwa ein 64 Bit Speicherwort beinhalten, ist das Speicherwort beim Modell 30 nur 8 Bit breit. Das Holen eines 64-Bit Operanden dauert also etwa beim Modell 70 einen Zyklus zu 1,0 µs, beim Modell 30, wo das Wort auf 8 Speicherworte zu je 8 Bit verteilt ist, 8 Zyklen zu je 2,0 µs. Der gleiche logische Befehl dauert also physikalisch mindestens 16 mal so lange (zusätzlich Verwaltungszeit). Die Anpassung von physikalischer und logischer Struktur wird in der Familie IBM System /360 im wesentlichen durch Mikroprogrammierung erreicht.

Die ECS-Darstellungen der Grundmodelle des IBM Systems /360 lauten daher:

$$t_{IBM\ 360/30} = (1,1,8);$$

$$t_{IBM\ 360/40} = (1,1,8);$$

$$t_{IBM\ 360/50} = (1,1,32);$$

$$t_{IBM\ 360/60} = (1,0,0) * [(0,1,56)+(0,1,8)];$$

$$t_{IBM\ 360/62} = (1,0,0) * [(0,1,56)+(0,1,8)];$$

$$t_{IBM\ 360/70} = (1,0,0) * [(0,1,64)+(0,1,8)+(0,1,8)+(0,1,24)];$$

Die zusammengesetzten Werte ergeben sich für getrennte Serien- und Paralleladdierer bei den Modellen 60 und 62 sowie für Paralleladdierer, Exponentenaddierer, Dezimaladdierer und Adreßaddierer beim Modell 70 (vgl. STEVENS, 1964).

Als Alternative zum Familienkonzept von IBM (und anderen Großrechnerherstellern) soll in Kapitel 5 der Begriff der <u>Größenmodularität</u> (HÄNDLER, 1980) eingeführt werden: Höhere Rechnerleistung sollte nicht ausschließlich durch immer hochgezüchtetere Monoprozessoren, sondern durch ein einfach erweiterbares Multiprozessorsystem mit entsprechender Anzahl - möglicherweise billigerer - Prozessoren bereitgestellt werden. Für die Rechner des IBM Systems /360 scheint das sogenannte GROSCH'sche Gesetz zu gelten (GROSCH, 1953):

$$\text{Leistung} = \text{const.} \times \text{Aufwand}^{g};$$
$$\text{mit:} \quad g = 2;$$

es besagt, daß die Rechnerleistung in etwa mit dem Quadrat des zu seiner Konstruktion getriebenen Aufwands steigt. BELL, NEWELL, 1971 zeigen, daß für die Rechner des IBM Systems /360 gilt:

$$1 < g < 2;$$

wobei jedoch als "Aufwand" die Mietpreise pro Sekunde für die einzelnen Modelle verwendet werden. Als "Leistung" wird jeweils eine mittlere Operationszeit angenommen.

Es erscheint jedoch sicher, daß das GROSCH'sche Gesetz nur bis zu einer bestimmten Grenze gilt, über die hinaus weitere Geschwindigkeitssteigerungen mit vertretbarem Aufwand nur durch Parallelisierung zu erzielen sind: "Trans-GROSCH-Bereich" (vgl. HÄNDLER, 1980). Unter der Annahme geeigneter Interprozessorstrukturen zeigen BELL, NEWELL, 1971, daß schon mit einem Multiprozessorsystem mit weniger als 12 einfachen Prozessoren (Modelle 25 bzw. 44) theoretisch eine kostengünstigere und zugleich leistungsfähigere Maschine als das Hochleistungsmodell 91 zu realisieren wäre (vgl. Abbildung 2.33). Eine ausführliche Darstellung des Themenkreises findet sich in Kapitel 4 und 5 dieses Bandes.

2.2.2.2 IBM System /360 Modell 67 mit Virtuellem Speicher

Mit dem Modell 67 führte IBM zwei wesentliche Neuerungen ein:
- das Konzept des virtuellen Speichers erlaubt virtuelle Adressen der Länge 24 bzw. 32 Bit,
- die Zentraleinheit kann als Multiprozessor mit bis zu vier Einzelprozessoren ausgebildet sein.

Für die folgende Besprechung der Adreßumsetzung von der logischen (virtuellen) Programmadresse in die physikalische (reelle) Hauptspeicheradresse wird die virtuelle Adreßlänge von 32 Bit vorausgesetzt. Der virtuelle Adreßraum umfaßt dann 2^{32} = 4.294.967.296 Bytes, der in 4.096 Segmente zu je 256 Seiten ("page") zu je 4.096 Bytes eingeteilt wird, d.h. die logische Adresse setzt sich aus 12 Bit Segmentadresse, 8 Bit Seitenadresse und 12 Bit Byteadresse in der Seite zusammen.

Existierende IBM System/360 Rechner			Theoretische IBM-Multiprozessorsysteme			
Modell	Relative Leistung	Prozessor-Preis	Anzahl Prozessoren	Prozessor Modell	Relative Leistung	Multi-prozessor-Preis
20	1	0.00049	1	25	1.5	0.0005
25	1.5	0.00050	1	25	1.5	0.0005
30	2	0.0013	2	25	3	0.001
			2	20	2	0.00098
40	6	0.003	4	25	6	0.002
			6	20	6	0.00294
44	30	0.0041	1	44	30	0.0041
50	15	0.012	1	44	30	0.0041
65	63	0.022	2	44	60	0.0082
75	92	0.037	3	44	90	0.012
			2	65	126	0.044
85	252	0.087	8	44	240	0.033
91	314	0.091	11	44	330	0.045

Abbildung 2.33. Vergleich von Leistung und Preis (Mietpreis in $ pro Sekunde) für verschiedene Modelle des IBM Systems /360 und theoretische Multiprozessoren aus Prozessoren der Modelle 20,25,44 und 65 (nach BELL, NEWELL, 1971)

Abbildung 2.34 zeigt schematisch den Vorgang bei der Adreßumsetzung im Falle einer 24 Bit Adresse (nur 16 Segmente). Wie in Abschnitt 2.2.1.1 besprochen, befinden sich die vom Betriebssystem in Seiten eingeteilten Programme und Daten nur zu einem geringen Teil im physikalischen Hauptspeicher, im allgemeinen jedoch auf einem Hintergrundspeicher. Ihre tatsächliche Lage wird durch Segment- und Seitentabellen verwaltet. Beim Zugriff auf eine Seite wird über diese Tabellen zunächst festgestellt, ob die Seite bereits im Hauptspeicher vorhanden ist, oder erst - unter Veränderung der Tabellen - in den Hauptspeicher geladen werden muß.

Für die Beschleunigung der Adreßumsetzung werden 8 Assoziativregister bereitgestellt. Die Bits 8-19 der logischen Adresse (also Segment- und Seitenadresse) werden zunächst mit den entsprechenden Bits der gültigen Assoziativregister (Bit 36 = 1) verglichen, bei Übereinstimmung (setzt voraus, daß sich diese Seite bereits im physikalischen Hauptspeicher befindet) die Bits 20-31 des entsprechenden Assoziativregisters als Bits 8-19 der physikalischen Adresse interpretiert und die Byteadresse (Bits 20-31) wird unmittelbar aus der logischen in die physikalische Adresse übernommen.

Kann die Adresse nicht über die Assoziativregister umgesetzt werden, müssen die Tabellen in folgender Weise verwendet werden: Bits 8-11 (Segmentadresse) der logischen Adresse werden auf die Bits 26-29 des Tabellenbasisregisters aufaddiert (beginnt jeweils auf Ganzwortadresse), wodurch der entsprechende Eintrag in der Segmenttabelle im Hauptspeicher adressiert wird.

Aus diesem wird die Anfangsadresse der zugehörigen Seitentabelle entnommen und auf jene die Bits 12-19 der logischen Adresse - also die Seitennummer - aufaddiert, wobei noch eine Bereichsüberprüfung stattfindet (falls Bits 12-19 der logischen Adresse größer als durch Bits 0-7 des Eintrags der Segmenttabelle angegeben, wird die Adreßumsetzung abgebrochen). Die Bits 0-11 des so adressierten Eintrages der Seitentabelle werden als Bits 8-19 der physikalischen Adresse interpretiert, Bit 12 besagt, ob die Seite sich im Hauptspeicher befindet, Bits 13-15 sind Steuerbits. Wie im Falle der Entnahme der Seitenadresse aus dem Assoziativregister wird auch hier die Adresse innerhalb der Seite, also die physikalischen Adreßbits 20-31 aus den Bits 20-31 der logischen Adresse unverändert übernommen.

War die physikalische Adresse nicht in den Assoziativregistern enthalten, wurde sie also über die Tabellen gebildet, so wird sie nunmehr in ein Assoziativregister abgelegt, damit beim nächsten Zugriff auf die gleiche Seite eine schnelle Adreßumsetzung möglich ist. Zur Verwaltung dieses Vorganges dienen die Bits 36 und 37 der Assoziativregister: der Eintrag erfolgt in ein Register, dessen Bit 37 auf "0" gesetzt ist, für den neuen Eintrag werden beide Bits zunächst auf den Wert "1" gesetzt. Sind alle Bits 37 des Assoziativregisterfeldes auf "1" gesetzt, so werden sie auf "0" zurückgesetzt. Bit 36 definiert zusätzlich, ob der Eintrag gültig ist: ändert sich der Inhalt des Tabellenbasisregisters, so wird es auf "0" gesetzt.

Die gesamte Adreßumsetzung wird durch Mikroprogramme gesteuert, so daß sie für den Benutzer (Programmierer) völlig verdeckt bleibt.

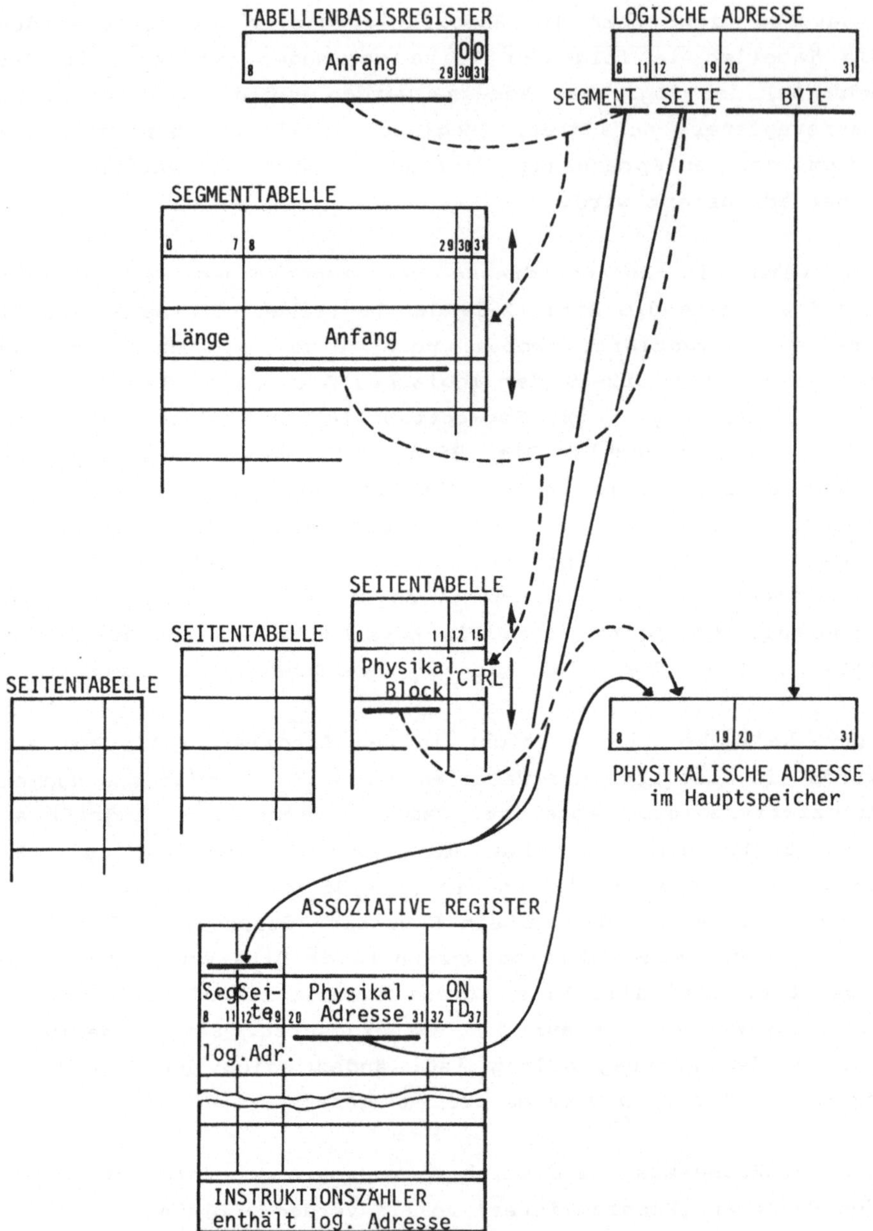

Abbildung 2.34. Adreßumsetzung bei der virtuellen Speicheradressierung des IBM Systems /360 Modell 67

2.2.2.3 IBM System /360 Modell 91 mit Pipelining

Mit dem Modell 91 stellte IBM 1967 einen Hochleistungsrechner vor, der durch Fließbandverarbeitung auf verschiedensten Ebenen zu charakterisieren ist. Ziel beim Entwurf dieses Rechners war es, im günstigsten Fall alle 60 ns ein Ergebnis zu produzieren und damit eine Leistungssteigerung um den Faktor 10 bis 100 gegenüber dem als Maßpunkt oft genannten Rechner IBM 7090 zu erzielen (ANDERSON, SPARACIO, TOMASULO, 1967). Die Herstellung des Modells 91 wurde recht bald zugunsten der Modelle 87 und später 195 eingestellt, die mit vereinfachter Struktur, jedoch ergänzt um einen sehr schnellen Cache-Speicher, ähnlichen Gesamtdurchsatz erlaubten. Da die Eigenschaften des Modells 91 in der Literatur gut dokumentiert sind, soll an dieser Stelle (im Vorgriff auf den Abschnitt über Fließbandverarbeitung) dennoch kurz auf diese Rechenanlage eingegangen werden. Eine ausführliche Behandlung, insbesondere der Gesamtstruktur, findet man bei ANDERSON, SPARACIO, TOMASULO, 1967, die Pipeline-Rechenwerke bei TOMASULO, 1967, ANDERSON, EARLE, GOLDSCHMIDT, POWERS, 1967 und das Speichersystem bei BOLAND et al., 1967.
Abbildung 2.35 zeigt ein stark abstrahiertes Funktionsschaltbild des Modells 91 mit besonderer Betonung der Pufferspeicher, die benötigt werden, um das Ziel zu erreichen, je Maschinengrundzyklus von 60 ns ein Ergebnis zu produzieren, obwohl die Speicherzykluszeit und die Ausführungszeiten, etwa für eine Gleitpunkt-Multiplikation, wesentlich höher liegen. Das Ziel wird durch Überlappung der Teilzyklen des Maschinenbefehlszyklus erreicht, so daß sich zu einem Zeitpunkt maximal 10 Maschinenbefehle in den verschiedenen Stadien der Befehlsausführung befinden (vgl. Abbildung 2.36), ferner durch parallelen Betrieb eines Festpunkt- und zweier Gleitpunkt-Rechenwerke, die ihrerseits wieder durch arithmetisches Pipelining gekennzeichnet sind. Schließlich ist der Speicher in 8-16 Bänke aufgeteilt, die verschränkt adressiert werden ("interleaved memory"), so daß ein quasi-paralleler Zugriff ermöglicht wird.

Die Parallelisierung der einzelnen Maschinenbefehle und die Auflösung der dabei auftretenden Konflikte wird durch einen ähnlichen Mechanismus durchgeführt wie das bei der Anlage CDC 6600 beschriebene "scoreboard" (vgl. Abschnitt 2.1.1.3.2).

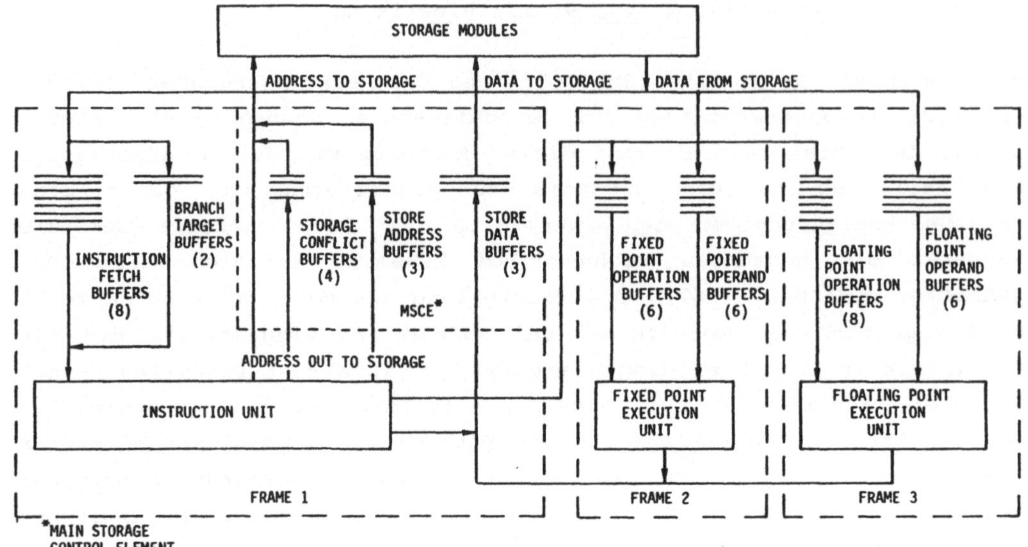

Abbildung 2.35. Vereinfachtes Funktionsschaltbild der Rechenanlage IBM System /360, Modell 91, Darstellung der Pufferspeicher zur Unterstützung der überlappten Bearbeitung von verschiedenen Teilabschnitten des Maschinenbefehlszyklus (nach: ANDERSON, SPARACIO, TOMASULO, 1967)

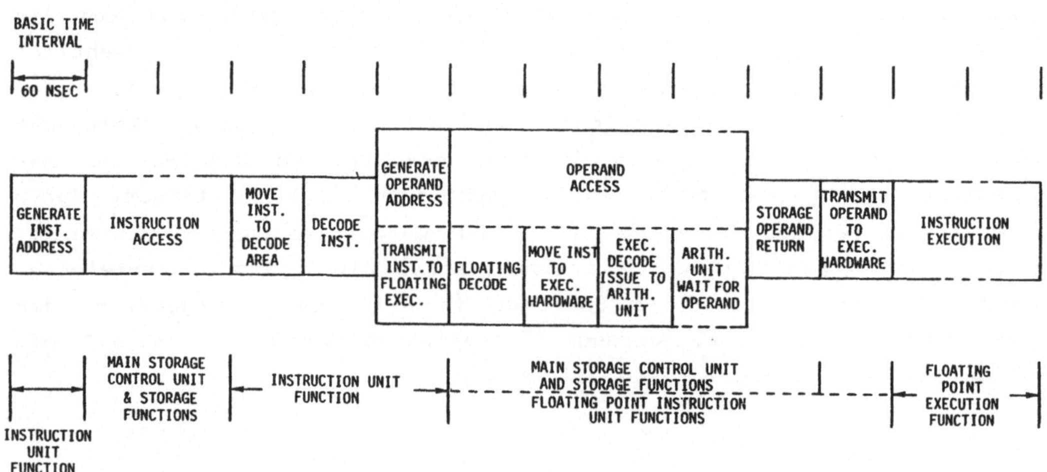

Abbildung 2.36. Darstellung der verschiedenen Teilzyklen für die Ausführung eines typischen Gleitpunkt Speicher-Register-Befehls (RX-Format, vgl. Abbildung 2.28) und der zugehörigen Teilwerke auf der Rechenanlage IBM System /360, Modell 91 (nach: ANDERSON, SPARACIO, TOMASULO, 1967)

Eine gewisse Abweichung vom strengen Familienkonzept der verschiedenen Modelle des IBM Systems /360 ergibt sich beim Modell 91 bezüglich der Behandlung von Unterbrechungen. Während bei den Rechnern ohne Überlappung der Teilzyklen des Maschinenbefehlszyklus nach der Ausführung jedes einzelnen Maschinenbefehls mögliche Unterbrechungswünsche abgefragt werden, wird hier bei Auftreten eines Unterbrechungswunsches lediglich das Holen neuer Maschinenbefehle unterbunden, die bereits in Bearbeitung befindlichen Befehle, sowie die in Puffern bereitstehenden Befehle vor der Unterbrechungsbehandlung zu Ende geführt. Das heißt, daß bei Unterbrechungsbedingungen gleiche Programme auf dem Modell 91 möglicherweise ein anderes Verhalten zeigen als auf den restlichen Modellen des Systems /360. IBM nennt diese Form der Unterbrechung "imprecise interrupt".

Für die Ausführung der Befehle stehen getrennte Gleitpunkt- und Festpunktrechenwerke zur Verfügung. Die Gleitpunkt-Einheit (vgl. Abbildung 2.37) ist ihrerseits in getrennte Additions- und Multiplikations/Divisions-Rechenwerke, die - überwacht vom gemeinsamen Gleitpunkt-Leitwerk (FLIU: floating point instruction unit) parallel arbeiten können, aufgeteilt. Das Gleitpunktadditionswerk ist ferner als zweistufige arithmetische Pipeline aufgebaut, so daß sich insgesamt in ECS ergibt:

$$t_{IBM\ 360/91} = (1,0,0) * \{(0,1,32)+(0,1,0)*[(0,0,64*2)+(0,0,64)]\};$$

Zum Ausgleich zwischen den relativ langen Operandenholzeiten und den schnellen Rechenwerken (Addition/Subtraktion durch arithmetisches Pipelining in 1 Zyklus, Multiplikation in 3, Division in 12 Zyklen) verwendet IBM die Technik der "virtuellen Rechenwerke", vergleichbar mit den virtuellen Peripherieprozessoren im Rechner CDC 6600 (vgl. Abschnitt 2.1.1.5).

Dies wird erreicht durch einen Satz von Pufferregistern "reservation stations" (vgl. Abbildung 2.37), die jeweils das Operandenpaar und die nötige Befehlsinformation für eine Gleitpunktoperation aufnehmen können. Auf diese Weise erscheint das Gleitpunktrechenwerk des Modells 91 wie drei Additionswerke A1,A2,A3 und zwei Multiplikations/Divisions-Werke M/D1,M/D2, so daß eine Darstellung

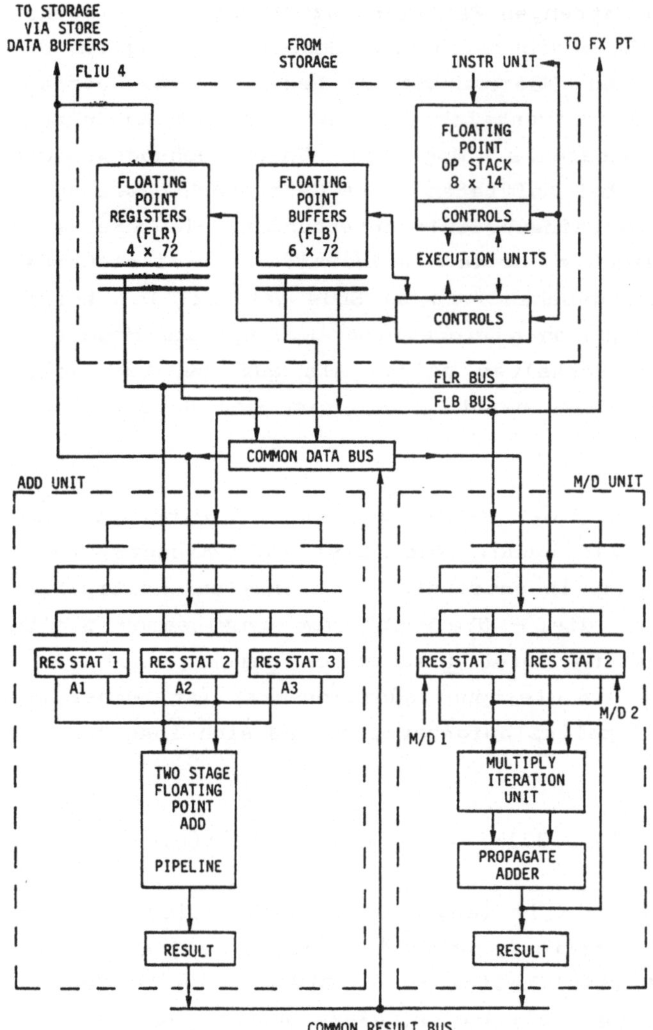

Abbildung 2.37. Darstellung des Gleitkomma-Rechenwerkes des Rechners IBM System /360 Modell 91 mit 3 virtuellen Addier- sowie 2 virtuellen Multiplikations/Divisions-Werken (nach ANDERSON, EARLE, GOLDSCHMIDT, POWERS, 1967)

$$t_{IBM\ 360/91} = (1,0,0) * [(0,1,32)+(0,3,64*2)+(0,2,64)];$$

gerechtfertigt erscheint. Es ist darauf hinzuweisen, daß die überlappte Verarbeitung der verschiedenen Phasen des Maschineninstruktionszyklus ("overlap") in der genannten ECS-Beschreibung aus Übersichtlichkeitsgründen nicht berücksichtigt ist.

2.2.2.4 IBM System /360, Modell 85 mit Cachespeicher

Bereits 1968 wurde das Modell 91 durch das Modell 85 ersetzt, sowohl aus wissenschaftlichen wie auch aus sonstigen Gründen (Antitrust-Gesetz, vgl. BAER, 1980 p. 21). Die neue Rechenanlage hat eine vereinfachte Organisation, bei der insbesondere die nichtsequentielle Bearbeitung von Maschinenbefehlen und die damit verbundene Notwendigkeit für die Auflösung von Befehlskonflikten sowie des "imprecise interrupt" entfällt. Der Grundzyklus ist mit 80 ns etwas langsamer als beim Modell 91, dennoch wird in vielen Fällen eine ähnliche Gesamtleistung wie beim Modell 91 erzielt, was im wesentlichen auf die Einführung einer neuen Stufe der Speicherhierarchie zurückzuführen ist, den sogenannten Cache-Speicher. Die Zykluszeit des 16 bis 32 K Bytes großen Speichers ist mit 80 ns um eine Größenordnung kleiner als die des Hauptspeichers. Der Cachespeicher fungiert als Pufferspeicher zwischen Rechenwerk und Hauptspeicher (vgl. Abbildung 2.38) und soll die große Unausgewogenheit zwischen dem Arbeitstakt des Prozessors (80 ns) und der Hauptspeicherzykluszeit (1040 ns) ausgleichen. Vom Standpunkt des Benutzers drückt sich der Cachespeicher nur durch höhere Arbeitsgeschwindigkeit der Rechenanlage aus. Um der Forderung nach Verdeckung gegenüber dem Benutzer (Virtualität) nachzukommen, muß die Adressierung des Cachespeichers ebenfalls über die automatische Adreßumsetzung erfolgen.

Hauptspeicher und Cachespeicher sind in Seiten zu je 1 K Bytes

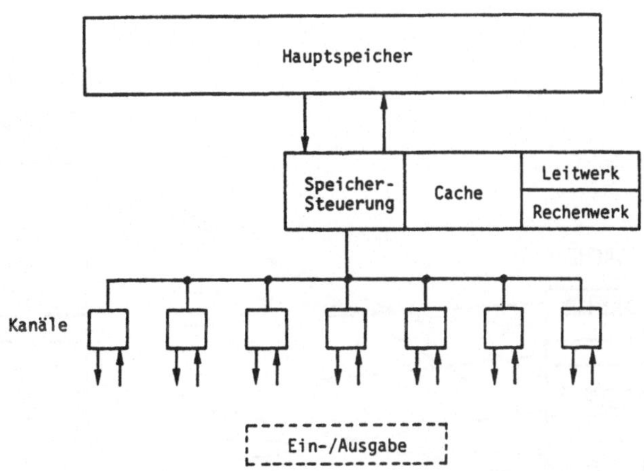

Abbildung 2.38. Stark vereinfachtes Funktionsschaltbild des Rechners IBM System /360 Modell 85 mit Cachespeicher

(IBM-Terminologie: "sector") eingeteilt, die wiederum aus 16 Blöcken zu je 64 Bytes bestehen. Während der Arbeitszeit des Rechners existiert eine dynamische Zuordnung zwischen Seiten des Cache- und Seiten des Hauptspeichers (vgl. Abbildung 2.39), d.h. gewisse Seiten des Hauptspeichers sind im Cachespeicher geladen, wobei jede Seite des Cachespeichers ein 14-Bit Adreßregister beinhaltet, in dem die Seitenadresse (höchstwertige 14 Bit der 24 Bit Adresse) der eingelagerten Hauptspeicherseite eingetragen ist. Das Übertragen der Information zwischen Hauptspeicher und Cachespeicher geschieht aus Geschwindigkeitsgründen in Blöcken (4 Hauptspeicherzyklen zu je 16 Bytes). Blöcke im Cachespeicher sind durch je ein Gültigkeitsbit gekennzeichnet, das besagt, ob der entsprechende Block einer Seite schon im Cachespeicher geladen ist.

Beim lesenden Zugriff auf den Hauptspeicher (Daten oder Befehle) wird in der üblichen Weise die Adresse gebildet, sodann die Seitenadresse mit den Adressregistern des Cachespeichers verglichen und - bei Übereinstimmung, also geladener Seite - das Gültigkeitsbit des Blockes überprüft. Ist der entsprechende Block gültig, wird das Datum dem Cachespeicher entnommen, der Hauptspeicherzugriff erübrigt sich, ansonsten muß der Block geladen bzw. eine Seite ersetzt werden. Die Seitenersetzung wird über eine Aktivitätsliste verwaltet, die eine logische Ordnung über die einzelnen Cacheseiten bezüglich ihrer

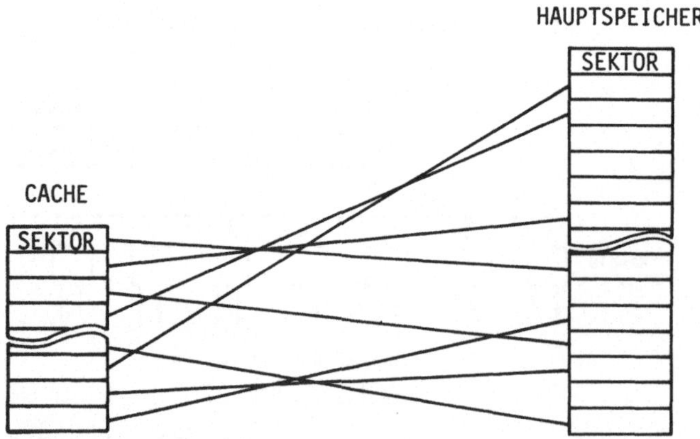

Abbildung 2.39. Schematische Darstellung der Beziehung zwischen Seiten des Cache- und Hauptspeichers im IBM System /360 Modell 85

Zugriffshäufigkeit herstellt, so daß jeweils die am längsten nicht mehr zugegriffene Seite überschrieben wird (LRU-Strategie: least recently used).

Bei schreibendem Zugriff auf eine Speicheradresse werden gegebenenfalls beide Kopien eines Datums - im Cache- und Hauptspeicher - verändert.

Es ist unmittelbar einsichtig, daß die Leistungsfähigkeit des gesamten Rechnersystems stark davon abhängt, wieviele Speicherzugriffe bereits durch den schnellen Cachespeicher befriedigt werden können, was nicht nur von der Größe des Cachespeichers, dessen Seiten und Blöcken abhängt, sondern auch von "Lokalitätseigenschaften" der Programme, d.h. beispielsweise wie häufig Sprungbefehle auftreten und welche Sprungdistanzen dabei anfallen. Eine ausführliche Behandlung dieser Fragen findet sich bei CONTI, GIBSON, PITKOWSKY, 1968 und LIPTAY, 1968.

LIPTAY, 1968 berichtet über eine Untersuchung, die die Leistungsfähigkeit des Cache-Konzepts belegt: Es wurden 19 Programmpakete zu je etwa 250 000 Statements (Anwenderprogramme und Betriebssystemteile) auf dem Modell 85 zum Laufen gebracht und die Laufzeiten mit einem idealisierten Rechner verglichen, dessen gesamter Hauptspeicher die Zykluszeit 80 ns habe. Abbildung 2.40 zeigt zunächst, wieviele der Programmpakete in die einzelnen Leistungsklassen fallen, gemessen in % der Leistung der idealisierten Maschine. Insgesamt wurden im Mittel 81 % der maximalen Leistung erzielt! Abbildung 2.41 zeigt die Anzahl der Programmpakete, die in die einzelnen Klassen bezüglich der mittleren Trefferwahrscheinlichkeit der Adresse im Cachespeicher fallen. Über alle Pakete gemessen, d.h. über ca. 5 Millionen Statements beträgt die mittlere Trefferwahrscheinlichkeit 0,968! Würde man gleichverteilte Adressen über den gesamten Adreßraum annehmen, müßte die Trefferwahrscheinlichkeit 0,01 betragen, da der Cachespeicher sehr klein gegenüber dem gesamten Hauptspeicher ist. Es zeigte sich also bei diesen Untersuchungen, daß reale Programme hohe Lokalitätseigenschaften aufweisen (vgl. dazu auch Überlegungen zur Verteilung von Code und Daten in Multiprozessorsystemen mit verteiltem Speicher wie CM*, Kapitel 4.3.1.2).

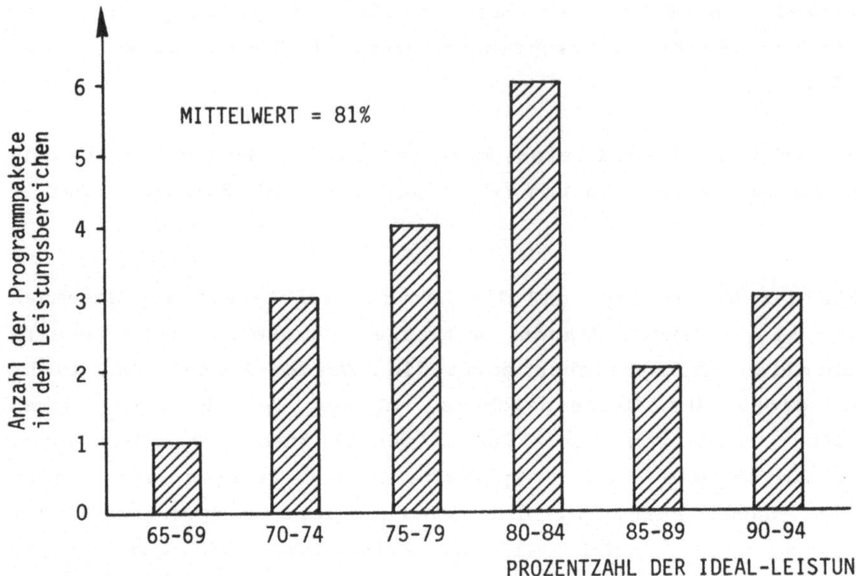

Abbildung 2.40. Relative Leistung des IBM Systems /360 Modell 85 mit Cachespeicher gegenüber einer idealisierten Maschine mit homogenem Speicher mit Zugriffszeit des Cachespeichers, Stichprobe mit 19 Programmpaketen, nach LIPTAY, 1968

In CONTI, GIBSON, PITKOWSKY, 1968 wird über eine Vielzahl weiterer Untersuchungen - insbesondere zur Dimensionierung des Cachespeichers - berichtet. Die wesentlichen Ergebnisse sind in Abbildung 2.42 zusammengefaßt. Die Tabelle enthält in der ersten Spalte eine Beschreibung des jeweiligen Programms, in der zweiten Spalte die benötigte Anzahl von Hauptspeicherseiten (zu je 1 k Bytes), sowie in den restlichen Spalten die relativ zum Modell 65 gemessenen Leistungen der Modelle 75, 91 (beide ohne Cache), sowie des Modells 85 mit 16 K Bytes, 32 K Bytes Cachespeicher sowie einem zusätzlichen schnellen Multiplikationswerk. Man erkennt folgende wichtige Eigenschaften von Programmen und ihren Ausführungsvorgängen:

- Programmpakete, die rechenzeitbeschränkt sind, deren Laufzeiten also wesentlich durch lange Ausführungszeiten im Rechenwerk bestimmt sind, können durch eine schnelle Multiplikationseinheit, nicht jedoch durch zusätzlichen Cachespeicher beschleunigt werden (Programmpakete 9,10,11). Für diese Beispiele wird durch die Pipeline-Rechenwerke des Modells 91 eine besonders hohe Leistung erzielt.

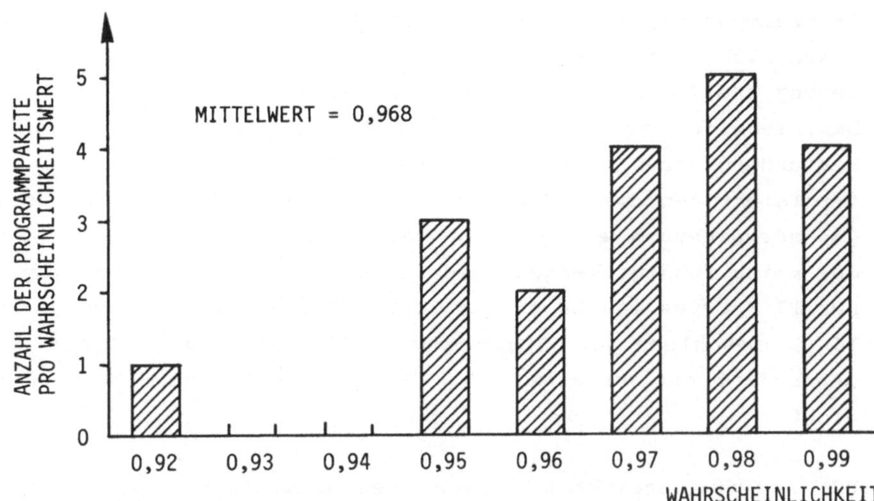

Abbildung 2.41. Mittlere Trefferrate bei Speicherzugriffen auf den Cachespeicher des Rechners IBM System /360, Modell 85, Stichprobe mit 19 Programmpaketen, nach LIPTAY, 1968

Instruction sequences taken from the following job steps	Storage allocated to segment	System/360 Model				
		75	85 with 16K cache	85 with 32K cache	85 with 16K cache and high-speed multiply	91
1. Compile job step using OS/360 FORTRAN IV (H)	218	1.3	3.2	3.6	3.2	3.6
2. COBOL compile	82	1.3	3.7	4.3	3.7	N.A.
3. Assembly job step using OS/360 Assembler (F)	44	1.3	3.6	4.5	3.6	3.5
4. Link edit job step	96	1.3	3.8	4.5	3.8	3.8
5. Sorting operation using OS/360 SORT	16	1.2	3.2	4.1	3.2	3.4
6. Heat transfer problem	17	1.5	3.9	4.5	4.1	4.1
7. Data reduction problem	199	1.5	4.2	4.4	4.4	4.1
8. Curve fitting by least squares method	173	1.6	4.6	4.8	5.3	5.2
9. Integral evaluation within a 3-level nested DO-loop	63	1.7	4.5	4.5	5.4	7.6
10. Matrix eigenvalue calculations within nested DO-loops	105	1.7	3.6	3.6	4.6	9.1
11. Partial differential equation solution using ADI method	28	1.8	4.6	4.6	6.4	13.9

Abbildung 2.42. Simulierte Leistung der Zentraleinheit-Speicher Aktivitäten für eine Reihe von Beispielprogrammen nach CONTI, GIBSON, PITKOWSKY, 1968. Die Leistungsangaben sind als Faktoren der Leistung des Modells 65 zu interpretieren

- Programmpakete, die speicherbeschränkt sind, deren Laufzeiten also wesentlich durch Speicherzugriffe bestimmt sind, können durch Erweiterung des Cachespeichers von 16 K auf 32 K Bytes bis zu etwa 15 % beschleunigt werden (Programmpaket 6), nicht oder nur wenig durch Hinzufügen eines schnellen Rechenwerkes.
- Vergleicht man die Größe der Programmpakete (2. Spalte und den durch Cacheerweiterung erzielbaren Beschleunigungseffekt, so zeigt sich, daß keine Abhängigkeiten beider Größen bestehen. Programmpaket 6 mit nur 17 K Bytes Hauptspeicherbedarf wird bei Cacheerweiterung um etwa 15 % beschleunigt, Programmpaket 7 mit 199 K Bytes Hauptspeicherbedarf nur um etwa 5 %, die großen Pakete 9 und 10 überhaupt nicht.

LIPTAY, 1968, berichtet ferner über eine Reihe von Variationen der Parameter des Cache-Speichers. In Abbildung 2.43 wird die relative Systemleistung (gemessen mit großen Programmpaketen) gegenüber einem idealisierten Rechner mit einstufigem Hauptspeicher (80 ns) für verschiedene Cachespeicher-Kapazitäten (8-32 K Bytes) und verschiedene Seitengrößen (4-0,25 K Bytes) bei gegebener Blockgröße von 64 Bytes dargestellt. Die jeweils kleinste Seitenorganisation erweist sich am günstigsten. Abbildung 2.44 zeigt die Ergebnisse für variable Blockgrößen bei fester Seitenzahl 16. Die günstigsten Werte ergeben sich für die kleinsten Blöcke. Abbildung 2.45 schließlich zeigt Vergleichswerte für die Systemleistung bei verschiedenen Ersetzungsstrategien für die Cachespeicherseiten. Verglichen wurden verschiedene Partitionierungsalgorithmen und ein einfacher Aktivitäts-Bit-Algorithmus. Bei den Partitionierungsalgorithmen werden die Cachespeicherseiten in Gruppen gleicher Seitenzahl eingeteilt (partitioniert). Für jede Partition wird eine getrennte Aktivitätsliste

Cache-Kapazität in bytes	Anzahl Seiten 8	16	32
8K	0.693	0.744	0.793
16K	0.765	0.825	0.861
32K	0.857	0.891	0.902

Abbildung 2.43. Relative Systemleistung von Rechnern mit Cachespeichern verschiedener Kapazitäten und verschiedener Seitengrößen gegenüber einem idealen einstufigen Hauptspeichersystem mit Zugriffszeit des Cachespeichers (nach LIPTAY, 1968)

geführt, die angibt, wie oft auf die einzelnen Seiten zugegriffen wird. Bei Adressierung einer Seite wird automatisch eine Partition angesprochen (Teil der Adresse) und das letzte Element der entsprechenden Aktivitätsliste wird dann überschrieben, falls nötig. Die Lösung mit nur 1 Partition - also 1 gemeinsamer Aktivitätsliste - entspricht der im Modell 85 gewählten Ersetzungsstrategie. Die Lösung

Cache-Kapazität in bytes	Anzahl bytes pro Block 64	128	256
8K	0.744		
16K	0.825	0.810	0.781
32K	0.891	0.885	0.870

Abbildung 2.44. Relative Systemleistungen für Rechner mit Cachespeichern verschiedener Kapazitäten und verschiedener Blockgrößen bei fester Anzahl von Seiten (16), nach LIPTAY, 1968

mit 16 Partitionen ist die schlechteste, da hier die einzelne Partition nur genau 1 Seite enthält, so daß jede Hauptspeicherseite nur auf genau eine Cacheseite abgebildet werden kann.

Der Algorithmus mit Verwendung von Aktivitätsbits ordnet jeder Cacheseite genau ein Aktivitätsbit zu, das gesetzt wird, wenn ein Zugriff auf die entsprechende Seite stattfindet. Wird das letzte von 0 verschiedene Aktivitätsbit gesetzt, werden alle - bis auf das zuletzt gesetzte - zurückgesetzt, die Seitenzuordnung geschieht zufallsgesteuert auf eine nicht aktive Cacheseite. Dieses sehr einfache Verfahren wurde jedoch wegen seiner geringen Leistung verworfen.

Algorithmus	Leistung
1 Partition*	1.000
2 Partitionen	0.990
4 Partitionen	0.987
8 Partitionen	0.979
16 Partitionen	0.933
Aktivitätsbit	0.931

*Algorithmus im Modell 85

Abbildung 2.45. Relative Leistung verschiedener Seitenersetzungsstrategien beim Cachespeicher des Modells 85, Erläuterungen im Text (nach LIPTAY, 1968)

Für die ECS-Beschreibung des Modells 85 ergibt sich:

$$t_{IBM\ 360/85} = (1,1,64);$$

da es sich um ein Rechenwerk ohne Pipelinetechnik handelt. Da, wie Abbildung 2.46 zeigt, jedoch 3 Addierwerke vorhanden sind, zwei im Bereich des Rechenwerkes, eines zur Berechnung von Speicheradressen, lautet die exaktere Beschreibung:

$$t_{IBM\ 360/85} = (1,0,0)*[(0,1,24)+(0,1,64)+(0,1,8)];$$

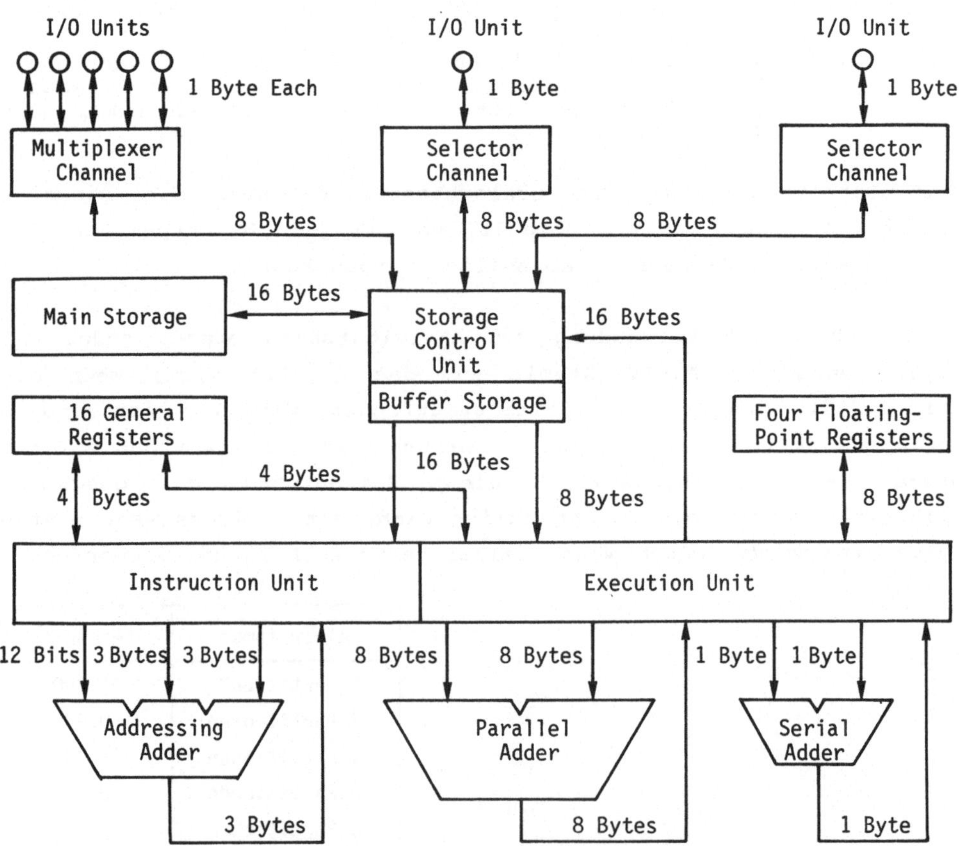

Abbildung 2.46. Funktionsschaltbild des Rechners IBM System/360 Modell 85

Auf weitere Eigenschaften des Modells 85, etwa eine erweiterte Gleitpunktdarstellung (PADEGS, 1968), soll an dieser Stelle nicht eingegangen werden.

2.2.2.5 IBM System /370

Ab etwa 1970 wurde das IBM System /360 durch das neue System /370 ersetzt, das sich im wesentlichen durch die verwendete Schaltkreistechnologie von seinem Vorgänger unterscheidet. Die Aufwärts-Kompatibilität zum System /360 ist gegeben. Einige Erweiterungen (neue Instruktionen, Einbau der Steuerregister und Blockmultiplexkanäle) wurden vorgenommen. Die Technik der dynamischen Adreßumsetzung (virtuelle Adressierung) wurde aus dem IBM System /360 Modell 67 übernommen. Generell erlaubt das System /370 die Bildung von Mehrprozessorsystemen (ähnlich wie im System /360 Modell 65 und 67), wobei die folgenden Strategien eingehalten sind:

- Alle Prozessoren können auf den vollständigen gemeinsamen Speicheradreßraum zugreifen.
- Die Steuerung geschieht durch genau ein gemeinsames Betriebssystem.
- Die Taktsteuerung für alle Prozessoren wird zentral vorgenommen bzw. bei mehreren Taktsteuerungen durch Zusatzeinrichtungen dafür gesorgt, daß alle Prozessoren streng synchron arbeiten. Bisher wurden zwar nur Modelle mit 2 Prozessoren geliefert (vgl. Tabelle in Abbildung 2.47), prinzipiell könnte aber auch eine größere (jedoch etwa wegen Speicherzugriffskonflikten praktisch sehr begrenzte) Anzahl von Prozessoren zusammengeschaltet werden.
- Jedem Prozessor ist ein Vorschaltregister ("prefix") zugeordnet, das die eindeutige Zuordnung der im Speicher abgelegten Statusinformation zu einem Prozessor durch Modifikation der Bits 8 bis 19 aller realen Adressen zwischen 0 und 4095 (Block für das Abspeichern von PSW, Unterbrechungsinformation, E/A-Steuerworten etc.) durchführt. Zugriff auf "fremden" Status ist durch Modifikation des Vorschaltregisters möglich (vgl. GERMAIN, 1981).
- Interprozessor-Kommunikation wird über den Befehl SIGNAL PROCESSOR ermöglicht, der ein 1 Byte langes Kommando (Start, Stop, Restart, Reset, Emergency, Signal, ...) an einen anderen Prozessor zu übertragen gestattet.
- Die jedem Prozessor zugeordnete Prozessor-Nummer ist schließlich durch den Befehl STORE CPU ADDRESS zugänglich.

IBM System /370	Rechenwerk		Mikroprogrammspeicher				Register für Adreß-umsetzung
Modell	Zyklus-zeit (nsec)	Wort-länge (Bytes)	Kapazität (K Worte)	Wort-länge (Bit)	Typ (RW/RO)	Zyklus-zeit (nsec)	Anzahl
115	480	1	20-28	20+2	RW	480	8
115-2	480	2	12-20[a]	19+3	RW	480	16
125	480	2	12-20	19+3	RW	480	16
125-2	320	2	16-24	19+3	RW	320	16
135	275-1485[b]	2[c]	12-24	16+2	RW	275	8
135-3	275-1485[b]	2[c]	64	16+2	RW	275	8
138	275-1430[b]	2[c]	64	16+2	RW	275	8
145	203-315[b]	4[d]	8-16[e]	32+4	RW	203	8
145-3	180-270[b]	4[d]	32	32+4	RW	180	8
148	180-270[b]	4[d]	32	32+4	RW	180	8
155	115	4	6	69+3	RO	115	entf.
155-11	115	4	8	69+3	RO	115	128
158	115[f]	4	8	69+3	RW	115	128
158-3	115[f]	4	8	69+3	RW	115	128
165	80	8	2	105+3	RO	80	entf.
			2	105+3[g]	RW	80	
165-11	80	8	4	105+3[g]	RO	80	128
			1	105+3[g]	RW	80	
168	80	8	4	105+3[g]	RO	80	128
			1	105+3[g]	RW	80	
168-3	80	8	4	105+3[g]	RO	80	128
			2	105+3[g]	RW	80	
195	54	8	entf.				entf.
3031	115[f]	4	8	69+3	RW	115	128
3032	80	8	4	105+3	RW	80	128
3033	58	8	4	105+3	RW	58	128

a) Das Modell 115-2 umfaßt einen separaten E/A-Prozessor für einige Funktionen, die im Modell 115 im Zentralprozessor ausgeführt werden, daher kleinerer Mikroprogrammspeicher

b) Variabel in Abhängigkeit des ausgeführten Befehls

c) Bei einigen Befehlstypen wird ein 4-byte paralleler Datenpfad für die Befehlsholphase und die Datenholphase verwendet

d) Bei der Befehlsholphase werden 8-bytes parallel gelesen

e) Physikalisch im Hauptspeicher abgelegt. Bei Größen über 8K entsprechender Abzug bei Hauptspeicherkapazität in Abbildung 2.48

f) 57,5 ns bei einigen Befehlen

g) Erweiterung auf 122 + 4 Bit falls Emulator vorhanden

Abbildung 2.47. Zusammenfassung der Eigenschaften der Prozessoren (Leitwerk, Rechenwerk) für die verschiedenen Modelle des IBM System /370

Eine sehr ausführliche Darstellung der verschiedenen Modelle des Systems /370 und ihrer Eigenschaften geben CASE/PADEGS, 1978. Aus dieser Quelle sind auch die Informationen der Abbildungen 2.47 und 2.48 entnommen.

Abbildung 2.47 zeigt einige Eigenschaften der Prozessoren getrennt nach Leitwerk, das bis auf das Modell 195 immer mikroprogrammiert realisiert ist, und Rechenwerk. Bei der Angabe der Wortlänge der Mikroinstruktionen bezieht sich die Zahl vor dem "+" auf die Länge des Adreß- und Steuerteiles, die Zahl danach auf die Paritätsbits zur Kontrolle des Inhaltes des Mikroprogrammspeichers. Die Angabe über die Anzahl der Register für die Adreßumsetzung bezieht sich auf die sogenannten TLBs, die "translation lookaside buffers". Diese Register beinhalten, wie im Abschnitt 2.2.2.2 für die Assoziativregister erklärt, die zuletzt zugegriffenen Inhalte der Übersetzungstabellen, so daß in 99 % der Speicherzugriffe nicht auf die im Hauptspeicher liegenden Seiten- und Segment-Tabellen zugegriffen werden muß.

Abbildung 2.48 zeigt eine Übersicht über die Eigenschaften der Speicher der verschiedenen Modelle des System /370. Die Größe des Speichers ist durch Minimal- und Maximalausbau gekennzeichnet, Zwischengrößen sind erhältlich. Die Länge des Speicherwortes ist bei einigen Modellen durch zwei Zahlen, getrennt durch "x" gekennzeichnet, deren erstere die Wortlänge, die zweitere den Grad der möglichen Verschränkung der Speichermoduln beschreibt.

Bei einigen Modellen ist eine Cachespeicherstruktur realisiert, die, wie in Abschnitt 2.2.2.4 beschrieben, für den Programmierer verborgen bleibt. Die zwei Zahlenangaben für die Zykluszeiten beziehen sich auf die minimale Zeit zwischen zwei lesenden Zugriffen und die gesamte Zugriffszeit. Die Angabe in der Spalte "Übertragungsbreite" gibt die Größe der adressierbaren Grundeinheit im Cachespeicher an. Stehen zwei Zahlen in dieser Spalte, so gibt die erste die kleinste Übertragungsgröße vom Hauptspeicher in den Cachespeicher an, die zweite beschreibt die Anzahl solcher zu übertragenden Einheiten, die benötigt werden, um eine Zeile des Cachespeichers zu füllen.

Die letzte Spalte in Abbildung 2.48 besagt, in wieviel verschiedenen Plätzen des Cache-Speichers eine bestimmte virtuelle Adresse potentiell vorhanden sein kann (vgl. Abschnitt 2.2.2.4).

IBM System /370	Hauptspeicher			Cachespeicher			
Modell	Kapazität (K Bytes)	Wortlänge (Bytes)	Zykluszeit (nsec)	Kapazität (K Bytes)	Zykluszeit (nsec)	Übertragungsbreite (Bytes)	Zuordnung
115	64-192	2	480	entf.			
115-2	64-384	2	480	entf.			
125	96-256	2	480	entf.			
125-2	96-512	2	480	entf.			
135	96-512	4	935	entf.			
135-3	256-512	4	880 R 935 W	entf.			
138	512-1024	4	880 R 935 W	entf.			
145	160-2048	8	540 R 608 W	entf.			
145-3	192-1984	8	405 R 540 W	entf.			
148	1024-2048	8	405 R 540 W	entf.			
155	256-2048	8	2070[a]	8	115-230	16	2
155-11	256-2048	8	2070[a]	8	115-230	16	2
158	512-6144	16	920 R 1035 W	8	115-230	16	2
158-3	512-6144	16	920	16	115-230	16x2	4
165	512-3072	8x4	2000[a]	8-16	80-160	8x4	4
165-11	512-3072	8x4	2000[a]	8-16	80-160	8x4	4
168	1024-8192	8x4	320	8-16	80-160	8x4	4-8[b]
168-3	1024-8192	8x4	320	32	80-160	8x4	8
195	1024-4096	8x16	756	32	54-162	8x8	4
3031	2048-6144	8x4	920	32	115-230	8x4	8
3032	2048-6144	8x4	320	32	80-160	8x4	8
3033	4096-8192	8x8	290	64	58-116	8x8	16

a) Kernspeicher

b) Hängt von der Größe des Cachespeichers ab

Abbildung 2.48. Darstellung der Eigenschaften des Speichers für die verschiedenen Modelle des IBM Systems /370

2.3 Sprachorientierung in der Familie Burroughs B 5000 und Nachfolger

Sprachorientierte Rechnerarchitektur stellt den Versuch dar, die Maschinenstruktur an die Problemstruktur insofern anzupassen, als sie es gestattet, die in höheren Programmiersprachen üblichen Konstrukte (Datenstrukturen, Steuerstrukturen) mit einem Minimum an interner Übersetzung zu verarbeiten. Sie stellt - insbesondere im Verbund mit virtueller Speichertechnik - einen weiteren Schritt in Bezug auf die Benutzerfreundlichkeit dar. Bevor auf die beide Prinzipien (Sprachorientierung, Virtualität) realisierende Rechnerfamilie Burroughs B 5000 und Nachfolger näher eingegangen wird, soll eine kurze Übersicht über verschiedene Typen sprachorientierter Rechnerarchitekturen eine Einordnung der Burroughs-Rechner ermöglichen.

2.3.1 Vorbemerkung: Sprachorientierte Rechnerarchitekturen

Mit CHU, 1975, lassen sich Rechnerarchitekturen bezüglich ihrer Sprachorientierung in vier Klassen einteilen:

- von Neumann-Architektur,
- Syntax-orientierte Architektur,
- indirekte Ausführungs Architektur,
- direkte Ausführungs Architektur.

Das Einteilungskriterium für diese Klassifikation ist die lexikalische, syntaktische und semantische Sprachnähe zwischen der höheren Programmiersprache (ALGOL, FORTRAN, PASCAL etc. ...), in der die zu bearbeitenden Programme geschrieben sind, und der Maschinensprache des Rechners, auf dem sie ausgeführt werden. Das Kriterium erscheint gerechtfertigt, da die Unterschiede zwischen Quellcode (höhere Programmiersprache) und Objektcode (Maschinensprache) durch einen Übersetzungsvorgang überbrückt werden müssen. Dieser Übersetzungsvorgang führt nicht nur zu zusätzlichem Zeitaufwand für den Benutzer, sondern stellt an ihn im allgemeinen zusätzliche Anforderungen bezüglich problemfremder Kenntnisse: es müssen Steueranweisungen gelernt werden, insbesondere muß aber bei der Fehlersuche in Programmen oft auch der Objektcode zu Rate gezogen werden, was das Erlernen einer zusätzlichen - meist noch schwer verständlichen - Sprache erfordert. Die relative "Ferne" der Programme in höherer Programmiersprache von denjenigen in Maschinensprache wird oft auch als das "semantic gap", die semantische Lücke, beklagt und mit als ein Grund für die sogenannte "Software-Krise" angegeben. Man geht davon aus, daß durch den komplexen Umsetzungsprozeß von höherer Programmiersprache auf Maschinensprache unter anderem auch die relative Unzuverlässigkeit von Software entsteht (weil gewisse Programmierfehler durch Übersetzer nicht erkennbar sind). Das Schließen der semantischen Lücke kann nun einerseits so betrieben werden, daß die Programmiersprachen völlig verändert werden (vgl. Vorschläge von BACKUS, 1978 zur "funktionalen" oder "applikativen" Programmierung). Hier soll jedoch mehr der Versuch beschrieben werden, die Rechnerarchitektur so zu verändern, daß die Maschinensprache näher an der höheren Programmiersprache liegt. Im folgenden soll nun kurz auf die vier unterschiedlichen Architekturtypen eingegangen werden, danach auf die Architektur von Kellermaschinen als Beispiel für die Implementierung sprachorientierter Rechnersysteme.

2.3.1.1 Von Neumann-Architektur

Mit von Neumann-Architektur soll hier die Vielzahl von Rechnern beschrieben werden, bei denen die Ausführung eines Programms durch eine vorherige Übersetzung aus der höheren Programmiersprache in die Maschinensprache ermöglicht wird. Wie aus Abbildung 2.49 ersichtlich, muß dabei eine größere Zahl von Softwarestufen: Compiler, Binder und Lader durchlaufen werden.

Der Begriff von Neumann-Architektur ist von CHU verwendet worden, weil fast alle klassischen Klein- und Großrechnersysteme auf diese Weise die Ausführung von Programmen in höheren Programmiersprachen erlauben. Dabei ist jedoch nicht notwendig die in Band I BODE/HÄNDLER, 1980 definierte "von Neumann Struktur" mit genau einem Leitwerk, Rechenwerk, Hauptspeicher und Ein/Ausgabewerk unterstellt.

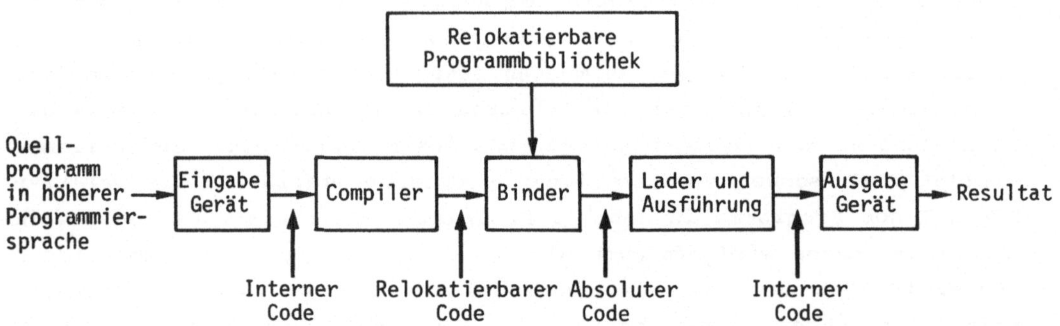

Abbildung 2.49. Ausführung eines Programms in höherer Programmiersprache auf einem Rechner mit von Neumann Architektur (nach CHU, 1975)

Das Quellprogramm in höherer Programmiersprache wird über ein Eingabegerät zunächst in Interncode gewandelt, der Compiler übersetzt es und produziert verschieblichen Code, der Binder schließlich stellt den Absolutcode her, wobei gegebenenfalls (Unter-)Programme aus einer Programmbibliothek angebunden werden. Erst in dieser letzten Darstellungsweise, dem absoluten Code, kann das Programm dann geladen und ausgeführt werden. Das Ergebnis in Interncode wird für den Benutzer durch ein Ausgabegerät dann wieder in einen entsprechend lesbaren Code gewandelt.

Für die mehrfache Wandlung des Codes wird in den von Neumann Architekturen also erheblicher Software-Aufwand vom Hersteller getrieben (Compiler, Binder etc.). Der einzelne Benutzer muß neben der höheren Programmiersprache, in der er seine Programme schreibt, zumindest gewisse Kenntnisse der verschiedenen internen Codes haben, um bereits bestehende Programme zu testen, zu verbessern oder zu erweitern. Will man etwa einen Speicherabzug (dump) lesen, so muß Maschinencode in interner Darstellung (Hex- oder Octal-Code) verstanden werden.

Vergleicht man den Quellcode und einen gebundenen verschieblichen Code (vgl. Abbildung 2.50), so stellt man große lexikalische, syntaktische und semantische Sprachunterschiede fest.

Vertreter der sprachorientierten Rechnerarchitekturen sehen in der von Neumann-Architektur wegen ihrer komplexen Übersetzungsvorgänge mit einen Grund für die "Software-Krise".

2.3.1.2 Syntax-orientierte Architektur

Wesentlichster Vertreter der Klasse der syntax-orientierten Rechner ist die Familie Burroughs B 5000, die in den folgenden Abschnitten ausführlich behandelt wird. Die Orientierung der Maschinensprache auf die Syntax einer höheren Programmiersprache begründet den Namen dieser Rechner-Klasse. Im Falle der B 5000 ist die höhere Programmiersprache eine Erweiterung von ALGOL 60, die Maschinensprache eine umgekehrte Polnische Notation, so wie sie beispielsweise als Zwischensprache in Compilern von Rechnern mit von Neumann-Architektur verwendet wird, d.h. es wird eine volle Software-Schicht eingespart.

Abbildung 2.51 zeigt die Ausführung eines Programms in höherer Programmiersprache bei syntax-orientierten Architekturen am Beispiel der B 5000. Nach Wandlung des ALGOL-Programms in Interncode durch ein Eingabegerät stellt ein Software-Übersetzer die Form in Polnischer Notation her. Da alle Adressen der in Segmente variabler Länge aufgeteilten Programme relativ sind, ist vor der Ausführung des Programms keine weitere Adreßumsetzung nötig. Der Prozessor, der als Kellermaschine realisiert ist (vgl. Abschnitt 2.3.1.5), greift also direkt auf die Ausgabe des Übersetzers bzw. die Programmbibliothek zu.

a) ALGOL Quellprogramm

```
QALG, IS TEST, TEST
CYCLE 000 COMPILED BY 1204 0008 ON 11/01/72 AT 14:12:33
    B1   S1   L1
         BEGIN INTEGER NUM, I, TEMP, NFACT;
                  READ (NUM);
                  TEMP:= 1;
                  I:= 1;
         CONTINUE: I:= I + 1;
                  TEMP:= TEMP * I;
                  IF I EQL NUM THEN NFACT:= TEMP ELSE GOTO CONTINUE;
                  WRITE (NFACT)
    E1
         END
    F1
COMPILATION COMPLETE
```

b) Gebundener, verschieblicher Code

```
MAIN SEGMENT

LOAD GROUP BEGINS AT 1

    LOAD 001000 TO 003713  (NUMBER OF WORDS: 02714)

  001000  270200000013  270751000001  240751000000  311051000001
          00 10 00 0    01 16 11 0    01 16 11 0    02 02 11 0

  001010  271331000000  270335000000  060334000001  270360000012
          02 15 11 0    00 15 15 0    00 15 14 0    00 17 00 0

  001020  061317000004  270240000014  277120040000  270140040001
          02 14 17 0    00 12 00 0    16 05 00 0    00 06 00 0

  001030  060772000003  730060000022  100511000001  311111000001
          01 17 12 0    00 03 00 0    01 04 11 0    02 04 11 0

  001040  270310000000  520411000000  745660006377  060300000101
          00 14 10 0    01 00 11 0    13 13 00 0    00 14 00 0

  001050  050000000026  742000001055  770006040002  060660061007
          00 00 00 0    04 00 00 0    00 00 06 0    01 13 00 0
```

Abbildung 2.50. ALGOL Programm zur Berechnung von N-Fakultät in Quellfassung und als gebundener verschieblicher Interncode auf einem Rechner mit von Neumann Architektur (UNIVAC 1108, nach CHU, 1975)

Vergleicht man das ursprüngliche ALGOL-Programm (Abbildung 2.50a) mit einem Ausschnitt aus dem entsprechenden Code in Polnischer Notation (Abbildung 2.52), so erkennt man zumindest syntaktische Ähnlichkeiten, da ähnliche Operator-Präzedenz vorliegt (opdc: operand call, litc: literal call, isd: descriptor call, weitere Erklärungen im Abschnitt 2.3.2 ff.). Die Übersetzungsvorgänge sind damit in den Rechnern der Familie Burroughs B 5000 konzeptuell einfacher geworden.

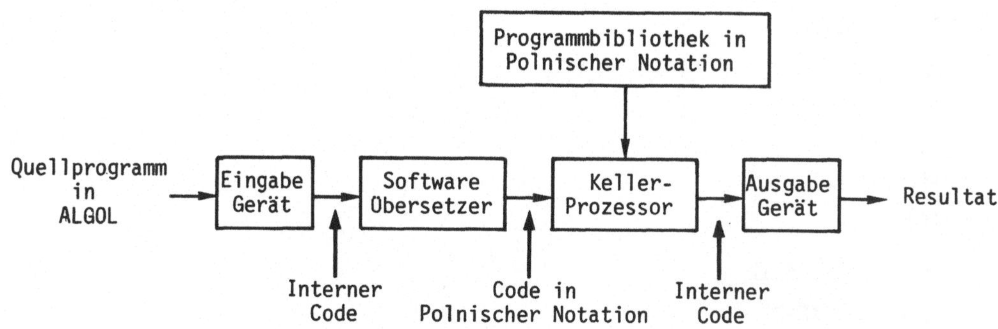

Abbildung 2.51. Ausführung eines Programms in höherer Programmiersprache auf einem Rechner mit syntax-orientierter Architektur (B 5000, nach CHU, 1975)

Syntax-orientierte Rechnerarchitekturen sind außer im Falle der Burroughs-Rechner kommerziell bisher recht selten angeboten worden. Durch das Aufkommen mikroprogrammierbarer hochintegrierter Schaltkreise (z.B. Bitslice-Mikroprozessoren) ist jedoch eine Zunahme der Rechner dieser Klasse zu erwarten. In letzter Zeit wurde insbesondere das PASCAL-Microengine bekannt (MICROENGINE, 1979), das als Maschinensprache den PASCAL-nahen sogenannten P-Code verwendet, in den dann die in PASCAL geschriebenen Programme übersetzt werden.

2.3.1.3 Indirekte Ausführungs Architektur

Einen weiteren Schritt in Richtung auf die Eliminierung von Übersetzungs-Software stellt die "indirekte Ausführungs Architektur" dar (vgl. Abbildung 2.53). Nach Eingabe eines Quellprogramms in höherer Programmiersprache und einer Umsetzung in Interncode durch das Eingabegerät übersetzt ein Hardware-Übersetzer das Programm in einen Zwischencode, der durch einen Prozessor direkt ausführbar ist.

Rechner von diesem Typ wurden wegen des hohen Hardware-Aufwandes nur selten realisiert. Der bekannteste Vertreter ist das SYMBOL-System, ein funktionsorientierter Multiprozessor (8 Prozessoren) für die ALGOL-ähnliche höhere Programmiersprache SYMBOL. Der Hardware-Übersetzer bildet in diesem Fall einen Zwischencode in umgekehrter Polnischer Notation. Eine ausführliche Beschreibung des SYMBOL-Systems findet sich bei LALIOTIS, 1975, eine Bewertung dieses Forschungsrechners bei RICE, 1981 und DITZEL, 1981.

```
I:= I + 1;
opdc 22  (I)
litc 1
add
litc 22  (I)
isd
TEMP:= TEMP * I;
opdc 23  (TEMP)
opdc 22  (I)
mul
litc 23  (TEMP)
isd
if I EQL NUM then NFACT:= TEMP
opdc 22  (I)
opdc 21  (NUM)
eql
.
.
opdc 23  (TEMP)
litc 24  (NFACT)
isd
else goto CONTINUE;
litc 3
lbc
```

Abbildung 2.52. Ausschnitte aus einem ALGOL-Programm (unterstrichene Zeilen) und dem entsprechenden Code in Polnischer Notation für den Rechner Burroughs B 5500 (nach CHU, 1975)

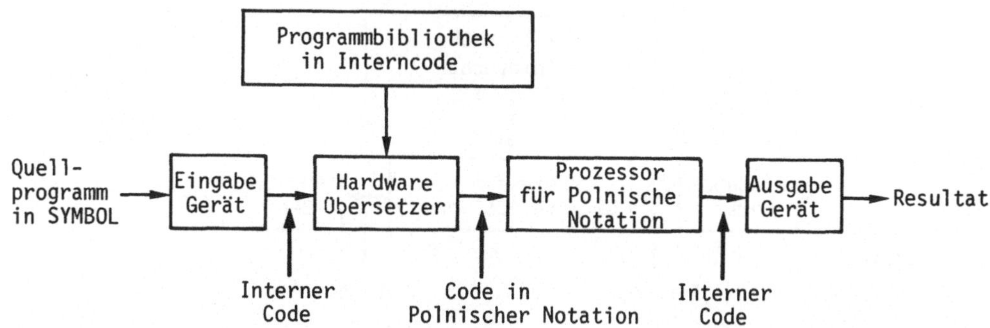

Abbildung 2.53. Ausführung eines Programms in höherer Programmiersprache auf einen Rechner mit indirekter Ausführungs Architektur (SYMBOL-Rechner, nach CHU, 1975)

2.3.1.4 Direkte Ausführungs Architektur

Die direkte Ausführungs Architektur ist bisher nur zu Forschungszwecken untersucht worden (vgl. etwa BLOOM, 1975). Der konzeptuellen Einfachheit des Ausführungsprozesses (vgl. Abbildung 2.54) durch die direkte Ausführung des Programms in höherer Programmiersprache, also ohne Rückgriffe auf eine irgendwie geartete Maschinensprache bzw. Zwischensprache, steht ein enormer Hardware-Aufwand für den Prozessor gegenüber, der für jedes Sprachkonstrukt eine unmittelbar ausführende Hardware aufweisen muß, sowie Syntaxerkennung und gegebenenfalls Optimierung durchführen muß.

Ein Rechner mit direkter Ausführungs-Architektur kann als Hardware-Implementierung eines Interpreters für höhere Programmiersprachen betrachtet werden.

2.3.1.5 Keller-Architektur

Syntax-orientierte Rechnerarchitekturen setzen für die Ausführung des den höheren Programmiersprachen relativ nahen Zwischencodes Kellerungsmechanismen voraus, um die folgenden Aufgaben effizient zu lösen:

- Ausführung von arithmetischen Ausdrücken in umgekehrter Polnischer Notation oder Postfix-Form (vgl. BAUER, GOOS, 1981),
- Anbinden von Unterprogrammen (Rücksprungadreß- und Parameterverwaltung),
- Speicherzuordnung für Variablen in blockstrukturierten Sprachen,

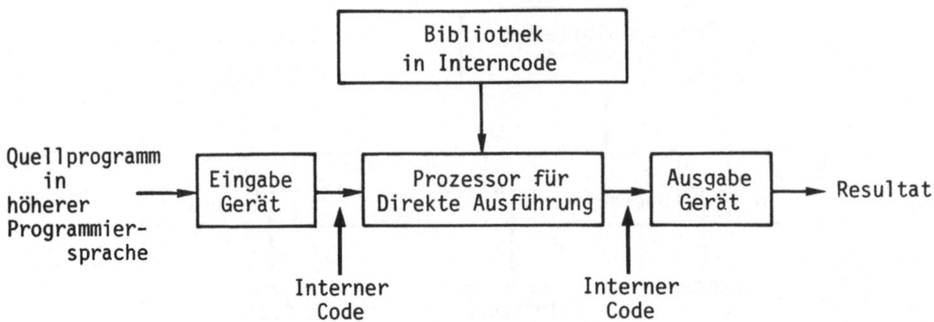

Abbildung 2.54. Ausführung eines Programms in höherer Programmiersprache auf einem Rechner mit direkter Ausführungs Architektur (nach CHU, 1975)

- Prozeßumschaltung in einem multiprogramming-System durch in Kellern verwaltete "execution records", also aller zu einem Prozeß gehörenden Variablen und weiterer Information.

Sind diese Kellerungsmechanismen nicht nur programmiert, sondern hardwaremäßig realisiert, dann spricht man von Keller-Architektur bzw. Kellermaschinen (McKEEMAN, 1975, DORAN, 1975). Die bekanntesten kommerziellen Rechner, die nach diesem Prinzip realisiert wurden, sind die Rechner der nachfolgend diskutierten Familie B 5000, der HP 3000, die Burroughs B 1700, die ICL 2900 und in eingeschränktem Maße die DEC PDP 11.

Ein Keller ist ein Speicherbereich, in dem Daten abgelegt und wieder ausgelesen werden können, wobei die LIFO-Reihenfolge ("last-in-first-out") eingehalten wird. Der Keller wird durch einen Kellerzeiger TOS ("top of stack pointer") verwaltet, der jeweils auf das oberste im Keller eingetragene Element zeigt. Die Operationen "PUSH" und "POP" beschreiben das Einfügen bzw. Auslesen eines Elements aus dem Keller, wobei der TOS jeweils in- bzw. dekrementiert wird.

Im englischen Sprachgebrauch unterscheidet man zwei Typen von Kellern:
- pushdown,
- stack,

die unterschiedliche Typen von Kellerautomaten zu definieren gestatten (vgl. etwa KAIN, 1972). Pushdown ist dabei ein Keller im strengen Sinne, der nur den Zugriff auf das jeweils oberste Element des Kellers zuläßt. Verläßt der Schreib/Lese-Kopf eines pushdown-Automaten einen Kellerplatz, so löscht er entweder dessen Inhalt (POP) oder schreibt ein neues Symbol (PUSH). Stack ist ein Keller im weiteren Sinne, d.h. ein stack-Automat erlaubt, daß der Schreib/Lese-Kopf sich vom obersten Kellerelement wegentfernt ohne dies zu zerstören, um weitere gekellerte Symbole zu lesen. Diese Struktur wird bei der Compilation von Programmen in höheren Programmiersprachen benötigt, da die Regeln über Vereinbarung und Gültigkeit von Variablen nicht durch kontextfreie Grammatiken beschrieben werden können, die durch pushdown-Automaten modelliert werden. Man benötigt hier vielmehr stack-Automaten.

Im folgenden werden Kellerstrukturen jedoch nicht für die Compilation, sondern für die Ausführung von Programmen verwendet. Die Implementierung der Keller wird dabei meist durch konventionelle Hauptspeicher mit entsprechender Adreßverwaltung geschehen. In aller Regel handelt es sich hier also um Keller vom Typ "stack".

Für die Ausführung arithmetischer Ausdrücke in einer Kellerarchitektur wird vorausgesetzt, daß binäre Operationen die beiden obersten Kellerelemente verknüpfen, unäre Operationen auf das jeweils oberste Kellerelement zugreifen. Das Ergebnis wird wieder im Keller abgelegt. Die Befehlsabfolge für einen Rechner mit arithmetischem Keller setzt die umgekehrte Polnische Notation oder Postfixform voraus, damit die ALU die jeweiligen Operanden auf dem Keller vorfindet. Aus dem arithemtischen Ausdruck

(A - B) / (C - D x E)

wird

A,B,-,C,D,E,x,-,/,

beziehungsweise die Befehlsfolge

```
PUSH A
PUSH B
SUB
PUSH C
PUSH D
PUSH E
MUL
SUB
DIV
```

wobei der Keller die in Abbildung 2.55 dargestellten Zustände

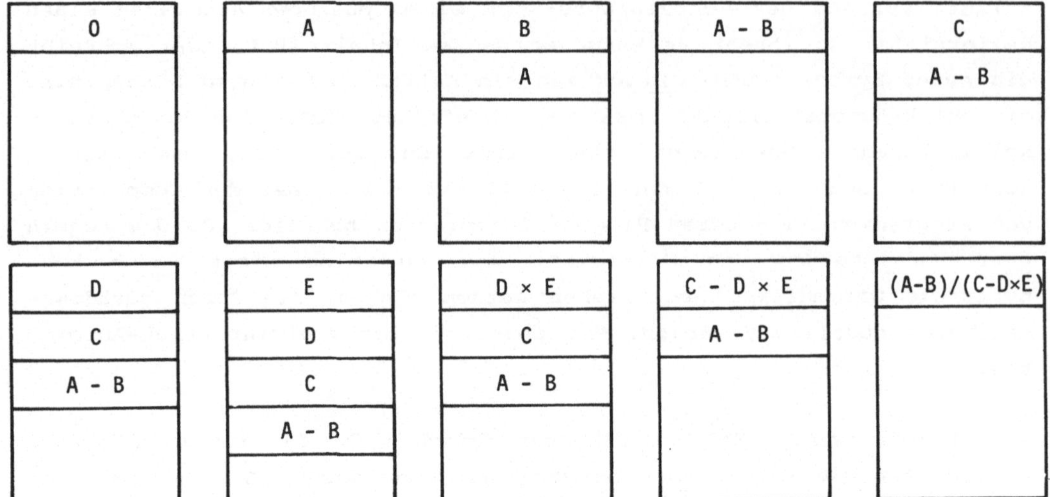

Abbildung 2.55. Zustände des arithmetischen Kellers bei Ausführung des Ausdrucks (A - B) / (C - D x E) in einer Kellerarchitektur

durchläuft. Man erkennt, daß die Operationen einer Kellerarchitektur keine Adressen enthalten, weswegen man diese Rechner oft auch als Null-Adreßrechner bezeichnet. Gegenüber der Ein- oder Mehradreßstruktur besteht daher der Vorteil einer extrem kompakten Maschinenstruktur (besteht nur aus dem Operationscode), andererseits steigt die Anzahl der Instruktionen für einen gegebenen arithmetischen Ausdruck wegen der vielen PUSH-Operationen gegenüber einem Mehradreßbefehlsformat (statisch, also bezogen auf die Programmlänge und dynamisch, also bezogen auf die Ausführungszeit). Programm- und Datenspeicherplatz sowie Laufzeitbetrachtungen zu Null- und Mehradreßmaschinen finden sich z.B. bei BELL, NEWELL, 1971 (vgl. auch Abbildung 2.56).

Für die Optimierung der Ausführung von arithmetischen Ausdrücken können die Operationen "SWAP" (Austausch der beiden obersten Kellerelemente) und "DUPLICATE" (Duplizieren des obersten Kellerelements verwendet werden, so daß etwa der arithmetische Ausdruck

(A + B) x (C/(A + B))

durch die Instruktionenfolge

```
PUSH A
PUSH B
ADD
DUPLICATE
PUSH C
```

Auswertung des Ausdrucks: f = (a - b)/(c - d × e)

	Kellermaschine	Allzweckregistermaschine	Einadressmaschine
	Push a[a] Push b[a, b] Subtract [a - b] Push c[a - b, c] Push d[a - b, c, d] Push e[a - b, c, d, e] Multiply [a - b, c, d × e] Subtract [a - b, c - d × e] Divide [(a - b)/(c - d × e)] Pop f[ ] - Abspeichern	Load G[1], a Subtract G[1], b Load G[2], d Multiply G[2], e Inverse subtract G[2], c Divide G[1], G[2] Store G[1], f	Load d Multiply e Inverse subtract c Store temporary Load a Subtract b Divide temporary Store f
Programmgröße: Adressen	6 Speicher	6 Speicher + 8 Register	8 Speicher
Anzahl der Befehle	4	7	8
Programmgröße in Bit für hypothetische Maschine	6 × (18 + 1) 4 × 6 138	$6 \times (18 + 6 + 4^1)$ $1 \times (6 + 2 \times 4^1)$ 182	8 × (18 + 6) 192
Programmgröße für Beispielmaschinen (in Bit)	B8501:168	IBM System/360:224 + Tabellenbasisregister: 0 - 192 (!)	IBM 7090:360

1 Annahme: 16 Allzweckregister

Abbildung 2.56. Vergleich von Kellermaschine, Allzweckregistermaschine und Einadreßmaschine bezüglich der Ausführung einer arithmetischen Operation (nach BELL/NEWELL, 1971)

```
SWAP
DIV
MUL
```

ausgeführt würde.

Programme haben im allgemeinen ähnliche Struktur wie Ausdrücke und können daher ebenfalls durch ein Kellerkonzept abgearbeitet werden. Für die Bearbeitung von bedingten Sprüngen setzt dies voraus, daß durch logische Operationen auf dem Keller logische Werte abgelegt werden, die für bedingte Maschinenbefehlsfortschaltung verwendet werden. Der Ausdruck

IF A>B THEN C:=D ELSE E:=F

wird dann durch die Kellerbefehlsfolge

```
PUSH A
PUSH B
GT
BF ELSE
POP
```

```
          PUSH D
          POP C
          B END
     ELSE:POP
          PUSH F
          POP E
     END :.
```

ausgeführt, wobei die POP-Befehle ohne Argument den nicht mehr benötigten logischen Wert aus dem Keller entfernen. DORAN, 1975, zeigt ferner, daß durch Einführen der Kelleroperationen PUSHADDR und STORE auch Mehrfachzuweisungen behandelt werden können.

Die Behandlung von Datenstrukturen kann ebenfalls durch Keller realisiert werden, unter der Annahme, daß die Datenstruktur im Sinne eines geordneten Baumes vorliegt (vgl. Beispiel in Abbildung 2.57). Die physikalische Speicherung der Datenstruktur kann z.B. so realisiert sein, daß jeder Knoten der Datenstruktur einer Speicherzelle entspricht und Nachbarknoten auch in Nachbarspeicherzellen untergebracht sind. Jeder nichtterminale Knoten der Datenstruktur enthält dabei die Adresse des Anfangsknotens der unmittelbar nächsten Stufe (gegebenenfalls auch die Länge und den Typ der Sequenz). Man spricht bei diesen nichtterminalen Knoten von Deskriptoren. Manipulationen der Datenstruktur arbeiten immer über Deskriptoren. Die Kelleroperation "INDEX" erlaubt das Indizieren eines Deskriptorinhaltes, der als zweitoberstes Element des Kellers vorausgesetzt wird, mit einer Konstanten, die durch "PUSHCNST" als oberstes Element des Keller erzeugt wurde. Die Operation "FETCH" erlaubt das Überschreiben des obersten Kellerelements mit dem Inhalt des durch ihn adressierten Deskriptors bzw. Datenwertes.

Die Operation

X := A[2,1,1];

wird dann durch die folgenden Instruktionen realisiert (vgl. Abbildung 2.57):

```
PUSHADDR    X
PUSH        A
PUSHCNST    2
INDEX, FETCH
PUSHCNST    1
INDEX; FETCH
PUSHCNST    1
```

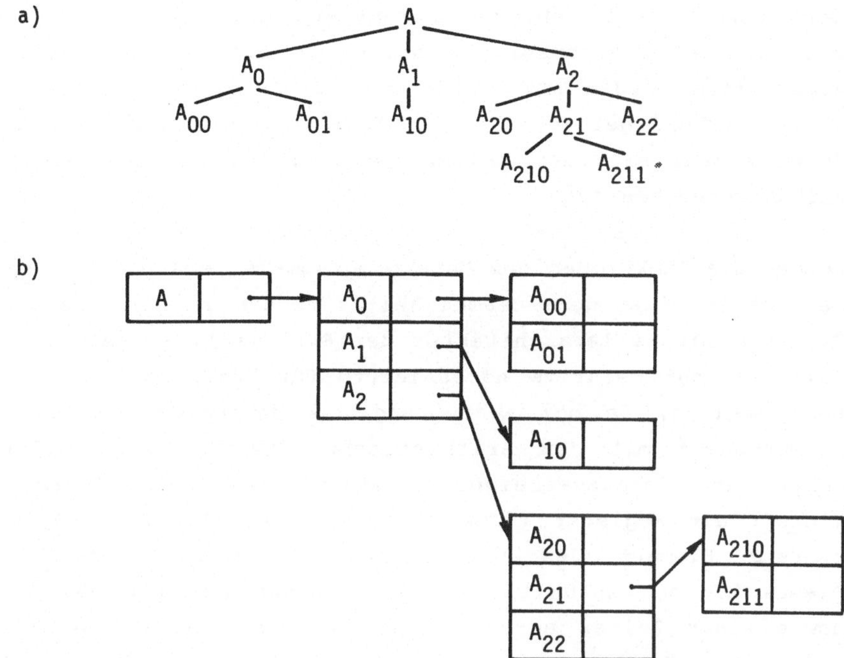

Abbildung 2.57. Beispiel für eine baumartige Datenstruktur a) und ihre Speicherung für Kellermanipulationen b)

INDEX; FETCH

STORE

Neben der reinen Adreßinformation können Deskriptoren noch Längen- und Typenangaben enthalten, um z.B. Zugriffe zu überprüfen ("capabilities").

Die Verwaltung von Rücksprungadressen und die Übergabe von Parametern bei Unterprogrammtechnik kann ebenfalls durch die Verwendung eines Kellers unterstützt werden. Beim Unterprogrammaufruf wird durch "CALL SUB" der Stand des Befehlszählers im Keller abgelegt, der Befehlszähler mit der Anfangsadresse des Unterprogramms (SUB) geladen. Beim Rücksprung wird durch "RETURN" der Befehlszähler aus dem Keller geladen (Rücksprungadresse) und der Kellerzeiger dekrementiert. Bei der Übergabe von mehreren Parametern über den Keller entsteht das Problem, daß gegebenenfalls nicht nur auf das oberste Kellerelement zugegriffen werden muß. Dies wird im allgemeinen durch ein modifiziertes RETURN gelöst, das alle Parameter auf einmal entkellert, wobei deren Anzahl entweder selber gekellert wurde oder als Argument von RETURN angegeben ist.

Werden die Funktionen des Unterprogramm-Kellers und des arithmetischen Kellers in einem gemeinsamen Keller vereinigt (wie das in den meisten Rechnern mit Kellerarchitektur der Fall ist), so ist die zum obersten Kellerelement relative Adressierung für Unterprogramm-Parameter nicht mehr möglich, da bei Ausführung des Unterprogramms die Kellertiefe entsprechend mit den arithmetischen Operationen variiert. Es wird daher eine Zusatzverzeigerung eingeführt, die sogenannten <u>"dynamic links"</u>: ein Register ("TOP SUB", vgl. Abbildung 2.58) zeigt auf das oberste Element des Unterprogramm-Kellerteils des Gesamtkellers. Dieses Element enthält die Rücksprungadresse für das Unterprogramm, sowie einen Zeiger auf das entsprechende Element des nächst-äußeren aufrufenden Unterprogramms usw. für alle weiteren Schachtelungstiefen. Die Zeigerwerte werden bei Aufruf eines Unterprogramms aus dem TOP SUB-Register entnommen und gemeinsam mit der Rücksprungadresse gekellert.

Die Bereitstellung von <u>Speicherplatz für Variable in blockstrukturierten höheren Programmiersprachen</u> kann ebenfalls durch einen Keller realisiert werden. Da zum Zeitpunkt des Eintritts in einen Block die Anzahl der benötigten Speicherplätze nicht bekannt sein muß (z.B. dynamische Felder), wird eine relative Adressierung über die DISPLAY-Register (Anfangsadresse eines Blockschachtelungsniveaus) und die Variablennummer im entsprechenden Block durchgeführt. Wie bei den geschachtelten Unterprogrammen ist es bei einem gemeinsamen arithmetischen-, Unterprogramm- und Variablen-Keller nötig, eine Verzeigerung des Variablenkellerteiles vorzunehmen. Dies geschieht durch Block-Markierungsworte zu jedem Block. Das TOP BLOCK-Register zeigt auf das Block-Markierungswort für den obersten Block, das dessen Blockschachtelungstiefe und einen Verweis auf das entsprechende Markierungswort des nächst höheren Blocks enthält (vgl. Abbildung 2.59). Die Verkettung der Block-Markierungsworte wird oft auch <u>static link</u> genannt. Für die Kellerverwaltung müssen zusätzlich Operationen BLOCK und UNBLOCK eingeführt werden, die die beteiligten Register TOS, TOP BLOCK, DISPLAY sowie das Block-Markierungswort bei Eintritt in einen

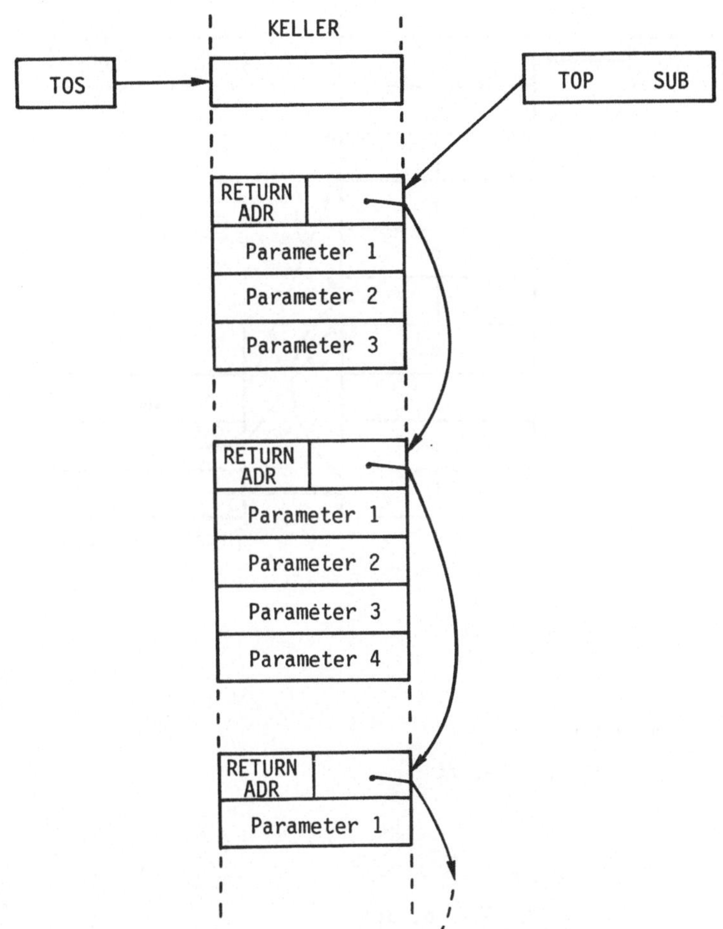

Abbildung 2.58. Verzeigerung von Unterprogramm-Kellerinhalten (dynamic link) bei gemeinsamem arithmetischen- und Unterprogramm-Keller

neuen Block bzw. bei Verlassen des Blocks mit den richtigen Werten belegen bzw. generieren.

Für die Behandlung von Prozeduren in ähnlicher Weise wie Unterprogramme müssen zusätzliche Hilfsmittel geschaffen werden, da in den meisten höheren Programmiersprachen Prozeduren als globale Variable diejenigen Variablen verwenden, die auf dem Blockniveau ihrer Deklaration vereinbart sind und nicht diejenigen auf dem Blockniveau des jeweiligen Aufrufs. Bei Deklaration einer Prozedur muß daher neben der Prozeduradresse auch der aktuelle Inhalt des TOP BLOCK-Registers, der die

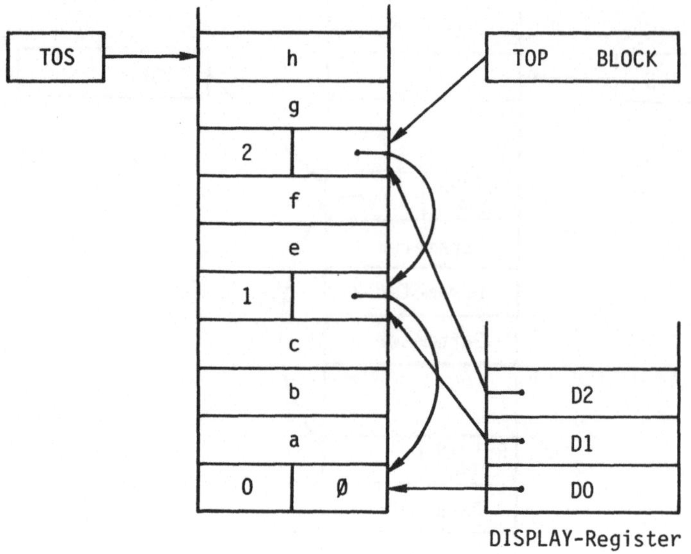


```
A: BEGIN
     INTEGER  a, b, c;
     .
     .
     .
     B: BEGIN
          INTEGER  e, f;
          .
          .
          .
          C: BEGIN
               INTEGER  h, g;
               .
               .
               .
             END;
        END;
   END;
```

Abbildung 2.59. Hypothetisches Programm mit dreifacher Blockschachtelung A,B,C und Verzeigerung des entsprechenden Variablen-Kellers (static link). Arithmetische- und Unterprogramm-Kellereinträge aus Übersichtlichkeitsgründen nicht dargestellt

laufende Variablen-Umgebung definiert, gekellert werden. Bei Aufruf einer Prozedur muß dann neben dem Retten der Rücksprungadresse der Inhalt der DISPLAY-Register und des TOP BLOCK Registers auf den für die Prozedur gültigen Stand gebracht werden. Beim Verlassen der Prozedur muß dann der ursprüngliche Zustand wiederhergestellt werden. Diese zugehörigen Kelleroperationen PUSHPC PROZ, CALL und RETURN sind ausführlich bei DORAN, 1975 beschrieben, ebenso die Behandlung der Parameterübergabe für Prozeduren.

Mit der Kombination von arithmetischen-, Variablen- und Unterprogramm-Kellern zu einer mehrfach verzeigerten gemeinsamen Kellerstruktur ist ein vollständiger Mechanismus zur Ausführung von Nulladreßprogrammen dargestellt. Zusätzlich sind jedoch durch Kellerstrukturen auch die Funktionen eines Betriebssystems für Multiprogramming zu unterstützen. Jeder ausführbare Prozeß in einem solchen System besteht aus einem Programm sowie allen zugehörigen Daten. In einem Rechner mit Kellerarchitektur befinden sich sämtliche Daten zu einem Programm in einem Keller, so daß also ein Prozeß aus einem Programm und seinem Keller besteht. Bei der Umschaltung von einem Prozeß auf einen anderen muß das Betriebssystem also lediglich die DISPLAY-Registerinhalte, gekennzeichnet durch den TOP BLOCK und den laufenden Befehlszählerstand, kellern, bei Zurückschaltung die entsprechenden Informationen wieder entkellern (vgl. die oben eingeführten Kelleroperationen CALL bzw. RETURN).

Prozesse, die ihrerseits Subprozesse generieren können, müssen zumindest teilweise den Zugriff ihrer Subprozesse auf den eigenen Keller zulassen. Betrachtet man als den obersten Prozeß das Betriebssystem, alle weiteren Prozesse als Subprozesse des Betriebssystems, so entsteht eine baumartig verzeigerte Kellerstruktur mit dem Betriebssystem als Wurzel. Dieser, für die Rechenanlage Burroughs B 6700 implementierte sogenannte "cactus stack" enthält auf der Ebene 0 (adressiert durch das DISPLAY-Register 0) den Keller für Variable und Deskriptoren des Betriebssystems, auf Ebene 1 Informationen über Programme (die Segmenttabelle) und auf Ebene 2 und oberhalb die Benutzer-Keller. Abbildung 2.60 zeigt ein Beispiel des cactus stack, wobei die Prozesse A und B das gleiche Programm 1 benutzen und der Prozeß C einen Subprozeß D ausführt.

Die gesamte hier maschinenunabhängig besprochene Kellerstruktur mit multifunktionalem gemeinsamem Keller ist in dieser Weise nur im Rechner Burroughs B 6700 implementiert, alle übrigen Kellerarchitekturen haben vereinfachte Verzeigerungen insbesondere über die Festlegung von nur zwei Blockschachtelungsebenen. Eine ausführlichere Behandlung findet sich bei DORAN, 1975 und DORAN, 1979.

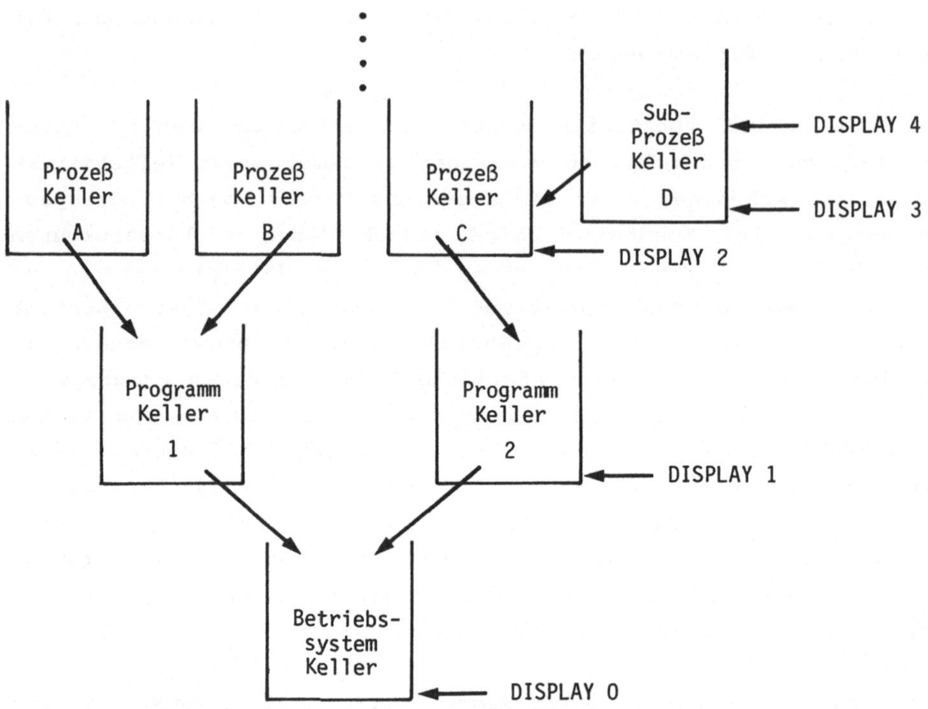

Abbildung 2.60. Beispiel einer Verzeigerung des "cactus stack" in der Rechenanlage Burroughs B 6700

Insgesamt ist festzustellen, daß kellerartige Strukturen die Ausführung mächtigerer Zwischensprachen unterstützen. Sie führen damit im allgemeinen zu sehr kompaktem Code, also Speicherplatzersparnis. Die Behandlung komplexerer Datenstrukturen (etwa Reihungen) führt jedoch zu umständlichen Kelleroperationen (INDEX etc.), die höhere Laufzeiten entstehen lassen, weswegen in einigen Kellermaschinen an dieser Stelle das Prinzip der reinen Kellerverarbeitung durchbrochen wird (Spezial-Index-Register, Befehle oder Betriebsmodi).

2.3.1.6 Datenstruktur- und Datentypen-Architektur

Der Gedanke der Verankerung von Spracheigenschaften in Rechnerhardware aus Gründen der Programmiererleichterung, Systemsicherheit und Geschwindigkeitssteigerung ist in den sogenannten "tagged architectures" (FEUSTEL, 1973) auch auf die Datenelemente erweitert. Neben dem reinen Wert des Datums werden in jeder Speicherzelle physikalisch auch der Datentyp und gegebenenfalls sogar Zugriffsrecht-Attribute ("capabilities") vermerkt, so daß eine Typenkonsistenzprüfung und eine

Zugriffskontrolle zur Laufzeit durch die Hardware möglich wird. Beispiele für die Kennzeichnung von Typen sind die Rechner Telefunken TR 440 und die Burroughs B 6700, die mit einem 3-Bit Feld acht verschiedene skalare Typen zu unterscheiden gestattet. FEUSTEL, 1973 und GILOI, GÜTH, 1982 schlagen die Erweiterung auf strukturierte Datenobjekte vor. GILOI, 1981 nennt solche Datentypen-Architekturen "DRAMA-Maschinen" (Descriptor Referenced Autonomous Memory Access), wenn der Zugriff auf Daten über Deskriptoren abgewickelt wird, die durch einen Strukturprozessor interpretiert werden.

Der Strukturprozessor stellt dabei die Implementierung einer Standardisierten Adressierungs-Funktion SAF dar, die den parameterisierten Zugriff auf Daten ermöglicht. Als Parameter fungieren die Deskriptoren, die für jedes Datenelement neben Struktur-, Typen- und Adreßinformation auch die Codierung der Zugriffsrechte beinhalten. Ziele der DRAMA-Maschinen sind: die Vermeidung des "von-Neumann bottleneck" (Leistungsbegrenzung konventioneller Rechner durch häufige Speicherzugriffe auch bei der Operandenadreßbildung, z.B. bei indirekter Adressierung), die effiziente Implementierung des "information hiding" und damit insgesamt einen Beitrag zur Verbesserung der Software-Zuverlässigkeit.

Mit dem Rechner STARLET (GILOI, GÜTH, 1982) wird eine speichergekoppelte Multiprozessorstruktur mit hierarchischer Funktionszerlegung vorgestellt, bei der ein sogenannter Strukturprozessor die Behandlung beliebig strukturierter Datenobjekte und die Zugriffsüberwachung nach dem Prinzip der Datenkopplung (Zugriffsrechte zu jedem Datenobjekt und "Export" der Zugriffsrechte durch explizite Erlaubnis des Eigentümers) parallel zum eigentlichen Datenprozessor (dem Rechenwerk) durchführt. Die Funktion des Leitwerks übernimmt ein Prozessor mit Privatspeicher (Befehlsausführungseinheit in Abbildung 2.61). Dem enormen Aufwand bei der Verwaltung der "abstrakten" Datenobjekte entsprechend besteht der Rechenwerkteil dieser Datentypen-Architektur aus nur einem Mikroprozessor mit Privatspeicher und einem Gleitpunkt-Rechenwerk mit arithmetischer Pipeline, während der Strukturprozessor (AG1, AG2 und AG3) drei solche identische Elemente benötigt (vgl. Abbildung 2.61). Ferner ist bei STARLET ein getrennter Betriebssystemrechner vorgesehen ("horizontale Verlagerung"). Alle Elemente von STARLET greifen auf den gemeinsamen Hauptspeicher zu.

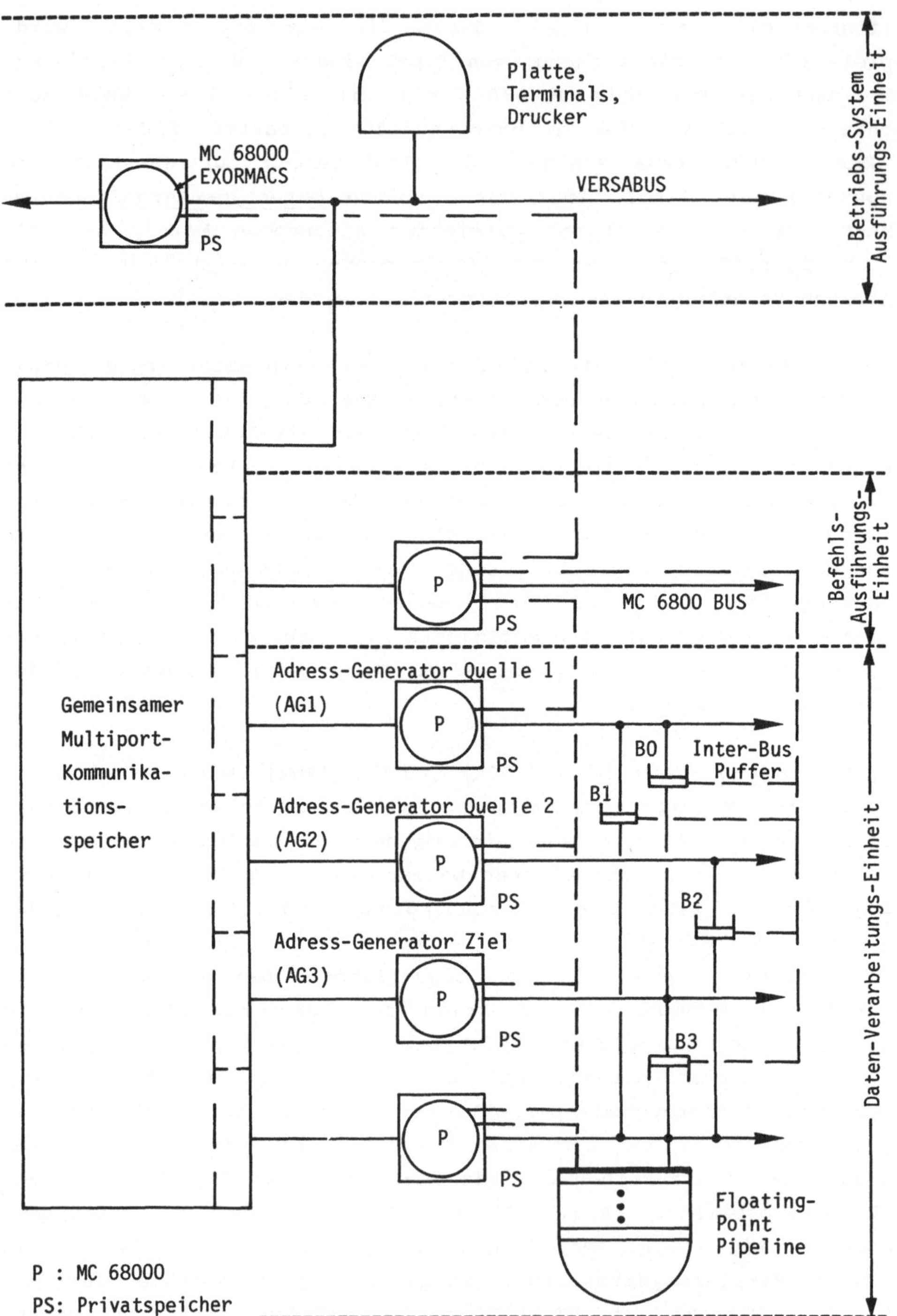

Abbildung 2.61. Struktur des STARLET-Rechners, eine Datentypenarchitektur (GILOI, GÜTH, 1982)

2.3.2 Detailbeschreibung der Familie Burroughs B 5000, B 5700, B 6700 und Nachfolger

Ausführliche Beschreibungen des grundlegenden Modells B 5000 finden sich bei LONERGAN, KING, 1961 und für die Modelle B 5700, B 6700 bei ORGANICK, 1973, DORAN, 1979, sowie in einer Vielzahl von Firmenschriften.

Der Rechner B 5000 wurde als erstes Element der neuen Großrechnerfamilie von Burroughs ab 1961 produziert und wies bereits die drei wesentlichen Eigenschaften der gesamten Familie auf:

- sprachorientierte Rechnerarchitektur, orientiert auf ALGOL durch syntax-orientierte Architektur und Kellerstrukturen,
- virtuelle Speicherverwaltung mit segmentiertem Speicher, also Segmenten variabler Länge,
- Mehrprozessorbetrieb in eingeschränktem Maße.

Abbildung 2.62 zeigt ein Funktionsschaltbild der B 5000 mit 2 Prozessoren und 4 E/A-Kanälen, die über einen Kreuzschienenverteiler mit den maximal vorhandenen 8 Moduln des Hauptspeichers verbunden sind. In ähnlicher Weise sind die 4 E/A-Kanäle mit den verschiedenen Peripheriegeräten verbunden. Der Kreuzschienenverteiler realisiert die volle Konnektivität zwischen allen Elementen dieser modularen Struktur, hat also den Vorteil hoher Flexibilität. Andererseits ist dieses Schema nur für eine sehr beschränkte Anzahl von Elementen sinnvoll realisierbar, da der Aufwand der benötigten Schalter mit $O(n^2)$ zunimmt (n = Anzahl der Elemente).

Jeder der Prozessoren der B 5000 ist als Kellerrechner realisiert und verwendet Nulladreßbefehle, die für einen Großrechner extrem kurz sind, nämlich 12 Bit. Jeweils 4 solcher Maschinenbefehle (nach Burroughs-Terminologie: Silben) sind in einem 48-Bit-Programmwort untergebracht und werden streng von rechts nach links ausgeführt, wobei Sprünge auf Silben in einem Wort zulässig sind.

Der Keller des Prozessors ist so realisiert, daß die beiden obersten Elemente des Kellers durch zwei Register A und B realisiert sind, die tieferen Elemente des Kellers - falls vorhanden - im Hauptspeicher abgelegt werden. Auf das jeweils oberste Element des im Hauptspeicher abgelegten Kellerteils zeigt das Adreßregister S. Zur Verwaltung dieser Kellerrealisierung werden zwei Statusbits verwendet, die

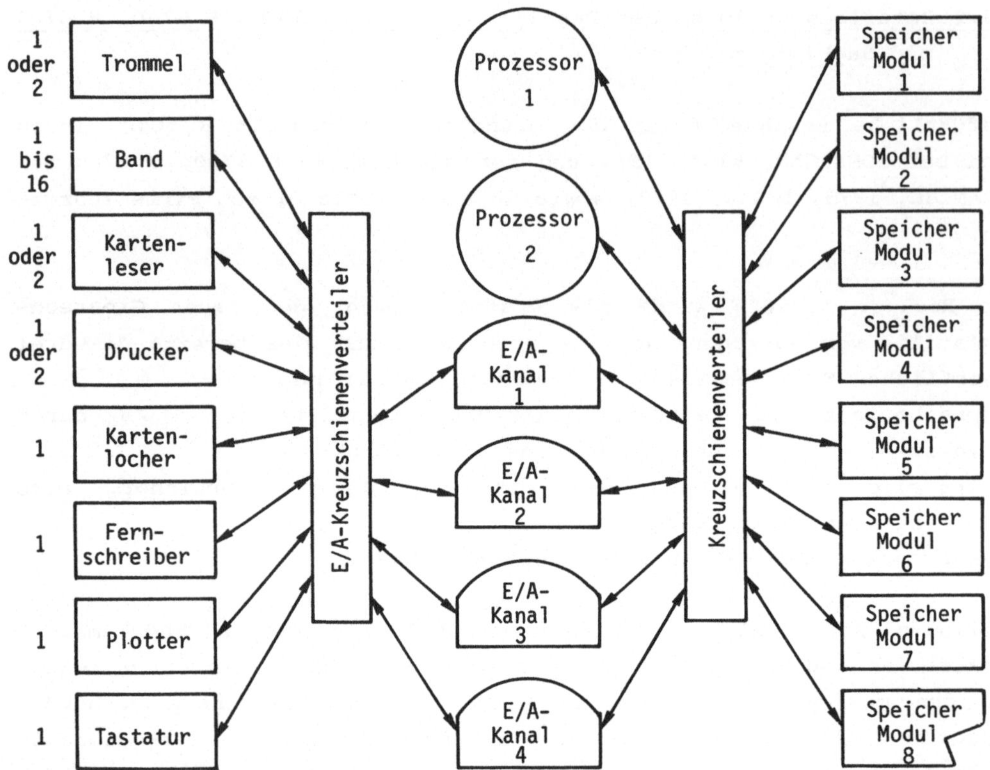

Abbildung 2.62. Funktionsschaltbild des Rechners Burroughs B 5000 mit maximaler Konfiguration

besagen, ob die Register A und/oder B bereits gekellerte Elemente beinhalten. Abbildung 2.63 zeigt als Beispiel die Registerinhalte für die Ausführung des arithmetischen Ausdruckes Z x (X + Y), der durch die Silbenfolge P,Q,R,+,x realisiert wird, wobei P,Q und R für die Operationen PUSH X, PUSH Y, PUSH Z (vgl. Abschnitt 2.3.1.5) und +,x für die Kelleroperationen Addition und Multiplikation stehen. Die Silbenfolge stellt also ein Programm in Postfix-Notation dar. Die Push- und Pop-Operationen in Abbildung 2.63 entsprechen nicht den in Abschnitt 2.3.1.5 eingeführten logischen Kelleroperationen, sondern den physikalischen Umspeicherungsvorgängen vom B-Register in den Hauptspeicher und umgekehrt. Sie werden nur dann nötig, wenn das logische PUSH bei bereits belegten Registern A und B erfolgt (im Beispiel in Silbe R), bzw. wenn für arithmetische Operationen die Operanden nicht in den Registern vorliegen und aus dem Keller "nachgezogen" werden müssen (im Beispiel in Silbe x).

Ausgeführte Silbe	Inhalt (nach Ausführung) von			
	Register A	Register B	Register S	Speicher Adr. 100
P	Z	-	100	-
Q	X	Z	100	-
R { Push	-	X	101	Z
R { Exec	Y	X	101	Z
+	-	X + Y	101	Z
× { Pop	X + Y	Z	100	-
× { Exec		Z × (X + Y)	100	-

Abbildung 2.63. Ausführung des Ausdrucks Z x (X + Y) durch die Silbenfolge P,Q,R,+,x auf der Kellerstruktur des Rechners Burroughs B 5000

Verschieblichkeit von Daten und Programmen wird in der B 5000 durch das Deskriptorenprinzip erreicht: jeder Programm-, Daten- und Ein/Ausgabe-Bereich ist durch einen Deskriptor beschrieben, der die Basisadresse und die Größe des entsprechenden Segments beinhaltet, bei E/A-Bereichen zusätzlich den Peripheriegerätetyp und die auszuführende Operation. Alle Deskriptoren sind in der "program reference table" (PRT), einem verschieblichen 1 K Worte großen Speicherbereich untergebracht, der neben der Funktion der Segmenttabelle (vgl. Abschnitt 2.2.1.1) auch die Aufgabe des Zwischenspeicherns von Steuerwerten (Indizes etc.) übernimmt. Programmdeskriptoren beinhalten im allgemeinen zwei Adressen: die Segmentanfangsadresse im Hauptspeicher und im Peripheriespeicher sowie eine Kennung, ob das entsprechende Segment gerade im Hauptspeicher eingelagert ist oder nicht. Zugriffe auf Programme im virtuellen Adreßraum geschehen also immer über den Deskriptor, der im Falle eines Zugriffs auf ein nicht eingelagertes Programmsegment einen Betriebssystemaufruf für das Einlagern erzeugt. Alle Programm- und Datenadressen sind also relativ bzw. über Einträge in die PRT realisiert, für deren Adressierung lediglich 10 Bit benötigt werden, was die Kompaktheit der Programme wesentlich unterstützt.

Das Betriebssystem MCP (master control program) selbst besteht aus einer Menge von Segmenten, von denen jeweils nur ein kleiner Teil im Hauptspeicher geladen ist. Arbeitet das Betriebssystem, so befindet sich der Rechner im "Steuerzustand" (control state), der immer durch Unterbrechungen erreicht wird.

Die Maschinenbefehle der B 5000, die Silben, sind in zwei Gruppen eingeteilt, denen zwei Arbeitsmodi des Prozessors entsprechen:

- Im Zeichen-Modus werden Zeichenketten verarbeitet, die als Folgen von je 8 Zeichen in einem Datenwort dargestellt werden. Die 12-Bit Silben bestehen hier aus zwei 6-Bit Feldern, die die Operation und die Anzahl der Ausführungen dieser Operation spezifizieren.
- Im Wort-Modus werden 48-Bit-Daten verarbeitet (40 Bit Mantisse, 7 Bit Exponent, 1 Bit Status), wobei 4 Klassen von Silben unterschieden werden, die durch die ersten zwei Bit der Silbe definiert sind:
  00: Operator Silbe
  01: Konstanten Silbe
  10: Operandenaufruf Silbe
  11: Deskriptoraufruf Silbe.

Die Operatorsilben führen die eigentlichen Operationen auf dem Keller aus, d.h. auf den Registern A und B als obersten Kellerelementen (bei unären Operationen nur auf A). Die zehn restlichen Bit der Silbe definieren die Art der Operation.

Die Konstantensilben (literal call: litc, vgl. Beispiel in Abbildung 2.52) erlauben die Angabe einer bis zu 10 Bit langen Direkt-Konstante, die gekellert wird.

Operanden- und Deskriptoraufrufsilben (operand call: Opdc, vgl. Beispiel in Abbildung 2.52) führen zu Zugriffen auf die PRT, wobei die ersteren zur Ablage eines Operanden, die zweiteren zur Ablage einer Adresse von Operanden oder Deskriptoren auf dem Keller dienen. Je nach der Art des durch die Silben adressierten Eintrages in der PRT (Operand, Deskriptor mit Adresse eines Operanden, Deskriptor mit Basisadresse eines Datensegments, in dem sich der Operand befindet, Deskriptor mit Basisadresse eines Unterprogramms) entstehen zur Ausführungszeit unterschiedliche Aktionen, die Operandenholphasen für direkte-, indirekte-, Feld-, und berechnete Operanden entsprechen.

Programme im Wort-Modus entsprechen also Silbenfolgen, die den Regeln der Postfix-Notation entsprechen, d.h. im allgemeinen werden zunächst durch Konstanten- und Aufrufsilben Operanden gekellert, die dann durch Operatorsilben verarbeitet werden. Eine detaillierte Beschreibung der Abläufe findet sich in BURROUGHS, 1961.

Das Kellerungsschema der B 5000 entspricht noch nicht dem vollen in Abschnitt 2.3.1.5 entwickelten Mechanismus, insofern die Funktion der Blockschachtelung nicht getrennt behandelt wird. Blöcke werden hier wie Prozeduren behandelt. Es entsteht damit ein zweistufiger Mechanismus, der in Abbildung 2.64 dargestellt ist: globale Variable werden in der PRT gehalten, die durch das Register R adressiert wird (Funktion des DISPLAY 0). Die beiden obersten Kellerelemente sind durch die Register A und B realisiert, das Register S zeigt auf das oberste Kellerelement im Hauptspeicher (Funktion des TOS). Das Register F ist der Anfang des "dynamic link", d.h. es zeigt auf das oberste Element des Unterprogramm-Kellerteiles. Die Zeiger des "dynamic link" stehen jeweils vor und hinter den Parametern, so daß bei RETURN diese entkellert werden können. Die lokalen Variablen werden jeweils oberhalb des TOP SUB-Zeigers untergebracht. Ein weiterer Zeiger in Adresse R+7 wird für den call-by-name-Mechanismus verwendet.

Für die ECS-Beschreibung des Rechners B 5000 mit Maximalausbau ergibt sich

$$t_{B\ 5500} = (2,1,48);$$

wobei die E/A-Kanäle nicht beschrieben sind, da sie im wesentlichen nur als Puffer für das Sammeln/Zerteilen von 6-Bit Zeichen in 48-Bit Worte fungieren. Die ECS-Notation spiegelt ebenfalls die beiden Kreuzschienenverteiler und den modulartigen Aufbau des Hauptspeichers nicht wider (vgl. Abbildung 2.62).

Nachfolgemodelle der B 5000 sind B 5500 und B 6500. Wesentliche Veränderungen waren dagegen im System B 6700 bzw. dem kleineren und langsameren B 5700 System zu vermerken, das Anfang der 70er Jahre auf den Markt kam. Wesentliches Merkmal der Kellerarchitektur der B 6700 ist nunmehr der n-stufige Mechanismus, wie in Abschnitt 2.3.1.5 beschrieben, mit "static link" und DISPLAY-Registern. Hier werden Prozeduren wie Blöcke und Blöcke wie Prozeduren behandelt (vgl.

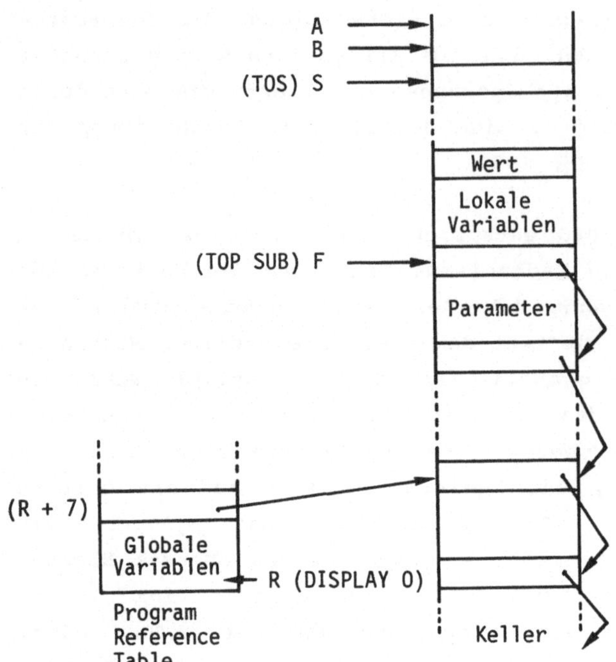

Abbildung 2.64. Verzeigerung des Kellers des Rechners Burroughs B 5000

Abbildung 2.65). Das Register F übernimmt hier die Funktion des TOP BLOCK-Registers, das auf das oberste Block-Markierungswort zeigt. Dieses besteht hier aus zwei Worten, dem MSCW (mark stack control word) und dem RCW (return control word). Die Register D0-D31 (DISPLAY) adressieren die Basis jedes lexikographischen Blockniveaus ("static link"). Die lexikographische Ordnung (also die Adreßumgebung) spiegelt sich in den Verbindungen von MSCW zu MSCW wider, der "dynamic link", also der Aufrufzusammenhang, in den Verbindungen MSCW zu RCW. Für eine detaillierte Behandlung des Kellermechanismus der B 6700 vergleiche DORAN, 1975 oder BURROUGHS, 1969.

Der Maximalausbau der Burroughs B 6700 umfaßt 3 Prozessoren, 3 E/A-Prozessoren und 64 Speichermoduln, die durch einen Kreuzschienenverteiler miteinander verbunden sind (vgl. Abbildung 2.66):

$$t_{B\ 6700} = (3,1,48) * (3,1,48);$$

Die einzelnen Speicherworte sind jedoch 51 Bit lang, da sie eine 3-Bit-Typeninformation beinhalten ("tagged architecture", vgl. Abschnitt 2.3.1.6). Als Wort-Typen treten auf: einfach- und doppelt lange Operanden, Deskriptoren- und Steuerworttypen.

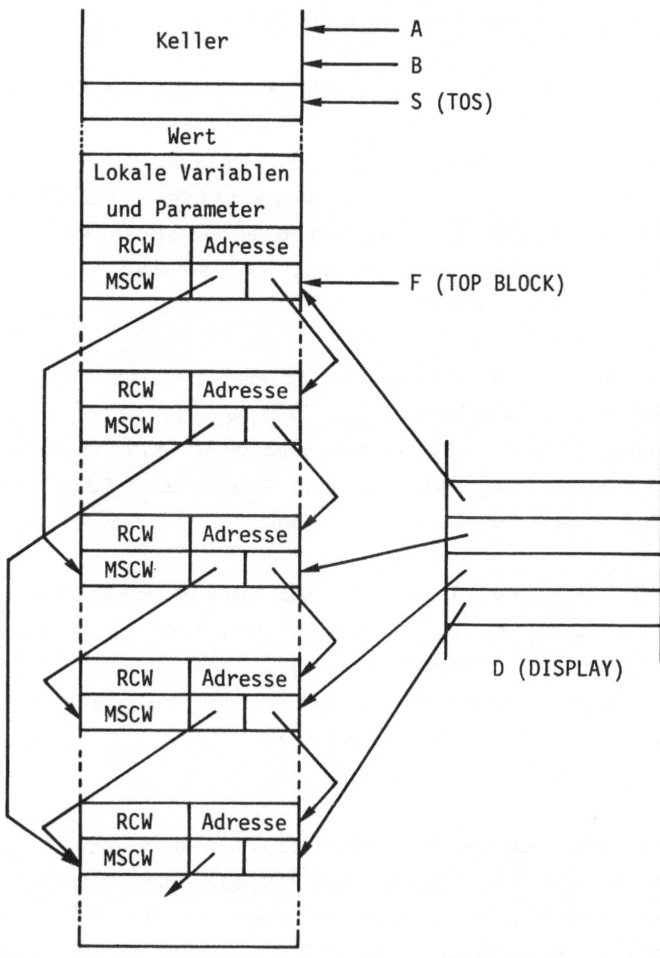

Abbildung 2.65. Darstellung der Kellerverzeigerung im Rechner Burroughs B 6700, Erklärung der Abkürzungen im Text

Abbildung 2.67 zeigt den Aufbau des Einzelprozessors. Der "program controller" dekodiert die Maschinenbefehle, die 1 bis 7 Silben zu 8 Bit lang sind, aus dem P-Register und aktiviert eine der acht nach Befehlstypen getrennten Steuerungen (Der Begriff Silbe hat hier eine andere Bedeutung als bei der B 5000). Die getrennte Darstellung bedeutet nicht, daß diese Steuerungen im Sinne des Funktionspipelining parallel arbeiten können, sie sind lediglich getrennt realisiert. Der "transfer-controller" beinhaltet die Register und 6 Busse Z1-Z6, die 48-Bit parallel die Register mit dem 48-Bit Addierer verbinden, bzw. mit der Speichersteuerung ("memory controller"). Diese enthält die 32 Display-Register und je 8 Index- und Basisregister und einen 20-Bit Adreß-Addierer.

Eine genauere Darstellung der B 6700 in ECS würde also lauten:

$$t_{B\ 6700} = (3,1,48) * \{(3,0,0) * [(5,1,48) + (5,1,25)]\};$$

wobei die maximal 2 Diagnoseprozessoren nicht berücksichtigt sind. Da diese nicht in die eigentliche Verarbeitungsleistung eingehen, wenngleich sie natürlich die Zuverlässigkeit und Wartungsfreundlichkeit des Systems erhöhen, sollen sie auch nicht in die ECS-Notation aufgenommen werden.

Zurück zum Einzelprozessor der B 6700. Neben den von der B 5000 her bekannten Registern A,B und S, die hier die gleiche Funktion haben, sind in der B 6700 die Register X,Y (Erweiterungen von A und B für doppelte Genauigkeit), das Register C (ein Allzweckregister) sowie das Befehlsregister P vorhanden.

Für die Realisierung des Speicherschutzes zwischen verschiedenen Prozessen sind die obere und untere Grenze des Kellerbereiches zu einem Prozeß durch die Register BOS und LOS (Base- und limit of stack) vermerkt. Zeigt S auf einen Speicherplatz außerhalb dieses Bereiches, entsteht eine Unterbrechung.

Wie bereits in Abschnitt 2.3.1.5 dargestellt, besteht zur Laufzeit der B 6700 eine Hierarchie verzeigerter Keller, der sogenannte "cactus stack". Wurzel dieses Baumes ist der Keller des MCP, das bei Aufruf eines Programms eine Verzeigerung über Deskriptoren auf die Code-Segmente des Programms herstellt. Der Segment-Deskriptor auf dieser Ebene (Niveau 1) ist wiederum mit dem zugehörigen Daten-Keller (Niveau 2) verzeigert. Da alle Programme reentrant sind, wird beim zweiten Aufruf eines bereits laufenden Programms nur ein neuer Datenkeller (Niveau 2) eröffnet. Um die Multiprozessoreigenschaften der B 6700 voll zu nutzen, ist es einem Prozeß erlaubt, sich in zwei Prozesse zu zerteilen ("job splitting"), die dann echt parallel bearbeitet werden. Dies führt zu einer neuen Verzweigung im "cactus stack", da die beiden Prozesse den vor der Teilung aufgebauten Teil des Kellers gemeinsam nutzen, nach der Teilung aber getrennte Keller führen. Verwaltet werden die einzelnen Kellerbereiche über den Stack-Vektor, einen Deskriptoren-Keller, dessen Deskriptoren die Kelleranfangsadresse im Hauptspeicher bzw. Peripheriespeicher und die maximale Kellergröße beinhalten. Die Lage und Größe des Stack-Vektors wird über

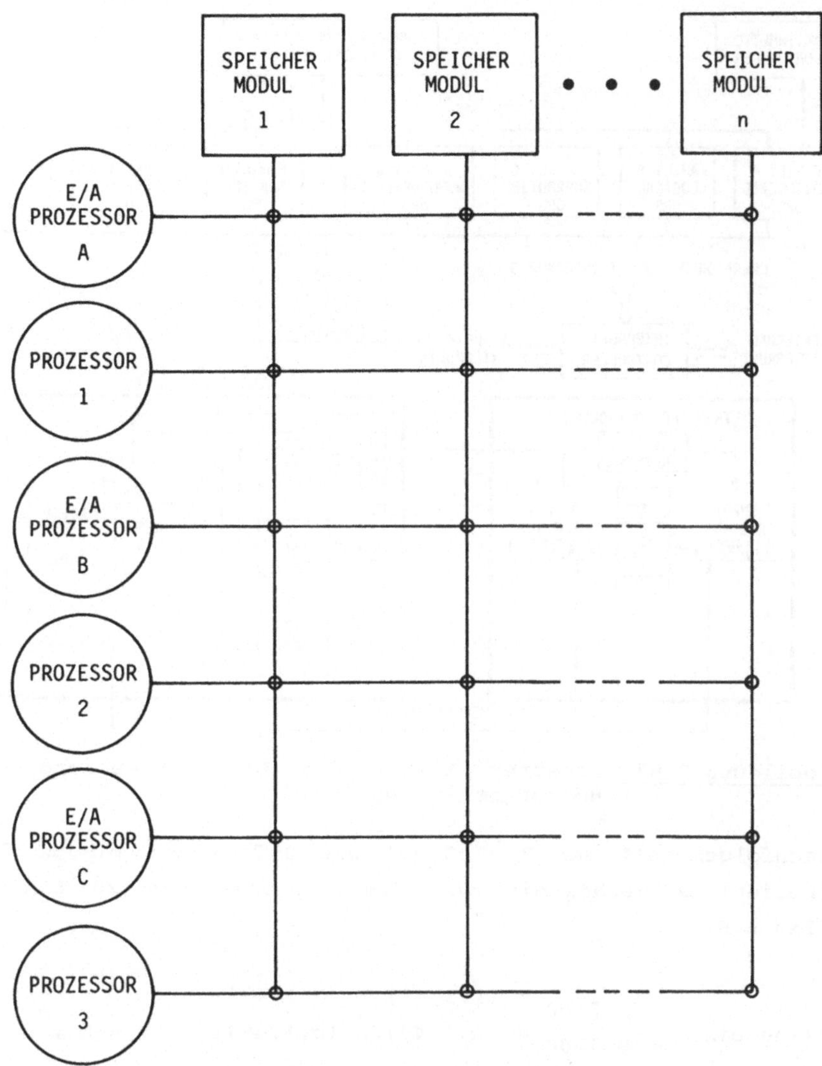

Abbildung 2.66. Verbindung von Prozessoren, E/A-Prozessoren und Speichermoduln über einen Kreuzschienenverteiler im Rechner Burroughs B 6700

den Stack-Vektor-Deskriptor, einen Eintrag im Keller des MCP (also der Wurzel des "cactus stack") verwaltet. Das dynamische Ein- und Auslagern von Kellern wird schließlich über ein sogenanntes Präsenz-Bit gesteuert.

Eine Übersicht über die exakte Verzeigerung des "cactus stack" zeigt Abbildung 2.68.

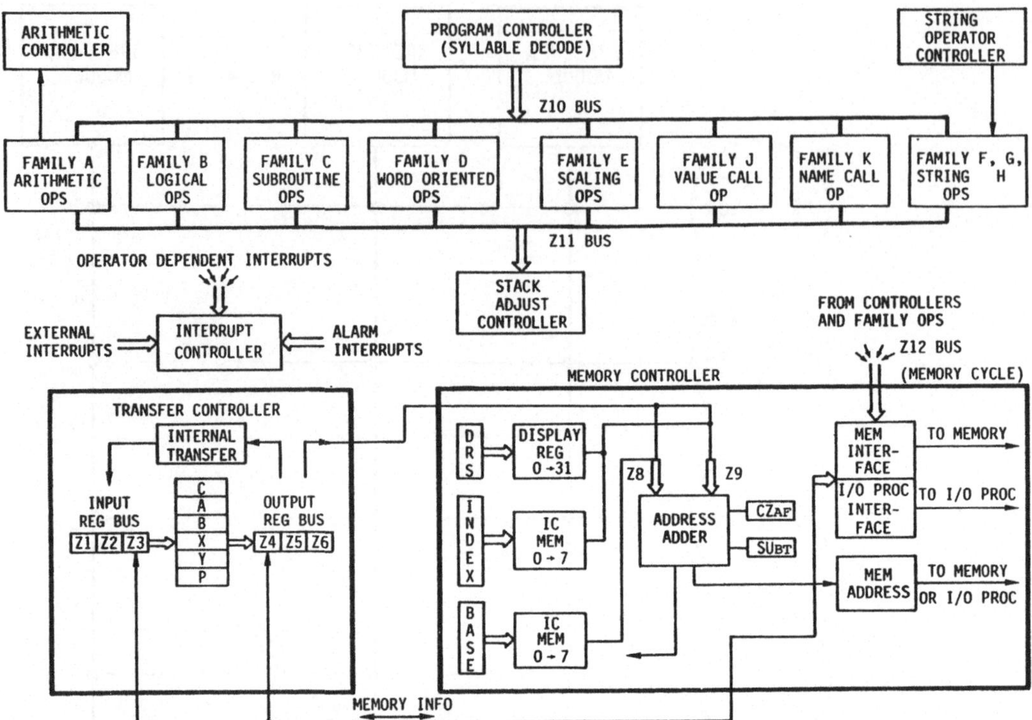

Abbildung 2.67. Interner Aufbau des Einzelprozessors des Rechners Burroughs B 6700

Nachfolgemodell der B 6700 ist die B 7700 mit bis zu 8 Prozessoren (beliebiges Verhältnis von Zentralprozessoren zu E/A-Prozessoren), also z.B.

$$t_{B\ 7700} = (1,1,48) * (7,1,48);$$

allgemein: $$t_{B\ 7700} = (a,1,48) * (b,1,48); \quad \text{mit } a+b \leqq 8$$

Wesentliche Änderungen gegenüber der B 6700 bestehen in einigen strukturellen Maßnahmen zur Beschleunigung des Rechners, die sich aber für die kellerartige Programmschnittstelle (Architektur im Sinne von BLAAUW) nicht bemerkbar machen:

- der "program buffer", ein Feld von 32 Befehlsregistern, die im Sinne eines Ringes verknüpft und jeweils in Portionen zu 8 Befehlsworten mit je 48 Bit aus dem Speicher geladen werden. Da jedes Befehlswort wegen der kompakten 0-Adreß-Struktur im Mittel 3,5 Befehle enthält (Befehlsstatistik, vgl. DORAN, 1979), befinden sich in diesem, dem Cache-Speicher-Konzept ähnlichen Befehlspuffer, jeweils ca 100 Ma-

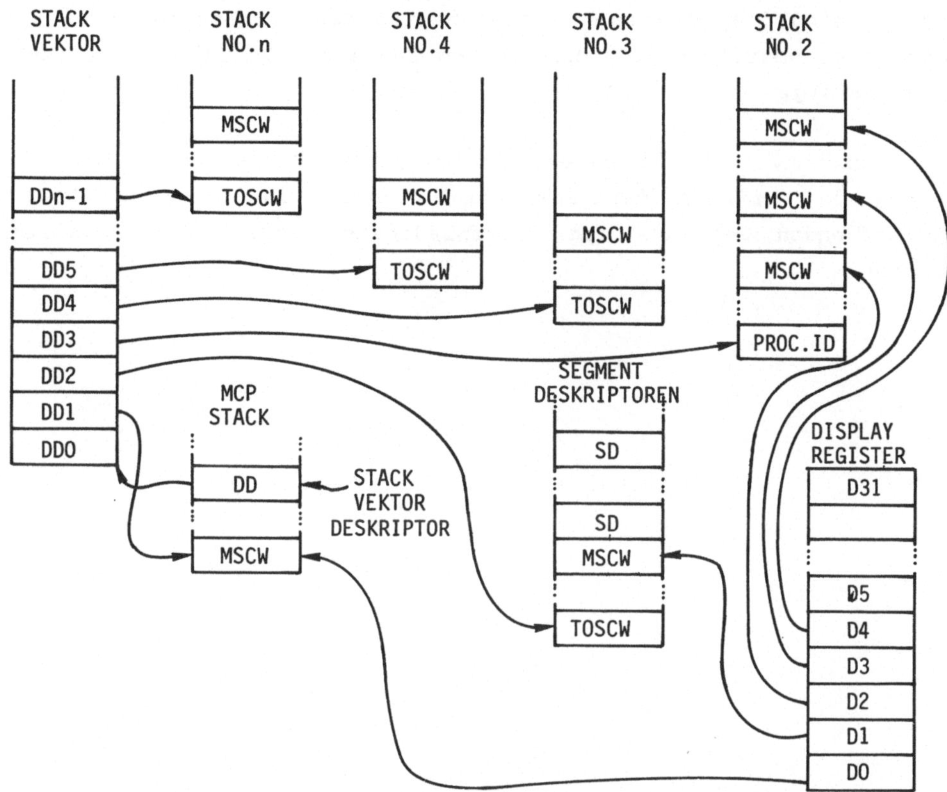

Abbildung 2.68. Darstellung mehrfach verzweigter Keller im Rechner B 6700 ("cactus stack") und ihre Verzeigerung über den stack vector, einem Deskriptorenkeller

schinenbefehle. Damit kann beschleunigte Verarbeitung durch "look ahead" (Folgebefehle bei sequentieller Befehlsfortschaltung) und "look behind" (zurückliegende Befehle bei Schleifenprogrammierung) erfolgen.

- der "stack buffer", einem 32 x 48 Bit Registerfeld, das eine Erweiterung des Konzepts der A,B-Register in der B 6700 darstellt, insofern nunmehr die obersten 34 Elemente des Kellers in schnellen Registern gehalten werden können. Für das Problem der Datenintegrität von Registerinhalten im Falle des Multiprozessorbetriebs vgl. DORAN, 1979.
- der "data buffer", einem kleinen Assoziativspeicher mit 16 Einträgen, die jeweils ein Gültigkeitsbit, die Speicheradresse und den Wert des Datums beinhalten, wobei jedoch noch indirekt zugegriffene Datenteile des Kellers verwendet werden.

Ferner sind die einzelnen Teileinheiten des Prozessors der B 7700 in der Lage, überlappt zu arbeiten, so daß ein 4-stufiges Befehlspipelining erfolgt.

Man erkennt, daß die neueren Modelle der Burroughs B 5000 Familie neben dem Prinzip der Sprachorientierung in ihrer Struktur auch weitgehenden Gebrauch von verschiedensten Formen des Parallelismus machen.

3 Pipelining

Die drei grundlegenden Formen des Pipelining und ihre Beschreibung in ECS wurden bereits in Kapitel 1 eingeführt:

- Phasen-Pipelining (Abschnitt 1.3.3.6),
- Befehlspipelining bzw. Instruktionspipelining (Abschnitt 1.3.3.7),
- Macropipelining bzw. Prozeßpipelining (Abschnitt 1.3.3.8).

In diesem Kapitel sollen nunmehr beispielhaft einige Rechner der entsprechenden Kategorien detaillierter besprochen werden. Allgemeine Abhandlungen des Themas Pipelining finden sich bei AMDAHL, 1977, CHEN, 1975, HOCKNEY, 1977, HWANG, BRIGGS, 1982, KOZDROWICKI, THEIS, 1980 und RAMAMOORTHY, LI, 1977.

3.1 Allgemeine Eigenschaften des Pipelinings

Nach der Definition des Pipelining in Abschnitt 1.3.1 liegt Pipelining auf einem bestimmten Betrachtungsniveau vor, wenn eine auf diesem Niveau definierte Aktion A in unterschiedliche Teilaktionen A_i zerlegt und von getrennten Instanzen ausgeführt wird, wobei für die Bearbeitung von A das Durchlaufen der Teilaktionen $A_1, A_2, \ldots, A_n$ notwendig ist. Liegt eine Folge von auf diesem Niveau definierten Objekten O_j mit $j=1,2,\ldots,m$ vor, für die A ausgeführt werden soll, so kann unter Voraussetzung unabhängig voneinander ausführbarer Teilaktionen A_i im günstigsten Fall zu genau einem Zeitpunkt die Teilaktion A_n auf einem Objekt O_x, A_{n-1} auf O_{x+1}, A_1 auf O_{x+n-1} erfolgen, d.h. es befinden sich n Objekte gleichzeitig, jedoch in unterschiedlichen Stadien der Ausführung. Man spricht dann vom eingeschwungenen Zustand der Pipeline. Abbildung 3.1 zeigt eine graphische Veranschaulichung der Pipeline und ein GANTT-Diagramm zur zeitlichen Beschreibung der Vorgänge.

Wie im GANTT-Diagramm ersichtlich, setzt die Pipeline eine getaktete Arbeitsweise voraus, d.h. die Weitergabe der Objekte O_j von Teilaktion A_i zu A_{i+1} (für $i=1,2,\ldots,n$) erfolgt gleichzeitig. Die Länge des Taktintervalls ergibt sich offenbar aus dem Maximum der Ausführungszeiten von A_i:$T(A_i)$, da ja alle A_i vollständig ausgeführt werden müssen. Die Gesamtausführungszeit in einem Pipeline-System beträgt für ein einzelnes Objekt

$$T_{PIP} = n \times T(A_i)_{max};$$

gegenüber der sequentiellen Ausführung

$$T_{SEQ} = \sum_{i=1}^{n} T(A_i);$$

Im allgemeinen Fall wird daher gelten:

Sequentielle Ausführung von A

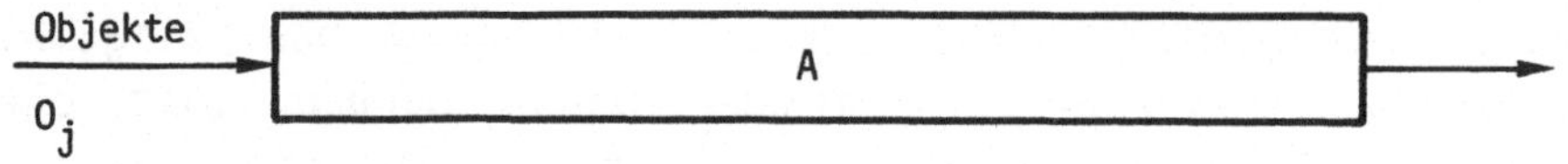

Pipeline für A im eingeschwungenen Zustand

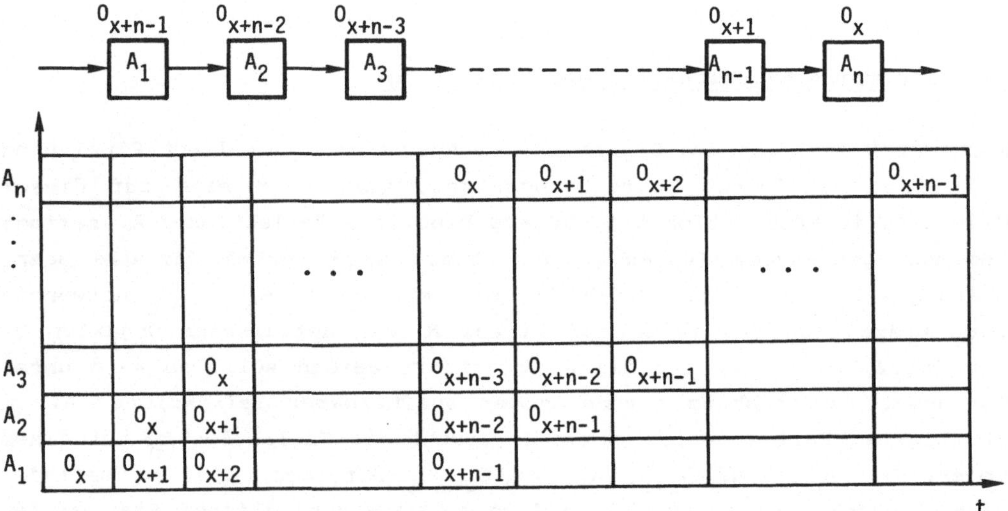

Abbildung 3.1. Sequentielle und Pipeline-Ausführung einer Aktion A auf einer Folge von Objekten O_j. GANTT-Diagramm zur Darstellung der Vorgänge in der Pipeline

$$T_{SEQ} < T_{PIP};$$

d.h. die Verweilzeit des einzelnen Objektes in der Pipeline ist größer als diejenige bei sequentieller Ausführung. Nur in dem Sonderfall gleicher Ausführungszeiten

$$T(A_i) = const; \quad \text{für alle } i=1,2,\ldots,n$$

gilt

$$T_{SEQ} = T_{PIP};$$

Der Vorteil der Pipeline wird also nicht in der <u>Verkürzung der Verweilzeit</u> des einzelnen Objektes liegen.

Untersucht man jedoch den mit der Pipeline erzielbaren Durchsatz D, definiert als Anzahl der die Pipeline verlassenden Objekte pro Zeiteinheit, so ergibt sich für die eingeschwungene Pipeline

$$D_{PIP/E} = \frac{1}{T(A_i)max};$$

dagegen für den sequentiellen Fall

$$D_{SEQ} = \frac{1}{\sum_{i=1}^{n} T(A_i)};$$

Man erkennt, daß im Idealfall gleicher $T(A_i)$ gilt:

$$D_{SEQ} = \frac{1}{nxT(A_i)};$$

also

$$D_{PIP/E} = n \times D_{SEQ};$$

Im Idealfall gleicher Teilausführungszeiten und eingeschwungener Pipeline hat diese einen n-fachen Durchsatz gegenüber der sequentiellen Bearbeitung, wobei n die Anzahl der Teilaktionen, oft auch Stufen der Pipeline genannt, angibt.

Bei Beginn der Bearbeitung von m Objekten O_j auf der n-stufigen Pipeline müssen jedoch n-1 Schritte für das Füllen der Pipeline durchgeführt werden, wodurch sich der Gesamtdurchsatz D_{PIP} erniedrigt. Am Ende der Bearbeitung müssen analog zum Beginn wiederum n-1 Schritte für das Leeren der Pipeline angesetzt werden. Insgesamt ergibt sich also:

$$D_{PIP} = \frac{m}{(2n-2+m)xT(A_i)_{max}};$$

Für m >> n gilt offenbar

$$D_{PIP} = D_{PIP/E};$$

d.h. ist die Anzahl der zu bearbeitenden Objekte sehr groß gegenüber der Anzahl der Stufen der Pipeline, so wird die theoretisch maximale Parallelität genutzt, der Durchsatz ist also hoch. In allen anderen Fällen ist der Durchsatz geringer: gilt etwa m = n, so erreicht D_{PIP} nur ca. 30 % des Wertes von $D_{PIP/E}$.

Bevor auf weitere Bedingungen für die effiziente Nutzung von Pipelines eingegangen wird, soll zunächst eine Interpretation der Aktionen und Objekte der Pipeline aus dem Bereich der Rechnerarchitektur gegeben werden, um für die weitere Betrachtung einen realistischen Ausgangspunkt zu besitzen. Die klassischen Beispiele für Pipelining stammen aus dem Bereich des Phasen-Pipelining:

- Überlappung der verschiedenen Teilschritte des Maschinenbefehlszyklus,
- Überlappung der verschiedenen Teilschritte bei der Ausführung komplexer arithmetischer Operationen (z.B. Gleitpunktmultiplikation), das arithmetische Pipelining.

Im ersten Beispiel (Pipelining des Maschinenbefehlszyklus) wären die Objekte O_j die auf einem Rechner auszuführenden Maschinenbefehle, die Aktion A die Bearbeitung eines einzelnen O_j, wobei diese Aktion in die Teilaktionen A_1:Befehlsholphase, A_2:Dekodierungsphase, A_3:Datenholphase, A_4:Befehlsausführungsphase und A_5:Folgeadreßberechnung zerlegt werden kann.

Man erkennt unmittelbar, daß hier mit Sicherheit die Annahme exakt gleicher Ausführungszeiten nicht gilt, da beispielsweise für A_1 ein Hauptspeicherzugriff notwendig ist, für A_3 etwa bei indizierter Adressierung zusätzlich zum Hauptspeicherzugriff noch Adreßrechnung durchgeführt werden muß, bei indirekter Adressierung und Mehrfachoperanden gegebenenfalls sogar mehrere Hauptspeicherzugriffe erforderlich sind.

In dieser Situation sind für unser Modell zwei Bemerkungen zu machen:

- die Aktivitäten der A_i müssen synchronisiert werden,
- gegebenenfalls ist eine neue Pipelinekonfiguration zu suchen.

Die Synchronisation zwischen den einzelnen A_i ist in realer Hardware immer nötig, denn die Laufzeiten in den einzelnen Stufen der Pipeline wird nie exakt gleich sein: die Synchronisation wird durch Zwischenspeicherung der O_j realisiert: in Hardware also i.A. durch Register bei Befehls- oder Phasen-Pipelining, durch Speicher bei Macropipelining. Der Durchsatz für die eingeschwungene Pipeline verringert sich dadurch auf

$$D_{PIP/E} = \frac{1}{T_{E/A}+T(A_i)_{max}} ;$$

weil noch die Ein/Auslesezeiten $T_{E/A}$ für die synchronisierenden Register/Speicher in jeder Teilaktion zur reinen Ausführungszeit hinzukommen. Für realistische Anwendungen gilt, daß $T_{E/A}$ maximal 25 % von $T(A_i)_{max}$ betragen kann (Beispiel: Pipelining des Mikroinstruktionszyklus, mit $T(A_i)_{max} \geqq 100$ ns, $T_{E/A} = 25$ ns für Bitslice-Mikroprozessoren AMD 2900 in LS TTL-Technologie, vgl. BODE/KILGENSTEIN, 1982). Die n-stufige Pipeline verspricht also schon wegen des Synchronisationsaufwandes keine n-fache Leistung gegenüber der rein sequentiellen Verarbeitung.

Sind zudem die $T(A_i)$ zu unterschiedlich, muß, wenn möglich, eine neue Pipelinekonfiguration gefunden werden. Wird die Ausführungszeit $T(A_i)_{max}$ ein Vielfaches der übrigen Ausführungszeiten betragen, bietet es sich an - falls möglich -, A_i weiter in Teilaktionen zu unterteilen. In unserem Beispiel für das Pipelining des Maschinenbefehlszyklus wird man also A_3, die Datenholphase, in weitere Teilaktionen aufteilen, z.B. in A_{31}: Operanden-Adreßbildung, A_{32}: Operandenholphase (realisiert etwa beim Rechner SUPER 16, vgl. MICK, BRICK, 1980).

Besteht die Möglichkeit der Aufspaltung einer zu langen Teilaktion in weitere Teilaktionen nicht, weil es sich um eine unteilbare Aktion handelt, so ist eine Vervielfachung der einzelnen Stufe der Pipeline eine Möglichkeit, den Durchsatz der Gesamtpipeline zu steigern. In diesem Fall wird dann das Pipelining mit der Nebenläufigkeit verknüpft (vgl. Abbildung 3.2 und RAMAMOORTHY, LI, 1977) und man spricht von einer <u>nebenläufigen</u> Pipeline im Gegensatz zur üblichen <u>seriellen</u> Pipeline. Als Voraussetzung für diese Möglichkeit ist es jedoch notwendig, einen Verteiler vor und einen Sammler nach der nebenläufig betriebenen Pipelinestufe vorzusehen. Beide Elemente führen zusätzliche Verzögerungszeiten T_V und T_S ein, so daß sich im ungünstigsten Fall für den Durchsatz ergibt:

$$D_{PIP/E} = \frac{1}{T_V+T_S+T_{E/A}+T(A_i)_{max}};$$

Typische Beispiele für nichtteilbare, lange Pipelinestufen sind die Speicherzugriffe in Maschinenbefehlszyklen mit Pipelining (vgl. Bemerkungen zum Auseinanderklaffen von Prozessor- und Hauptspeicherzykluszeiten bei den klassischen Großrechnern, BODE, HÄNDLER, 1980, Abschnitt 3.3.1). Anstelle eines Hauptspeichers mit ungeteiltem Adreßraum wird der modulartige Aufbau mit verschränktem Zugriff eingeführt, wobei eine effektive Nutzung des Speichers nur dann gegeben ist, wenn aufeinander folgende Speicherzugriffe in unterschiedlichen Moduln erfolgen.

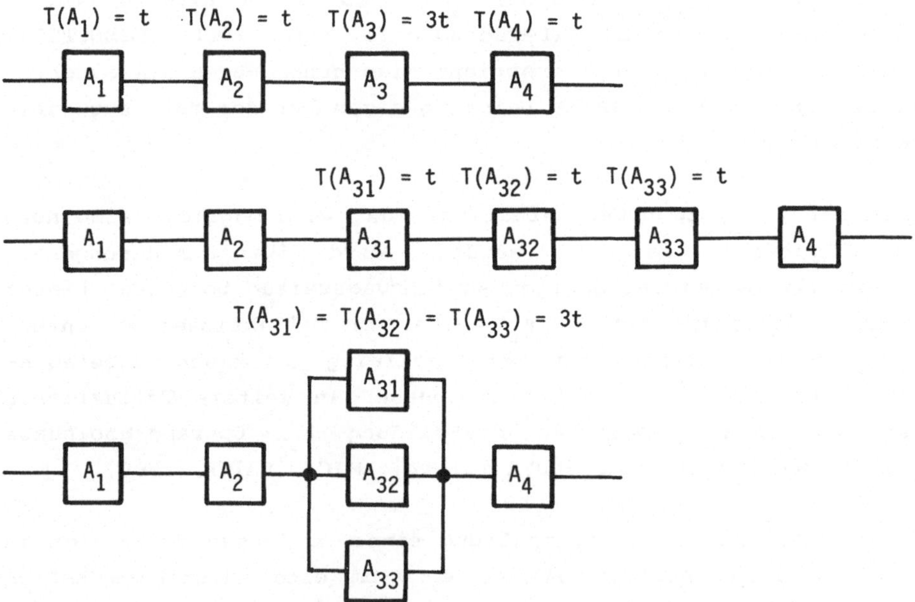

Abbildung 3.2. Pipelinekonfigurationen, bei denen der Gesamtdurchsatz der Pipeline durch Aufteilung der langen Teilaktion A_3 (serielle Pipeline) bzw. durch Vervielfachung des Werkes für A_3 (nebenläufige Pipeline) gesteigert wird

Für das Beispiel der Überlappung der verschiedenen Teilschritte bei der Ausführung komplexer arithmetischer Operationen gilt, daß die Pipeline nur unter der Bedingung effizient arbeitet, daß ein kontinuierlicher Strom von Operanden an die Pipeline herangeführt wird. Dies setzt voraus, daß auf Maschinensprachebene Vektorbefehle existieren, die es erlauben, eine Operation auf mehr als einem Operandenpaar auszuführen. Typisches Beispiel ist der Rechner CRAY-1 (vgl. CRAY, 1980), dessen Vektor-Funktionseinheiten im eingeschwungenen Zustand alle 12,5 ns ein Operandenpaar verknüpfen. Dabei stellt sich dann das Problem der schnellen Belieferung der Funktionseinheiten mit Daten, das nur durch Vektorregister-Felder gelöst werden kann (8 x 64 64-Bit-Vektorregister), die blockweise (64 Worte zu je 64 Bit) aus dem Hauptspeicher geladen werden. Die einzelne Instruktion stößt also die Pipeline-Verarbeitung von bis zu 2 x 64 Operanden an (binäre Operation). Werden auf diesem Rechner Algorithmen behandelt, die keine Vektoroperationen beinhalten, bzw. Vektoren mit weniger als 64 oder nicht mit einer durch 64 teilbaren Anzahl von Komponenten, so ist die Pipeline schlechter genutzt.

Eine weitere Bedingung für die volle Nutzung der Leistungsfähigkeit einer Pipeline ist die Unabhängigkeit der in der Pipeline nacheinander ausgeführten Operationen. Diese Bedingung ist bei konkreten Rechenvorgängen im allgemeinen nicht erfüllt. Beim Pipelining des Maschinenbefehlszyklus sind bedingte Sprünge beispielsweise Verstöße gegen diese Regel: in Abhängigkeit der Ausführungsphase eines Befehls N muß die Adreßgenerierungsphase für den Folgebefehl unterschiedliche Dinge tun, es kann also nicht "vorgearbeitet" werden, d.h. die Pipeline muß zunächst leerlaufen, dann wieder gefüllt werden. Weitere Beispiele sind Zwischenergebnisse, auf die in Folgebefehlen in "sequentiellen" Befehlspipelines zugegriffen wird (vgl. PRECHTL, SCHNEIDER, 1978) sowie die Konfliktarten bei dem Befehlspipelining der CDC 6600, wo sich die Befehle eines Programms zusätzlich "überholen" können (vgl. Abschnitt 2.1.1.3).

Aus der bisherigen Darstellung wird deutlich, daß eine n-stufige Pipeline nur theoretisch n-fachen Durchsatz gegenüber der sequentiellen Bearbeitung erbringt. Empirische Beispiele für den tatsächlich erreichten Parallelitätsgrad sind etwa: 2,5-facher Durchsatz bei 10-stufigem Befehlspipelining (CDC 6600, vgl. BELL, NEWELL, 1971), 1,25-facher Durchsatz bei 2-stufigem Pipelining, 1,4-facher bzw. 2,1-facher Durchsatz bei 3-stufigem Pipelining (SIEMENS 7000, vgl.

KÖHLER, 1978). Es wird also im Einzelfall zu prüfen sein, ob der zu erwartende Leistungsgewinn den Mehraufwand an Hardware und im Falle des (Mikro-)Befehlspipelining die gegebenenfalls erschwerte Programmierung rechtfertigt.

3.2 Beschreibung einiger Parallelrechner mit Pipelining

3.2.1 Phasen-Pipelining

An dieser Stelle sollen zunächst zwei frühe Vertreter dieser Rechnerklasse, CDC STAR 100 und TI ASC, sodann neue Entwicklungen, CYBER 205 und CRAY 1, besprochen werden. Die genannten Beispiele sind jeweils Rechner mit arithmetischem Pipelining, das reine Phasenpipelining ist heute als Stand der Technik zu betrachten und wird bereits bei monolithischen Mikroprozessoren angewendet.

3.2.1.1 CDC STAR 100

Nach HOCKNEY, 1977 wurde der CDC STAR 100 Rechner als erster "Vektorrechner", also Rechner mit arithmetischem Pipelining, aufgrund einer von der US-Regierung 1965 geäußerten Forderung nach einem Prozessor mit 100 MFLOPS (100 Millionen Gleitpunktoperationen pro Sekunde) gebaut. Diese Forderung wurde durch den Rechner CDC STAR 100 jedoch nur als theoretischer Maximalwert erreicht, wie im folgenden gezeigt wird. Abbildung 3.3 zeigt das Funktionsschaltbild des Rechners (nach HINTZ, TATE, 1972).

Das Rechenwerk umfaßt zwei Gleitpunkt-Rechenwerke mit Pipelines, die über vier 128-Bit parallele Datenbusse mit dem Speicher verbunden sind. Bei Vektoroperationen dienen 2 der Busse für die Belieferung der Pipelines mit Operanden, 1 weiterer Bus für das Zurückspeichern des Ergebnisses. Der vierte Bus wird für die Ein/Ausgabe und Instruktionen benutzt. Im Gegensatz zu modernen Hochleistungsrechnern gibt es also keine Vektorregister, weswegen der Speicher mit 1,28 µs Zykluszeit in 32 verschränkt zugreifbare Moduln zu je 2048 512-Bit Worten unterteilt ist, so daß bei verschränktem Zugriff alle 40 ns auf 512-Bit Daten zugegriffen werden kann. Die Zeit von 40 ns entspricht gleichzeitig dem "minor cycle", also dem Grundtaktintervall der Pipeline. Da jede der beiden Pipelines im eingeschwungenen Zustand pro Takt eine 64-Bit

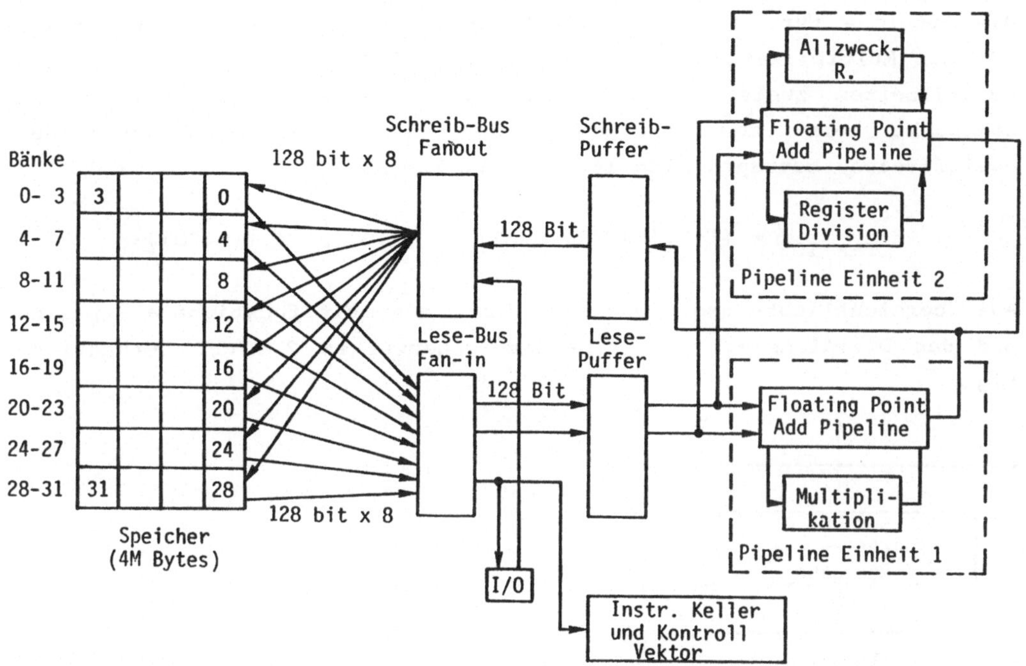

Abbildung 3.3. Funktionsschaltbild des Rechners CDC STAR 100

bzw. 2 32-Bit Gleitpunktergebnisse liefern kann, werden maximal 4 Gleitpunktoperationen pro 40 ns ausgeführt, was dem theoretischen Durchsatz von 100 MFLOPS entspricht.

Die Pipeline-Einheit 1 umfaßt je eine Pipeline für Gleitpunkt-Addition und Gleitpunkt-Multiplikation, die Pipeline-Einheit 2 eine Pipeline für die Gleitpunkt-Addition, ein Gleitpunkt-Divisionswerk ohne Pipeline sowie eine multifunktionale Pipeline für Gleitpunkt-Multiplikation, Division und Quadratwurzel.

Werden beide Pipeline-Rechenwerke für Gleitpunkt-Addition oder Multiplikation verwendet, sind die o.g. 100 MFLOPS zu erreichen, da beide Werke nicht nur je eine 64-Bit Operation, sondern alternativ je zwei parallele 32-Bit Operationen ausführen können.

Die Pipeline für die Gleitpunkt-Addition umfaßt 4 Stufen, diejenige für die Multiplikation 8 Stufen (vgl. Abbildungen 3.4 und 3.5). Die Verweilzeiten zweier Operanden in der Pipeline, die ja auch den Zeitpunkt bis zum Erreichen des eingeschwungenen Zustandes beeinflussen, betragen also 160 ns bzw. 320 ns.

$$t_{STAR\ 100} = (1,2,(64*4)+(64*8)) \vee (1,4,(32*4)+(64*8));$$

Aus Übersichtlichkeitsgründen sind dabei die multifunktionale Pipeline und das Divisionswerk des Pipeline-Rechenwerkes 2 nicht berücksichtigt.

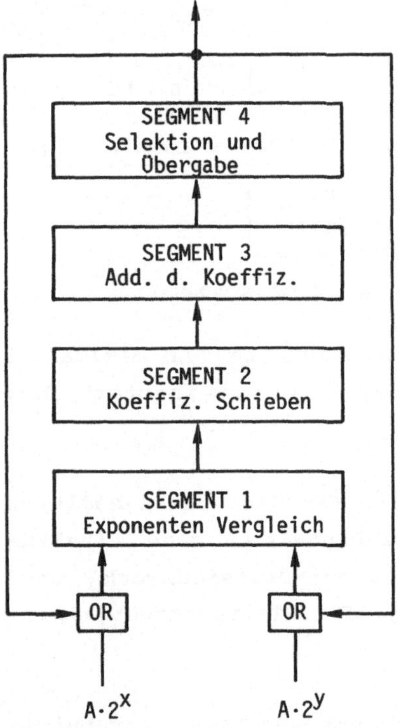

Abbildung 3.4. Pipeline des Rechners CDC STAR 100 für die Gleitpunkt-Addition

Die vier Stufen der Additions-Pipeline führen die folgenden Aufgaben aus: Stufe 1 vergleicht die Exponenten der Operanden und bildet das Komplement der Mantisse von B im Falle der Subtraktion. Stufe 2 führt aufgrund der Information aus Stufe 1 eine Schiebeoperation der Mantisse des Operanden mit kleinerem Exponenten durch, bis beide Operanden gleiche Exponenten haben. Stufe 3 führt die Addition der Mantissen aus und Stufe 4 schließlich führt die Überlauf-Überprüfung aus und schreibt das Ergebnis zurück, bzw. erlaubt das Anlegen des

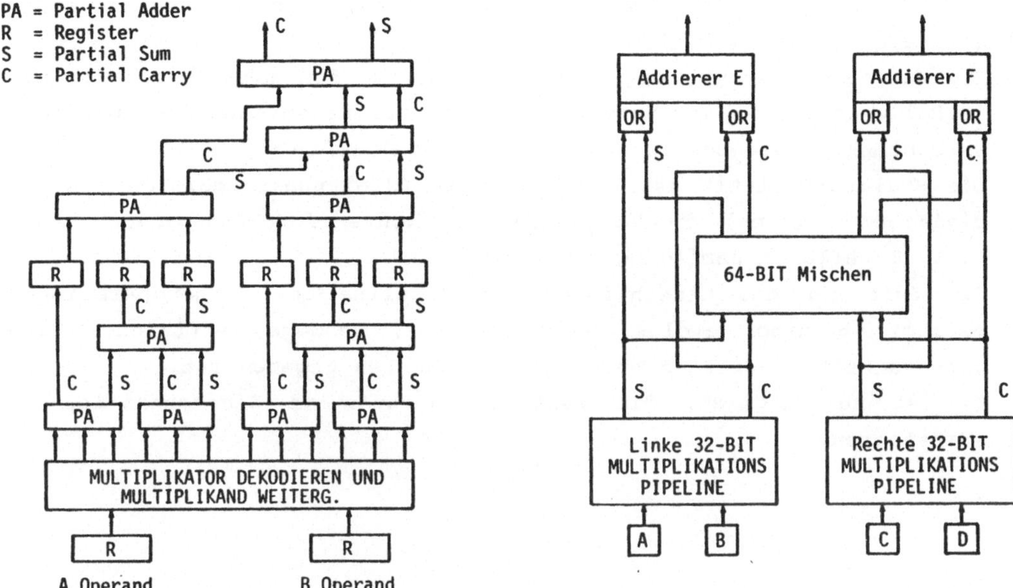

Abbildung 3.5. Multiplikations-Pipeline für 32-Bit Gleitpunktoperanden und 64/32-Bit Multiplikationswerk des Rechners CDC STAR 100

Ergebnisses an den Eingang der Pipeline, falls es bei einer Folge von nicht-Vektor-Operationen als Operand des Folgebefehls benötigt wird.

Die 32-Bit Multiplikations-Pipeline arbeitet nach folgenden Schritten (vgl. Abbildung 3.5, linke Hälfte): Stufe 1 dekodiert den Multiplikator in 12 2-Bit-Gruppen, die die Übergabe von Vielfachen des Multiplikanden an die 2. Stufe, die erste Additionsstufe, steuern. Die weiteren Stufen der Pipeline dienen der Aufsummierung der Teile des Zwischenergebnisses, so daß zwei Zahlen entstehen, aus deren Addition das Produkt der Eingabeoperanden A und B entsteht. Die rechte Hälfte von Abbildung 3.5 zeigt das vollständige 32/64-Bit Multiplikationswerk, das diese Multiplikationspipeline verwendet und deren beide Ausgabewerte in den Addierern E und F aufaddiert (bei 32-Bit Operanden). Bei 64-Bit Operanden werden diese zunächst in 2 32-Bit lange Teile umgeformt, vier getrennte Teilmultiplikationen ausgeführt, und die Zwischenergebnisse nach einem Mischvorgang aufaddiert. Für eine genauere Beschreibung vgl. HINTZ, TATE, 1972.

Die Schwächen der CDC STAR 100 sind in folgenden Punkten zu sehen (vgl. auch HOCKNEY, 1977):

- Die Hauptspeicherzykluszeit ist zu lang, so daß hoher Durchsatz nur im Falle echter Vektor-Verarbeitung mit voller Nutzung der Speicherverschränkung gegeben ist.
- Die Skalararithmetik ist recht langsam (Gleitpunkt-Addition 440 ns, Division 1240 ns) im Vergleich mit konventionellen Großrechnern (vgl. Tabelle in Abbildung 3.6).
- Die Zeit für das Einschwingen der Pipeline bei Vektoroperationen beträgt 76 minor cycles, also 3040 ns, weswegen effiziente Vektorverarbeitung erst ab etwa 100 Komponenten gegeben ist.
- Es ist nur möglich, die Vektorkomponenten in Einerschritten zu adressieren.

Befehlsart / Rechnertyp	Skalarbefehle				Pipeline Einschwingzeit
	Add. (real)	Mul. (real)	Div. (real)	Register Laden	
CDC STAR 100	440 ns	520 ns	1240 ns	1280 ns	3040 ns
TI ASC	400 ns	320 ns	1280 ns	800 ns	1920 ns
CRAY - 1	75 ns	87 ns	262 ns	125 ns	100 ns
IBM 360/85	320 ns	560 ns	-	80 ns	-

Abbildung 3.6. Vergleich der Befehlsausführungszeiten einiger Pipelinerechner und konventioneller Großrechner

Vorteile des Rechners bestehen bezüglich der guten Software-Ausstattung, die auf dem APL-ähnlichen Maschinenbefehlssatz zur Beschreibung von Vektor-Operationen aufbaut. Insbesondere existiert ein optimierender FORTRAN-Compiler, der Laufschleifen in Vektoroperationen auflöst.

3.2.1.2 TI ASC: Texas Instruments Advanced Scientific Computer

Der Entwurf des Rechners TI ASC wurde 1966 begonnen, fertiggestellt wurde der nur in wenigen Exemplaren gebaute Pipelinerechner erstmals 1972 (TEXAS INSTRUMENTS, 1972). Abbildung 3.7 zeigt das Funktionsschaltbild des Rechners, der im Maximalausbau über 4 Rechenwerke mit Pipelines, 2 Leitwerke, sowie einen Peripherieprozessor mit 8 virtuellen Prozessoren verfügt. Der Hauptspeicher mit gegenüber der CDC STAR 100 stark verkürzter Zykluszeit von 160 ns ist in 8 Moduln mit verschränktem Zugriff aufgeteilt. Der Grundzyklus der Pipeline ist dagegen mit 60 ns länger als bei der CDC STAR 100 (Angabe der Grundzykluszeit nach HOCKNEY, 1977 sogar 80 ns).

Grundeigenschaft des TI ASC ist seine starke Modularität in Hardware und Software: das System kann mit 1 oder 2 Leitwerken IPU (instruction processing unit) mit 1 bis 4 Rechenwerken mit 8 stufiger multifunktionaler Pipeline und mit bis zu 8 virtuellen Peripherieprozessoren ausgestattet sein. Das gesamte Betriebssystem wird - ähnlich wie bei der CDC 6600-Familie - auf den Peripherieprozessoren ausgeführt, um die Rechenwerke von Organisationsaufgaben zu entlasten:

$$t_{TI\ ASC} = (8,1,32) * (2,4,64*8);$$

Die Speicheransteuerung MCU (memory control unit) übernimmt die Funktion eines 8x8 Kreuzschienenverteilers, der die Rechenwerke, Peripherieprozessoren und Kanäle mit den einzelnen Speichermoduln verbindet. Zusätzlich führt sie Adreßabbildungen und Speicherschutzfunktionen durch.

Der "Prozessor" besteht jeweils aus einem Leitwerk IPU, das 1,2 oder 4 Pufferspeichereinheiten MBU (memory buffer unit) mit zugehöriger arithmetischer Pipeline AU (arithmetic unit) steuert (vgl. Abbildung 3.8). Für IPU und jedes Paar MPU, AU ist ein Anschluß an die MCU nötig.

Um einen möglichst ungestörten Fluß von Operanden in die Rechenwerke zu steuern, ist die IPU selbst 4-fach überlappt. Der Befehlsstrom erfolgt wie der Datenstrom jeweils in 256-Bit Portionen, die 8 32-Bit Instruktionen beinhalten. Die IPU enthält zwei 256-Bit Instruktionspuffer, so daß maximal 16 Befehle im voraus gelesen werden

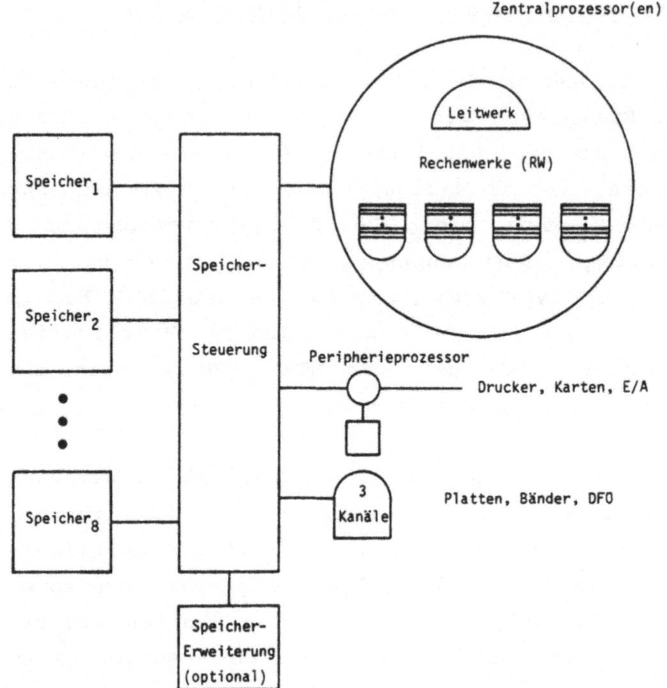

Abbildung 3.7. Funktionsschaltbild des Rechners TI ASC

können. Das Instruktionsformat des TI ASC ist in Abbildung 3.9 zusammen mit den Registern dargestellt. Jede Instruktion umfaßt einen 8-Bit Operationscode, gefolgt von 4 Adreßfeldern, die in dieser Reihenfolge eines der 16 Allzweckregister, eines der 8 Indexregister, eines der 16 Basisadreßregister adressieren, und ein 12-Bit Adreß-Displacement beinhalten. Die Registerdatei umfaßt schließlich noch 8 Vektor-Parameter-Register.

Der Prozessor verhält sich sowohl als Skalar- als auch als Vektorverknüpfungswerk. Als Operanden können 16 und 32-Bit Festpunktdaten, sowie 32 und 64-Bit Gleitpunktoperanden auftreten.

Abbildung 3.12 gibt eine Übersicht über die Vektoroperationen, die mit den Befehlen VECTL (Ausführen der Vektoroperation nach Laden der Vektor-Parameter) bzw. VECT (Parameter bereits geladen) zugänglich gemacht werden. Vektoroperationen umfassen arithmetische Befehle wie Addition, Subtraktion, Multiplikation, Division sowie Inneres Produkt. Ferner existieren Operationen für Schieben, logische Befehle, Vergleiche, Normalisierung und Formatwandlung sowie eine Reihe von Spezialbefehlen wie Suchen und Mischen.

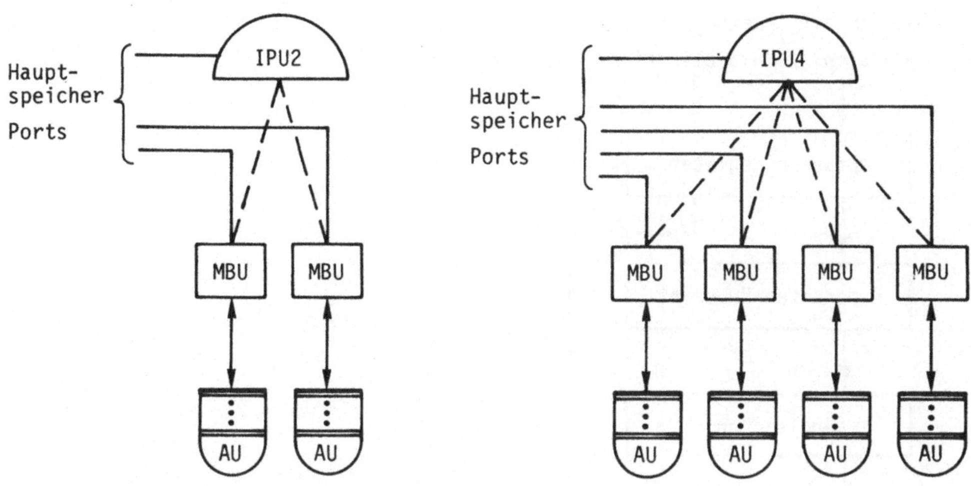

Abbildung 3.8. Funktionsschaltbild zweier Prozessorkonfigurationen mit 2 bzw. 4 arithmetischen Pipelines für den Rechner TI ASC

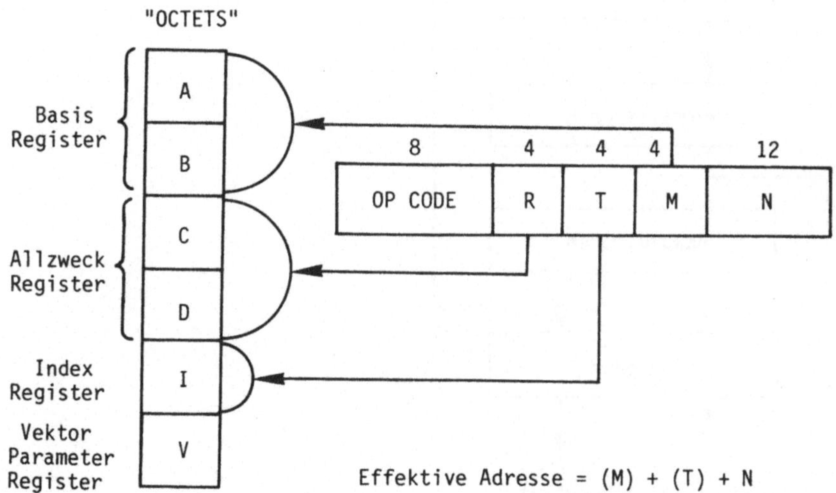

Abbildung 3.9. Instruktionsformat und Register des Rechners TI ASC

Für die Vektorverarbeitung können Adressen für den Zugriff auf dreidimensionale Matrizen verwendet werden, was auf der Ebene der höheren Programmiersprache etwa dreifach geschachtelten Laufschleifen entsprechen würde.

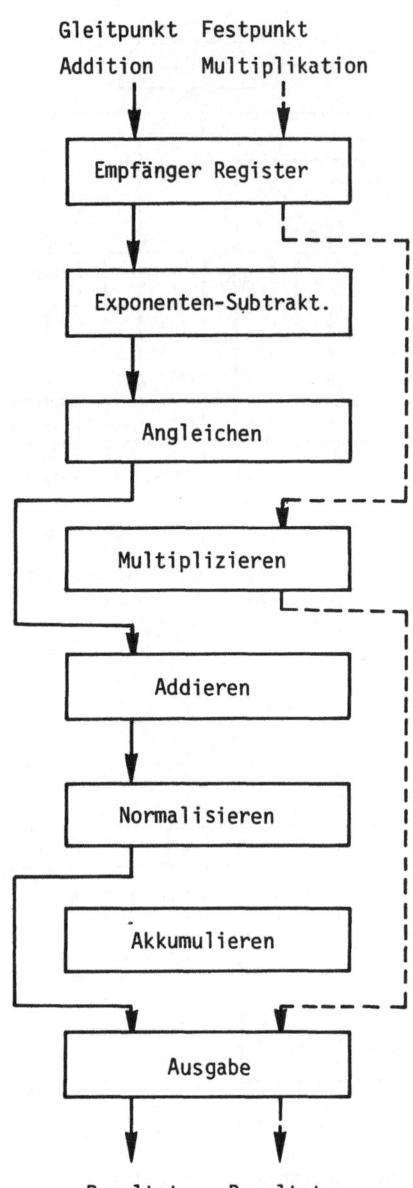

Abbildung 3.10. Aufbau der multifunktionalen arithmetischen Pipelines des Rechners TI ASC

Die MPU dient als Puffer für im voraus gelesene Operanden ("operand look ahead"), die in 256-Bit Paketen ("octets") aus dem Speicher geholt werden und in 3 Registerpaaren X,Y und Z für die Eingabe-Operanden und das Ergebnis doppelt gepuffert werden. Wie beim Rechner CDC STAR 100 können die Z-Pufferinhalte auch direkt wieder an die X,Y-Register übergeben werden (Weitergabe von Zwischenergebnissen ohne

Zwischenspeicherung im Hauptspeicher). Bei Vektoroperationen werden die Adressen der Operandenfelder mithilfe der Angaben aus den Vektor-Parameter-Registern bestimmt.

Die folgende in FORTRAN formulierte Matrixmultiplikation:

```
      DO  100  J = 1,N
      DO  100  I = 1,N
      DO  100  K = 1,N
  100  C(I,J) = C(I,J) + A(I,K) * B(K,J)
```

wird durch genau eine dreifach indizierte Instruktion für das Innere Produkt in N^3 x 60 ns auf einer Pipeline ausgeführt.

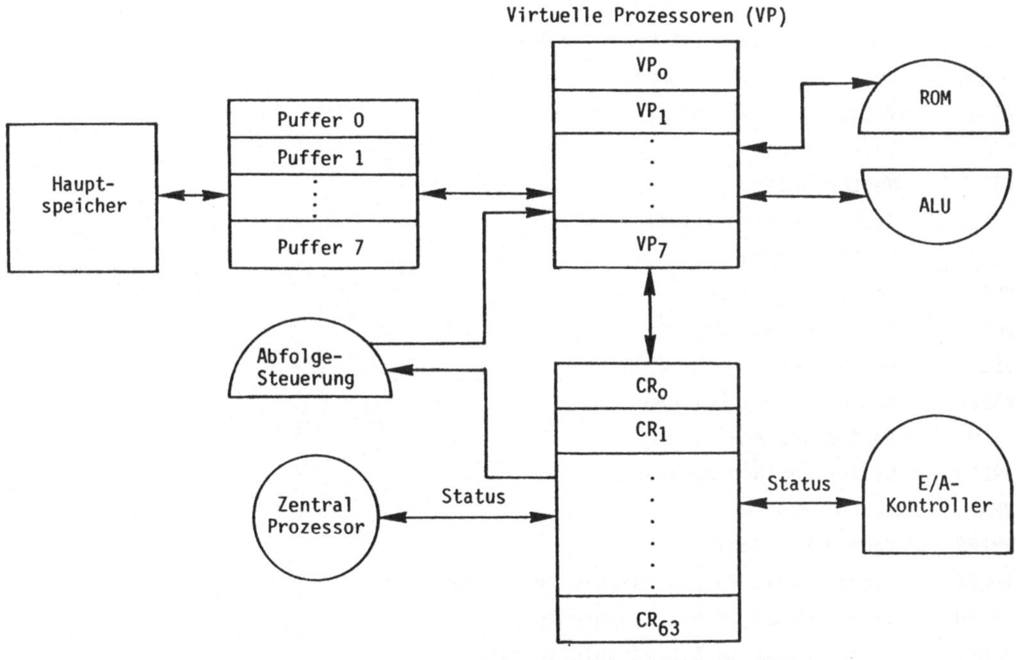

Abbildung 3.11. Aufbau des Peripherieprozessors des Rechners TI ASC mit 8 virtuellen Prozessoren

VECTOR Befehle

Falls nicht anders vermerkt, gelten alle 4 Datenformate.

VECT	Execute vector
VECTL	Execute vector after loading vector file
VA	Vector Add
VAM	Vector Add Magnitude
VS	Vector Subtract
VSM	Vector Subtract Magnitude
VM	Vector Multiply
VDP	Vector Dot Product
VD	Vector Divide
VSA	Vector Shift
VAND	Vector Logical
VC	Vector Arithmetic Comparison
VCB	Vector Arithmetic Compare Boolean
VCAND	Vector Logical Comparison
VCAB	Vector Logical Compare Boolean
VMG	Vector Merge
VO	Vector Order
VMAX	Vector Max/Min value
VL	Vector Search
VPP	Vector Peak Pick
VNFX	Vector Normalize
VSEL	Vector Select
VSELB	Vector Select Boolean
VREP	Vector Replace
VREPB	Vector Replace Boolean
VMAP	Vector Map
VMAPB	Vector Map Boolean
VFLFX	Vector Float to Fix (single to single)
VFLFH	Vector Float to Fix (single to half)
VFDFX	Vector Float to Fix (double to single)
VFXFL	Vector Fix to Float (single to single)
VFXFD	Vector Fix to Float (single to double)
VFHFL	Vector Fix to Float (half to single)
VFHFD	Vector Fix to Float (half to double)

Abbildung 3.12. Übersicht über die Vektor-Befehle des Rechners TI ASC (aus Befehlsübersicht in TEXAS INSTRUMENTS, 1972)

Abbildung 3.10 zeigt die multifunktionale Pipeline der AU und ihre Anwendung für Gleitpunkt-Addition und Festpunkt-Multiplikation. Da bei der 64-Bit Multiplikation und allen Formen der Division verschiedene Kombinationen der Teilstufen der Pipeline auftreten, können diese arithmetischen Operationen nicht in jedem Taktzyklus ein Ergebnis produzieren.

Das Funktionsschaltbild des Peripherieprozessors zeigt Abbildung 3.11. Die acht virtuellen Prozessoren sind charakterisiert durch 8 getrennt realisierte Registerfelder $VP_o,\ldots,VP_7$, die Befehlszähler, Instruktions-, Index-, Basis- und arithmetische Register umfassen. Im 85 ns Takt greifen die einzelnen virtuellen Prozessoren zyklisch auf die nur einmal vorhandenen Teilwerke des Peripherieprozessors zu: Rechenwerke (arithmetic unit), Leitwerk (sequence control und read only memory) sowie den Puffer zum Hauptspeicher. Der Befehlssatz des Peripherieprozessors ist steuerungsorientiert. Die Kommunikationsregister $CR_o,\ldots,CR_{63}$, die je 32 Bit lang sind, können über die Peripherieprozessoren zugegriffen werden und beinhalten Status-Information zur Steuerung des gesamten Rechners.

Als Software steht insbesondere ein optimierender FORTRAN-Compiler zur Verfügung, der beispielsweise einfach indizierte lange Vektoren so aufbricht, daß sie parallel auf mehreren MBU-AU-Paaren ausgeführt werden können. Dieses Aufbrechen ist jedoch nur für lange Vektoren wirtschaftlich. Erweiterungen von FORTRAN erlauben insbesondere die Definition von Teilfeldern ("subarrays").

Da mit den Vektor-Parameter-Registern im Rechner TI ASC eine Möglichkeit besteht, komplexere Steuerungsinformation wie Anfangsadresse, Schrittweiten, Indizes etc. anzugeben, ist es im Gegensatz zum Rechner CD STAR 100 hier möglich, von 1 abweichende Schrittweiten beim Durchlaufen von Feldern effizient zu programmieren.

Nach HOCKNEY, 1977 beträgt die Vektor-Anlaufphase für den TI ASC 1920 ns.

Eine insbesondere auch vom Anwendungs-Standpunkt sehr interessante Vergleichsstudie zwischen den beiden "Vektorrechnern der 1. Generation", CDC STAR 100 und TI ASC, stammt von THEIS, 1974. Ein Vergleich der sogenannten "2. Generation von Vektorrechnern", den Systemen Burroughs BSP, CYBER 205 und CRAY-1, findet sich bei KOZDROWICKI,

THEIS, 1980. Gemeinsame Eigenschaften der "Vektorrechner der 2. Generation" sind nach KOZDROWICKI, THEIS, 1980:

- Verbesserte Eigenschaften für Skalaroperationen durch gesonderte Skalarrechenwerke, um dem Mangel der Rechner CDC STAR 100 und TI ASC abzuhelfen, daß nur vektorartige Berechnungen effizient ausgeführt werden (vgl. dazu auch den Leistungsvergleich zweier Großrechner mit Parallelrechnern bezüglich zweier BENCHMARK-Tests für zwei Programme zur Fourier-Transformation (1024 real FFT) als Vertreter skalarer Operationen und einer Matrixmultiplikation zweier 64 x 64 Matrizen als Vertreter von vektorartigen Operationen, Abbildung 3.13 nach HOCKNEY, 1977).
- Sehr kurze Grundtaktintervalle, die an die physikalischen Grenzen der Übertragungsgeschwindigkeit mit Lichtgeschwindigkeit nahe herankommen: 12,5 ns für CRAY-1 und 20 ns für CYBER 205. Beim BSP steht dagegen mehr die Nebenläufigkeit langsamerer Einzelwerke im Vordergrund.

Rechnertyp	1024 real FFT		64 x 64 MATMULT	
	FORTRAN	ASSEMBLER	FORTRAN	ASSEMBLER
IBM 360/195	10	6	110	70
CDC 7600	8	5	140	77
CDC STAR 100	50	-	-	70
TIASC (1 pipe)	27	-	-	(20)
CRAY-1	6	-	-	4
ILLIAC IV	-	-	59 17	38 10
ICL DAP 64 x 64 PE array	-	-	(28)	(20)

Abbildung 3.13. Vergleich der Laufzeiten von "Skalar"- und "Vektor"-Benchmarks in ms für verschiedene Hochleistungsrechner mit optimierendem FORTRAN-Compiler und handoptimiertem Assembler-Code. Die Angaben in Klammern sind Abschätzungen nach Operationszeiten (keine Meßwerte), die günstigeren Angaben für ILLIAC IV beziehen sich auf eine Pipeline-Version für MCU und PE

Von den dort behandelten Rechnern soll in diesem Abschnitt lediglich die CYBER 205 behandelt werden, da die beiden anderen Systeme charakteristisch für weitere Parallelrechnertypen sind, die Burroughs BSP mit ihren 16 Rechenwerken für die Feldrechner, die CRAY-1 mit ihren 12 "Funktionseinheiten" für Rechner mit Befehlspipelining.

3.2.1.3 CDC CYBER 205

Die CDC CYBER 205 ist ein kompatibles Nachfolgemodell der CD STAR 100, weist jedoch wesentliche Verbesserungen auf, von denen im Modell CYBER 203 (CONTROL DATA, 1979) bereits einige vorhanden waren; es sind dies im einzelnen

- Ergänzung der Rechenwerke um eine Skalar-Einheit,
- Speicher mit Fehlererkennung,
- verbesserte Speicheransteuerung, so daß der Grundtakt der Maschine 20 ns beträgt.

Eine weitere Verbesserung der CYBER 205 gegenüber der CYBER 203 besteht darin, daß sie vollständig mit LSI-Bausteinen aufgebaut ist und einige zusätzliche Vektoroperationen umfaßt.
Abbildung 3.14 zeigt das Funktionsschaltbild der CYBER 205, Abbildung

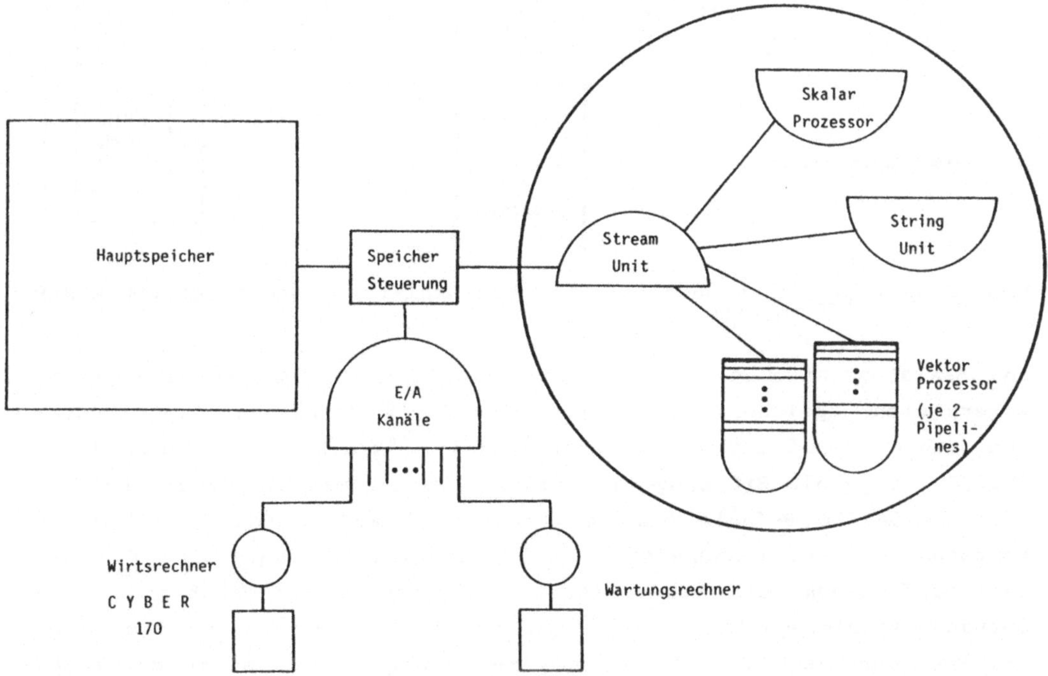

Abbildung 3.14. Vereinfachtes Funktionsschaltbild des Rechners CDC CYBER 205

3.15 den Aufbau des "Skalarprozessors". Das Leitwerk für den gesamten Rechner ist Teil des Skalarprozessors. Die Dekodierungseinheit ("instruction issue pipe") erlaubt die Ausgabe von Steuerungsinformation für einen neuen Befehl im 20 ns Takt. Diese Steuerungsinformation kann sich sowohl auf die Skalar-Rechenwerke als auch auf den/die "Vektorprozessoren" beziehen, so daß eine Parallelarbeit von Vektor-

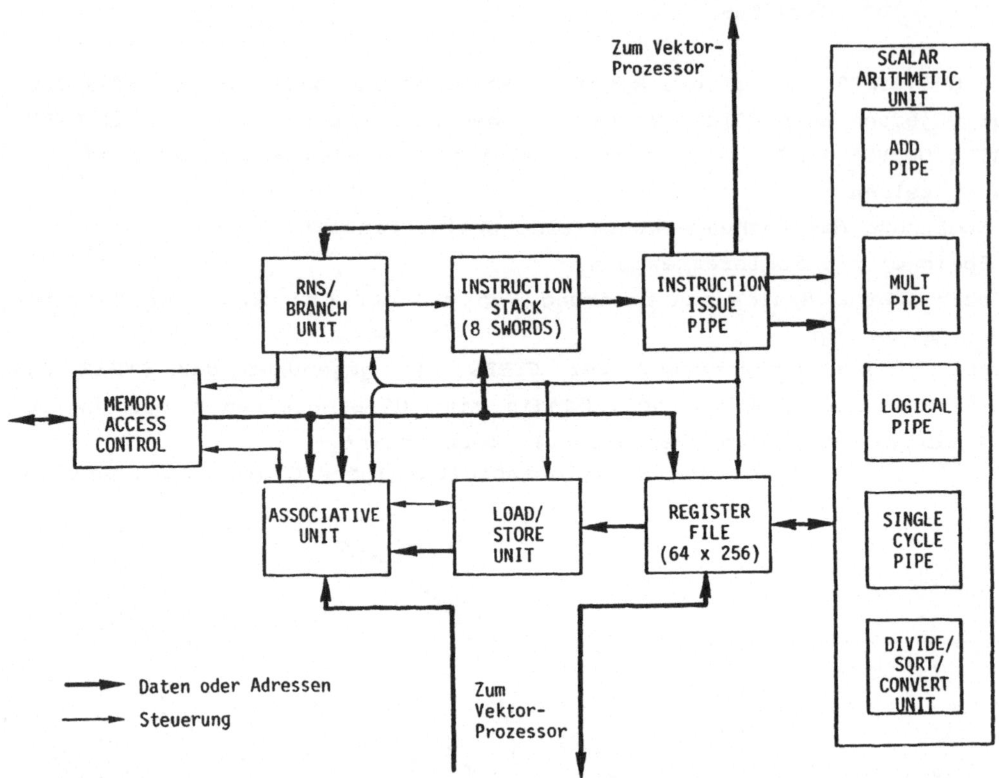

Abbildung 3.15. Funktionsschaltbild des Skalarprozessors der CDC CYBER 203/205

und Skalaroperationen im Sinne des Befehlspipelining geschehen kann, sofern nicht Speicher- oder Registerkonflikte auftreten. Die Dekodierungseinheit wird aus einem Befehlspuffer ("stack") beliefert, der 8 SWORDS mit je 512 Bit Länge aufnimmt, also maximal 128 32-Bit Befehle oder 64 64-Bit Befehle bzw. eine Mischung aus beiden enthält. Die Fortschalteinheit ("RNS/BRANCH UNIT") steuert das Nachladen des Befehlspuffers und die Verarbeitung bedingter Sprungoperationen. Die Operandensteuerungseinheit ("LOAD/STORE UNIT") verarbeitet die Lade- und Speicherungsbefehle im Sinne einer Pipeline und ist in der Lage, im eingeschwungenen Zustand in jedem Grundzyklus 1 Operanden zu laden oder in jedem zweiten Grundzyklus 1 Operanden abzuspeichern. Die Einheit kann bis zu 6 Aufträge abspeichern, die Ladezeit für ein Datum beträgt 300 ns, sofern kein Speicherkonflikt auftritt.

Die Registerdatei umfaßt 256 64-Bit Worte, die Adressen für Befehle und Daten, Indizes und Feldlängen sowie Operanden und Ergebnisse aus den Skalarrechenwerken beinhalten können, wobei pro Grundtakt 2 lesende und ein schreibender Zugriff möglich sind.

Die Skalarrechenwerke bestehen aus 4 arithmetischen Pipelines mit den folgenden Stufenzahlen:

- Addition/Subtraktion ("ADD PIPE") : 5 Stufen
- Multiplikation ("MULT PIPE") : 5 Stufen
- Schieben/Logische Operationen ("LOGICAL PIPE") : 3 Stufen
- Einstufenpipeline ("SINGLE CYCLE PIPE"): 1 Stufe

und einer zusätzlichen Einheit für Division, Quadratwurzel und Konvertierung ("DIVIDE/SQRT/CONVERT UNIT"), die nicht als Pipeline organisiert ist und deren Ausführungsdauer 1120 ns beträgt. Liegen keine Konflikte vor, können die 4 Pipeline-Rechenwerke des Skalarprozessors also alle 20 ns ein Ergebnis produzieren, das durch die Ausführung einer Skalaroperation entsteht.

Die Adreßumwandlungseinheit ("ASSOCIATIVE UNIT") im Skalarprozessor führt die Adreßumsetzung von virtuellen auf physikalische Speicheradressen durch.

Die Steuerung des Operandenstroms für Vektorbefehle übernimmt die "STREAM UNIT" (vgl. Abbildung 3.14), die die decodierten Befehle aus dem Skalarprozessor empfängt und die Vektorpipelines mit Daten aus dem Hauptspeicher beliefert.

Der Grundausbau des Vektorprozessors besteht aus 2 nicht symmetrischen Pipelines:

- Pipeline 1 für Vektor-Addition/Subtraktion und -Multiplikation
- Pipeline 2 für Vektor-Addition/Subtraktion, -Multiplikation, sowie zusätzlich -Division und -Quadratwurzelbildung.

Jede der Pipelines kann als 1 Pipeline für 64-Bit-Operanden oder als 2 Pipelines für 32-Bit-Operanden betrieben werden. Bei 64-Bit Operanden wird für die Multiplikation nur in jedem zweiten Zyklus, für Division/Quadratwurzel nur in jedem viertem Zyklus ein Ergebnis geliefert.

Neben den Vektor-Pipelines umfaßt der Vektorprozessor ferner eine Pipeline für Zeichenkettenmanipulation ("string unit") und BCD-Arithmetik. Ferner wird bei "streaming"-Operationen die "string unit" für die Verarbeitung des Steuervektors, eine Zeichenkette zur Steuerung der Resultate aus den Vektor-Pipelines, verwendet.

Wie in Kapitel 1.3.4 bereits angegeben, ist die ECS-Beschreibung der CYBER 205 aus mehreren Tripeln zusammengesetzt:

$$t_{\text{CYBER 205}} = (1,0,0)*[(0,*1,64)+(0,*1,64*1)+(0,*1,64*3)+ \\ +(0,*2,64*5)+(0,2*2,64*26)];$$

Das erste Tripel bezieht sich auf die gemeinsame Steuerung, die ersten vier Tripel in der eckigen Klammer auf die 5 Rechenwerke des Skalarprozessors, das letzte Tripel auf den Vektorprozessor im Maximalausbau mit 2x2 Pipelines. Die exakte Beschreibung der einzelnen Stufen der Vektorpipelines liegt in der Literatur nicht vor, die Anzahl 26 wird von KOZDROWIKI, THEIS, 1980 als Maximalzahl der Pipelinestufen angegeben. Exakt gefaßt müßte die Flexibilität der Vektorpipelines bezüglich der Operandenlängen wie folgt beschrieben werden:

$$t_{\text{Vektorpipeline CYBER 205}} = (1,2*2,64*26) \vee (1,4*2,32*26);$$

Die "string unit" ist in dieser Beschreibung nicht berücksichtigt.

3.2.2 Befehlspipelining

In die Klasse der Parallelrechner mit Befehlspipelining fallen die Rechner der Familie CDC 6600 und Nachfolger, die bereits in Kapitel 2.1 ausführlich beschrieben sind. Hier wird daher nur auf einen konzeptuellen Nachfolger dieser Familie, den Rechner CRAY-1, eingegangen. Ferner fallen in diesen Bereich die Datenflußrechner, die in einem zweiten Unterabschnitt behandelt werden.

3.2.2.1 CRAY-1

Wie aus Abbildung 3.13 ersichtlich, ist der Rechner CRAY-1 (CRAY, 1980) der mit Abstand leistungsfähigste aller bisher besprochenen Systeme bezüglich der Ausführungsgeschwindigkeit arithmetischer Operationen. Der Grundtakt des Systems beträgt 12,5 ns, die Zykluszeit des Hauptspeichers in bipolarer Technologie 50 ns. Da die von einem elektrischen Puls mit Lichtgeschwindigkeit in 12,5 ns maximal durchlaufene Strecke weniger als 4 m beträgt, ist auch die physikalische Anordnung der einzelnen Elemente des Rechners wichtig, damit nicht zu lange Kabelwege entstehen. Der Rechner besteht daher aus einer Reihe kreisförmig angeordneter Einzelschränke mit einer Höhe von 2 m bei einem Kreisdurchmesser von etwa 1,5 m, so daß die maximale Drahtlänge zwischen 2 Elementen 1 m beträgt. Die auf diesem relativ kleinen Raum dichtgepackten Bausteine aus der schnellen aber große Leistung aufnehmenden bipolaren ECL-Technologie führen zu starken Kühlungsproblemen, die nur durch Freon- und Wasserkühlung gelöst werden können (Leiterplatten massiv aus Kupfer wegen der Wärmeableitung, Kühlung im Chassis). Allein die Zentraleinheit des CRAY-1 wiegt daher 5,2 t. Selbst nach eigenen Aussagen des Entwicklers der Maschine, Seymour Cray, der bereits früher als Mitarbeiter von CDC die Systeme CDC 6600 und Nachfolger entworfen hatte, ist damit weitgehend der Punkt erreicht, wo eine weitere Erhöhung der Rechnerleistung durch Verringerung des Grundtaktintervalles aus physikalischen Gründen auf der Basis der bestehenden Technologie (Halbleiter, jedoch nicht Josephson-Technologie) nur noch in geringem Umfang zu erwarten ist (Reduktionspläne noch bis 4 ns Taktzeit).

Es ist daher zu erwarten, daß flexible Parallelrechnerstrukturen mit weit höherem Parallelitätsgrad als bei dem Rechner CRAY-1 in Zukunft diese oft scherzhaft als "Prozessor-Saurier" bezeichneten hochgezüchteten Systeme ablösen werden. Dennoch ist festzustellen, daß für einen Spezialrechner (bzw. Rechner mit dem Schwerpunkt Vektorverarbeitung) eine relativ hohe Stückzahl verkauft wurde (30 Exemplare bis Ende 1981).

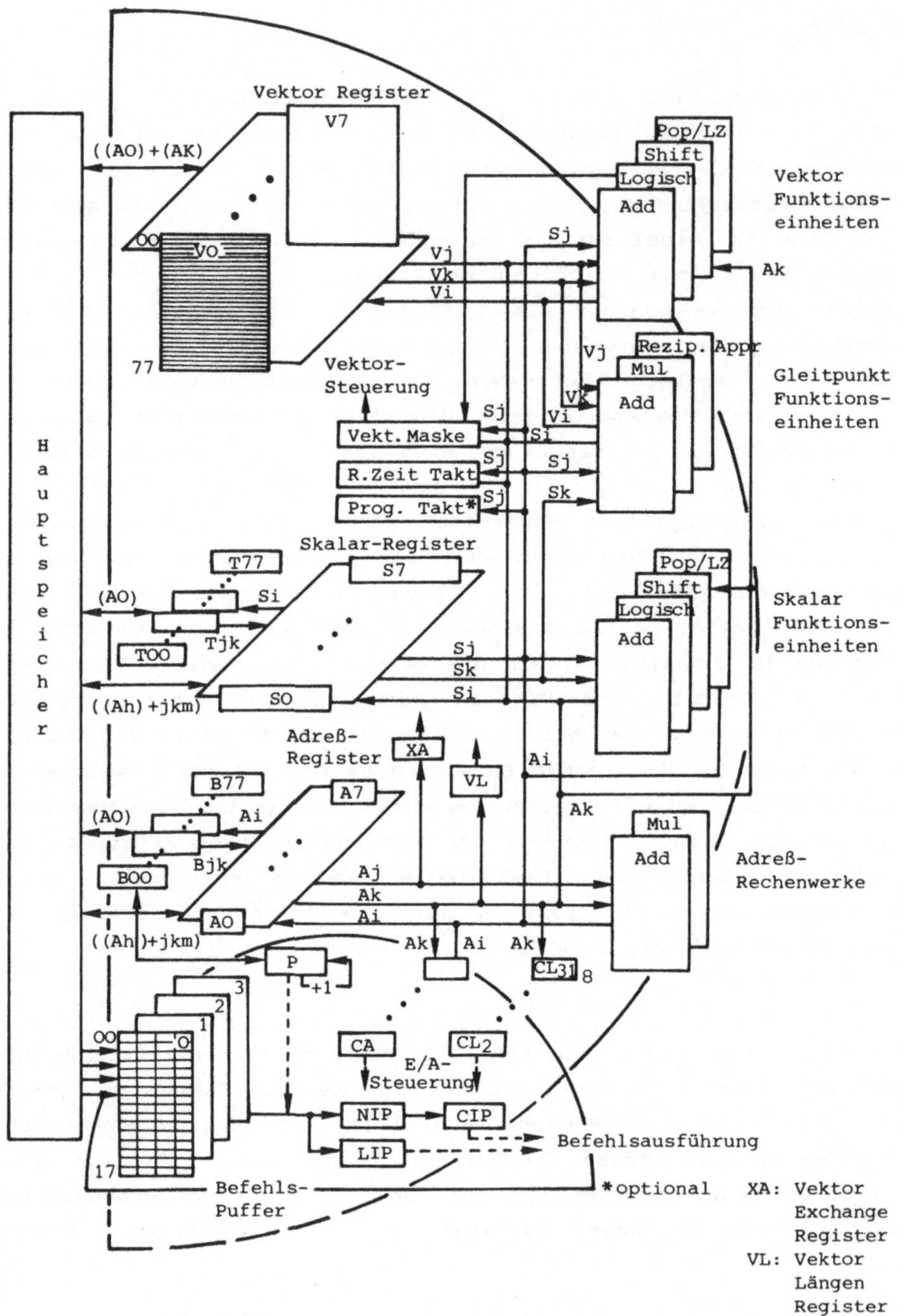

Abbildung 3.16. Funktionsschaltbild der Zentraleinheit des Rechners CRAY-1

Jetzt zum Rechner CRAY-1: das Funktionsschaltbild der Zentraleinheit ist in Abbildung 3.16 dargestellt. Der Rechner verfügt über 13 unabhängige "Funktionseinheiten", die wie die Funktionseinheiten der CDC 6600 als unabhängige Rechenwerke im Sinne des Befehlspipelining parallel arbeiten können (vorausgesetzt, daß Konflikte gerade nicht vorliegen). Jede der Funktionseinheiten ist zusätzlich als arithmetische Pipeline aufgebaut, d.h. im eingeschwungenen Zustand können alle 12,5 ns Ergebnisse aus jeder Funktionseinheit geliefert werden (vorausgesetzt, es finden keine Registerkonflikte statt). Um die dafür nötigen Operanden zu liefern, ist eine Vielzahl von Registern vorgesehen, die im einzelnen weiter unten besprochen werden. Eine weitere Besonderheit der CRAY-1 ist die Möglichkeit des "chaining" (manchmal auch "streaming" genannt): bei Operationen auf Vektoren können mehrere Funktionseinheiten hintereinandergeschaltet werden, z.B. Additions- und Multiplikationswerk für die Berechnung von Werten nach dem Horner-Schema, so daß die Ergebnisse aus einem Werk sofort als Operanden für das nächste Werk ohne Zwischenspeicherungsvorgang verwendet werden können.

Die unabhängigen Funktionseinheiten sind in die folgenden Gruppen eingeteilt:

- vier Vektorfunktionseinheiten (Add, Logical, Shift, Pop Count), die auf 64-Bit Operanden aus den Vektorregistern V_i, gesteuert über das Vektor-Längenregister und das Vektor-Masken-Register, arbeiten,
- drei Gleitpunktfunktionseinheiten für die Ausführung von Skalarbefehlen oder Vektorbefehlen auf Operanden der Skalar- oder Vektorregister jeweils der Wortlänge 64 Bit (Add, Multiply, Reciprocal Approximation),
- vier Skalarfunktionseinheiten zur Verarbeitung von 64-Bit Operanden aus den Skalarregistern S_i (Add, Logical, Shift, Scalar population);
- zwei Adreß-Rechenwerke für die Verarbeitung von 24-Bit Adressen aus den Adreßregistern A_i (Add, Multiply).

Die Ausführungszeiten für Instruktionen sind fix (Vielfache des Grundtaktes), wenn die Bedingungen für die Freigabe (ISSUE, vgl. Beschreibung der Ablaufsteuerung des Rechners CDC 6600 im Abschnitt 2.1.1.3) erfüllt sind. Die Überprüfung auf Konflikte erfolgt zum Zeitpunkt der Übernahme der Befehle in CIP und LIP (vgl. unten). Es erfolgt dann eine Reservierung der benötigten Funktionseinheit und/oder der Register für diesen Befehl. Bei Skalarbefehlen wird nur das Ergebnisregister reserviert, bei Vektorbefehlen die Funktionseinheiten und die Register (Funktionseinheiten: Reservierung für Anzahl der Vektorelemente + 4 Takteinheiten, Ziel-Register: Reservierung für Anzahl der Pipelinestufen der Funktionseinheit + Anzahl der Vektorelemente + 2 bzw. 7 Takteinheiten in Abhängigkeit der Vektorlänge, Quellregister: Reservierung für Anzahl der Vektorelemente Takteinheiten).

Die maximalen Ausführungszeiten (in Takteinheiten) für die einzelnen Funktionseinheiten betragen:

Vektor-Addition	3
Vektor-Logisch	2
Vektor-Schieben	4
Vektor-Pop-Count	6
Gleitpunkt-Addition	6
Gleitpunkt-Multiplikation	7
Gleitpunkt-Rezipr. Approx.	14
Skalar-Addition	3
Skalar-Logisch	1
Skalar-Schieben	3
Skalar-Pop-Count	4
Adreß-Addition	2
Adreß-Multiplikation	6

Die ECS-Beschreibung der CRAY-1 ohne Berücksichtigung der Ein/Ausgabe- und Steuerrechner und ohne Berücksichtigung der unterschiedlichen Längen der multifunktionalen arithmetischen Pipelines einzelner Funktionseinheiten lautet also:

$$\begin{aligned} t_{\text{CRAY-1 CPU}} = (1,0,0) * [&(0,*1,24*6)+(0,*1,24*2)+(0,*1,64)+ \\ &+(0,*1,64*2)+(0,*3,64*3)+(0,*2,64*4)+ \\ &+(0,*2,64*6)+(0,*1,64*7)+(0,*1,64*14)]; \end{aligned}$$

Der Registersatz der CRAY-1 ist außerordentlich umfangreich und teilweise in Form einer Registerspeicher-Hierarchie aufgebaut. Es gibt 3 Sätze sogenannter Primär-Register, auf die die Funktionseinheiten unmittelbar zugreifen:

- 8 24-Bit Adreßregister A_i
- 8 64-Bit Skalarregister S_i
- 8 Bänke mit je 64 64-Bit Vektorregistern V_i.

Weitere 2 Sätze sogenannter "intermediate" Register dienen als Puffer zwischen Hauptspeicher und Primärregister. Diese Pufferregister können blockweise aus dem Hauptspeicher geladen werden:

- 64 24-Bit Adreßregister B_i
- 64 64-Bit Skalarregister T_i.

Zur Steuerung der Vektoroperationen dienen das Vektor-Längen-Register VL (7 Bit, gibt Anzahl der Vektorelemente an) und das Vektor-Maskenregister (64 Bit, erlaubt das Ausblenden einzelner Vektorkomponenten z.B. bei Mischbefehlen u.ä.).

Die Maschinenbefehle des CRAY-1 bestehen aus 16 oder 32 Bit Informationen, wobei jede 16-Bit Einheit "parcel" (Päckchen) genannt wird. Als Befehlspuffer dienen 4 Bänke mit je 64 16-Bit "parcels". Die Register CIP (current instruction parcel) und LIP (lower instruction parcel) dienen als Instruktionsregister, beinhalten also jeweils den laufenden auszuführenden Maschinenbefehl, das Register NIP (next instruction parcel) den nächsten auszuführenden Maschinenbefehl. Der Maschinenbefehlszähler P beinhaltet jeweils die Adresse des parcels, das als nächstes in das Register NIP geladen wird. Der Inhalt von P wird jeweils mit den Adressen der Befehlspufferbänke verglichen. Besteht Übereinstimmung, wird der Befehl aus dem Puffer entnommen und an das NIP gegeben ("in-buffer condition"). Im anderen Fall ("out-buffer-condition") wird eine volle Befehlspufferbank nachgeladen, wobei die Auswahl der Bänke zyklisch geschieht. Das Nachladen erfolgt in je 4 64-Bit-Worten pro Takteinheit, also 16 parcels, wobei je ein parcel aus einem der 16 verschränkt adressierten Speichermoduln stammt.

Mit der zyklischen Nachladestrategie ist sowohl "instruction look-ahead" als auch "look-back" realisiert.

Ein allgemeines Problem bei Rechnern mit vielen Registern stellt der Programmwechsel dar, da der "Zustandsvektor" sehr große Dimensionen annimmt. Hier wird die von der CDC 6600 bekannte Technik des "Exchange Package" (vgl. Abschnitt 2.1.1.4) verwendet, das hier 16 Worte à 64 Bit umfaßt. Neben den Steuerregistern werden nur die Inhalte von A- und S-Registern gerettet. Die Vektorregister werden nicht automatisch gerettet, da der volle Umfang dieser Register 32 K Bit beträgt, was zu sehr langen Umschaltzeiten führen würde. Mit einer Ausnahme werden diese Register durch das Betriebssystem auch nicht benutzt, so daß sich von daher das Problem des Register-Rettens nicht ergibt. Wird jedoch von einem Benutzer-Programm auf ein anderes Benutzerprogramm umgeschaltet, so ist das programmierte Retten und Wiederherstellen der Vektorregisterinhalte nötig.

Die Ein/Ausgabe wird über 24 Kanäle (je 12 Ein-, 12 Ausgabekanäle) mit 16 Bit paralleler Übertragung realisiert. Die Steuerung geschieht über je 24 Register CA (channel current address) und CL (channel limit address), vgl. Abbildung 3.16. Über diese Kanäle wird das System mit E/A-Prozessoren verbunden (vgl. Abbildung 3.17), die folgende Funktionen übernehmen:

- MIOP (master I/O processor): Schnittstelle zu den max. 3 angeschlossenen Steuerrechnern (Front-end) und zu Peripheriegeräten,
- BIOP (Buffer I/O processor): Schnittstelle zum Massenspeicher,
- XIOP (auxiliary I/O processor): Schnittstelle zu DMA-Kanälen,
- DIOP (disk I/O processor): Schnittstelle zu bis zu 4 Plattensteuerungen, die ihrerseits jeweils 4 Platten verwalten können.

Man erkennt, daß erheblicher Aufwand geleistet werden muß, um der extrem leistungsfähigen Zentraleinheit genügend Daten herbeizuschaffen, um sie auch tatsächlich nutzen zu können. Dazu trägt auch das Betriebssystem bei, das die Plattenzugriffe optimiert: "streaming". Die E/A-Prozessoren sind vollständige 16-Bit Rechner, die mit der CRAY-1 Zentraleinheit jeweils über 2 Kanäle für Ein- und Ausgabe kommunizieren können. Es ergibt sich daher:

$$t_{CRAY-1} = t_{FRONT\ END} * (4,1,16) * t_{CRAY-1\ CPU},$$

wobei die einzelnen Tripel in dieser Reihenfolge für die Steuerrechner (Front-end), die E/A-Prozessoren und die Zentraleinheit der CRAY-1 stehen. Für weitere Angaben über Leistungsmessungen des CRAY-1 vgl. RUSSEL, 1978, JOHNSON, 1978 und HIGBIE, 1978.

3.2.2.2 Datenflußrechner

Im Gegensatz zu den meisten bisher behandelten Rechnerkonzepten hat die Klasse der Datenflußrechner bisher keinen Vertreter, der kommerziell vertrieben wird, alle Ansätze sind reine Forschungssysteme, die meist an Universitäten und zugeordneten Forschungseinrichtungen betrieben werden. Die ersten Arbeiten gehen zurück auf J. Dennis (vgl.

DENNIS, MISUNAS, 1974, DENNIS, 1975) und werden heute am MIT weiterverfolgt (DENNIS, 1980). Das System LAU an der Universität von Toulouse: SYRE, COMTE, HIFDI, 1977, sowie die Arbeiten der Universität von Newcastle (TRELEAVEN, 1977) sind als europäische Vertreter zu nennen.

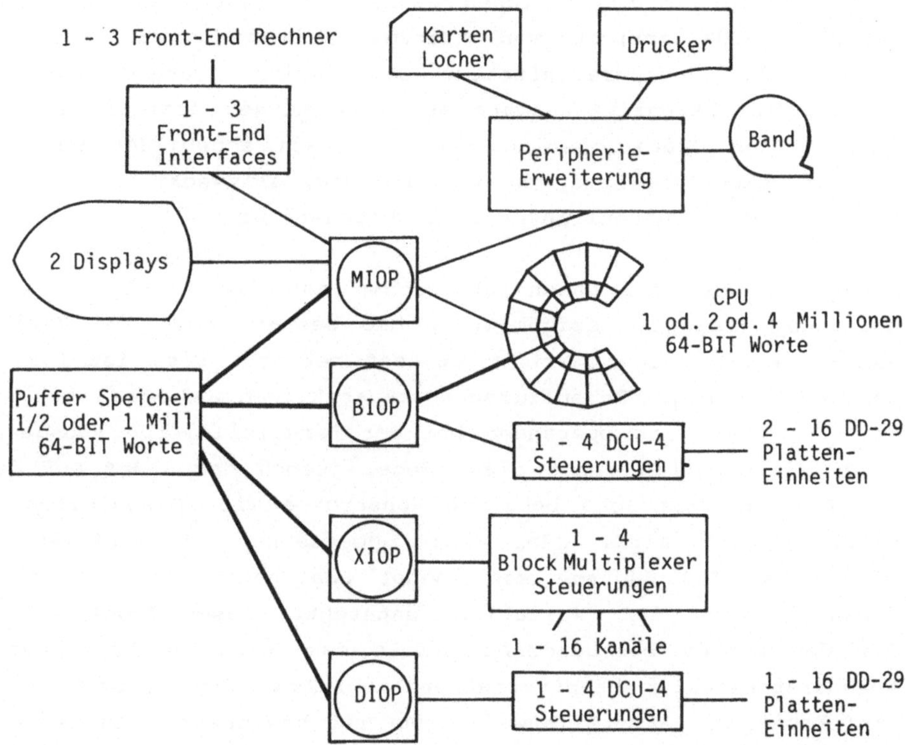

Abbildung 3.17. Funktionsschaltbild des Rechners CRAY-1 und seiner Peripherie

Der Grundgedanke der Datenflußrechner beruht darauf, daß die Ausführung von Instruktionen eines Programms rein Daten-getrieben ("data-driven") erfolgt, also nicht wie bei allen bisher besprochenen sequentiellen und parallelen Rechnern durch implizit oder explizit in den Programmen eingestreute prozedurale Anweisungen (Kontrollkonstrukte). Instruktionen in Datenflußrechnern werden genau dann ausgeführt, wenn die zu ihr gehörigen Operanden vorhanden sind. Instruktionen sind streng funktional und haben keine Seiteneffekte.

Wie bereits in BODE, HÄNDLER, 1980, Kapitel 4.3 dargestellt, sind die sogenannten Datenflußschemata (DENNIS, FOSSEEN, LINDERMANN, 1974) als Weiterentwicklung der Berechnungsschemata formale Beschreibungsmittel für Algorithmen. Die Berechnungsschemata sind bipartite Graphen (vgl. unten), die statisch oder dynamisch auf entsprechende Rechnerhardware abgebildet werden können. Bei statischer Abbildung liegt dann eine Spezialhardware vor, die genau den durch das Datenflußschema beschriebenen Algorithmus auszuführen gestattet, von einem programmierbaren Rechner im eigentlichen Sinne kann also nicht die Rede sein (GILOI, 1980a spricht von "Einzweckrechner"). Wichtiger für den Bereich der Rechnerarchitektur sind solche Datenflußrechner, bei welchen die Datenflußschemata auf eine Menge spezialisierter - oder universeller Operationseinheiten dynamisch abgebildet werden (GILOI spricht dementsprechend von Spezial- bzw. Allzweckrechnern) und diese Abbildung durch Datenflußsprachen gesteuert wird.

Wesentlich für die Datenflußsprachen ist die Regel der einmaligen Zuweisung ("single assignment"), die besagt, daß jede Variable nur maximal einmal einen Wert zugewiesen bekommt. Dies ist u.a. dadurch gesichert, daß die Datenflußschemata azyklisch und Konflikte bezüglich der Gültigkeit von Operanden bei der Parallelisierung ausgeschlossen sind. Gleichzeitig führt diese Regel jedoch dazu, daß auf der Ebene der Programmiersprache bekannte Konstrukte wie DO-Schleifen entweder nicht erlaubt sind, oder durch Übersetzer "linearisiert" werden müssen, so daß dadurch sehr hoher Speicheraufwand für die vielen "Inkarnationen" der "Variablen" entsteht. Dieses Problem ist sicher für den bisher bescheidenen Erfolg des Datenfluß-Konzeptes in der Rechnerarchitektur hauptverantwortlich, bzw. ist teilweise durch die Einführung von Kontrollanweisungen und beschränkte Gültigkeiten von einmaligen Zuweisungen - etwa im System LAU, vgl. unten - wieder behoben worden.

Eine vollständige formale Behandlung der Datenflußschemata ist an dieser Stelle nicht möglich, es wird auf DENNIS, FOSSEEN, LINDERMANN, 1974 verwiesen, die für die Klasse der wohlgeformten Datenflußschemata nachweisen, daß diese deterministisch und deadlock-frei sind und partielle Funktionen von den Ein- auf die Ausgabeknoten definieren, bzw. totale Funktionen, wenn die Haltebedingung immer erfüllt ist. Hier soll lediglich eine mehr informelle Einführung gegeben werden.

Nach DENNIS, MISUNAS, 1974, ist ein Datenflußschema S ein gerichteter, bipartiter Graph mit den Knotenmengen Q ("Operatoren") und V ("Verbindungsknoten"), den gerichteten Kanten
$K \subseteq Q \times V \cup V \times Q$, sowie M_o einer Ausgangsmarkierung.

Teilmengen von V sind die Menge der Eingangsknoten $E \subseteq V$ und die Menge der Ausgangsknoten $A \subseteq V$, über die Werte in das Datenflußschema S ein- bzw. ausgegeben werden können. Werte werden über die Kanten weitergegeben, wobei jede Kante zu einem Zeitpunkt nur genau einen Wert aufnehmen kann, sie ist dann belegt bzw. markiert. Nach Definition führen Kanten immer von Operatoren zu Verbindungsknoten oder umgekehrt, jedoch nie von Operatoren zu Operatoren oder Verbindungsknoten zu Verbindungsknoten. Die Menge der Werte (bzw. Marken) auf K zu einem gegebenen Zeitpunkt wird Markierung genannt. M_o ist die Markierung zu Beginn der Ausführung des Datenflußschemas. Die Werte wandern gemäß fester Regeln durch das Datenflußschema ("firing rules"), so daß die Markierungen sich sukzessive ändern. Die Übergangsregeln ähneln denen, die von den Petri-Netzen bekannt sind: ein Operator $w_i \in Q$ wird aktiviert, wenn alle in ihn führenden Kanten belegt und die aus ihm wegführenden Kanten frei sind. Der aktivierte Operator kann zu einem beliebigen Zeitpunkt schalten bzw. "feuern", d.h. er entnimmt und löscht die Werte aus seinen Eingabekanten, führt eine Operation aus und legt das Resultat auf seine Ausgabekante. Verbindungsknoten $v_j \in V$ dienen der Vervielfachung von Werten: sie haben eine Eingangskante, aber mehrere Ausgabekanten. Ist die Eingabekante belegt, so kann v_j schalten, d.h. den Wert auf der Eingabekante löschen und ihn auf jede Ausgabekante legen.

Die Klasse der <u>elementaren</u> Datenflußschemata (vgl. BODE, HÄNDLER, 1979 S. 168 ff.) kennt nur elementare Operatoren, die n Eingangskanten (meist n=2 für binäre Operationen) und 1 Ausgangskante besitzen. Solche Datenflußschemata erlauben also keine Formulierung bedingter Aktionen und von Laufschleifen!

Abbildung 3.18 zeigt eine graphische Darstellung der Übergangsregel für einen Operator "Addition", dessen Eingangskanten mit den Werten 5 und 7 markiert sind. Nach der Aktivierung ist die Ausgangskante mit dem Wert 12 markiert. Operatoren werden immer durch beschriftete Kreise dargestellt, Marken an Kanten ebenso. Verbindungsknoten werden durch gefüllte kleinere Kreise dargestellt.
Abbildung 3.19 zeigt als Beispiel einen vollständigen Datenflußgraphen

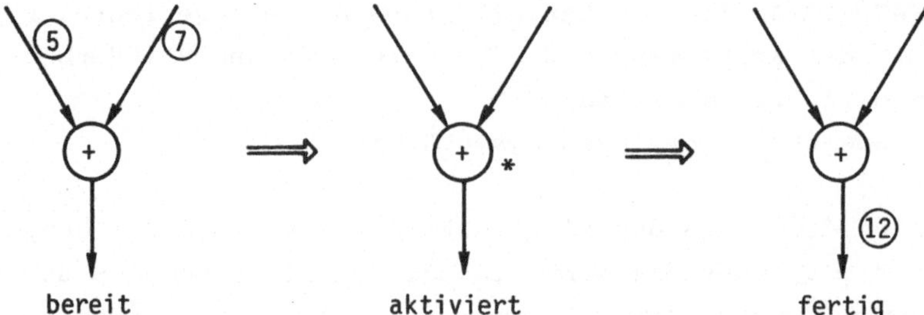

Abbildung 3.18. Übergangsregel für den Operator "+" eines elementaren Datenflußschemas

für die Berechnung der beiden Lösungen X1 und X2 einer quadratischen Gleichung aus den Koeffizienten A,B,C (nach RUMBAUGH, 1977). Die Eingabe der Werte A,B,C und die Ausgabe der Ergebnisse ist durch Operatoren "IN" und "OUT" dargestellt. Man erkennt, daß nach Duplizierung der Werte A und B die Operatoren, die die Werte -B, B^2, AxC, 2A produzieren, in beliebiger Reihenfolge aktiviert werden können, so daß hier ein "natürlicher Parallelismus" gegeben ist, der in der nachfolgend beschriebenen elementaren Datenflußrechner-Struktur ausgenutzt wird.

Abbildung 3.20 zeigt das Funktionsschaltbild des elementaren Datenflußrechners nach DENNIS, MISUNAS, 1974. Das auszuführende Datenflußschema (bzw. das es beschreibende Datenflußprogramm) wird im Hauptspeicher des Systems abgespeichert und besteht aus Instruktions-Zellen, die jeweils einem Operator des Datenflußschemas entsprechen. Jede Zelle besteht aus drei Speicherplätzen (DENNIS, MISUNAS: "registers"):

- Platz 1 beinhaltet eine Codierung der auszuführenden Operation und die Adresse(n) der Speicherplätze, in der das Ergebnis (bzw. mehrere Ergebnisse) der Operation abgelegt werden sollen,
- die Plätze 2 und 3 enthalten die Operanden (Werte) für die Operation.

Enthält eine Zelle des Hauptspeichers die Operationencodierung und die benötigten Operanden, wird sie aktiviert ("enabled") und über das Auswahlnetzwerk ("arbitration network") als Operations-Paket an eine freie Operations-Einheit übertragen. Die Operationseinheit hat hier die Funktion eines Rechenwerkes.

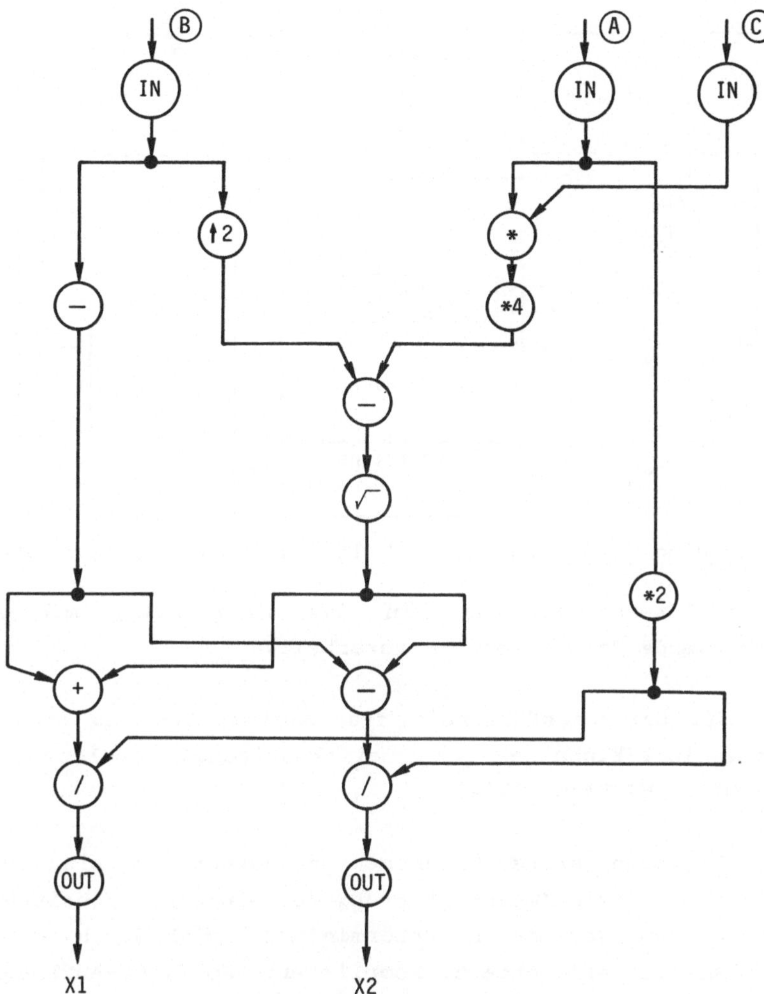

Abbildung 3.19. Elementares Datenflußschema zur Berechnung der Wurzeln einer quadratischen Gleichung

Als Ergebnis liefert die Operations-Einheit ein Datenpaket, das das berechnete Resultat (bzw. mehrere) und die Adressen desjenigen Platzes einer Zelle im Hauptspeicher, in der dieses Resultat als Operand benötigt wird, beinhaltet. Die Steuerung der Datenpakete übernimmt das Verteiler-Netzwerk ("distribution network").

Da gleichzeitig mehrere Zellen aktiviert werden können (worauf die erhoffte Effizienz beruht), muß das Auswahlnetzwerk sowohl die effiziente Verteilung der Operations-Pakete auf die Operationseinheiten als auch gegebenenfalls die Zwischenspeicherung auf Warteplätzen übernehmen, falls gerade kein Rechenwerk frei ist. Auch das

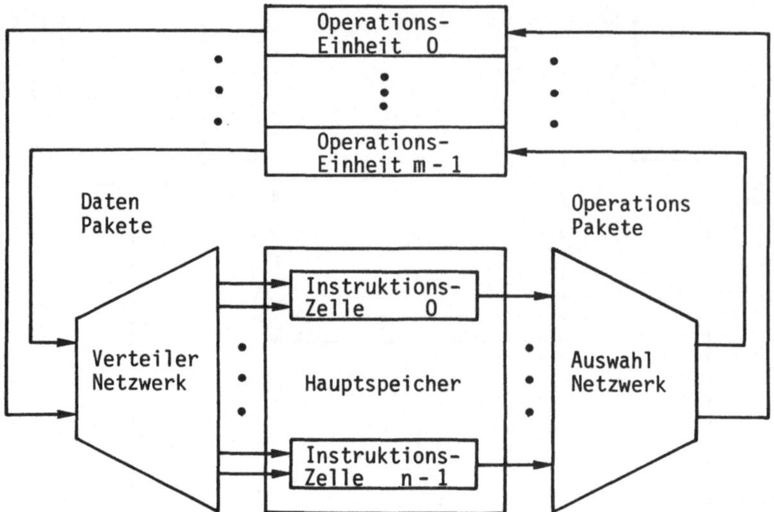

Abbildung 3.20. Funktionsschaltbild des elementaren Datenfluß-Rechners

Verteiler-Netzwerk muß in der Lage sein, mehrere gleichzeitig ankommende Datenpakete zu verarbeiten.

Um die Leistungsfähigkeit des Gesamtsystems zu steigern, sollen die Operations-Einheiten als arithmetische Pipelines aufgebaut sein (DENNIS, MISUNAS, 1974).

Die Vorteile der beschriebenen Rechnerstruktur sind offensichtlich:

- Die parallele Implementierung der einzelnen Schritte eines Algorithmus ohne Verlust an Determinismus wird durch die datengesteuerte Aktivität erleichtert. Komplizierte Konflikt-Auflösungsverfahren wie das "scoreboard" (vgl. Abschnitt 2.1.1.3) entfallen (dafür müssen die Programme allerdings den Bedingungen des Datenflußschemas genügen).
- Durch die Ausführungs-Allgemeinheit ("programming generality") sind die beschriebenen Algorithmen unabhängig von der sie ausführenden Hardware, d.h. wie viele Operations-Einheiten im Datenflußrechner vorhanden sind, muß nur das Auswahl-Netzwerk wissen. Fehlertoleranzverfahren erscheinen daher relativ leicht implementierbar ("fail soft"; vgl. Kapitel 5.2).

Geht man jedoch davon aus, daß Algorithmen häufig lange sequentielle Teile enthalten, so ist ein nicht unerheblicher "Address-overhead" bei den Datenflußschemata vorhanden, der bei expliziten Kontrollstrukturen konventioneller von Neumann-Rechner nicht auftritt. Datenflußrechner erscheinen also besonders dann geeignet, wenn die zu bearbeitenden Algorithmen "inhärent parallel" sind.

Wegen der Parallelisierung der Einzelschritte des Algorithmus werden die Datenflußrechner in die Klasse der Rechner mit Befehlspipelining eingereiht, so daß sich für den Rechner in Abbildung 3.20 ergibt:

$$t_{\text{EL. DATENFLUSSR.}} = (1, 1*m, w*w');$$

unter der Annahme, daß die m Operations-Einheiten identische Wortlänge w und w'-stufige arithmetische Pipelines beinhalten. m, w und w' sind dabei nicht gegeneinander ersetzbar, wie bei den dynamisch adaptierbaren Rechnerstrukturen (vgl. Kapitel 5).

Die bisher eingeführten elementaren Datenflußschemata sind nicht in der Lage, bedingte Aktionen zu beschreiben. Um solche Sprachkonstrukte für einen "Allzweck"-Datenflußrechner zugänglich zu machen und - mit dem Preis der Verletzung der azyklischen Eigenschaft der Datenflußgraphen - auch Iterationen zu erlauben, werden bei DENNIS, MISUNAS, 1974 neue Operatoren und Verbindungsknoten eingeführt, so daß neben dem Datenfluß auch ein expliziter Steuerfluß (Marken mit den Werten "0" oder "1") entsteht.

Abbildung 3.21 zeigt die neuen Elemente und ihre Übergangsregeln. Kanten mit Datenwerten werden in der graphischen Darstellung durch doppelt gezogene Linien ausgeführt.

Verbindungsknoten werden aufgeteilt in Datenverbindungsknoten (Definition wie bei elementaren Datenflußschemata) und Steuerverbindungsknoten, die Steuerwerte vervielfachen. Steuerwerte entstehen durch Entscheidungsknoten ("decider"), die durch Eingangswerte den Steuerwert "0" oder "1" produzieren. Für die Verarbeitung von Steuerwerten gibt es Boole'sche Operatoren, die gleiche Übergangsregeln wie Datenoperatoren haben.

Über die Operatoren "switch" und "merger" kann der Steuerfluß Einfluß auf den Datenfluß nehmen (bedingte Aktionen). Für alle neu eingeführten Operatoren gilt die Übergangsregel, daß sie nur schalten dürfen, wenn keine Marken auf ihren Ausgangskanten liegen.

Mit Hilfe der neu eingeführten Operatoren sind nunmehr verallgemeinerte Datenflußschemata definiert, die etwa das folgende Programm mit Iteration zu beschreiben gestatten (nach DENNIS, MISUNAS, 1974):

```
input x,y
n: = 0
while y < x do
y: = y + x
n: = n + 1
end
output y,n
```

Das zugehörige Datenflußschema zeigt Abbildung 3.22, wobei die Anfangsmarkierung aus den Datenwerten x,y und 0 sowie den drei Steuerwerten "0" an den merger-Elementen besteht.

Für die Ausführung der verallgemeinerten Datenflußschemata muß der Datenflußrechner aus Abbildung 3.20 erweitert werden, so daß eine verallgemeinerte Datenflußmaschine entsteht, die neben den Operationseinheiten auch Entscheidungseinheiten für die Verarbeitung des Steuerflusses umfaßt (vgl. Abbildung 3.23). DENNIS, MISUNAS, 1974 verfeinern diese Struktur weiter, um nicht aktive Teile des Datenflußschemas (Instruktionszellen, die durch den Steuerfluß nicht aktiv werden können) aus dem Hauptspeicher in einen weiteren Speicher auszulagern (Sekundärspeicher). Der so vorgeschlagene Rechner ist jedoch nie vollständig implementiert worden.

Für die Formulierung von realistischen Programmen für Datenfluß-Rechner sind - wie aus dem Beispiel und Abbildung 3.22 ersichtlich - die Datenflußgraphen nicht geeignet. Es wurden daher Datenfluß-Programmiersprachen entworfen, die auch das Problem der parallelen Ausführung sich wiederholender Teilschemata (Prozeduraufrufe) durch "farbige Markierungen" ("colored tokens") lösen (DENNIS, 1975). Weitere Entwürfe für Datenfluß-Programmiersprachen sind VAL (ACKERMANN, 1979) und ID (GOSTELOW, THOMAS, 1979).

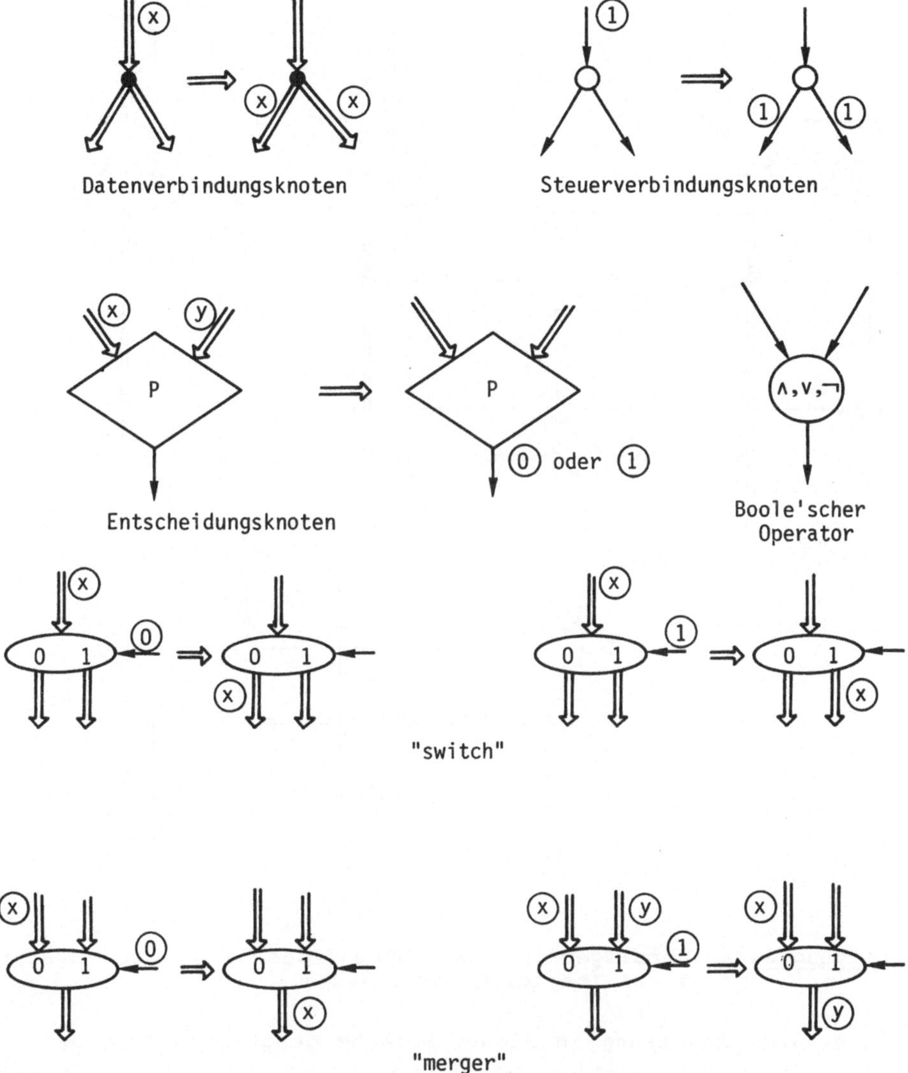

Abbildung 3.21. Operatoren und Verbindungsknoten für verallgemeinerte Datenflußschemata mit ihren Übergangsregeln

Abschließend soll noch kurz auf das System LAU (Language à Assignation Unique) eingegangen werden, da hier eine vollständige Datenflußmaschine mit zugehöriger Programmiersprache entwickelt wurde (COMTE, HIFDI, SYRE, 1980). Ausgangspunkt für diesen "single-assignment-Rechner" war der Entwurf einer höheren Programmiersprache, die möglichst nahe an bekannten Sprachen wie FORTRAN und PASCAL orientiert sein

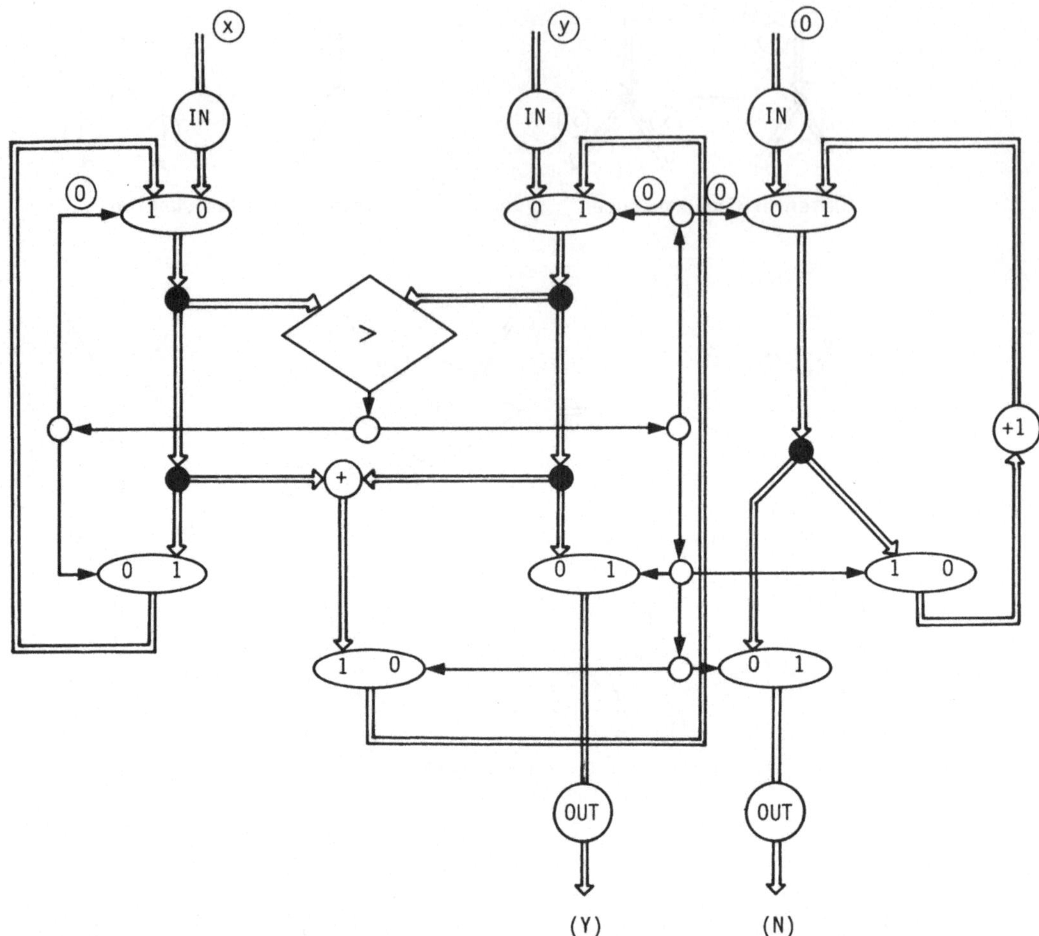

Abbildung 3.22. Verallgemeinertes Datenflußschema zur Beschreibung einer Iteration (vgl. Text)

sollte. Jede Anweisung in dieser Sprache gehorcht jedoch der "single-assignment"-Regel, d.h. jedem Objekt eines Programms wird höchstens genau einmal zur Programmausführungszeit ein Wert zugewiesen. Die einzelne Anweisung wird hier "data production set" (DPS) genannt, ein Tripel (I,S,O) mit

I: Menge der Eingabedaten, deren Bereitstellung die Ausführbarkeit des DPS bestimmt,

S: Menge von Zuweisungen,

O: Menge der Ausgabedaten, die das DPS produziert.

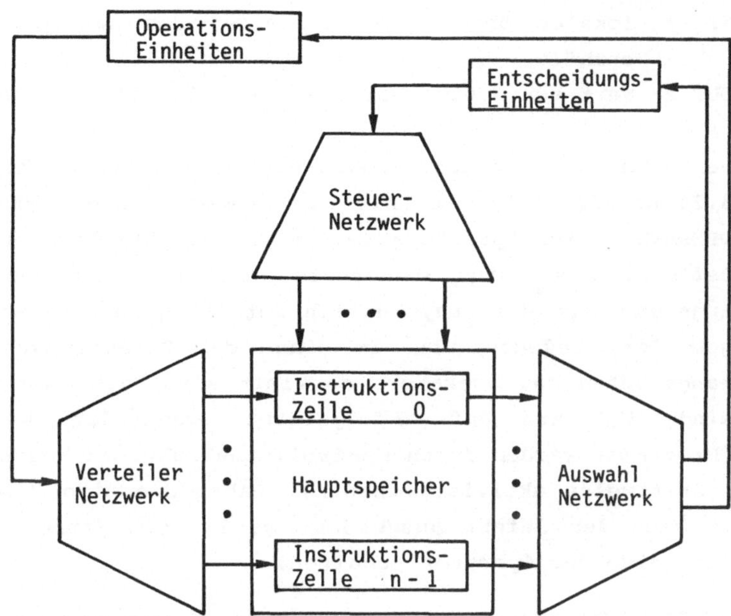

Abbildung 3.23. Verallgemeinerter Datenflußrechner nach DENNIS, MISUNAS, 1974

Einfache Anweisungen wie

Z = X + Y

ergeben das folgende DPS:

I = {X,Y},

S = {Z = X + Y},

O = {Z}.

Mithilfe des Sprachkonstruktes EXPAND können parallele Berechnungen von Feldelementen ausgedrückt werden:

```
EXPAND/16 I = 1 TO N:
LOCAL: T1,T2;
T1 = (C(I)-1);
T2 = (C(I)-2);
ARR(I) = (T1*EIN(I)) + (T2*FIN(I));
END EXPAND
```

EXPAND wird also durch die benutzerdefinierte Angabe "16" gesteuert und führt dazu, daß das oben angegebene Programmstück in 16 unabhängige DPS auf Maschinensprachebene übersetzt wird. Ferner existiert ein LOOP-Konstrukt zur Realisierung von Iterationen, wobei die Regel der Einfachzuweisung dadurch erhalten wird, daß zugewiesene Objekte (z.B. "X") verdreifacht werden:

OLD X: Wert von X bei Eintritt in die Schleife

X: lokales Objekt der Schleife, das den jeweils laufenden Wert enthält

OUT X: Wert von X nach Verlassen der Schleife (Ergebnis der Iteration)

Der Compiler für LAU produziert Maschinencode mit den in Abbildung 3.24 dargestellten Befehls- und Datenformaten: RESULT, OPERAND 1 und OPERAND 2 sind Speicheradressen für das Ergebnis und die Operanden des Befehls, C_0-C_2 sind Steuerbits, die die Ausführbarkeit eines Befehls angeben. Sind die ursprünglich auf "0" gesetzten Bits C_1 und C_2 zu "1" geworden, bedeutet das im Sinne des Datenflußschemas, daß die Eingangskanten des Operators markiert sind, d.h. die Operanden vorhanden sind. C_0 wird auf "1" gesetzt, wenn der Befehl aktiviert ist (Programme werden durch Kontrollkonstrukte in Segmente aufgeteilt, die schrittweise aktiviert werden). Haben die Bits C_0, C_1, C_2 den Wert 111, so kann der Befehl ausgeführt werden (im Sinne des Datenflußschemas kann also der Operator schalten).

OPCODE	RESULT	OPERAND 1	OPERAND 2	C_o	C_1	C_2
16	16	16	16	1	1	1

VALUE	LINK 1	LINK 2	C_d
			1

Abbildung 3.24: Befehls- und Datenformat für den Datenflußrechner LAU.

LINK 1 und LINK 2 sind Adressen von Befehlen, in denen die Werte als Operanden auftreten (weitere "links" können - falls nötig - in Folgewerten angegeben werden). Erhält eine Speicherstelle einen Wert, wird C_d zu "1" und die entsprechenden Steuerbits der durch die "links" adressierten Befehle gesetzt.

Abbildung 3.25 zeigt die Struktur des LAU-Rechners, auf dem die Befehle durch die folgenden Einheiten ausgeführt werden:

- Das "control subsystem" enthält die Befehlssteuerung und die Datensteuerung. Erstere enthält einen (simulierten) Assoziativspeicher der Größe 32 K x 3 Bit, der unter 1 zu 1 Adreßentsprechung die Bits C_0, C_1, C_2 für die Befehle im Hauptspeicher enthält. Die Bits werden gemäß der o.g. Regeln gesetzt, der Assoziativspeicher beständig auf das Muster "111" untersucht und die zugehörigen Adressen in eine Warteschlange der ausführbereiten Befehle eingereiht. Die Datensteuerung beinhaltet die C_d-Bits und speichert die "links" gerade ausgeführter DPS.

- Das Speichersystem entnimmt die Adressen ausführbarer Befehle aus der zugehörigen Warteschlange und gibt die so angesprochenen Befehle an eine Befehlswarteschlange vor dem "execution subsystem" zur Ausführung weiter. Um Engpässe zu vermeiden, ist der Speicher aus 8 verschränkten Moduln zu je 4 K Worten aufgebaut.
- Das "execution subsystem" besteht aus 32 Rechenwerken (Bitslice-Mikroprozessortechnik), die Befehle aus der Warteschlange der ausführbereiten Befehle entnehmen, die Operanden aus dem Speicher holen, die Operation ausführen, das Ergebnis zurückschreiben und das Setzen der Bits C_1,C_2 und C_d im Steuersystem anstoßen.

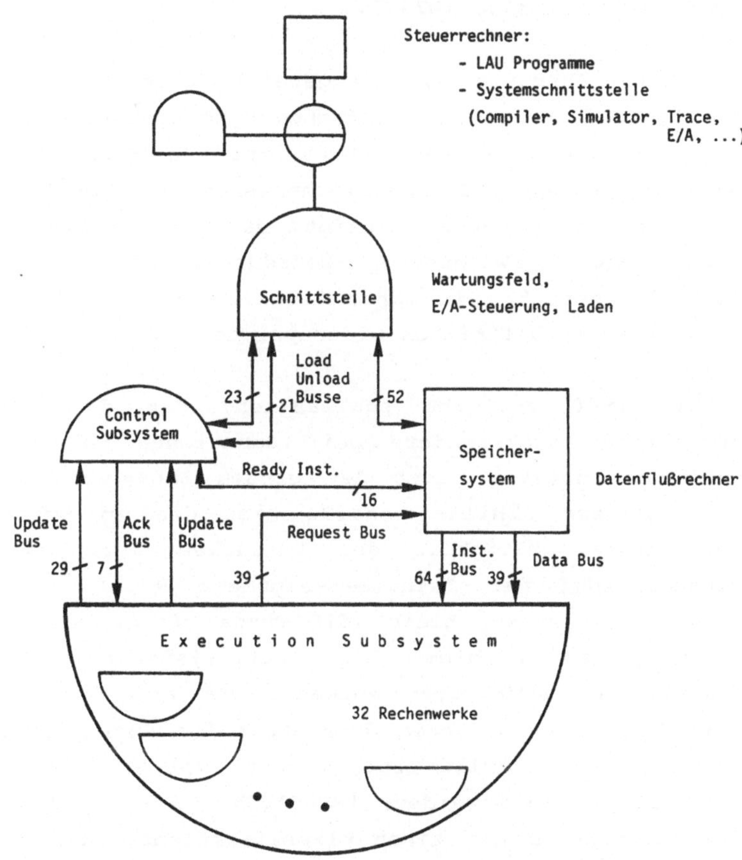

Abbildung 3.25. Funktionsschaltbild des Datenflußrechners LAU

Man erkennt, daß das System keinen expliziten Befehlszähler besitzt, sondern dessen Funktion durch die Befehls- und Datensteuerung übernommen wird, die auf einfache Weise das Befehlspipelining steuert und keine komplizierte Konfliktauflösung erfordert (dies wird allerdings mit den einschränkenden Regeln der Datenflußprogramme bezahlt).

Die ECS-Beschreibung für LAU lautet:

$$t_{LAU} = (1,*32,32) * (1,1,16);$$

wobei das zweite Tripel den Steuerrechner bezeichnet. Weitere Angaben über das System LAU finden sich insbesondere in Forschungsberichten COMTE, SYRE et al., 1973/79.

In diesem Abschnitt sollte gezeigt werden, daß die Datenflußrechner die Realisierung eines einfachen Synchronisationsprinzips darstellen, mit dessen Hilfe die Parallelisierung im Sinne des Befehlspipelinings ohne aufwendige Steuerungsmechanismen zur Konfliktauflösung erreicht wird. Es wurde ferner gezeigt, daß Datenflußrechner als Allzweckmaschinen für Verzweigungen, Prozeduraufrufe u.a. doch wieder explizite Kontrollkonstrukte in ihrem Befehlsvorrat haben, was der ursprünglichen strengen Definition widerspricht.

GILOI, 1980 vermerkt schließlich, daß das Prinzip des "single assignment" insbesondere bei Iterationen zu einer sehr schlechten Speicherausnutzung wegen der großen Zahl von Zwischenwerten führt. Eine gewisse Abhilfe schafft hier die im System LAU eingeführte beschränkte Gültigkeit der Variablen auf Programmsegmente (eine Einschränkung der "single-assignment"-Regel). Wie dieses Beispiel recht schön zeigt, bleibt die Frage offen, ob das Datenfluß-Prinzip nicht gewisse Probleme der Parallelisierung aus der Hardware verlagert, sie dafür aber entweder dem Programmierer oder einem dann allerdings hochkomplexen Übersetzer für Datenfluß-Programmiersprachen aufbürdet. Schließlich sollen noch zwei Übersichtsarbeiten zum Thema Datenfluß genannt werden: TRELEAVEN, 1979 und TRELEAVEN, 1981, wobei die letztere Arbeit einen Klassifikationsansatz zur Beschreibung von Daten-getriebenen ("data driven") und Anforderungs-getriebenen ("demand driven") Maschinen wie die Reduktionsmaschine nach KLUGE, 1982, BERKLING, 1971 präsentiert. Nach TRELEAVEN sind konventionelle Rechner des PRINCETON-Typs durch sequentiellen Steuerfluß, Datenflußrechner durch parallelen-, und Reduktionsmaschinen durch rekursiven (gegebenenfalls auch parallelen) Steuerfluß gekennzeichnet.

3.2.3 Macropipelining

Bei HÄNDLER, 1973 wird der Begriff "Macropipelining" eingeführt. HWANG, 1982 verwendet für diese Art der Verarbeitung den Begriff "Processor-Pipelining". Der nachfolgend behandelte Rechner PEPE ist ein für die spezielle Aufgabe der Radar-Datenverarbeitung entwickeltes hochparalleles System mit Macropipelining.

3.2.3.1 Parallel Element Processing Ensemble (PEPE)

Das Parallel Element Processing Ensemble PEPE wird als Zusatz zu einem Großrechner betrieben und verfügt über eine je nach Aufgabenklasse frei wählbare Anzahl intelligenter Verarbeitungseinheiten, die durch gemeinsame Steuereinheiten überwacht werden (vgl. ENSLOW, 1974, BERG, 1972). Abbildung 3.26 zeigt die Globalstruktur von PEPE mit den folgenden Einzelelementen:

- eine zentrale Globalsteuerung bestehend aus der arithmetischen Steuereinheit (ACU), der Korrelations-Steuereinheit (CCU) und der assoziativen Ausgabesteuereinheit (AOCU),
- eine beliebige Anzahl (bis 288) von "processing elements", Dreiergruppen von Rechenwerken, die ihrerseits aus arithmetischer Einheit (AU), Korrelations-Einheit (CU), Assoziativer Ausgabeeinheit (AOU) und Speichereinheit (MU) bestehen.

Bei der Anwendung von PEPE für die Radarüberwachung sind den einzelnen processing elements, die sich wie durch die Globalsteuerung überwachte Rechenwerke verhalten, jeweils genau ein zu überwachendes Flugobjekt mit seinen Daten zugeordnet (maximal 288 Rechenwerke). Jede neu ankommende Information von der Radar-Schnittstelle wird durch die CCU gesteuert in den CUs verarbeitet. Diese Korrelation vergleicht die neuen Objektinformationen mit der vorhergesagten Positionsinformation, die aus früheren Positionsinformationen durch die AUs errechnet wurde und an die entsprechenden CUs weitergegeben wurde. Dabei erhalten alle CUs die gleichen Eingangsinformationen und alle bzw. eine Teilmenge dieser Einheiten vergleichen die bei ihnen abgespeicherten Daten mit den neuen Daten. Findet eine Korrelation statt, erhält das entsprechende "processing element" die Objektdaten, ist dies nicht der Fall (neues Flugobjekt), wird die Information einer neuen PE zugeordnet.

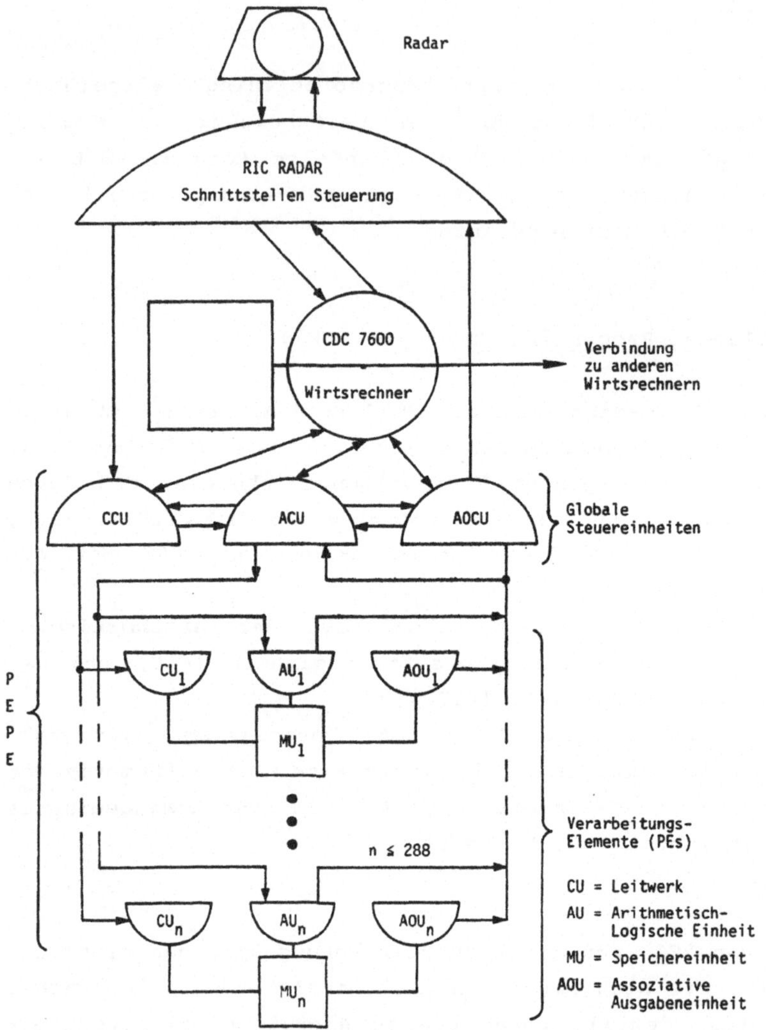

Abbildung 3.26. Globalstruktur des Parallel Element Processing Ensemble PEPE

Ausgabeinformation an das Radargerät wird - gesteuert durch die AOCU - über die AOUs produziert. Dabei werden Steuerimpulse durch assoziativen Zugriff auf Adreßdaten zu einem Objekt (Maximum-Minimum-Suche) geordnet aus den MUs entnommen.

CCU, ACU und AOCU beinhalten getrennte Speicher und Leitwerke, so daß die zugeordneten je maximal 288 Rechenwerke CU, AU und AOU durch drei getrennte Befehlsströme gesteuert im Sinne einer Macropipeline zusammenarbeiten können, wobei der Steuerrechner (i.a. eine CDC 7600) das Laden der Programme und Daten für PEPE übernimmt. Da die Daten die Wortlänge 32 Bit haben, ergibt sich folgende ECS-Beschreibung:

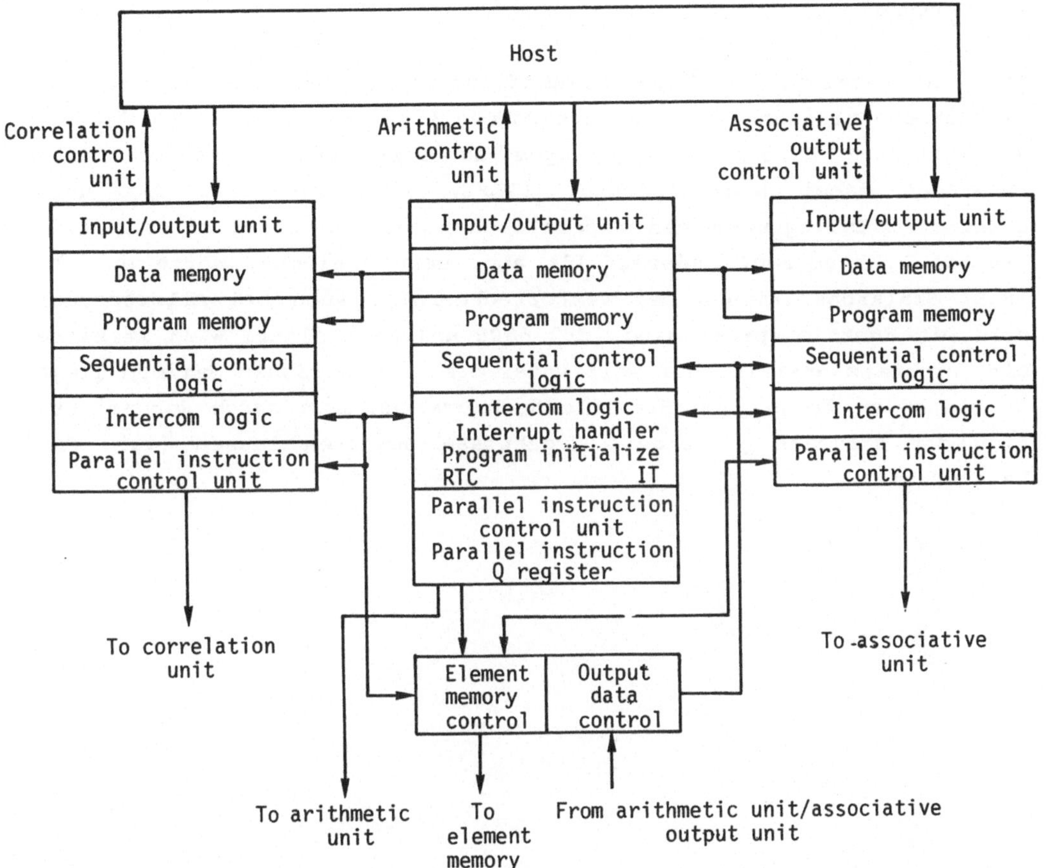

Abbildung 3.27. Aufbau der drei Leitwerke und der zugehörigen Programmspeicher für die Macropipeline im Rechner PEPE

$$t_{PEPE} = (15,1,12) * (1,*9,60) * (*3,288,32);$$

wobei sich die beiden ersten Tripel auf den Steuerrechner CDC 7600, das letzte Tripel auf die Macropipeline des PEPE bezieht.

Abbildung 3.27 zeigt die funktionelle Aufteilung der drei Steuereinheiten und ihre Verbindungen.

Abschließend kann festgestellt werden, daß PEPE auch im Kapitel über nebenläufige Rechner eingereiht werden könnte (wegen seiner 288 Werke). Hier sollte jedoch der Aspekt des Macropipelinings betont werden.

3.3 Wertung

Es wurde gezeigt, daß Pipeline-Konfigurationen auf den verschiedenen Betrachtungsniveaus implementiert worden sind, um durch diese Form des Parallelismus Durchsatzsteigerungen zu erzielen. In vielen Fällen entstehen dabei Spezialrechner (PEPE, Vektorrechner), die unter bestimmten Bedingungen den theoretisch maximalen Parallelismus (vgl. Kapitel 1.2) nutzen, anderenfalls aber sehr schlechte Werte erzielen (z.B. Skalaroperationen bei Vektorrechnern!). Auch bei Allzweckrechnern mit Funktionspipelining (CDC 6600 und Nachfolger) wird im Mittel ein Durchsatz erzielt, der weit unter dem theoretischen Maximum liegt. Es bleibt zu fragen, ob flexible Rechnerstrukturen durch Rekonfiguration der Hardware günstigere Ergebnisse erwarten lassen (vgl. dazu Kapitel 5).

4 Nebenläufigkeit

Die drei grundlegenden Formen der Nebenläufigkeit und ihre Beschreibung in ECS wurden bereits in Kapitel 1 eingeführt:

- Parallelwortrechner (Abschnitt 1.3.3.3),
- Feldrechner (Abschnitt 1.3.3.4),
- Multiprozessoren (Abschnitt 1.3.3.5).

In diesem Kapitel sollen nunmehr beispielhaft einige Rechner der entsprechenden Kategorien detaillierter besprochen werden. Allgemeine Abhandlungen des Themas Nebenläufigkeit finden sich bei einer Vielzahl von Autoren. Neben den bereits in der Einleitung genannten Tagungsbänden zu diesem Thema sei hier auf BAER, 1973, ENSLOW, 1974, 1977 und 1978, HÄNDLER, 1977b, HOBBS et al., 1970, HOCKNEY, JESSHOPE, 1981, LORIN, 1972, MIES, SCHÜTT, 1972, STONE, 1975, THURBER, 1976 und 1979 a sowie THURBER, WALD, 1975 verwiesen.

Neben der hier vornehmlich zu behandelnden Struktur nebenläufiger Rechnerarchitekturen sind bei diesen Parallelrechnern Probleme der Programmierung gegeben, die mit den konventionellen Programmiersprachen nur teilweise gelöst werden. Diese sind auf die unterste Stufe der Nebenläufigkeit, die Parallelwortrechner, zugeschnitten. Jedoch erfordert bereits die Programmierung von Feldrechnern Sprachelemente zur expliziten Formulierung feldartiger Datenmengen, die dann nebenläufig verarbeitet werden können. Typische Beispiele sind die ALGOL- und FORTRAN-Erweiterungen für ILLIAC IV (vgl. Abschnitt 4.2.1). Auf der Ebene der Multiprozessoren wird man zusätzlich Hilfsmittel zur Verwaltung nebenläufiger Prozesse fordern. Neben der physikalischen Verteilung von Prozessen auf Prozessoren stellen hier insbesondere die Prozeß-Interkommunikation und der Ausschluß kritischer Abschnitte ein Problem dar.

Sprachkonstrukte für die Nutzung nebenläufiger Rechner sind bei BAER, 1973, GILOI, 1980a und HOCKNEY, JESSHOPE, 1981 beschrieben. Synchronisationsmechanismen für eine Reihe bekannter Multiprozessoren finden sich bei JONES, SCHWARZ, 1980.

Neben der expliziten Formulierung nebenläufiger Aktivitäten durch den Programmierer stellt sich die Frage, inwieweit Rechner automatisch implizite Nebenläufigkeit erkennen und nutzen können. Für die automatische Erkennung von Parallelismen in arithmetischen Ausdrücken bzw. Programmen vgl. BAER, 1973 und KUCK, 1978. Die automatische Verteilung von Prozessen in Multiprozessorsystemen gemäß eines optimalen "scheduling" ist nicht allgemein lösbar (NP-hard, d.h. es existiert kein effizienter Algorithmus für das Problem). Man wird daher im allgemeinen die Entscheidung über die Zuordnung von Prozessen auf Prozessoren dem Benutzer überlassen und ihm lediglich entsprechende Formulierungshilfsmittel im Laufzeitsystem bzw. Betriebssystem schaffen (vgl. dazu JONES, SCHWARZ, 1980, sowie die Ausführungen zu CM* in Abschnitt 4.3.2 und zu EGPA in Abschnitt 5.1.3). Eine vollständige Behandlung der genannten Probleme fällt jedoch in die Fachgebiete Programmiersprachen bzw. Betriebssysteme.

4.1 Parallelwortrechner

Mit wenigen Ausnahmen zu Beginn der Geschichte der Rechnerarchitektur (z.B. der Serienrechner Minima mit

$$t_{Minima} = (1,1,1);$$

vgl. POESCH, FROMME, 1954, van der POEL, 1952) sind die meisten realisierten Rechner Parallelwortrechner (weitere Ausnahmen sind die bitseriellen Assoziativrechner, für die ebenfalls w=1 gilt, vgl. Kapitel 4.2.2). Typische Beispiele sind die in Kapitel 2 beschriebenen Universalrechner, die allerdings in den meisten Fällen bereits weitere Formen des Parallelismus nutzen. Die meisten heute handelsüblichen monolithischen Mikrorechner (vgl. BODE, HÄNDLER, 1980) sind klassische Parallelwortrechner, z.B. INTEL 8048 oder TEXAS INSTRUMENTS 9940 mit

$$t_{INTEL\ 8048} = (1,1,8);$$
$$t_{TI\ 9940} = (1,1,16);$$

Eine ausführliche Besprechung der Parallelwortrechner erübrigt sich an dieser Stelle, da sie heutigem Stand der Technik entsprechen.

4.2 Feldrechner

Wie in Abschnitt 1.3.3.4 dargestellt, fallen in die Klasse der Feldrechner sowohl Rechner mit genau einem Leitwerk und mehreren Rechenwerken mit Wortlängen $w > 1$, als auch die Assoziativrechner, für die im allgemeinen $w = 1$ gilt. Wir wollen uns zunächst ILLIAC IV als Beispiel der ersten Kategorie, danach den Assoziativrechnern widmen. Als Vorläufer der erst später entwickelten Feldrechner sei hier auf die Arbeit von ZUSE, 1958 verwiesen, in der bereits auch Anklänge an die assoziativen Feldrechner bzw. adaptierbaren Rechnerstrukturen vorliegen.

4.2.1 ILLIAC IV

Über den Forschungsrechner ILLIAC IV und seine Anwendung existiert eine nahezu unübersehbare Menge an Veröffentlichungen. Als einführende Artikel sind die von BARNES et al., 1968 und DENENBERG, 1971 zu nennen.

ILLIAC IV wurde ausdrücklich mit dem Ziel entworfen, Geschwindigkeitssteigerungen anstatt durch Pipelining-Techniken durch "expliziten Parallelismus" (BARNES et al., 1968) - hier durch Vervielfachung von Rechenwerken im Sinne eines Feldrechners - zu erzielen. ILLIAC IV ist als Nachfolger für das nie gebaute System SOLOMON (SLOTNICK et al., 1962) zu betrachten, wobei seiner Zeit großer Wert auf die Verwendung der damals neuesten Technologie (ECL-Bausteine mit 20 Gattern pro Chip) gelegt wurde. Das 1966 gestartete Projekt kann daher für sich beanspruchen, als erstes in großem Rahmen MSI-ECL-Bausteine für die Logik und bipolare Speicherbausteine (256 Bit) verwendet zu haben. Allerdings führte diese Entscheidung auch zu schweren Rückschlägen. Der 1972 ausgelieferte Rechner arbeitete erst ab 1975 einigermaßen zuverlässig (d.h. mit 20 bis 40 Stunden Reparaturzeit pro Woche). Wegen der enormen Kosten wurde der ursprünglich geplante Vollausbau mit 256 Rechenwerken (angeordnet in 4 Feldern) auf ein Feld mit 64 Rechenwerken reduziert. Nicht zuletzt dadurch wurden als maximale Leistung auch nicht die geplanten 1.000 MFLOPS, sondern nur 15 MFLOPS erreicht (SIEWIOREK, BELL, NEWELL, 1982), also nur ca. 10 % der Leistung des CRAY-1 (vgl. Abschnitt 3.2.2.1). Die genannten Autoren weisen ferner auf einen Entwurfsfehler hin, nämlich auf die Verletzung der sogenannten AMDAHL-Regel 2, die besagt, daß für die ausreichende

Belieferung von Daten für einen Prozessor die Gesamtkapazität der Ein/Ausgabe und ihrer Kanäle in einem bestimmten Verhältnis zur Prozessorleistung stehen soll: 1 Bit E/A pro Instruktion pro Sekunde. Bei einer Annahme von 32 MIPS müßte die E/A des ILLIAC IV Systems 2^{25} Bit/s leisten. Der sehr schnelle Plattenspeicher I4DM liefert zwar 2^{25} Bit/s, hat aber nur eine Kapazität von 2^{29} Bit, was dazu führt, daß der Prozessor nur 16 s mit Daten beliefert werden kann. Alle weiteren Daten müßten dann von langsamen Bandeinheiten (2^{20} Bit/s: Verletzung der AMDAHL-Regel) übernommen werden. Diese mehr theoretischen Überlegungen werden gestützt durch praktische Erfahrungen, die besagen, daß das ILLIAC IV System in seiner Leistung vornehmlich E/A-beschränkt ("I/O-bounded") ist, also die Ein/Ausgabe einen Flaschenhals der Gesamtkonfiguration darstellt.

Bezüglich seiner Anwendungen ist das ILLIAC IV System ein echter Spezialrechner für Matrix-artige Datentypen, die mit hoher Parallelität verarbeitet werden können. Probleme dieser Art umfassen die Bereiche der Lösung von Differentialgleichungen, Matrizenrechnung, der Bildverarbeitung, der linearen Algebra und der Wettervorhersage (vgl. dazu auch THURBER, WALD, 1975).

Abbildung 4.1 zeigt den Gesamtaufbau des ILLIAC IV Systems, das aus dem Feldrechnerteil und dem Ein/Ausgabe-System besteht. Letzteres umfaßt neben der Funktion der Ein/Ausgabe und der Platteneinheit vor allem den Steuerrechner, einen Großrechner vom Typ BURROUGHS B 6500 (vgl. Kapitel 2). Obwohl später die B 6500 durch zwei Rechner vom Typ DEC PDP 10 ersetzt wurde, soll hier die ursprünglich geplante Konfiguration beschrieben werden.

Der Feldrechnerteil umfaßt das Leitwerk (control unit) sowie die 64 Rechenwerke (hier genannt PE: processing element) mit ihren zugeordneten Speichern (PEM: processing element memory). Abbildung 4.2 zeigt die Struktur des Feldrechnerteils mit den wichtigsten Registern und Verbindungen zwischen den Untereinheiten.

Das Leitwerk des Feldrechnerteils ist streng genommen ein eigenständiger Kleinrechner, der neben der Steuerung der 64 Rechenwerke selbst Befehle ausführen kann. Er umfaßt zwei Registerblöcke:

- 64 Register der Wortlänge 64 Bit ADB (ADVAST Data Buffer)
- 4 Akkumulatoren ACAR der Wortlänge 64 Bit, die als Zwischenspeicher

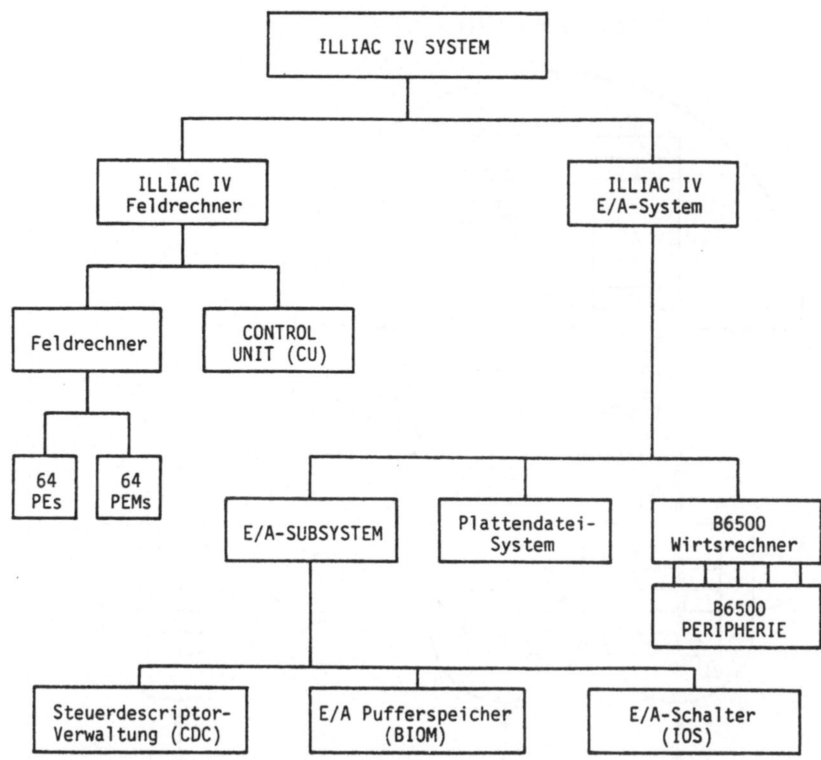

Abbildung 4.1. Diagramm des Systems ILLIAC IV

bei arithmetischen - und logischen Operationen dienen können, aber auch als Steuerregister für die Schleifenprogrammierung (untere, obere Grenze, Inkrement) sowie als Indexregister für den Zugriff auf die den Rechenwerken zugeordneten Speicher PEM.

Die Rechenwerke PE_0 - PE_{63} sind 64-Bit Werke (ALUs) mit 6 programmierbaren Registern: A und B enthalten die beiden Operanden bei binären Operationen, A ist der Akkumulator, das Routing Register R erlaubt die Weitergabe von Informationen an Nachbar-PEs, S ist ein temporäres Register, X ein Index-Register zur Modifikation des Adreßfeldes des ausgeführten Befehls und D ein 8-Bit Steuerregister (mode register), das u.a. besagt, ob das Rechenwerk die Instruktion ausführen soll oder nicht. Mit dem D-Register ist bereits der einzige Freiheitsgrad der individuellen PEs innerhalb des Feldes von Rechenwerken beschrieben: Normalerweise arbeiten alle PEs, gesteuert durch das gemeinsame Leitwerk, den gleichen Befehl ab, jedoch auf unterschiedlichen Daten. Die einzig mögliche Individualisierung besteht in der Nicht-Teilnahme an dieser gemeinsamen Ausführung, wobei das programmierte Setzen einer bzw. von zwei Bitstellen des D-Registers z.B. durch eine vorhergehende

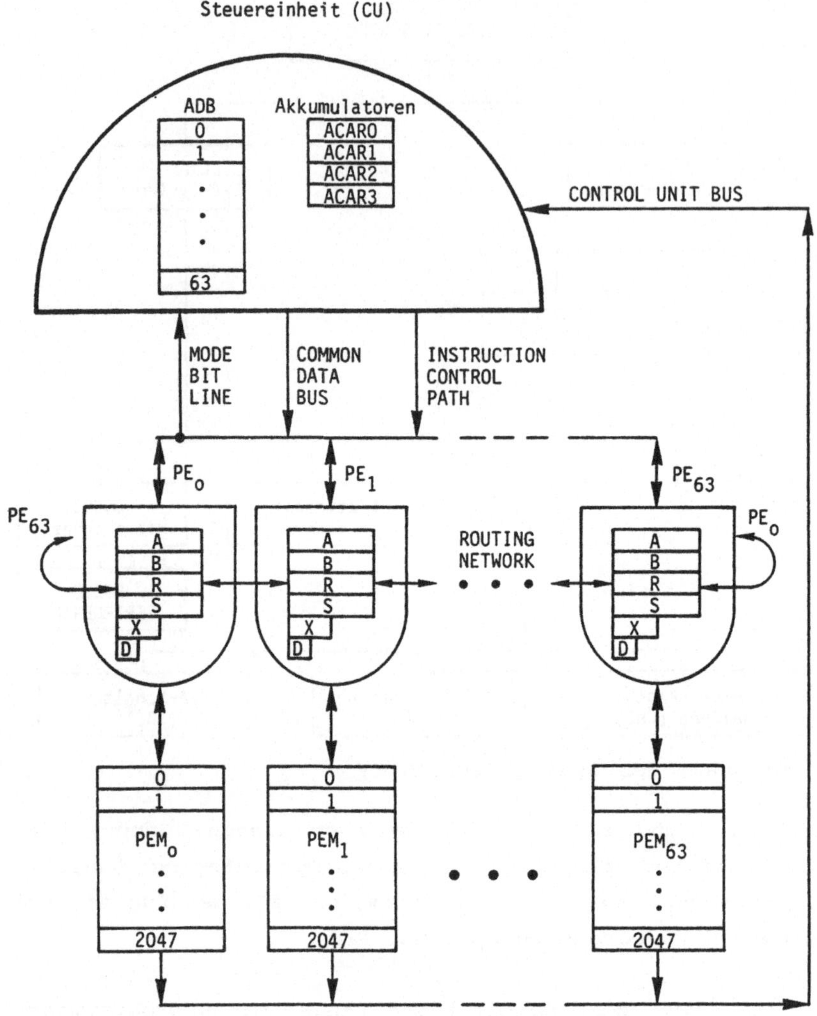

Abbildung 4.2. Funktionsschaltbild des Feldrechnerteils im System ILLIAC IV

Instruktion geschehen kann, die die Inhalte der Register A und B vergleicht. Ferner können die entsprechenden Bitstellen in den D-Registern aller 64 PEs aus einem Register des Leitwerks über den "common bus" geladen werden.

Die jedem Rechenwerk zugeordneten Speicher (PEM) umfassen 2 K 64-Bit Worte und bilden zusammen mit ihm je eine PU (processing unit). Jeder PEM kann nur durch die ihm zugeordnete PE zugegriffen werden, der Informationsaustausch zwischen verschiedenen PUs geschieht über das sogenannte "routing network" (vgl. Abbildungen 4.2 und 4.3).

Das routing network stellt eine Verbindung der einzelnen Rechenwerke im Sinne beschränkter Nachbarschaften dar, da jede PE nur mit ihren vier unmittelbaren Nachbarn verbunden ist. Der Datenaustausch wird über den ROUTING-Befehl (RGR-ROUTE) synchron programmiert, der die Verbindungen zwischen den R-Registern herstellt. Beschränkte Nachbarschaften haben den Vorteil, daß der Verbindungsaufwand für große Felder nur linear mit der Anzahl der beteiligten Elemente wächst (vgl. auch BODE, HÄNDLER, 1980). Allerdings ist der Austausch von Daten zwischen nicht benachbarten PEs damit nur in mehreren Schritten möglich, z.B. von PE_2 nach PE_5 in 3 Schritten (vgl. auch Abbildung 4.3).

Neben dem routing network umfaßt der Feldrechnerteil von ILLIAC IV noch vier weitere Datenwege (vgl. Abbildung 4.2):

- den instruction control path, einen 260 Bit breiten Mikroinstruktions-Bus, über den die Rechenwerke vom zentralen Leitwerk (gleichzeitig synchron) gesteuert werden,
- den gemeinsamen Datenbus (common data bus) für 64-Bit Daten bzw. Adressen, der es erlaubt, an alle 64 Rechenwerke gleichzeitig ein Datum zu übertragen: "broadcasting",
- die mode Bit line zum Lesen eines der 8 Statusbits aus Register D aller 64 PEs in das Leitwerk,
- den control unit bus zur blockweisen Übertragung von je 8 64-Bit Daten aus den PEMs in das zentrale Leitwerk.

Abbildung 4.4 zeigt ein vereinfachtes Funktionsschaltbild eines Rechenwerkes, das neben der 64-Bit Arithmetisch-Logischen Einheit einen unabhängigen Adreß-Addierer besitzt. Eine weitere Besonderheit der Rechenwerke in ILLIAC IV besteht darin, daß sie alternativ als 1 64-Bit oder als 2 unabhängige 32-Bit Parallelwerke betrieben werden können. Aus diesem Grund existieren im "Mode-Register" D auch zwei unabhängige Aktivitätsbits (E und E1). Es gilt also

$$t_{ILLIAC\ IV\text{-}PE} = (0,1,64) \vee (0,2,32);$$

berücksichtigt man zusätzlich den Adreßaddierer, so ergibt sich:

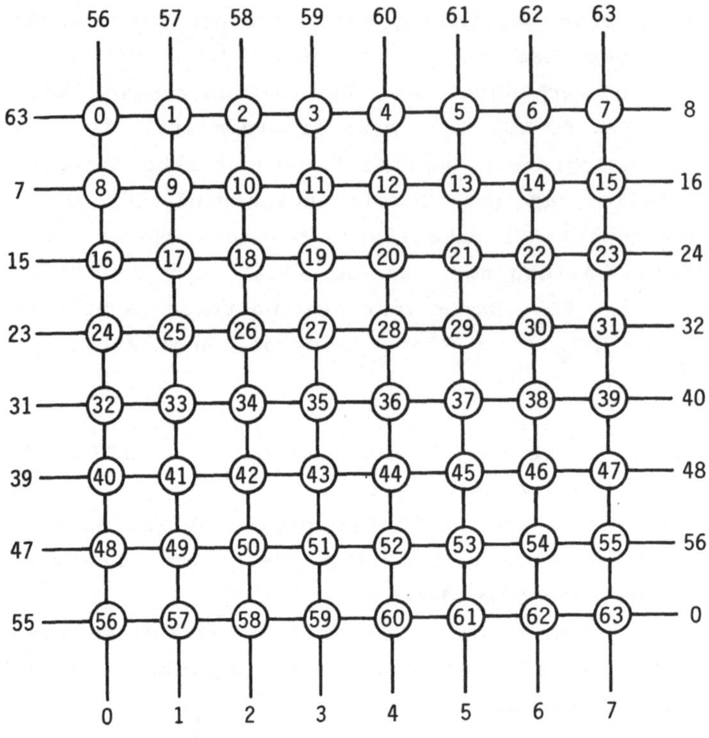

Abbildung 4.3. Kommunikationswege im "routing network" des Rechners ILLIAC IV mit beschränkten Nachbarschaften der einzelnen Rechenwerke

$$t_{\text{ILLIAC IV-PE}} = [(0,*1,64)+(0,*1,16)] \vee [(0,2*1,32)+(0,*1,16)];$$

Zusammen mit dem Leitwerk lautet das Tripel für den Feldrechnerteil von ILLIAC IV:

$$t_{\text{ILLIAC IV-Feldrechner}} = (1,0,0)*\{[(0,64*1,64)+(0,64*1,16)] \vee$$

$$\vee [(0,128*1,32)+(0,64*1,16)]\};$$

berücksichtigt man ferner, daß das Leitwerk selbst ein 64-Bit Rechenwerk umfaßt, das parallel zu der Aktivität der 64-Bit PEs arbeiten kann, so ergibt sich:

$$t_{\text{ILLIAC IV-Feldrechner}} = [(1,0,0)+(1,1,64)]*\{[(0,64*1,64)+$$

$+(0,64*1,16)]v[(0,128*1,32)+(0,64*1,16)]\};$

Streng genommen findet ferner ein 2-stufiges Pipelining des Maschinenbefehlszyklus durch das zentrale Leitwerk statt. Aus Übersichtsgründen soll im folgenden jedoch die Beschreibung auf die Formel:

$$t_{\text{ILLIAC IV-Feldrechner}} = (1,64,64) \text{ v } (1,128,32);$$

reduziert werden, um die beiden Haupteigenschaften: Nebenläufigkeit auf Rechenwerkebene und Flexibilität hervorzuheben.

Das vollständige ILLIAC IV System mit Steuerrechner Burroughs B 6500 wird dann durch

$$t_{\text{ILLIAC IV}} = (1,1,48) * [(1,64,64) \text{ v } (1,128,32)];$$

beschrieben.

Einige weitere Details zum Verständnis des Feldrechnerteils von ILLIAC IV: Zwischen PE und PEM liegt ein Vorrangwerk MLU (memory logic unit), das die Zugriffe der folgenden Einheiten auf die Speicherelemente koordiniert:
- Zugriff des Leitwerkes über den CU-Bus auf Befehle oder Daten
- Zugriff des zugeordneten Rechenwerkes
- Zugriff durch E/A-Geräte.

Bei Zugriffen auf Befehle werden über den 512-Bit breiten CU-Bus jeweils 8 64-Bit Worte aus acht verschiedenen PEs gelesen und dann der Einheit ADVAST (vgl. unten) zugänglich gemacht (Speicherverschränkung). Gesteuert durch die Speicheransteuerung im Leitwerk ist jedoch ein Zugriff auch auf ein Einzelwort möglich.

Das "Leitwerk" des Feldrechnerteils umfaßt insgesamt fünf Untereinheiten:
- den Vorverarbeitungsteil ADVAST (advanced station, vgl. Abbildung 4.5), der die Verarbeitung von Befehlen, die nicht für das Rechenwerk-Feld bestimmt sind, in einem eigenen Rechenwerk erlaubt, sowie die Vorbereitung der Feldrechner-Befehle (Dekodierung und Indexrechnung, soweit auf Leitwerkebene möglich),

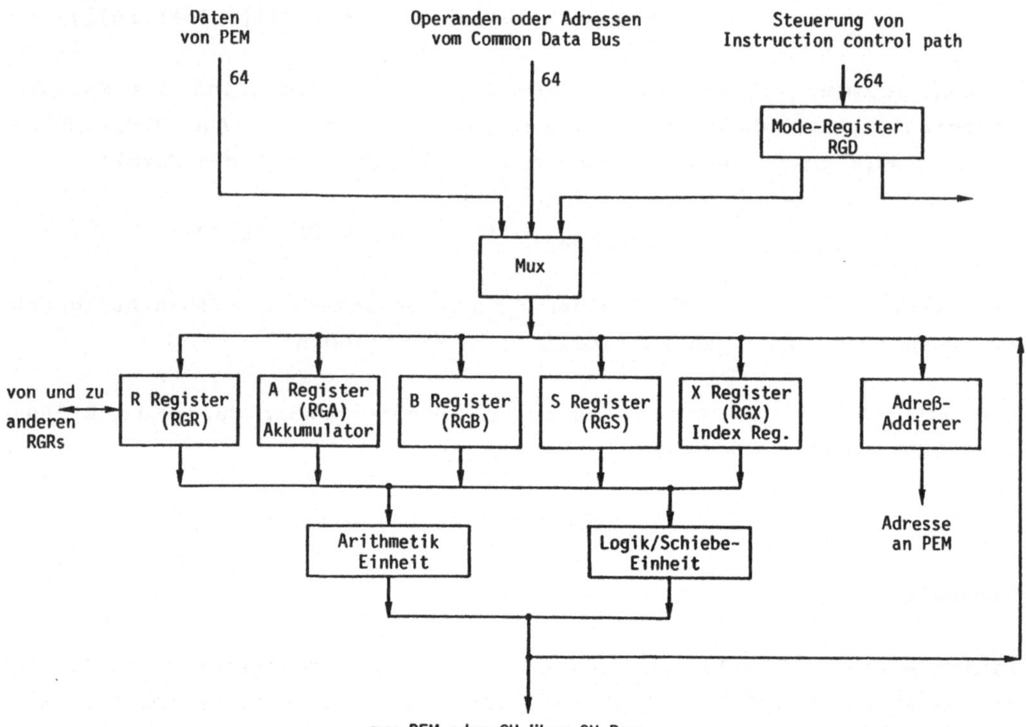

Abbildung 4.4. Interner Aufbau eines Rechenwerkes (PE) im Feldrechner ILLIAC IV

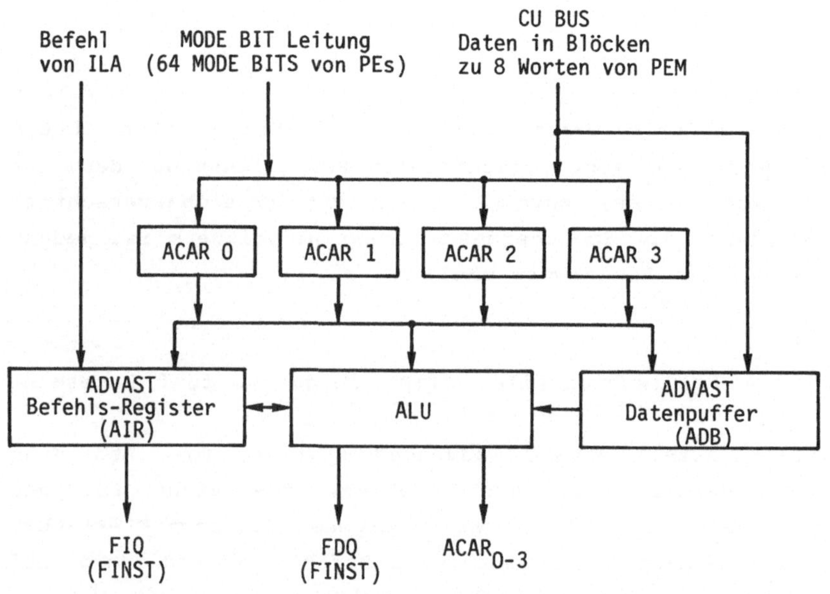

Abbildung 4.5. Interner Aufbau des Vorverarbeitungsteils des Leitwerks im Feldrechner ILLIAC IV

- das Mikroprogrammwerk FINST (final station), das die in ADVAST vorbereiteten Feldbefehle gepuffert über eine achtstufige Warteschlange FINQ (vgl. Abbildung 4.6), getrennt nach 16-Bit Operationscodeteil und 64-Bit Adreß/Daten-Teil, erhält und die für die Steuerung der PEs nötigen Mikroinstruktionsfolgen generiert,
- die Speicheransteuerung MSU (memory service unit), die die 64 MLUs steuert,
- die Wartungseinheit TMU (test and maintenance unit) zur Steuerung eines Wartungsfeldes, des Operator-Displays und des Ein-Ausgabe-Subsystems,
- die instruction look ahead-Einheit ILA (vgl. Abbildung 4.7), die beständig dafür sorgt, daß das Befehlsregister AIR in ADVAST genügend Befehle zur Ausführung aus den PEMs erhält. Die jeweils 8-Worte breiten Befehlsblöcke werden in einem Befehlskeller IWS (instruction word stack) gepuffert, der acht Stufen tief ist. Da jedes ILLIAC IV Befehlswort ein 32-Bit Format hat, kann der IWS bis zu 128 Befehle enthalten. Der Befehlszähler ICR wird beständig über einen Assoziativspeicher IAM mit den Adressen der im IWS vorhandenen Befehle verglichen. Bei nicht gegebener Übereinstimmung wird IWS nachgeladen. Auf diese Weise können Schleifen von bis zu 128 Befehlen ohne Befehlsholphase mit Zugriff auf die PEMs programmiert werden.

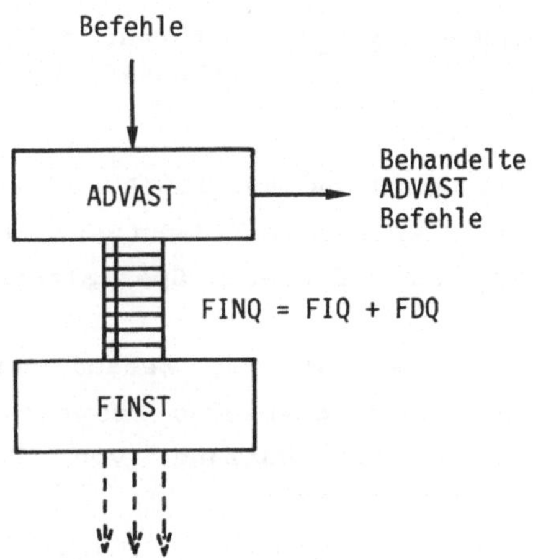

Abbildung 4.6. Verbindung von Befehlsvorverarbeitung und Mikroprogrammwerk im Leitwerk des Rechners ILLIAC IV

Abbildung 4.8 zeigt die vollständige Konfiguration des ILLIAC IV Systems, das neben dem Feldrechnerteil mit dem Laser-Speicher und dem Anschluß zum ARPA-Netz noch zwei weitere Besonderheiten aufweist.

Der Laserspeicher ist ein Festspeicher (ROM) hoher Kapazität (10^{12} Bit), bei dem die Informationsspeicherung durch Einbrennen mikroskopisch kleiner Löcher in einen Metallfilm geschieht. Die Zugriffszeit ergibt sich aus der Summe einer Spuranwahlzeit (5 s) und einer Wahlzeit von 200 ms (Trommelartige Organisation). Das von der Firma Precision Instrument Company entwickelte Gerät ist nicht serienmäßig vertrieben worden.

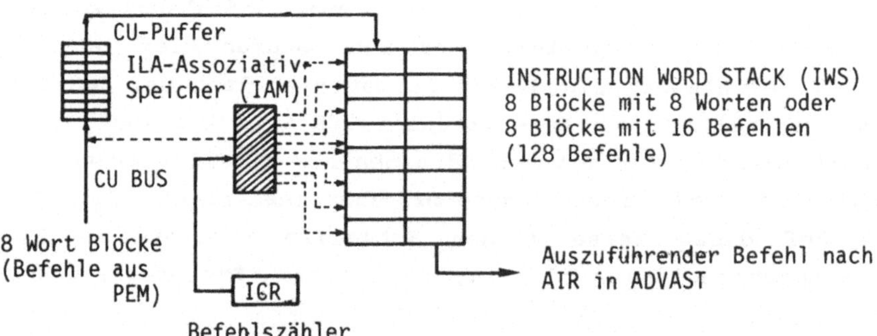

Abbildung 4.7. Interner Aufbau des Befehlsholwerkes im Leitwerk des Rechners ILLIAC IV

Der Anschluß von ILLIAC IV an das ARPA-Netz ermöglicht auch räumlich weit entfernten Benutzern innerhalb der USA und in Europa einen Zugriff auf diesen Spezialrechner.

Zum Abschluß der Behandlung von ILLIAC IV soll eine Reihe von Anwendungsbeispielen besprochen werden, die gleichzeitig einige Probleme der Nutzung von Feldrechnerstrukturen beschreiben (vgl. DENENBERG, 1971).

ILLIAC IV wird in der Literatur oft in die Klasse der "Vektorrechner" eingereiht, weil hier ein Spezialrechner für die parallele Bearbeitung vektorartiger Datenmengen vorliegt, wobei der Parallelismus jedoch nicht wie bei den meisten Vektorrechnern durch Pipelining (vgl. Kapitel 3), sondern durch Nebenläufigkeit auf Rechenwerkebene (Synchronläufigkeit) erzielt wird. Ein erstes Beispiel zeigt daher eine

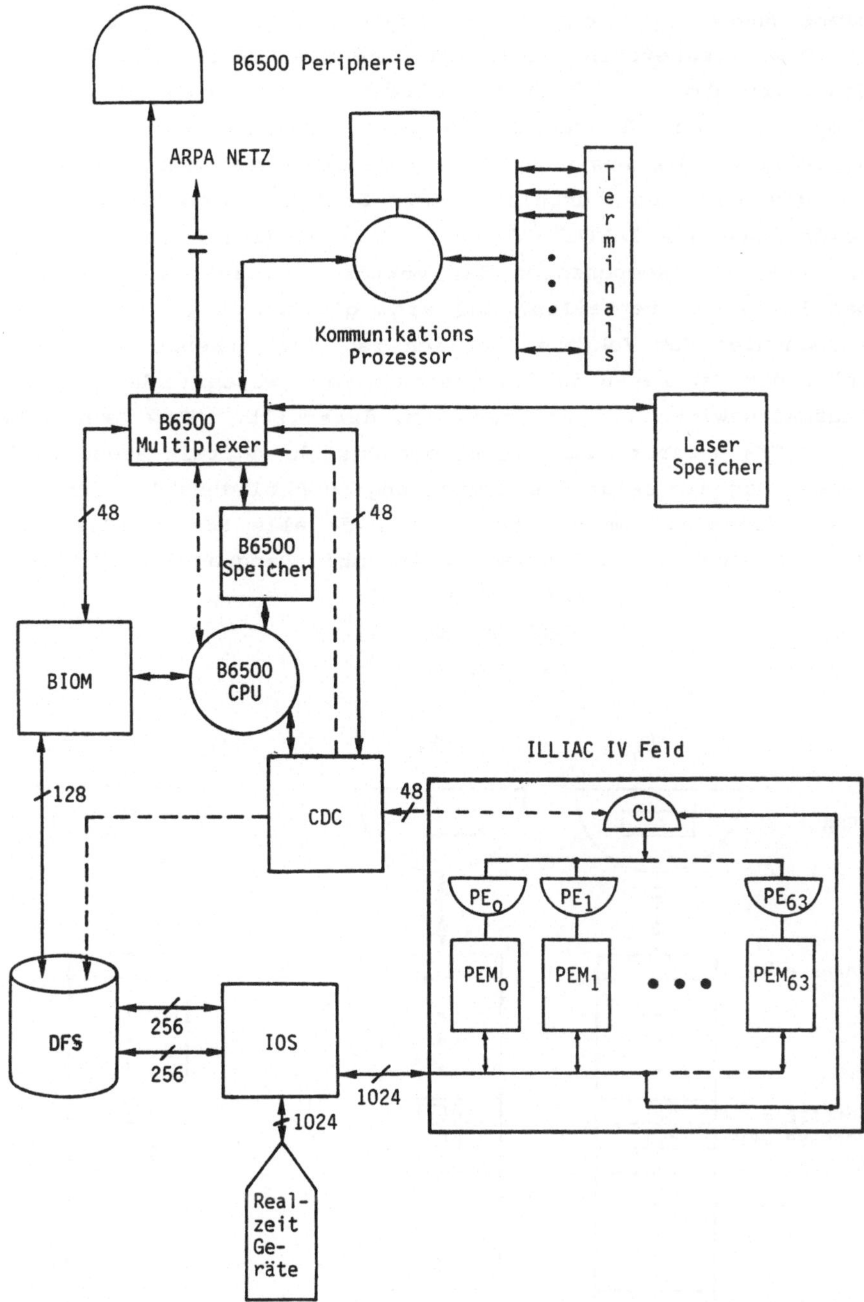

Abbildung 4.8. Gesamtkonfiguration des ILLIAC IV Systems

einfache Vektoraddition, die durch die folgenden FORTRAN Anweisungen beschrieben wird:

```
DO  10  I = 1,N
10  A(I) = B(I) + C(I)
```

Diese Anweisungen werden auf konventionellen Rechnern in eine Folge von Maschinenbefehlen übersetzt, die die Schleifeninitialisierung, den Schleifenrahmen und den Schleifenkörper (die Addition von je einer Komponente aus B und C und die Zuweisung des Ergebnisses an A) darstellen. Die Ausführung wird daher etwas mehr als N mal die Zeit für das einmalige Durchlaufen der Schleife benötigen. Wird jedoch ein Feldrechner wie ILLIAC IV zur Ausführung dieser Aufgabe benutzt, liegt es nahe, die Komponenten der Vektoren so auf die einzelnen Speicher des Feldes zu verteilen, daß eine gleichzeitige Verknüpfung mehrerer Komponenten der Vektoren möglich ist. Man erkennt, daß das "geschickte" Laden der Daten in den Speicher eine wesentliche Voraussetzung für Laufzeitgewinne bei Feldrechnern darstellt. Würde man alle Daten in einem PEM unterbringen, müßte die Ausführung rein sequentiell vor sich gehen. Dagegen zeigt die Einteilung in Abbildung 4.9 für den Fall N=64 einen "speedup" um den Faktor 64, da alle PEs parallel die folgende Befehlsfolge in ASK (ILLIAC IV Assembly Language) ausführen können:

```
LDA    ALPHA + 2;
ADRN   ALPHA + 1;
STA    ALPHA;
```

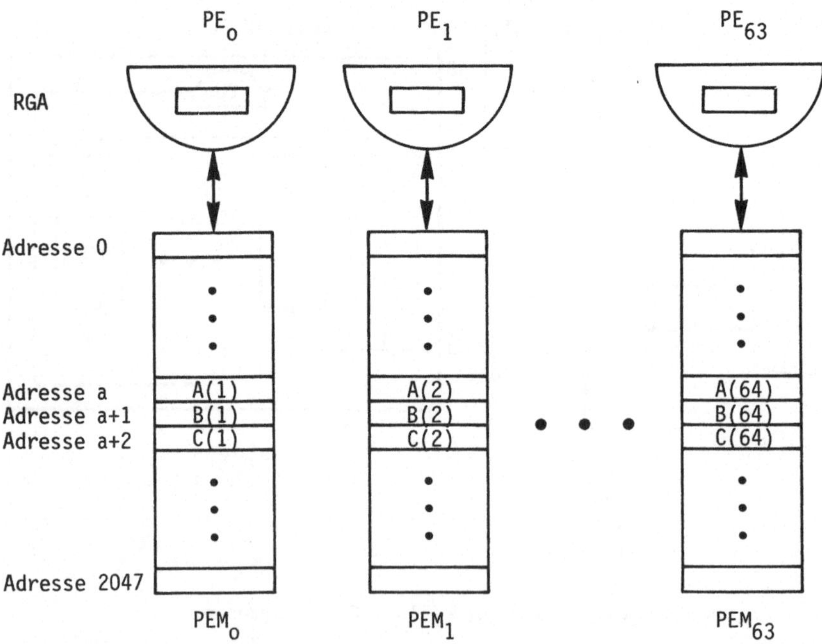

Abbildung 4.9. Verteilung der Daten für die Vektoraddition A(I) = B(I) + C(I) mit 64 Komponenten auf die Speicher PEM des Feldrechnerteils von ILLIAC IV

Für den Fall N < 64 muß überlegt werden, ob es sich lohnt, die entsprechende Aufgabe auf ILLIAC IV zu lösen, oder ob hier nicht die sequentielle Ausführung auf einem konventionellen Rechner günstiger ist. Für N > 64 ist das Programm weitgehend von der Art der Verteilung der Daten auf den Speicher abhängig. Abbildung 4.10 zeigt eine mögliche Variante für den Fall N = 66. Das zugehörige Maschinenprogramm bestünde nunmehr aus sechs Befehlen:

```
LDA   ALPHA + 4;
ADRN  ALPHA + 2;
STA   ALPHA;
LDA   ALPHA + 5;
ADRN  ALPHA + 3;
STA   ALPHA + 1;
```

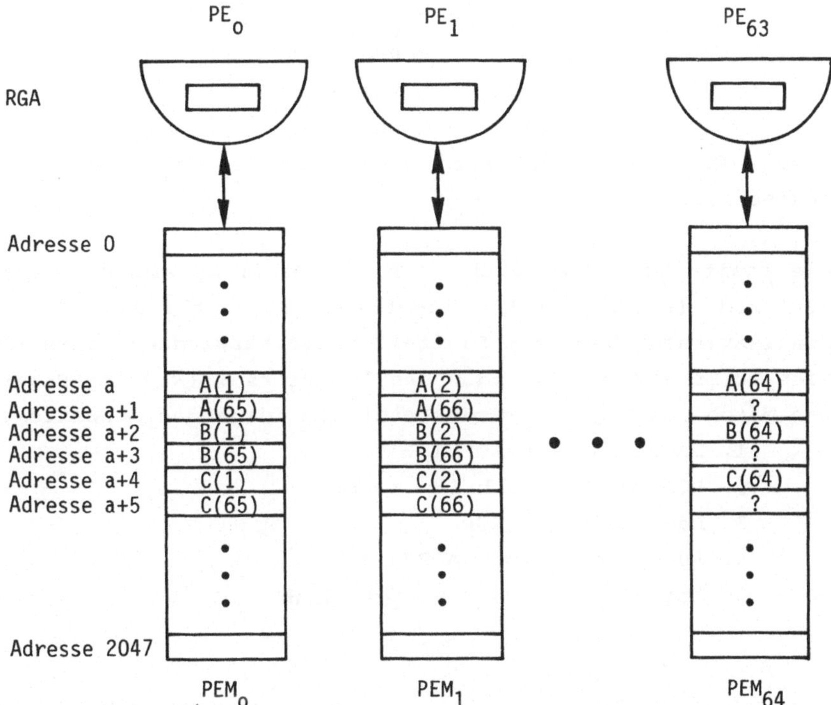

Abbildung 4.10. Verteilung der Daten für die Vektoraddition A(I) = B(I) + C(I) mit 66 Komponenten auf die Speicher PEM des Feldrechnerteils von ILLIAC IV

In diesem Fall ist es also sinnvoll, die Dimension der Vektoren auf das nächste ganzzahlige Vielfache von 64 zu erweitern (128), wobei dann jedoch 186 Speicherplätze verschenkt werden (in Abbildung 4.10 durch "?" gekennzeichnet).

Im folgenden Beispiel soll nun das "skewing", die Verarbeitung nicht stellengleicher Vektorelemente, dargestellt werden, die sich entweder durch geeignete Verteilung der Daten auf den Speicher (skewing zur Übersetzungszeit), oder unter Verwendung der Nachbarschaftsverbindungen zwischen den PEs bei der Verarbeitung (skewing zur Laufzeit) erreichen läßt. Die Aufgabe besteht in der Ausführung einer Vektoraddition, die sich durch die folgenden FORTRAN-Anweisungen beschreiben läßt:

```
   DO 10 I = 2,64
10 A(I) = B(I) + C(I-1)
```

Die <u>erste Variante</u>, die stellenversetzte Speicherung der Vektoren, ist in Abbildung 4.11 dargestellt. Die Ausführung des Programms würde durch die folgende Maschinenbefehlsfolge realisiert:

DISABLE PE_0;
LDA ALPHA + 2;
ADRN ALPHA + 1;
STA ALPHA;

wobei PE_0 gegebenenfalls durch Setzen des entsprechenden Bits abgeschaltet wird.

Die <u>zweite Variante</u> beruht auf der stellengleichen Abspeicherung der Vektoren (Ausgangspunkt identisch mit Abbildung 4.9) und einer Stellenverschiebung zur Laufzeit unter Verwendung eines ROUTE-Befehls. Dies setzt jedoch das Laden des Registers R (Routing-Register) voraus. Das Maschinenprogramm würde jetzt die folgenden Schritte umfassen:

1. Laden RGR mit ALPHA + 2
2. RGR-ROUTE 1 Schritt rechts
3. Laden RGA aus RGR
4. Addieren RGA und ALPHA + 1
5. Abspeichern von RGA nach ALPHA

Die Register/Speicherbelegung nach Ausführung des 3. Befehls zeigt Abbildung 4.12. Sofern PE_0 nicht abgeschaltet wird, wird A(1) der Wert B(1) + C(64) zugewiesen.

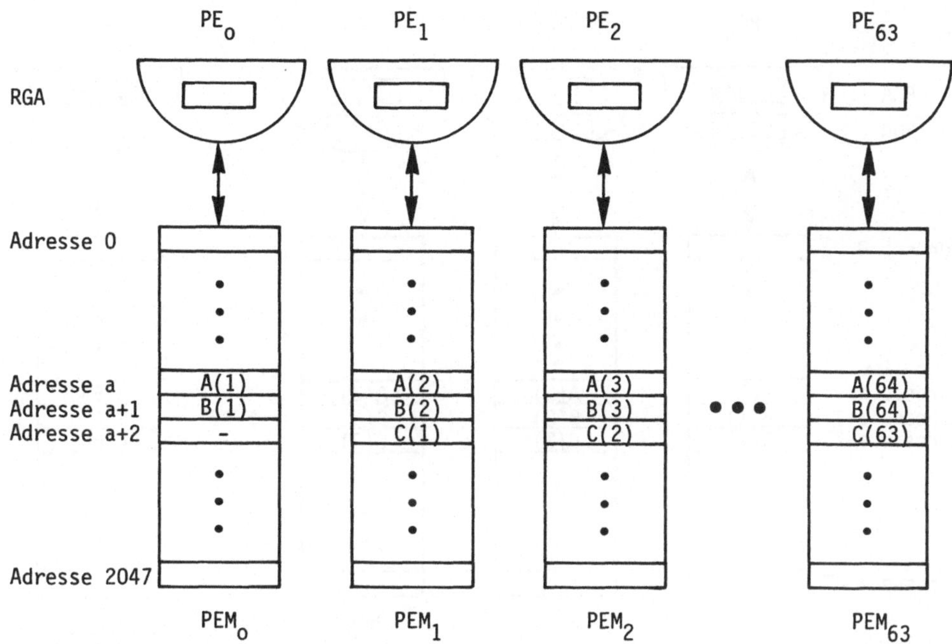

Abbildung 4.11. Stellenversetzte Abspeicherung der Vektorkomponenten für die Vektoraddition A(I) = B(I) + C(I-1) mit 64 Komponenten im Feldrechnerteil von ILLIAC IV

Mit dem letzten Beispiel soll gezeigt werden, daß auch scheinbar nicht parallelisierbare rekursive Ausdrücke durch Entkopplung (uncoupling of sequential code) nebenläufig behandelt werden können. Gestellt ist die in FORTRAN formulierte Aufgabe:

```
      DO 10 I = 2,64
   10 A(I) = B(I) + A(I-1),
```

die eine Abkürzung der folgenden 63 FORTRAN-Anweisungen darstellt:

```
A(2) = B(2) + A(1)
A(3) = B(3) + A(2)
.
.
A(63) = B(63) + A(62)
A(64) = B(64) + A(63)
```

und daher nicht parallelisierbar erscheint, da jede Anweisung auf dem Ergebnis ihres Vorgängers beruht. Setzt man jedoch jeweils die A(I) in die Anweisungen ein, so zeigt sich, daß die Elemente von Feld A unabhängig voneinander nach der Formel

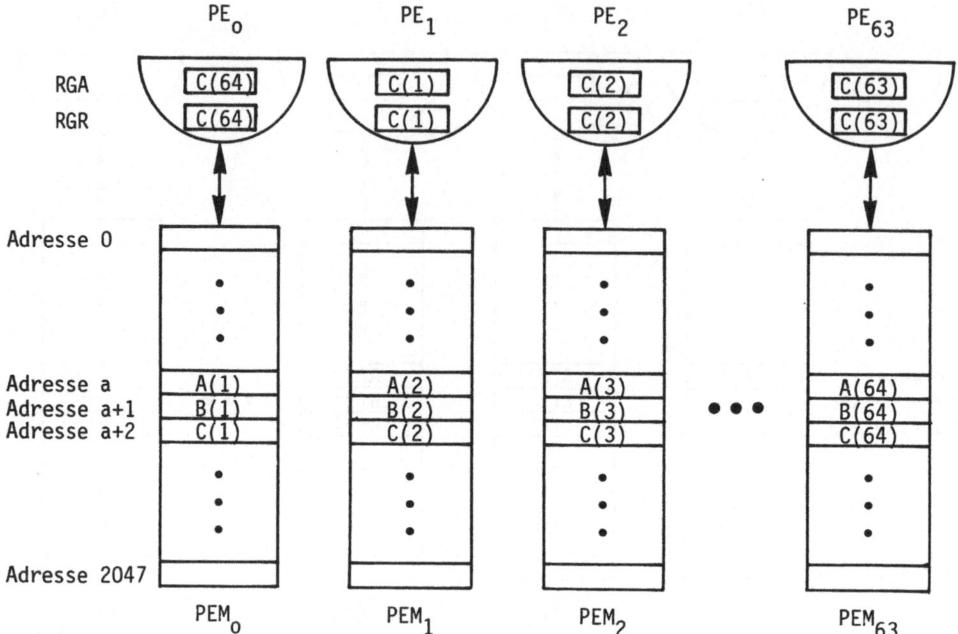

Abbildung 4.12. Register/Speicherbelegung bei stellenversetzter Vektoraddition mit "skewing" zur Laufzeit

$$A(N) = A(1) + \sum_{I=2}^{N} B(I) \quad \text{mit } 2 \leqq N \leqq 64$$

berechnet werden können.

Diese Rechenvorschrift, die bezüglich der Ergebnisse A(N) mit der ursprünglichen Aufgabe identisch ist, wird durch das folgende FORTRAN-Programm beschrieben:

```
          S = A(1)
          DO  10  N = 2,64
          S = S + B(N)
     10   A(N) = S
```

das auf dem Feldrechnerteil von ILLIAC IV durch die Maschinenbefehlsfolge ausgeführt wird:

1. Laden RGA mit ALPHA
2. I = O
3. Laden RGR aus RGA
4. RGR ROUTE 2^I Schritte rechts
5. J = 2^I-1
6. DISABLE PEs O bis J
7. Addieren RGA und RGR
8. I = I + 1

9. Wenn I < 6 Sprung nach Schritt 3., sonst Schritt 10.
10. ENABLE alle PEs
11. Abspeichern von RGA nach ALPHA + 1

Abbildung 4.13 zeigt die Register/Speicherbelegung für I = 2 nach Ausführung von Schritt 7. Das Statusregister RGD besagt, ob die jeweilige PE aktiv (ON) oder abgeschaltet (OFF) ist. Man beachte, daß die Lade und Route-Anweisungen in Schritt 3. und 4. von allen PEs, also auch von den abgeschalteten-, ausgeführt werden. Mit diesem Programm liegt das Schema der Berechnung von Ausdrücken der Form

$$F(I) = C(I) * F(I-1)$$

vor, wobei in Schritt 7. die Addition durch die Multiplikation zu ersetzen ist. Für C(I) = 1,2,3,...,64 und F = 1 liegt damit ein einfacher Algorithmus zur parallelen Berechnung von N! vor.

Für die Programmierung von ILLIAC IV wurde die höhere Programmiersprache GLYPNIR (LAWRIE, LAYMAN, BAER, RANDAL, 1975) entworfen, die auf der Syntax von ALGOL 60 aufbaut und die explizite Formulierung des Parallelismus von Algorithmen durch die Vereinbarung von Vektoren erlaubt. Diese Sprache hat jedoch nicht den Vorteil, die Struktur von ILLIAC IV zu verdecken, eine automatische Parallelisierung gegebener Programme findet nicht statt (vgl. zu diesem Mangel an "Transparenz" auch GILOI, 1980a, S. 164ff.).

Die vorliegenden Beispiele aus DENENBERG, 1971 wurden deshalb so ausführlich besprochen, weil sie - obwohl stark vereinfacht dargestellt - auf charakteristische Probleme von Feldrechnern deutlich hinweisen:

1. Algorithmen, die in höheren Programmiersprachen für sequentielle Rechner formuliert sind, können nicht ohne starke Veränderungen auf einen Feldrechner übernommen werden, in der Hoffnung, dort mit dem maximal erzielbaren "speedup" ausgeführt zu werden. Diese Aufgabe der Zuschneidung auf die parallele Hardware muß entweder ein hochintelligenter optimierender Compiler - sofern vorhanden - bzw. ein Maschinenprogrammierer "von Hand" ausführen (vgl. dazu vor allem KUCK, 1978).
2. Die Dimensionierung der Hardware (64 Rechenwerke bei ILLIAC IV) bestimmt gleichzeitig Grenzen der Wirtschaftlichkeit bei der Nutzung von Feldrechnern, z.B. bei Vektoren mit "zu wenig" Komponenten.

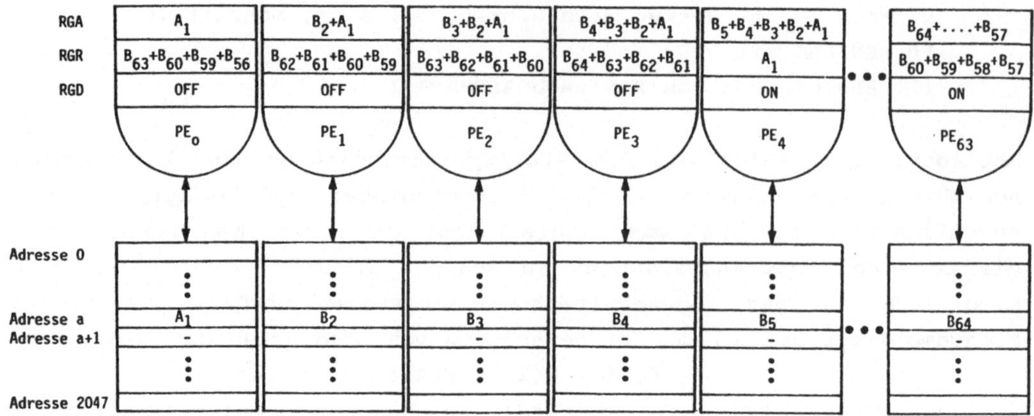

Abbildung 4.13. Register/Speicherbelegung während der Ausführung der Rekursionsformel A(I) = B(I) + A(I-1). Erläuterung im Text

3. Werden eindimensionale Datenfelder in sequentieller Indexfolge auf die verschiedenen lokalen Speicher bzw. Speichermoduln von Feldrechnern verteilt, so ergeben sich beim Zugriff auf diese Daten in nicht sequentieller Indexfolge (z.B. jedes zweite oder dritte Element) Speicherkonflikte. Aus diesem Grunde hat man bei neueren Feldrechnern auf die feste Zuordnung von Rechenwerk und Speichermodul (PE_i-PEM_i) verzichtet und statt dessen als Anzahl der Speichermoduln die nächst größere Primzahl über der Anzahl der Rechenwerke verwendet (BSP: 16 PE_S, 17 Speichermoduln, NASF: 512 PE_S, 521 Speichermoduln). Konflikte ergeben sich dann nur noch bei diesen Prim-Index-Distanzen (vgl. auch KUCK, 1978).

Diese Probleme führen dazu, daß die wirtschaftliche Anwendung von Feldrechnern auf eine kleine Klasse von Anwendungen beschränkt bleibt. Es liegt nahe, demgegenüber weniger spezialisierte, flexible und intelligentere Parallelrechnerstrukturen zu fordern, die sich gegebenenfalls auch der Anwendungsstruktur dynamisch anpassen: adaptierbare Rechnerarchitekturen, die exemplarisch in Kapitel 5 beschrieben werden.

4.2.2 Assoziativrechner

4.2.2.1 Übersicht

Das Hauptmerkmal von Assoziativrechnern liegt in der Benutzung eines inhaltsadressierten Speichers CAM (content adressable memory) statt eines ortsadressierten Speichers RAM wie in konventionellen Rechnern. Auf den Aufbau und die Funktionsweise inhaltsadressierter Speicher wurde bereits in BODE, HÄNDLER, 1980 bei der Behandlung der Speichertechniken (Kapitel 3.3.3.1) eingegangen. Die Idee der assoziativen Verarbeitung wurde bereits 1957 von SLADE und McMAHON entwickelt (vgl. MIES, SCHÜTT, 1976), ihre Realisierung scheiterte aber lange Zeit aus technischen und finanziellen Gründen. Um dem Speicher die Fähigkeit des inhaltsorientierten Zugriffs zu geben, muß nämlich im Speicher Logik vorhanden sein, die Vergleichsoperationen und Verknüpfungen mit vorgegebener Information ermöglicht. Da diese Operationen für alle Speicherworte parallel ablaufen sollen, muß die Vergleichslogik für bitserielle Assoziativprozessoren pro Speicherwort, für vollparallele Assoziativprozessoren sogar pro Speicherbit realisiert werden. Erst mit der Entwicklung der Hochintegration wurden kosteneffektive Realisierungen von assoziativen Systemen ermöglicht. Dennoch ist die Verbreitung vollständiger Assoziativrechner heute noch recht gering, häufig werden dagegen kleine Assoziativspeicher in Rechnern konventioneller Art für spezielle Zuordnungsaufgaben verwendet (vgl. Seitentabelle in den Rechner der Familie IBM System /360 und /370; Kapitel 2.2.2.2).

Nach THURBER, 1976 ist eine Nutzung der hohen Parallelität von Assoziativrechnern nur für eine Reihe von Spezialanwendungen gegeben, deren Strukturen den folgenden Kriterien genügen müssen:
- Daten gleicher Struktur sind in großer Anzahl vorhanden
- alle Daten sollen auf die gleiche Weise verarbeitet werden
- es existieren keine unbekannten globalen Beziehungen zwischen den Daten
- die Daten können wahllos an die Verarbeitungseinheiten verteilt werden.

Assoziativrechner sind also ausgesprochene Spezialrechner, was sich z.B. auch in der Tatsache niederschlägt, daß etwa für den bekanntesten Vertreter, den GOODYEAR STARAN, für die Programmierung keine höhere Programmiersprache angeboten wird, sondern ein Assembler, der den Programmierer zwingt, die Nutzung der parallelen Hardware explizit zu formulieren.

Zusammenfassende Darstellungen über Assoziativrechner finden sich bei BARTH, 1980, FOSTER, 1976, KOHONEN, 1980, MIES, SCHÜTT, 1976, THURBER, WALD, 1975 und YAU, FUNG, 1977. Letztere klassifizieren die Assoziativrechner nach den Kriterien:

- vollparallel
- bitseriell
- wortseriell
- blockorientiert,

wobei neben den beiden bereits eingeführten ersten Fällen der wortserielle Assoziativrechner durch Hardware-Implementierungen von Suchschleifen auf konventionellen Rechnern, der blockorientierte Assoziativrechner durch die Verwendung rotierender Massenspeicher als Speichermedium charakterisiert sind.

Tatsächliche Verwendung haben eigentlich nur die bitseriellen Assoziativrechner gefunden, die einen Kompromiß aus hoher Parallelität und vertretbarem Hardware-Aufwand darstellen. Der Gedanke des bitseriellen, wortparallelen Assoziativspeichers geht auf SHOOMAN, 1960 zurück, der in einem Rechner neben der Verarbeitung vertikal gespeicherter Assoziativdaten auch diejenige konventionell ortsadressierter Horizontaldaten erlauben wollte. Aufbauend auf diesen Gedanken eines "Orthogonalrechners" wurde das System OMEN entwickelt, das wegen seiner unterschiedlichen Betriebsarten in Kapitel 5 über flexible Rechnerstrukturen behandelt wird. Das gleiche gilt für die neuere Entwicklung DAP von ICL und die "Vertikalverarbeitung", eine Emulation der bitseriellen Assoziativverarbeitung im Rahmen des EGPA-Multiprozessor-Projekts.

Abschließend sei noch auf das mathematische Modell von MOTSCH, 1977 verwiesen, das eine exakte Definition verschiedener Formen von Assoziativspeichern ermöglicht.

4.2.2.2 GOODYEAR STARAN

Der von der Firma GOODYEAR Aerospace entwickelte STARAN war der erste assoziative Feldrechner auf dem Markt. Das seit 1972 angebotene Modell STARAN B wurde vornehmlich für Anwendungen in der Wettervorhersage, der Flugsicherung und im militärischen Bereich eingesetzt (BOULIS, FAISS, 1977). Seit 1977 wird ein weiterentwickeltes Modell, STARAN E, auf dem Markt angeboten (GOODYEAR, 1977a,b; BATCHER, 1977), das wegen größerer Speicherkapazität und schnellerer Logik höheren Durchsatz erlaubt. STARAN E besitzt neben dem Assoziativrechnerteil einen Steuerrechner DEC PDP-11 und kann in dieser Konfiguration selbständig betrieben werden. Im allgemeinen ist über ein "Kunden-Interface" (vgl. Abbildung 4.14) jedoch ein Großrechner angeschlossen, der dann als Wirtsrechner fungiert.

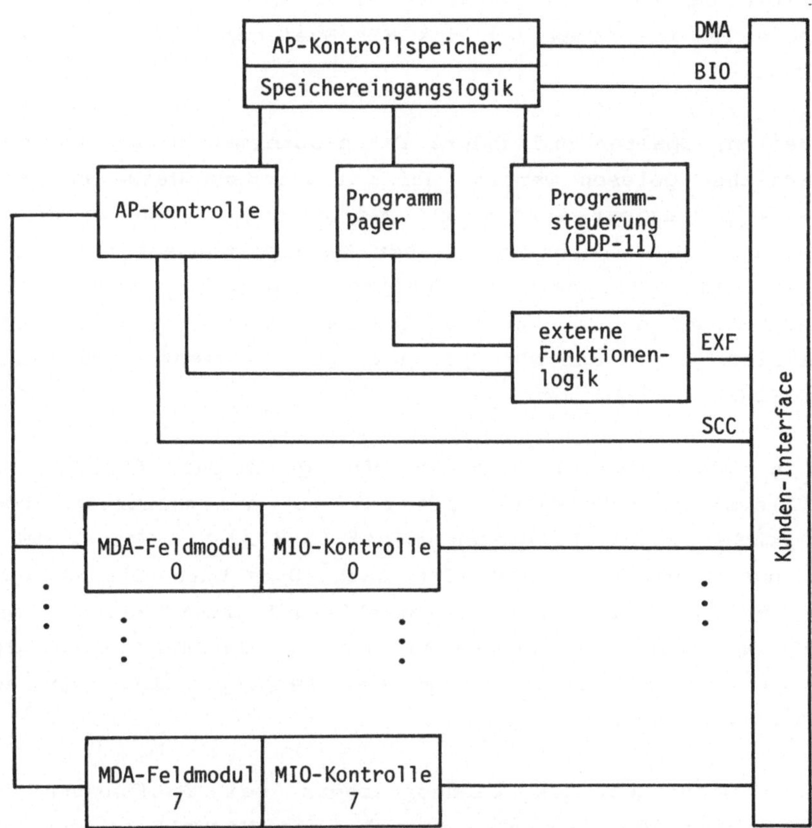

Abbildung 4.14. Vereinfachtes Funktionsschaltbild des Assoziativrechners STARAN E

Abbildung 4.14 zeigt als Kern des STARAN E die assoziativen Feldmoduln mit den drei Grundkomponenten:

- MDA-Speicher (multi-dimensional-access memory),
- den zugehörigen Verarbeitungseinheiten: 1-Bit Rechenwerke (PE)
- ein Permutationsnetzwerk.

Die Anzahl der Feldmoduln ist variabel zwischen 1 und 8, wobei je Modul 256 Worte mit - je nach Ausbau - 1024 bis 65 536 Bit Wortlänge Speicherkapazität gegeben sind. Man erkennt, daß die Wortlänge von Assoziativrechnern diejenige konventioneller Rechner um Größenordnungen übersteigt. Man spricht daher oft auch von assoziativen Sätzen, die aus Feldern mehrerer Daten bestehen.

Die Verbindung zwischen den 256 Sätzen des MDA-Speichers und den 256 1-Bit Rechenwerken geschieht über ein Permutationsnetzwerk, so daß jede PE auf jedes Bit des MDA-Speichers in diesem Modul zugreifen kann.

Zeilen, Spalten und andere Daten-Untermengen können parallel aus dem Speicher gelesen werden, auf verschiedene Weise im Permutationsnetzwerk permutiert werden und mit anderen Daten in den PEs verknüpft werden. Die Ergebnisse dieser Verarbeitungsschritte können wiederum permutiert und dann im Speicher abgelegt werden. (Eine genaue Beschreibung der "multidimensionalen" Speicherzugriffe im STARAN, realisiert durch den MDA-Speicher und Alignmentnetzwerk findet sich bei BATCHER, 1977).

Die Steuerung der Feldmoduln geschieht über die AP-Steuerung (Assoziativ-Prozessor), die auf die assemblierten Programme im AP-Speicher zugreift. Dieser umfaßt 64 K 32-Bit Worte, von denen 12 K im Sinne eines sehr schnellen Cache-Speichers die auszuführenden Programme enthalten und eine Befehlsausführzeit von 100 ns ermöglichen. Ferner umfaßt der AP-Kontrollspeicher Abschnitte für die Datenpufferung und die Adressierung des Hauptspeichers von angeschlossenen Wirtsrechnern.

Das Nachladen des Cachespeichers bei Ausführung von Programmen übernimmt der "program pager", die Verwaltung der System-Software (Programmsteuerung) übernimmt ein Kleinrechner vom Typ DEC PDP-11. Die externe Funktionenlogik schließlich dient der Kontrolle von STARAN-Operationen und zur Kommunikation der einzelnen Komponenten des Systems, ferner stellt sie Wartungs- und Testfunktionen zur Verfügung.

Die MIO-Einheiten (multiplexed I/O) dienen der Kommunikation zwischen den Feldmoduln und externen Geräten, wobei die von den ersteren gelieferten 256-Bit Worte in 8 Worte zu je 32 Bit zerlegt bzw. in umgekehrter Transferrichtung gepackt werden.

Der in Abbildung 4.14 dargestellte DMA-Kanal erlaubt angeschlossenen Wirtsrechnern schnelle Kommunikation mit dem AP-Kontrollspeicher, der BIO-Kanal ist eine übliche E/A Schnittstelle. Der SCC-Kanal (STARAN Command Channel) dient der Bedienung und Steuerung externer Peripheriegeräte.

Zusätzlich, in Abbildung 4.14 nicht dargestellt, kann pro Feldmodul noch je ein 256-Bit paralleler E/A-Kanal angeschlossen werden, der die Versorgung des Assoziativrechnerteils mit hohen Datenraten insbesondere bei Realzeitproblemen (ggf. auch bei Datenbankproblemen mit schnellen Massenspeichern) erlaubt.

Abbildung 4.15 zeigt den Aufbau der MDA-Feldmoduln, die intern 256-Bit breite Datenpfade haben und über MUX, DEMUX mit der 32-Bit E/A verkehren. Der MDA-Speicher besteht aus 256 Worten mit maximaler Wortlänge 65 536 Bit, die jedoch in 256 Feldern zu 256 x 256 Bit aufgeteilt sind. Ferner ist aus Geschwindigkeitsgründen ein Teil dieser Felder mit schnellen bipolaren Bausteinen, der Rest in langsameren MOS-Bausteinen ausgeführt.

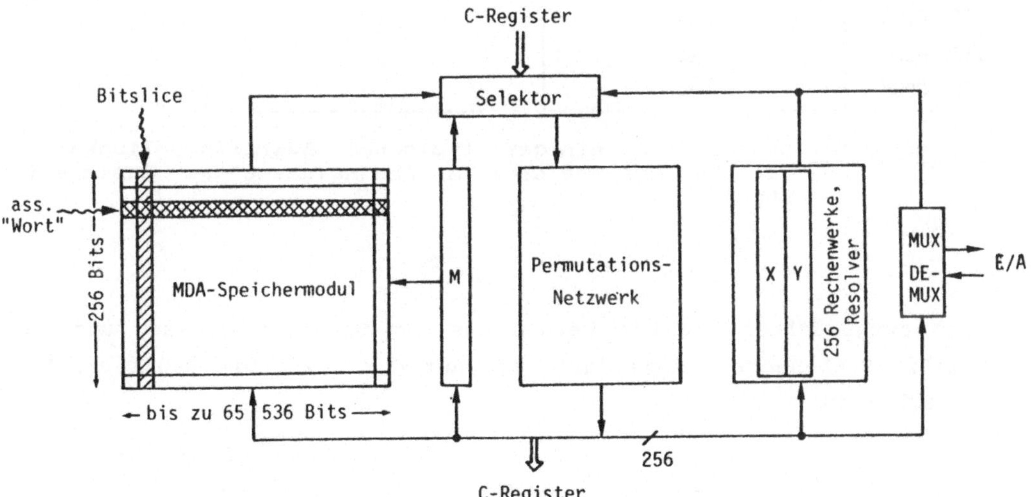

Abbildung 4.15. Interner Aufbau der MDA-Feldmoduln im Assoziativrechner STARAN E

Die Steuerung des mehrdimensionalen Zugriffs auf den MDA-Speicher geschieht durch einen 8-Bit Teil aus einem von 6 Basisregistern aus der AP-Kontrolle, d.h. es existieren 256 verschiedene Zugriffsmuster, von denen einige in Abbildung 4.16 dargestellt sind. Die wichtigsten sind der Bitslice-Modus ('0000 0000') und der Wort-Modus ('1111 1111').

Modus (binär) aus Basisregistern	Anzahl der ausgewählten Worte in einem Modul	Anzahl der ausgewählten Bits pro Wort
0000 0000	256	1
0000 0001	128	2
0000 0011	64	4
0000 0111	32	8
0000 1111	16	16
0001 1111	8	32
0011 1111	4	64
0111 1111	2	128
1111 1111	1	256
1111 1110	2	128
1111 1100	4	64
1111 1000	8	32
1111 0000	16	16
1110 0000	32	8
1100 0000	64	4
1000 0000	128	2

Abbildung 4.16. Darstellung einiger typischer Zugriffsmöglichkeiten auf den MDA-Speicher in Abhängigkeit der Basisregister

Die so ausgewählten 256 Bit werden aus dem Speicher gelesen und den 256 1-Bit Rechenwerken zugeführt, die auf den 3 256-Bit Registern M,X und Y arbeiten.

Die flexiblen Zugriffsmöglichkeiten auf den Speicher würden sich in einer ECS-Beschreibung wie folgt darstellen:

$t_{STARAN/MDA-Feld}$ = (1,256,1) v (1,1,256) v (1,128,2) v ...;

Da STARAN über maximal 8 Feldmoduln verfügt, gilt:

$t_{STARAN/Assoziativfeld}$ = (1,2048,1) v (1,1,2048) v ...;

Ferner ist der Steuerrechner DEC PDP-11 zu berücksichtigen:

t_{STARAN} = (1,1,16) * [(1,2048,1) v (1,1,2048) v ...];

Im Zusammenhang mit einem Großrechner als Wirt ergibt sich (z.B. CDC 7600):

t_{STARAN} = [(15,1,12)*(1,*9,60)]*(1,1,16)*[(1,2048,1) v (1,1,2048) v ...];

Zurück zur Beschreibung der MDA-Feldmoduln: das X-Register entspricht einem Akkumulator und dient zur Speicherung von Zwischenergebnissen. Das Y-Register hat die Funktion eines Trefferregisters. Es enthält üblicherweise die Ergebnisse von Suchoperationen sowie von arithmetischen und logischen Operationen. Das M-Register dient der Aktivitätskontrolle der einzelnen PEs. Im Bitslice-Modus entspricht es einem Wortauswahlregister, im wortweisen Modus einem Maskenregister.

Die logischen Funktionen, die im X- oder Y-Register ausgeführt werden sollen, sind direkt im Befehl anzugeben. Außerdem werden im Befehl die Quelle und das Ziel der auszuführenden Operation bestimmt. Als Quelle kann ausgewählt werden: ein 256-Bit Datum des MDA-Speichers, die Register X,Y und M, sowie das allgemeine 32-Bit Register der AP-Kontrolle, wobei die restlichen 224 Bits Null sind.

Die Eingabegröße wird durch das Permutationswerk geleitet, das eine Schiebeoperation, eine Spiegelung oder eine andere Permutation vornehmen kann. Nach Ausführung der Operation in der Verarbeitungslogik wird das Ergebnis durch das Permutationsnetzwerk zurück in den Speicher, in eines der Register X,Y oder M, den Ausgabekanal der MIO-Einheit oder in das allgemeine Register (C) geleitet. Im letzteren Fall werden nur die ersten 32 Bits berücksichtigt.

Die 32-Bit STARAN-Befehle werden von der AP-Kontrolle sequentiell aus dem AP-Kontrollspeicher geholt und ausgeführt, solange, bis eine Verzweigung, eine Schleife, eine Programmstatuswortänderung oder ein Interrupt auftritt. Der Befehlszähler enthält jeweils die Adresse des gerade laufenden Befehls und wird nach dessen Ausführung inkrementiert. Wird die sequentielle Befehlsfolge verlassen, bleibt der Befehlszähler unverändert, die AP-Kontrolle wickelt die gerade anstehende Unterbrechung ab, und das Programm kann anschließend wieder fortgesetzt werden.

Es gibt drei Hauptgruppen von Befehlen: solche zur Steuerung der AP-Kontrolle, des Programm Pagers und der Extern-Funktionen-Logik.

Die Befehle für die AP-Kontrolle unterteilen sich noch einmal in
- MDA-Feldbefehle zur Steuerung der Verarbeitung auf den MDA-Moduln,
- "Execution-Control"-Befehle (explizite Steuerung) für Programmverzweigungen, bedingte und unbedingte Sprünge und Unterprogrammaufrufe,
- "AP-Control"-Register-Befehle und
- "General-Register"-Befehle für Operationen auf den Registern der AP-Kontrolle.

Die MDA-Feldbefehle arbeiten auf allen Moduln, die durch das Array-Select-Register aktiviert sind. Das Array-Select-Register hat ein Bit für jeden Modul. Ist das entsprechende Bit gesetzt, wird die Operation in diesem Modul ausgeführt. Bei Operationen auf einem einzigen Modul wird dieser durch den "Field Pointer 1" ausgewählt, der die Modulnummer enthält.

Bei der Abarbeitung von Befehlen aus den schnellen Speicherseiten ist ein "speed-up"-Modus vorgesehen. Hierbei können die nächsten Befehle schon geholt werden, während der aktuelle Befehl ausgeführt wird. Dieser Mechanismus ist allerdings nur bei bestimmten Befehlssequenzen erlaubt, die bestimmten Bedingungen genügen müssen. So dürfen die Befehle nicht auf den Kontrollspeicher zugreifen, den Befehlszähler, das Programmstatuswort oder das allgemeine Register verändern, oder eine Verzweigung oder Schleife ansteuern. Der speed-up-Modus kann explizit gesetzt werden in allen MDA-Befehlen, in Load-immediate-Befehlen und bei AP-Kontrollregisterbefehlen, die nicht auf den Kontrollspeicher zugreifen.

Eine Steigerung der Verarbeitungsrate wurde im STARAN E gegenüber dem STARAN B auch durch eine Änderung der System-Mikroroutinen für Multiplikation, Division und andere Gleitkommaoperationen erreicht. Die Mikroprogramme im STARAN B waren so ausgelegt, daß sie möglichst wenig temporären Speicherplatz für Zwischenergebnisse benötigten, da die MDA-Speicher klein waren. In der E-Serie sind die MDA-Speicher so groß, daß für die Routinen ein Zwischenspeicherbereich im bipolaren MDA-Speicher zur Verfügung gestellt werden kann. Dadurch wurden 32-Bit Gleitkomma - und 16-Bit Festkommaoperationen im Mittel um den Faktor 2,5 schneller (vgl. BATCHER, 1977).

Die Zahlendarstellung wurde variabel gehalten, so daß sie an diejenige des angeschlossenen Wirtsrechner angepaßt werden kann. Die Mantisse kann zwischen 2 und 100 Bits gewählt werden, die Exponenten zur Basis 2 zwischen 7 und 11 Bits. In den vier Gleitkomma-Grundoperationen Addition, Subtraktion, Multiplikation und Division können Operanden verschiedener Genauigkeit kombiniert und das Ergebnis mit anderer Genauigkeit abgespeichert werden. Die Exponentenlängen müssen übereinstimmen.

Die Programmierung von STARAN geschieht in APPLE (Associative Processor Programming Language), einer Assemblersprache, die für die Programmierung des STARAN entwickelt wurde. Sie ist auf die parallele und assoziative Verarbeitung des STARAN zugeschnitten. APPLE ist eine symbolische Assemblersprache, d.h. Speicher und Register werden über Symbole angesprochen.

Um die Programmierung zu vereinfachen, ist ein Makro-Praeprozessor vorhanden, der vom Benutzer definierte Makroanweisungen in Assemblersprache umsetzt. Makroanweisungen können im Benutzerprogramm definiert werden und sind dann in diesem Programm gültig. Sie können aber auch in die Bibliothek eingetragen werden und sind dann für alle Benutzer zugänglich.

In diesem Zusammenhang besonders interessant sind die Befehle für die Assoziativverarbeitung auf den MDA-Moduln. Sie lassen sich in folgende Gruppen einteilen:

- Ladebefehle,
- Speicherbefehle,
- Suchbefehle,
- logische Befehle,

- arithmetische Befehle,
- Transfer-Befehle.

Alle Befehle werden nur auf den Feld-Moduln ausgeführt, deren Array-Select-Bit gesetzt ist.

Die Ladebefehle laden die Register X,Y oder M der Moduln oder das allgemeine Register der AP-Kontrolle. Die Feldregister können mit dem Inhalt eines anderen Feldregisters oder einer 256-Bit Speichergröße geladen werden. In das allgemeine Register können Bitgruppen aus dem Speicher oder aus den Registern X oder Y geladen werden. Ist die zu ladende Bitgruppe größer als 32 Bits, werden die höchstwertigen Bits ignoriert und eine Warnung erzeugt. Der ursprüngliche Inhalt des Ziels wird in allen Fällen zerstört. Neben dem einfachen Ladebefehl, der den Inhalt der Quelle unverändert ins Ziel schreibt, gibt es eine Reihe von Ladebefehlen, die es ermöglichen, beim Laden die Inhalte von Quelle und Ziel logisch zu verknüpfen, wie zum Beispiel Komplementbildung, logisches UND/ODER von Quelle und Ziel sowie exklusives ODER von Quelle und Ziel.

Analoges gilt für die Speicherbefehle. Sie veranlassen, daß der Inhalt des allgemeinen Registers oder der Feldregister in den MDA-Speicher geschrieben wird. Auch hier sind während des Speicherns logische Operationen zwischen Quelle und Ziel erlaubt.

Die Suchbefehle werden auf den MDA-Speichern oder im Y-Register ausgeführt, wobei nur Bits betrachtet werden, für die das entsprechende Bit im M-Register gesetzt ist. Die minimale Datenlänge ist 2, da das höchstwertige Bit als Vorzeichen interpretiert wird. Eine Ausnahme bilden die Kriterien "Gleich 0" und "Ungleich 0", sowie die Maximum/Minimum-Suche, bei denen die Daten vorzeichenlos interpretiert werden. Verglichen werden Bitfelder gleicher Länge in den MDA-Speichern oder ein Bitfeld des MDA-Speichers mit einem Bitfeld des allgemeinen Registers.

Als Vergleichsoperatoren stehen zur Verfügung: gleich, ungleich, größer, größer gleich, kleiner, kleiner gleich, nächstgrößerer Wert, nächstkleinerer Wert und Wert zwischen Grenzen. Bei einem Treffer wird das entsprechende Bit im Y-Register gesetzt. Die Maximum/Minimum-Suche und die Suche nach Werten gleich 0 oder ungleich 0 werden auf Bitfeldern im Speicher ausgeführt. In dieser Gruppe stehen auch vier

Befehle zur Trefferbehandlung zur Verfügung:

- FIND sucht in den Y-Registern der Module nach dem ersten gesetzten Bit im ersten Modul, der überhaupt ein gesetztes Bit in Y hat. Die Adressen dieses Bits und des Moduls, in dessen Y-Register es steht, werden in Register der AP-Kontrolle geschrieben.
- STEP sucht wie oben den ersten Treffer und setzt das entsprechende Bit im Y-Register zurück.
- RESVFST sucht wie oben den ersten Treffer und setzt alle übrigen Treffer zurück.
- COUNTRS zählt alle Treffer und schreibt das Ergebnis in ein Register der AP-Kontrolle.

Die logischen und arithmetischen Befehle werden auf Bitfeldern gleicher Länge des MDA-Speichers oder des MDA-Speichers und des allgemeinen Registers ausgeführt. Dabei werden nur die Bits berücksichtigt, die mittels des M-Registers ausgewählt wurden. Für die arithmetischen Befehle ist die minimale Feldlänge 2. Alle diese Befehle sind System-Routinenaufrufe. Bei den arithmetischen Befehlen werden die ursprünglichen Inhalte der Register X und Y immer zerstört.

Als logische Funktionen gibt es UND, ODER, EXOR, das Löschen bzw. Setzen von Speicherbitfeldern und das Speichern des Komplements des allgemeinen Registers in den Speicher.

Als arithmetische Funktionen gibt es neben den vier Grundrechenarten Addition, Subtraktion, Multiplikation und Division noch die Quadratwurzel (nur für Festkommazahlen) und Befehle zur Konvertierung von Gleitkommazahlen in Festkommazahlen und umgekehrt.

Die Transfer-Befehle schreiben den Inhalt eines Speicherbitfeldes in ein anderes Speicherbitfeld. Dabei kann das Bitfeld komplementiert, negiert, inkrementiert oder dekrementiert werden oder der Absolutwert gebildet werden.

Neben diesen assoziativen Befehlen umfaßt die Assemblersprache APPLE Anweisungen zur Programmierung der Register der AP-Kontrolle, zur Steuerung der AP-Kontrolle und des Program Pagers und zur Steuerung der E/A.

Die Assemblerbefehle werden in einen oder mehrere Maschinenbefehle oder in Systemroutinen umgesetzt.

Man erkennt, daß ähnlich wie bei ILLIAC IV der Programmierer explizit Bezug auf die Hardware des Rechners nehmen muß, um den vollen Parallelismus zu nutzen. Auch hier ist also ein Mangel an Transparenz bzw. Virtualität gegeben.

4.3 Multiprozessoren

Insbesondere seitdem auf dem Markt vollständige Prozessoren auf einem Chip (Mikroprozessoren) erhältlich sind, liegt der Gedanke nahe, durch die Kopplung mehrerer solcher Elemente leistungsfähige Rechnersysteme zu entwickeln, die in der Lage sind, zu einem Zeitpunkt mehrere Programme gleichzeitig auszuführen: die Multiprozessoren. Je nach Art der Verbindung zwischen den einzelnen Elementen unterscheidet man

- eng- und lose gekoppelte Systeme
- speicher- oder bus-gekoppelte Systeme
- hierarchische oder gleichberechtigte Systeme
- funktionsorientierte oder Allzweck-Systeme
- symmetrische und asymmetrische Systeme

usw.

Im Rahmen dieses Kapitels über Multiprozessoren sollen exemplarisch einige typische Beispiele besprochen werden, wobei die Auswahl nach dem Kriterium erfolgte, daß es sich nicht um "timids" (Multiprozessoren mit wenigen Prozessoren, vgl. JONES, SCHWARZ, 1980), nicht um funktionsorientierte Multiprozessoren (Prozessor + E/A-Prozessor bzw. Spezialrechner), und nicht um lose gekoppelte Systeme (Rechnernetze) handeln soll.

Eine ausführliche Übersicht über die "timids" gibt SATYANARAYANAN, 1980 der vornehmlich Großrechner mit mehreren Prozessoren wie IBM System /370 Modell 168, CDC CYBER 170, Honeywell 60/66, UNIVAC 1100/80 und BURROUGHS B 7700 behandelt.

Funktionsorientierte Allzweck-Mehrrechner-Konfigurationen beispielsweise mit einer funktionsorientierten Trennung von E/A-Prozessor und Zentralprozessor sind heute Stand der Technik, wurden also insbesondere in Kapitel 3 behandelt. Bereits bei den "single-board-Mikrorechnern", den Ein-Platinenrechnern auf der Basis hochintegrierter MOS-Bausteine, ist diese Technik der Trennung von Zentralprozessor (z.B. 8086) und E/A-Prozessor (z.B. 8089) üblich.

Funktionsorientierte Mehrrechnersysteme für Spezialanwendungen, z.B. Datenbankmaschinen wie das in Braunschweig in Entwicklung befindliche RDBM (vgl. AUER et al., 1980) sprengen den Rahmen dieser allgemeinen Betrachtung der Rechnerarchitektur und müssen daher gesondert behandelt werden (BAUM, HSIAO, 1976).

Die Behandlung der Rechnernetze und ihrer Kommunikationsstrategien muß gesonderten Darstellungen vorbehalten bleiben (vgl. dazu etwa: DAVIES, BARBER, 1973 oder SCHNUPP, 1978), da sie nicht in den engeren Rahmen der Rechnerarchitektur fällt, die die Infrastruktur einzelner Prozessoren, die Globalstruktur paralleler Rechnerstrukturen, weniger jedoch die Vernetzung für sich mehr oder minder abgeschlossener Systeme behandelt.

4.3.1 C.mmp und Cm*

C.mmp und Cm* sind beides Systeme, die an der Carnegie-Mellon University in Pittsburgh entstanden sind. Diese Multiprozessoren sind wohl die bekanntesten und am ausführlichsten dokumentierten Vertreter der Rechner mit Nebenläufigkeit auf Programmebene. C.mmp entstand in den frühen 70er Jahren und bestand aus einer über Kreuzschienenverteiler verbundenen Struktur von 16 Kleinrechnern des Typs DEC PDP-11/40 und 16 Speichermoduln. Ausführliche Beschreibungen finden sich bei MASHBURN, 1982, der über Hardware, Software und Erfahrungen bei der Anwendung berichtet, sowie bei WULF, BELL, 1973.

Cm* ist als Nachfolgeprojekt von C.mmp entstanden und beruht auf dem "cluster"-Konzept, d.h. das Gesamtsystem setzt sich aus über Mehrfachbusse verbundenen homogenen Multiprozessoren zusammen, die ihrerseits über einen gemeinsamen Bus kommunizieren und bis zu 14 Rechner vom Typ DEC LSI-11 umfassen. Ausführliche Beschreibungen über Cm* liegen mit SWAN, FULLER, SIEWIOREK, 1977, SWAN, BECHTOLSHEIM, LAI,

OUSTERHOUT, 1977 und JONES, CHANSLER, DURHAM, FEILER, SCHWANS, 1977 vor. Eine detaillierte Analyse über den Einsatz von C.mmp und Cm* ist bei JONES, SCHWARZ, 1980 nachzulesen.

4.3.1.1 C.mmp

Der Multiprozessor C.mmp (Computer. multi-mini-processor) sollte den folgenden Anforderungen genügen (MASHBURN, 1982):

- Realisierung eines Allzweck-Rechners auf time-sharing-Basis durch eine Menge von Minirechnern,
- symmetrische Beziehung zwischen den einzelnen Prozessoren, also insbesondere kein ausgezeichneter Steuerrechner ("master"),
- Bereitstellung eines großen Adreßraumes,
- Verwendung handelsüblicher Hardware soweit wie möglich.

Für dieses unkonventionelle System mußte eine entsprechende Programmumgebung geschaffen werden, wobei die Strategie eingeschlagen wurde, einen Betriebssystem-Kern, das System HYDRA (vgl. WULF, BELL, 1973), bereitzustellen, auf dem verschiedene Betriebssysteme unterschiedlicher Art aufgebaut werden können (als Aufgabe des Benutzers). HYDRA stellt Implementierungshilfen ("tools") zur Verfügung, schreibt aber keine Betriebssystem-Strategien ("policies") vor. Weitere Eigenschaften von HYDRA sind:

- Speicherschutz nach dem "Capability"-Konzept, objektorientierter virtueller Speicher,
- Nutzung der mehrfach vorhandenen Hardware-Elemente für die Steigerung der System-Zuverlässigkeit,
- Nicht-hierarchische Systemstruktur.

Die Parallelisierung innerhalb des Systems erfolgt auf der Ebene vollständiger Prozesse (Programme), die den einzelnen Prozessoren zugewiesen werden, also nicht auf der Ebene von Einzelbefehlen wie etwa bei Feldrechnern. Im folgenden soll jedoch vornehmlich die Hardware von C.mmp beschrieben werden.

Abbildung 4.17 zeigt die Struktur von C.mmp, wobei 16 Prozessoren vom Typ DEC PDP 11/20 bzw. 11/40 über einen Kreuzschienenverteiler mit 16 Speichermoduln verbunden sind. Als Maximalausbau für den Speicher sind 32 M Byte (25-Bit Adreßraum, Byte-Adressierung) vorgesehen, die tatsächliche Implementierung umfaßte jedoch nur 2,7 M Bytes. Die

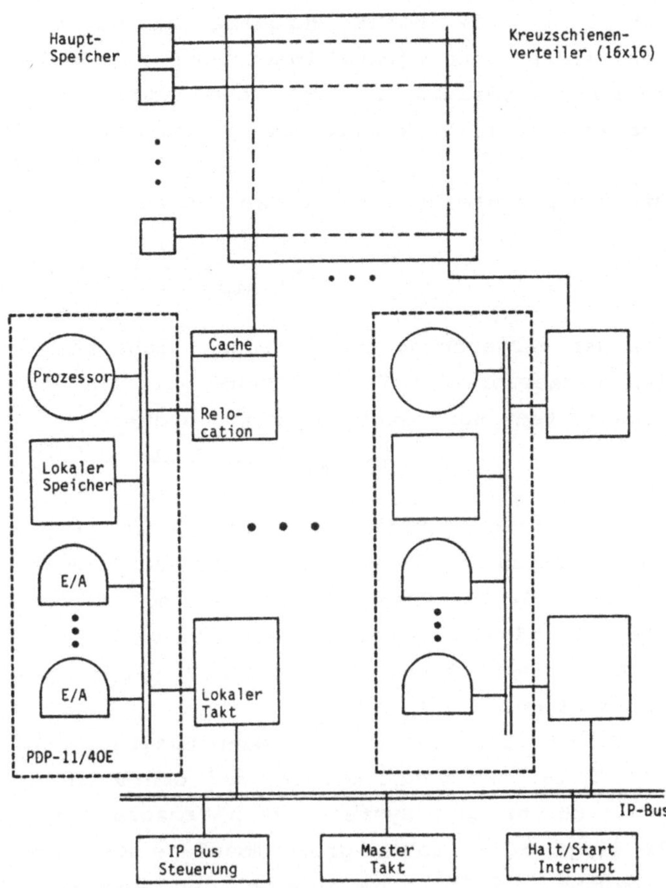

Abbildung 4.17. Vereinfachtes Funktionsschaltbild des Multiprozessors C.mmp

einzelnen Prozessoren arbeiten als typische Einbus-Systeme auf dem UNIBUS (vergleichbar mit dem INFIBUS der LOCKHEED SUE, vgl. BODE, HÄNDLER, 1980, jedoch mit 18-Bit Adreßraum), an den auch der lokale Speicher und alle E/A-Geräte angeschlossen sind.

Der Zugriff der einzelnen Prozessoren auf den gemeinsamen Zentralspeicher mit einheitlichem Adreßraum geschieht über den 16x16 Kreuzschienenverteiler, wobei die 18-Bit logischen Adressen der Prozessoren auf die 25-Bit physikalischen Adressen durch eine Abbildungseinheit (relocation unit) abgebildet werden. Ferner sind alle Einzelprozessoren mit einem sogenannten IP-Bus (inter processor Bus) verbunden, der zentrale Steuerungsaufgaben wie Starten, Anhalten, Unterbrechen übernimmt. Der ursprünglich für das System vorgesehene zweite Kreuzschienenverteiler für den Anschluß gemeinsamer Peripheriegeräte (in

Abbildung 4.17 nicht dargestellt) wurde aus Kostengründen nicht realisiert. Man rückte inzwischen allgemein vom Prinzip des Kreuzschienenverteilers ab (vgl. auch Cm*). Für eine exakte Beschreibung der Adreßabbildungs-Funktion vgl. MASHBURN, 1982.

Die ECS-Beschreibung von C.mmp lautet

$$t_{C.mmp} = (16,1,16);$$

bei der vorgeschlagenen - jedoch nicht realisierten - Synchronisation der Prozessoren auf der Ebene der einzelnen Maschinenbefehle (den sogenannten "gang-state") ergäbe sich:

$$t_{C.mmp} = (16,1,16) \vee (1,16,16);$$

Ein wesentlicher Kritikpunkt am System C.mmp liegt in der Realisierung der Prozessor-Speicher-Verbindung durch einen Kreuzschienenverteiler. Dieser erlaubt zwar einen sehr hohen Parallelitätsgrad und große Flexibilität beim Speicherzugriff:

- theoretisch können 16 Prozessoren gleichzeitig auf 16 Speichermoduln zugreifen,
- jeder Prozessor kann auf jeden Speichermodul zugreifen,

jedoch ist der Schaltungsaufwand erheblich und steigt theoretisch mit $O(n^2)$ für größere Systeme mit n Prozessoren.
Es liegt daher nahe, größenmodulare Multiprozessorsysteme, zu fordern (HÄNDLER, 1977b), bei denen der Verbindungsaufwand nur mit O(n) ansteigt (vgl. dazu auch Kapitel 5).

4.3.1.2 Cm*

Cm* ist ein hierarchischer Multiprozessor mit Paket-Vermittlung ("packet switching"). Die unterste Stufe der Multiprozessor-Struktur entspricht jeweils einem Rechner DEC LSI-11 mit seinem lokalen Speicher und der ihm zugeordneten Peripherie (CMxy in Abbildung 4.18 für computer module). Bis zu 14 CMs sind zu einem "cluster", einer Unterstruktur des Multiprozessors zusammengeschlossen, wobei für die Kommunikation zwischen den CMs eines clusters 1 zentraler Bus, der sogenannte MAP-Bus, zur Verfügung steht. Die Verwaltung der Kommunikation auf dem MAP-Bus führt der zu jedem cluster gehörige Prozessor KMAP (aufgebaut aus Bitslice-Mikroprozessoren vom Typ AMD 2900) durch. Gleichzeitig ermöglicht er Zugriffe auf andere cluster über "interclu-

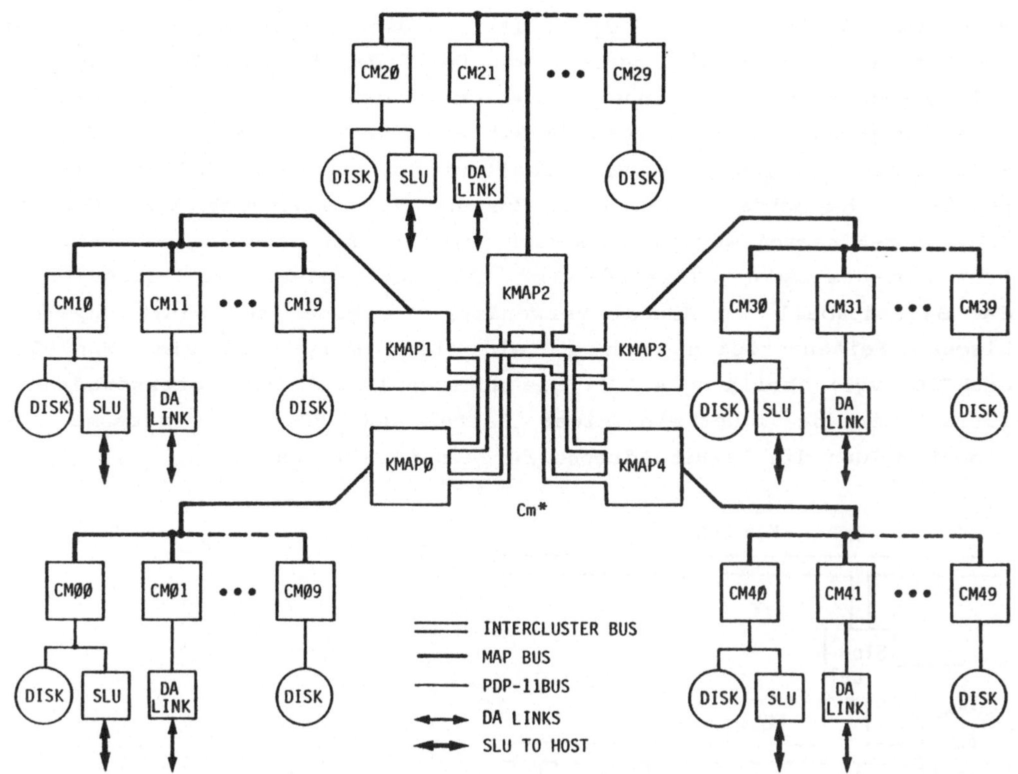

Abbildung 4.18. Vereinfachtes Funktionsschaltbild eines CM*-Multiprozessors mit 5 "clusters"

ster"-Busse, wobei jeder KMAP auf zwei solche Busse zugreifen kann. Die cluster von CM* sind als zeilen- und spaltenweise geordnet zu denken, wobei jeder KMAP über seine beiden intercluster-Busse direkt auf alle KMAPS innerhalb seiner Zeile bzw. seiner Spalte zugreifen kann.

Zugriffe auf außerhalb dieser Struktur liegende cluster sind möglich, müssen aber über zwischengeschaltete KMAPs vermittelt werden. Diese Abkehr von der vollen Konnektivität der KMAPs im Sinne eines Kreuzschienenverteilers führt bei intercluster-Zugriffen zu längeren Wartezeiten, soll aber den Schaltungsaufwand für größere Multiprozessorsysteme reduzieren (O(n)) und erscheint durch Untersuchungen zur Lokalität von Programmen gerechtfertigt.

Das CM*-System verfügt über einen gemeinsamen 28-Bit virtuellen Adreßraum, der in Segmente von maximal 4 K Bytes aufgeteilt ist. Zugriffe von Programmen auf Segmente geschehen über "capabilities", die den Namen und die Zugriffsrechte zu einem Segment spezifizieren. Der einzelne Prozessor hat jeweils einen 16-Bit Adreßraum, der in 16 Seiten aufgeteilt ist. Über einen Abbildungsmechanismus ist es einem

Programm möglich, jede "capability" einer beliebigen Seite ihres unmittelbaren Adreßraums zuzuordnen. Der Zugriff eines Prozessors auf seinen lokalen Speicher innerhalb eines CM geschieht durch Adreßabbildung der prozessorgenerierten 16-Bit Adresse über eine in der Einheit Slocal (vgl. Abbildung 4.19) enthaltene Seitentabelle auf eine 18-Bit physikalische Adresse des LSI-11-Busses. Die höchstwertigen 4 Bit der Prozessor-Adresse werden zusammen mit 1 Bit aus einem externen Prozessor-Statuswort ("user"- bzw. "kernel"-Modus) zur Adressierung der Seitentabelle in Slocal verwendet, die neben den 6-Bit physikalischen Seitenadressen noch je ein "Read Only" und ein "Map"-Bit enthält (vgl. Abbildung 4.20). Die unteren 12 Bit der Prozessoradresse (Offset-Adresse innerhalb einer Seite) und die Seitenadresse aus Slocal bilden die 18-Bit Adresse für den LSI-11-Bus.

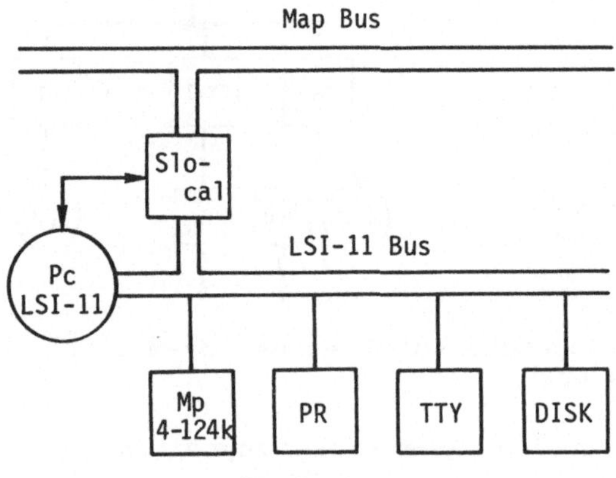

Abbildung 4.19. Schematischer Aufbau eines "computer module" (CM) im Multiprozessor CM*

Ist das MAP-Bit einer Seite in Slocal gesetzt, bedeutet dies, daß die entsprechende Seite nicht im lokalen Speicher des entsprechenden CM liegt. Greift der Prozessor auf eine solche Adresse zu, wird von Slocal ein Bedienungswunsch an den zuständigen KMAP ausgeführt, der über den MAP-Bus die prozessorgenerierte Adresse (12 + 4 Bit), die CM-Nummer (4 Bit), das externe Statusbit ("space") und eine Schreiblese-Kennung liest (vgl. Abbildung 4.21).

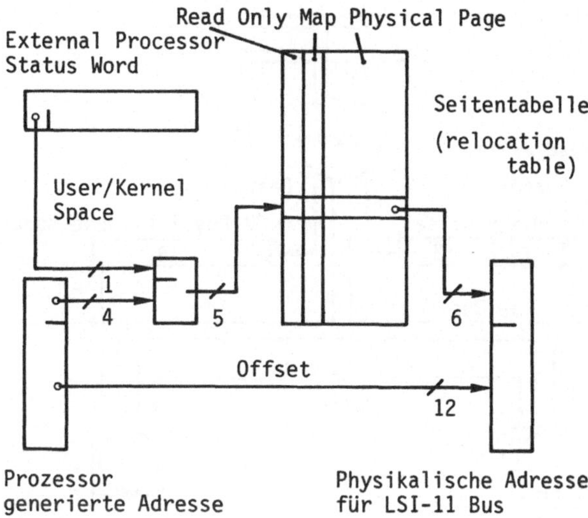

Abbildung 4.20. Adreßbildung bei Zugriffen auf den lokalen Speicher eines CM im Rechner CM*

KMAP überprüft durch interne Tabellen, ob sich die entsprechende Seite in einem Speicher des clusters befindet oder außerhalb. Wir wollen zunächst den ersten Fall betrachten, den sogenannten "cluster-lokalen" Zugriff (vgl. Abbildung 4.21). In diesem Fall kann der aufwendige Adreß-Abbildungsvorgang von Prozessor-Adresse über systemweite virtuelle Adresse auf physikalische Adresse entfallen und KMAP direkt die Übersetzung der Seitenadresse in eine 4-Bit CM-Nummer, die diese Seite physikalisch enthält, und eine physikalische 18-Bit Adresse vornehmen. Diese Information wird mit der Schreiblese-Kennung an das Slocal des angesprochenen CM weitergegeben, ein DMA-Zugriff auf den Speicher durchgeführt, eine Ausführungsmeldung an KMAP gegeben und das Datum an den Sender übergeben (Lesen) bzw. eine Rückmeldung produziert (Schreiben).

Befindet sich die angesprochene Seite nicht innerhalb des clusters, findet ein "intercluster"-Zugriff statt (vgl. Abbildung 4.22). Wie bei cluster-lokalen Zugriffen liest der KMAP zunächst die prozessorgenerierte Anforderung und bildet aus dieser aufgrund seiner internen Tabellen eine 31-Bit Zwischeninformation, die über die intercluster-Busse zu dem entsprechenden Ziel-KMAP weitergegeben wird. Die Zwischeninformation besteht aus der 12-Bit Offset-Adresse, einem 16-Bit Segment-Namen, der Nummer des Ziel-clusters und einem 3-Bit Opcode

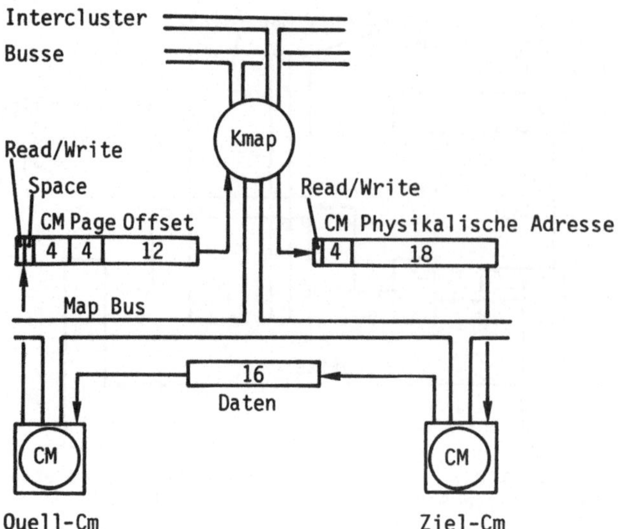

Abbildung 4.21. Adreßbildung bei Zugriff eines CM auf den Speicher eines anderen CM innerhalb eines clusters ("cluster-lokaler"-Zugriff) im Multiprozessor CM*

(erweiterte Schreib/Lese-Kennung). Segmentname und Offset-Adresse zusammen stellen die virtuelle Adresse dar. Die virtuelle Adresse und, bei einer Schreib-Operation das zugehörige Datum, werden über die intercluster-Busse an den Ziel-KMAP weitergegeben, wobei, falls es keine direkte Verbindung zwischen Quell- und Zielcluster gibt, eine Weitergabe über Zwischen-KMAPS stattfindet. Der Ziel-KMAP transformiert die virtuelle Adresse in eine physikalische Adresse, die CM-Nummer und die Schreib/Lese-Kennung. Diese werden über den MAP-Bus des Zielclusters an das entsprechende Slocal weitergeleitet, das die Ausführung der Aktion anstößt, eine Rückmeldung für seinen KMAP produziert und im Fall einer Leseoperation die entsprechende Information an den KMAP weiterleitet. Rückmeldung und gegebenenfalls Daten werden dann vom Ziel-KMAP über den Quell-KMAP an den Slocal des Quell-Prozessors übertragen, so daß damit der Zugriffsvorgang abgeschlossen ist.

Die gesamte Kommunikation im Multiprozessor CM* ist durch Paket-Vermittlung realisiert, nur auf der lokalen Ebene, dem LSI-11-Bus, wird das übliche Leitungsschaltungs-Verfahren (circuit-switching) verwendet. Damit sind die Busse nur während der reinen Übertragungszeit zugeordnet, was zu höherer Verkehrsleistung und der Vermeidung von deadlocks bei der Buszuordnung führt. Wegen der Verschränkung des Protokolls (positive Rückmeldung wird abgewartet, bevor der Zugriffszyklus abgeschlossen werden kann) ist das Verfahren sehr sicher.

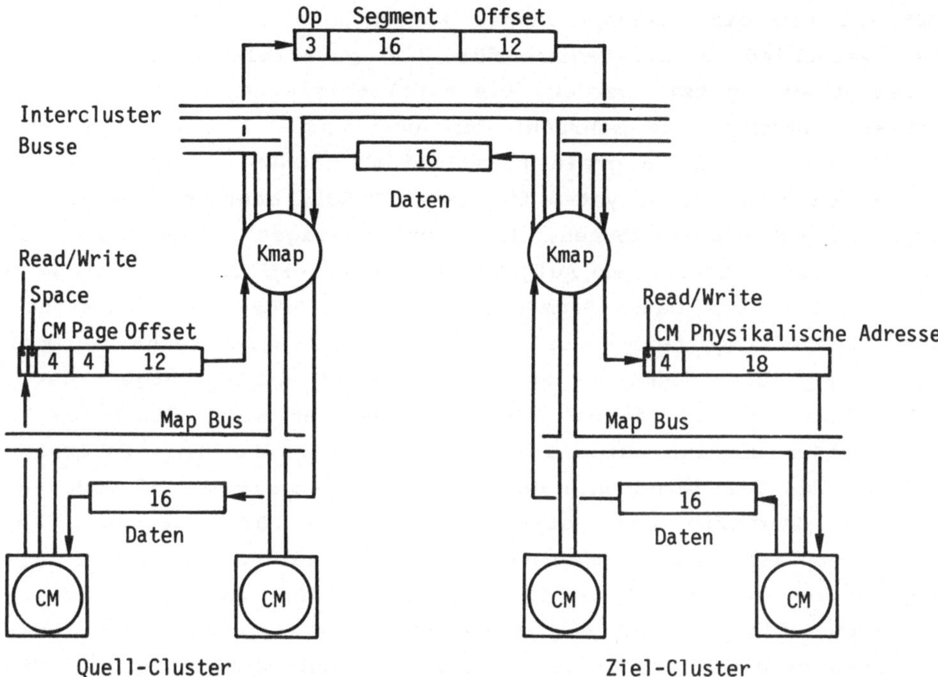

Abbildung 4.22. Adreßbildung bei Zugriffen eines CM auf den Speicher eines CM innerhalb eines fremden clusters ("intercluster"-Zugriff) im Multiprozessor CM*

Die Hierarchie der Zugriffe über

- lokalen LSI-11-Bus
- cluster-lokalen MAP-Bus
- intercluster Bus

trägt der Eigenschaft der Lokalität von Programmen und Daten Rechnung. Die Zugriffszeiten verhalten sich in dieser Reihenfolge wie 1:3:9 (3:9:26 µs), d.h. ein Zugriff in den Speicher eines fremden clusters dauert neunmal so lange wie der Zugriff in den lokalen Speicher, dreimal so lange wie der Zugriff in den Speicher eines fremden CM innerhalb des clusters (JONES, 1981), bedingt durch den unterschiedlichen Aufwand an Adreßtransformation.

Die Transparenz der Adressierung, die durch die einheitliche virtuelle Adressierung im gesamten System gekennzeichnet ist, wird unter anderem auch dadurch unterstützt, daß es genau einen zuständigen KMAP für die Transformation von virtueller Adresse auf die physikalische - eines Segmentes gibt, was das Verschieben von Segmenten und die Implementierung von kritischen Operationen nach dem Prinzip des gegenseitigen Ausschlusses ("mutual exclusion") erleichtert.

CM* ist als ein ausgesprochenes Forschungssystem zu betrachten, auf dem verschiedene Strategien für die parallele Programmierung untersucht wurden bzw. werden. Die Parallelisierung geschieht dabei auf mehreren Ebenen, die Mehrzahl der Anwendungen bezieht sich aber auf die Ebene des "large grain parallelism" (JONES, SCHWARZ, 1980), bei der in einem Betriebssystem für CM*, STAROS, mehrere Benutzer mehrere Prozesse aktivieren können, die über "messages" miteinander kommunizieren. Dabei bleibt es Aufgabe des Benutzers zu definieren, welche Code- und welche Daten-Segmente für seine Prozesse auf welche Teile des Rechners verteilt werden. Es findet also keine automatische Verteilung der Segmente auf das System statt. Wegen der hohen Zugriffszeiten auf "ferne" Speicher liegt es nahe, daß diese Verteilung großen Einfluß auf die Gesamtausführungszeit hat. Untersuchungen zeigen, daß das Verhältnis der Anzahl von Zugriffen auf Code-Segmente und der Zugriffe auf Datensegmente etwa 70:30 beträgt, es also wichtiger ist, Programme bei ihren Prozessen zu haben als die zugehörigen Daten. Immerhin hat auch die Datenverteilung einen wichtigen Einfluß auf den zu erwartenden "speedup" von Multiprozessoren gegenüber Monoprozessoren: Abbildung 4.23 zeigt das Ergebnis einer Untersuchung auf Cm*, die den theoretisch erreichbaren Parallelismus (gestrichelte Linie) vergleicht mit dem aus den gemessenen Laufzeiten zweier Programmvarianten (Lösung von Differentialgleichungen) errechneten "speedup". Die gepunktete Linie steht für die Programmvariante, bei der die Daten auf die sie verarbeitenden cluster verteilt sind, die Linie mit den Rauten zeigt das Verhalten, wenn alle Daten in 1 cluster konzentriert sind. Greifen mehr als 24 Prozessoren auf diesen cluster zu, fällt die Leistungskurve sogar wieder ab (vgl. JONES, 1981).

Die nachfolgend nur kurz geschilderte Möglichkeit der Parallelisierung auf Einzelinstruktionsebene erscheint daher nicht als die Hauptleistung des Cm*-Konzepts. Für eine Untermenge von ALGOL 68 wurde ein System zur automatischen Erkennung parallel ausführbarer Instruktionen implementiert, das zur Laufzeit die Prozessoren eines clusters dynamisch in "master" und "slaves" einteilt. Der "master" führt dabei ein Programm aus und kann Aufträge zur Ausführung einzelner Instruktionen an die Gruppe der nicht aktiven "slaves" geben (HIBBARD, HISGEN, RODEHEFFER, 1978).

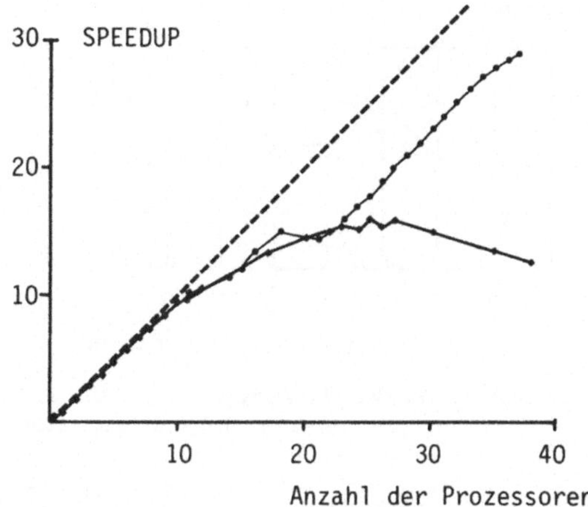

Abbildung 4.23. Speedup für verschiedene Datenverteilungen bei gleichen parallelen Programmen in Cm*

Abbildung 4.24 zeigt, daß bei dieser Konstruktion ein speedup nur bis zu einer beschränkten Anzahl von slaves zu erwarten ist, da der master nicht in der Lage ist, eine größere Anzahl von Aufträgen zu erzeugen und die Ergebnisse weiterzuverarbeiten. Die Rechenleistung ist jedoch in nicht unerheblicher Weise von der implementierungsbedingten Verteilung der Ausführungszeiten der einzelnen Instruktionen auf den verwendeten Rechnern LSI-11 abhängig.

Für die ECS-Beschreibung eines Clusters mit 14 Prozessoren ergibt sich

$$t_{Cm^*/Cluster} = (14,1,16);$$

berücksichtigt man zusätzlich den mikroprogrammierten Prozessor des KMAP, lautet die Beschreibung

$$t_{CM^*/Cluster} = (1,1,16) * (14,1,16);$$

Wird die erwähnte Parallelisierung auf dem Niveau der Einzelinstruktion als alternative Betriebsart zum Multiprozessorbetrieb berücksichtigt, so ergibt sich:

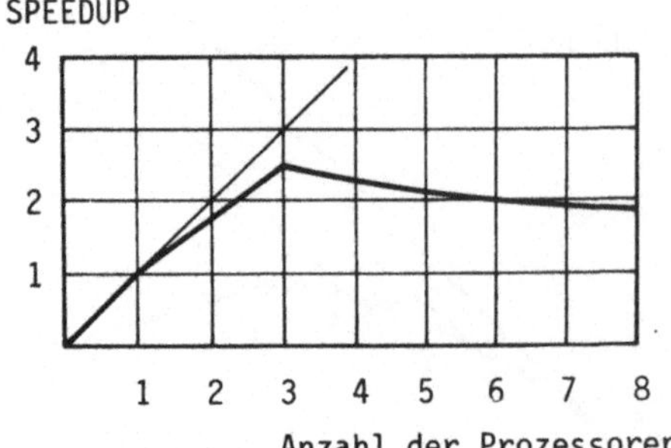

Abbildung 4.24. Speedup bei Parallelisierung der Einzelinstruktionen eines typischen numerischen Programms

$$t_{CM*/Cluster} = (1,1,16) * [(14,1,16) \vee (1,*14,16)];$$

da hier ein typisches Befehlspipelining vorliegt (vgl. auch den Hinweis auf die Datenfluß-Idee bei HIBBARD, HISGEN, RODEHEFFER, 1978).

Abschließend bleibt über Cm* festzuhalten, daß dieses System als eines der ganz wenigen wirklich realisierten und angewendeten Multiprozessorsysteme zu betrachten ist. Die in der bestehenden Pilotrealisierung verwendete Anzahl von 50 Prozessoren (5 cluster) zeigt deutlich, daß hier kein "timid" vorliegt, womit jedoch auch eine Anzahl von für große Multiprozessoren typischen Problemen auftreten, die man versucht hat, in folgender Weise zu lösen:

- Der Verbindungsaufwand ist durch die Hierarchisierung der Busse, deren beschränkte Anzahl und die Paketvermittlung reduziert, insbesondere gegenüber dem Kreuzschienenverteilerkonzept vom C.mmp. Durch die starke Hierarchisierung sind für entfernte Objekte jedoch nicht unerhebliche Adreßtransformationszeiten anzusetzen (ca. 30 µs!).
- Geschwindigkeitssteigerungen durch Parallelisierung von Prozessen muß der Benutzer mit zusätzlichem Vorbereitungsaufwand bezahlen, da er sich überlegen muß, wie er seine Programme und Daten auf das Feld verteilt. Die Automatisierung dieser Vorgänge kann heute als offene Frage betrachtet werden. Wichtig ist jedoch in diesem Zusammenhang, welche Software-Hilfsmittel dem Benutzer zur Verfügung stehen, diese Aufgabe effizient zu lösen. Eine Diskussion dieser Hilfsmittel sprengt allerdings den Rahmen eines Buches über Rechnerarchitektur, es wird daher auf die entsprechende Literatur verwiesen: JONES, SCHWARZ, 1980.

4.3.2 SMS 80

Das SMS 80 (structured multimicroprocessor system) ist ein von der Firma SIEMENS entwickeltes Forschungssystem auf der Basis von 8-Bit Mikroprozessoren vom Typ 8080. Die Grundidee des Forschungsrechners bestand darin, auf der Basis extrem billiger und - als Einzelbausteine - wenig leistungsfähiger Prozessoren durch Vervielfachung ein Gesamtsystem hoher Rechenleistung mit gutem Preis-Leistungsverhältnis zu erhalten (KOBER, 1976, KOBER, 1978, KOBER, KOPP, KUZNIA, 1976 und SIEMENS, 1979b). Abbildung 4.25 zeigt die Grobstruktur des SMS 80, das im Grundausbau aus einem Block von 16 Modulrechnern (MRi) besteht und auf bis zu 8 Blöcke mit insgesamt 128 Modulrechnern ausbaubar ist. Der einzelne Modulrechner besteht aus einem Mikroprozessor 8080, einem Arithmetik-Prozessor Am 9511 (erst in der letzten Ausbaustufe wegen der geringen Leistungsfähigkeit des 8080-Maschinenbefehlssatzes hinzugefügt), Programm- und Datenspeicher mit 2 KB PROM und 16 KB RAM, einem Buskoppler und einer E/A-Schnittstelle (vgl. Abbildung 4.26). Die Modulrechner sind miteinander durch einen gemeinsamen schnellen Bus verbunden, wobei die Kommunikation über Systemprogramme im Steuerrechner des Bedienungssystems koordiniert wird. Dabei greift der Steuerrechner auf die Inhalte der Kommunikationsspeicher in jedem Modulrechner zu. Die Kommunikationsspeicher sind physikalisch als Teil des Privatspeichers realisert.

Typisch für das System SMS ist die strenge Globalsteuerung durch den Steuerrechner, die über die Kommunikationsspeicher vermittelt wird. Während einer Kommunikationsphase, also der Zugriffszeit des Steuerrechners auf den Kommunikationsspeicher, können die Modulrechner nicht aktiv sein. Der Multiprozessorbetrieb verläuft also immer global getaktet in der Reihenfolge:
- Steuerphase
- Parallelphase
- Datenaustauschphase.

In der Steuerphase übergibt der Steuerrechner den einzelnen Modulrechnern die Startadresse der von ihnen in der nächsten Parallelphase auszuführenden Programme in deren Privatspeicher und startet die Parallelphase.

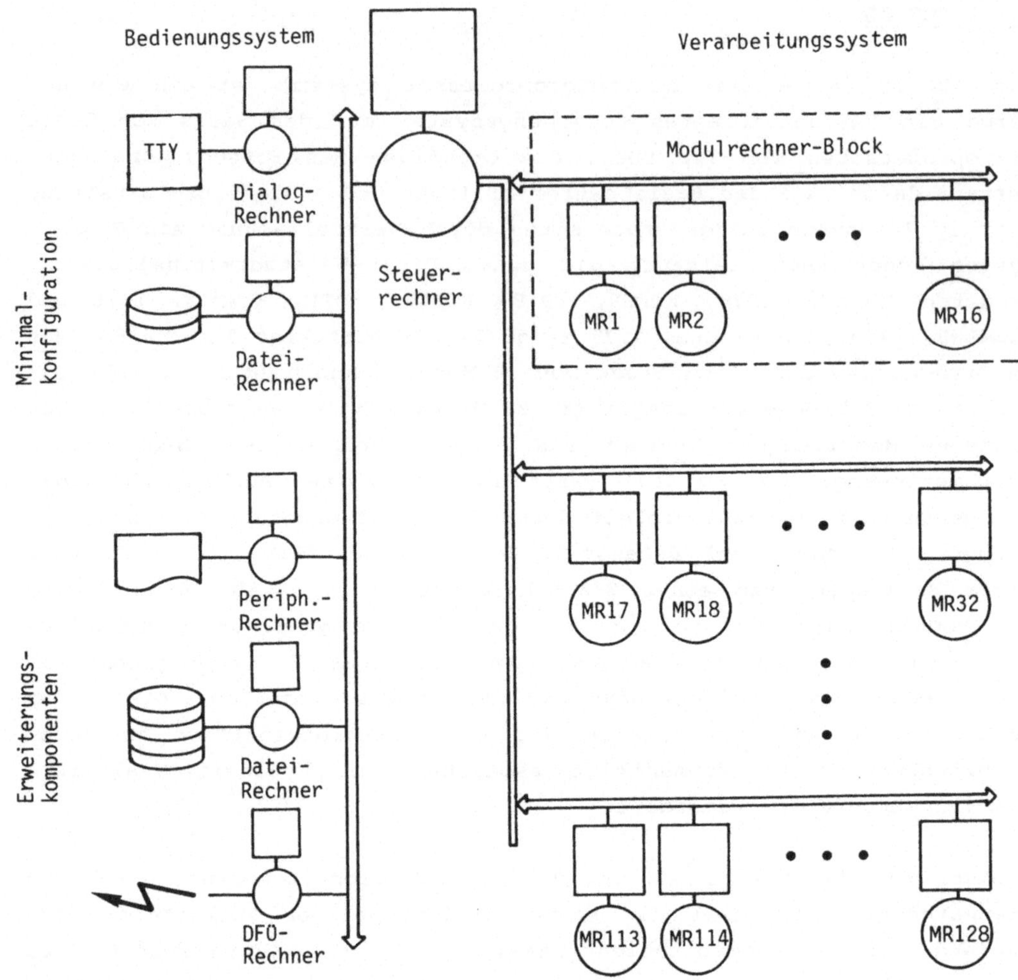

Abbildung 4.25. Globalstruktur des Multiprozessorsystems SMS 80 (MRi: Modulrechner i)

In der Parallelphase (bei KOBER, KOPP, KUZNIA, 1976 auch "autonome Phase" genannt) führen die einzelnen Modulrechner die durch die Startadresse im Kommunikationsspeicher angegebenen Programme aus. Die Programme sind dabei in den jeweiligen Privatspeichern geladen vorausgesetzt, die Daten werden aus dem Kommunikationsspeicher oder ebenfalls aus dem Privatspeicher entnommen. Nach Beendigung seines Programms speichert jeder Modulrechner seine Ergebnisse im Kommunikationsspeicher ab und setzt dann ein Fertig-Signal an den Steuerrechner ab. Wenn der Steuerrechner die Fertigsignale aller Modulrechner empfangen hat, ist die Parallelphase beendet und er startet die nächste Phase.

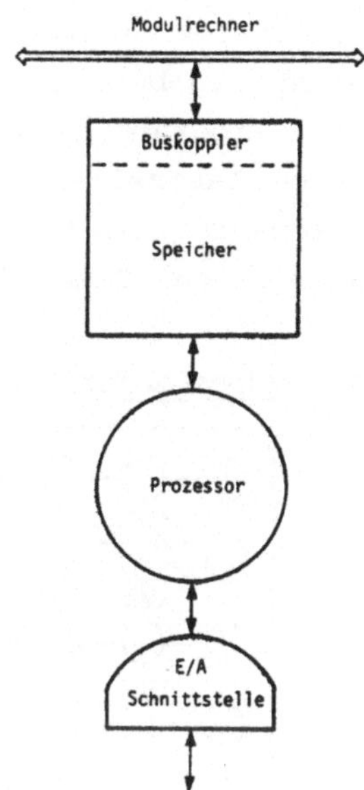

Abbildung 4.26. Aufbau der Modulrechner im System SMS 80

In der Datenaustauschphase greift der Steuerrechner auf die durch die Modulrechner in den Kommunikationsspeicher abgelegten Daten zu und verteilt sie an die anderen Modulrechner. So erhält jeder Modulrechner seine Daten für die nächste Parallelphase.

Abbildung 4.27 zeigt anhand eines Beispiels die Arbeitsweise des Rechners SMS 80 mit dem zugehörigen "Programm", in dem zyklisch die drei eben beschriebenen Arbeitsphasen durchlaufen werden. Man nennt diese Art der Programmierung auch ASP-Programmierung (Alternating Sequential Parallel Systems, vgl. WALLACH, 1982). Dabei besteht "das Programm" aus einem Steuer- und Kommunikationsprogramm auf dem Steuerrechner und aus n Programmen auf den Modulrechnern (im Beispiel n = 16), die k mal durchlaufen werden (bis das Abbruch-Kriterium erreicht ist). Im Beispiel führen alle 16 Modulrechner das gleiche Programm (Potentialberechnung für je 1 Gitterpunkt) aus, prinzipiell können natürlich auch unterschiedliche Programme gerechnet werden. Letzteres ist aber nur sinnvoll, wenn die Laufzeiten der einzelnen Programme in etwa gleich groß sind, da die Parallelphase erst beendet wird, wenn der letzte Modulrechner sein Fertigsignal gesetzt hat. Bei sehr unterschiedlichen Teillaufzeiten entstünden also große Leerlaufzeiten. Typische Anwendungen für SMS sind also iterative Verfahren mit Zugriffen auf matrixartig verteilte Daten wie die Wettervorhersage (vgl. KOBER, 1978). Auch der SMS 80 ist daher ein typischer Spezialrechner, der nicht unerhebliche Anforderungen an den Programmierer stellt. Eine "Automatisierung" des Parallelbetriebs ist nicht gegeben. Vielmehr muß der Programmierer bei der Problemanalyse sein Programm in geeignete nebenläufige Teilprogramme zerlegen, dabei deren Laufzeiten berücksichtigen und nach Programmierung dieser Programme für die Modulrechner (in Assembler, PL/M oder FORTRAN) noch ein Steuer- und Kommunikationsprogramm im Steuerrechner produzieren.

- Problemstruktur

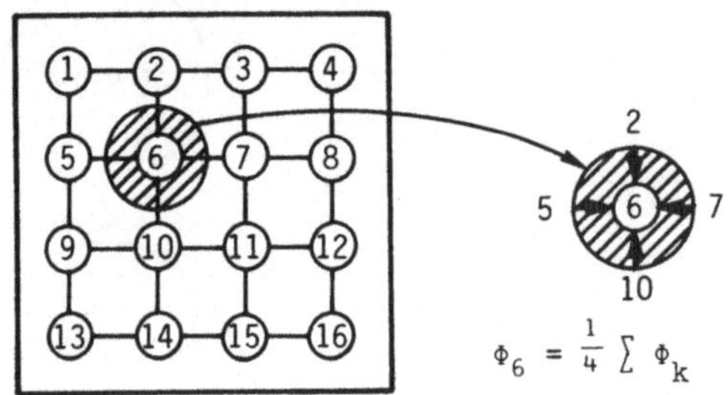

- Problemanalyse

Ablauf: Iteratives Näherungsverfahren mit Abbruchkriterium

Tasks: Berechnung von Potentialwerten in den Gitternetzpunkten

Wechselwirkung: Einfluß der Potentialwerte in den Nachbarpunkten

- Programm

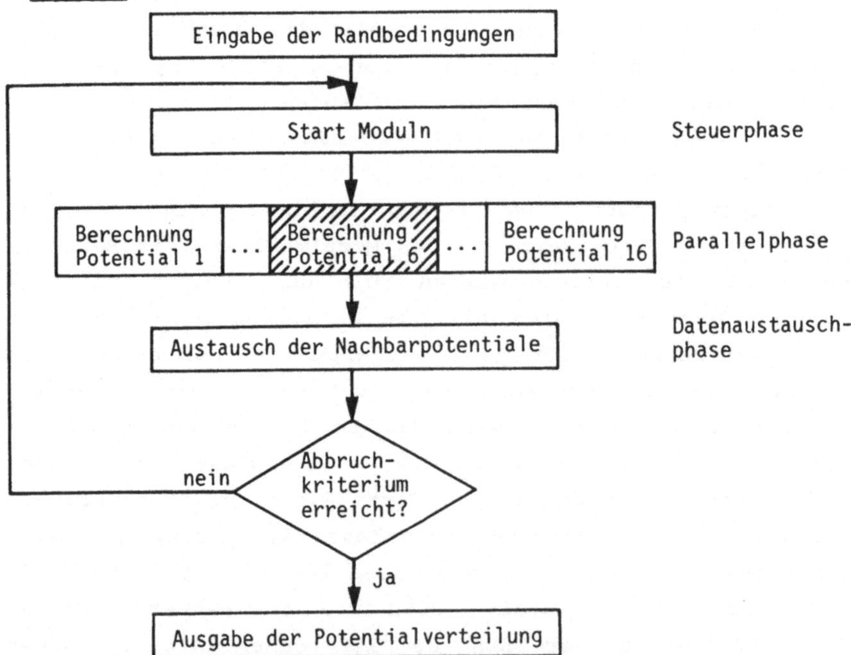

Abbildung 4.27. Beispiel für die ASP-Programmierung auf dem Rechner SMS 80 (nach SIEMENS, 1979 b)

Da SMS 80 als Modulrechner vollständige Prozessoren umfaßt, erscheint es gerechtfertigt,

$$t_{SMS\ 80} = (128,*2,8);$$

anzusetzen, wobei sich die zweite Stelle des Tripels auf den Parallelismus von Prozessor 8080 und Arithmetik-Prozessor 9511 bezieht. Wegen der systholischen Programmierung wäre das System auch als ein Spezialfall des Makropipelining aufzufassen:

$$t_{SMS\ 80} = (128,*2,8) \vee (*128,*2,8);$$

Schließlich muß noch der Steuerrechner, sowie n weitere Peripherie-, Dialog- und DFÜ-Rechner (vgl. Abbildung 4.25) berücksichtigt werden:

$$t_{SMS\ 80} = (n,1,16) * (1,1,16) * [(128,*2,8) \vee (*128,*2,8)];$$

Für eine neuere Variante des SMS-Systems (SMS 3) wurden Mikroprozessoren des Typs 8086 verwendet, ferner wurde der Maximalausbau auf 512 Modulrechner ausgelegt (vgl. FRICKE et al., 1980):

$$t_{SMS\ 3} = (n,1,16) * (1,1,16) * [(512,*2,16) \vee (*512,*2,16)];$$

Das SMS-Projekt der Firma SIEMENS wurde allerdings inzwischen (1981) eingestellt.

Abschließend seien aus der Vielzahl der mit Mikroprozessoren oder Minirechnern aufgebauten bzw. vorgeschlagenen Multiprozessorsysteme noch einige deutsche Projekte genannt: ESRA (Betonung der Zuverlässigkeit, vgl. DIECKMANN, HARTENSTEIN, KONRAD, 1980), EBR (Vereinheitlichung von Mehrrechner-Komponenten, vgl. REGENSPURG, 1979) sowie das MCS-System (erweiterbarer Mehrrechner, vgl. von ISSENDORFF, GRÜNWALD, 1980).

5 Adaptierbarkeit

Untersucht man die bisher besprochenen Rechnerstrukturen auf ihre Anpassungsfähigkeit an unterschiedliche Problemstrukturen, so zeigt sich, daß

- die in Kapitel 2 besprochenen Allzweck-Großrechner ("mainframes") im wesentlichen durch genau einen Zentralprozessor (bestenfalls durch 2-3 weitere identische Prozessoren zu "timids" geworden) gekennzeichnet sind, auf denen inhärent parallele Aufgabenstrukturen (z.B. komplexe Datenstrukturen wie Matrizen oder parallele Prozesse) nur nach Serialisierung durch den Programmierer oder Übersetzer lauffähig sind. Dieser Prozeß der Serialisierung wird freilich den meisten Programmierern heute gar nicht mehr bewußt!
- die in den Kapiteln 3 und 4 besprochen Parallelrechner mit wenigen Ausnahmen Spezialrechner sind, die auf die parallele Struktur von einigen wenigen Anwendungen zugeschnitten sind und diese sehr effizient auszuführen gestatten. Für alle davon abweichenden Probleme sind sie gänzlich ungeeignet (z.B. Feldrechner vom ILLIAC IV-Typ setzen Matrizen oder Vektoren als Daten voraus, wobei deren Komponentenanzahl möglichst einem Vielfachen von 64 entsprechen sollte, Rechner mit arithmetischen Pipelines setzen lange Vektoren als Daten voraus, da sonst die Einschwingzeiten der Pipelines zu sehr ins Gewicht fallen, Multiprozessoren vom Typ SMS sind nur bei gleichlangen Teilaufgaben sinnvoll zu betreiben, um die getaktete, ASP-Arbeitsweise zu erfüllen u.s.w.).

Es liegt daher nahe, flexible (adaptierbare und dynamische) Rechnerstrukturen zu fordern, die in der Lage sind, sich dynamisch an die jeweilige Problemstruktur anzupassen. Zwei Hauptgründe für die Forderung nach derartiger Flexibilität der Rechnerarchitekturen sind zu nennen:

- Leistungssteigerung durch zugeschnittene Parallelität ohne Verlust an Universalität, d.h. hoher Nutzungsgrad
- Zuverlässigkeitssteigerung durch Nutzung von Systemredundanz bei Ausfall einer Teilkomponente, Ersatzleistung ("fail soft").

Die im weiteren Verlauf dieses Kapitels zu besprechenden Ansätze flexibler Rechnerstrukturen werden auch in dieser Reihenfolge behandelt.

Gemeinsam ist beiden Ansätzen, daß sie parallele Rechnerstrukturen darstellen, die in verschiedenen Konfigurationen lauffähig sind. Für die meisten bisher besprochenen Rechner gilt, daß sie in dem durch die Komponenten der ECS-Tripel beschriebenen Raum genau einen Punkt ausfüllen. Flexibilität der Rechnerstruktur (vgl. Kapitel 1.3.4) würde bedeuten, daß eine gegebene Hardware in so verschiedener Weise genutzt werden kann, daß sie durch mehrere (möglichst viele) Punkte im ECS-Raum repräsentiert wird.

Der Grundgedanke beruht darauf, anstelle einer Menge hochkomplexer Spezialrechner, die jeweils genau auf eine Aufgabenklasse zugeschnitten sind, einen Pool von einfachen identischen Grundbausteinen zur Verfügung zu haben, die je nach zu lösender Aufgabe dynamisch zusammengeschaltet werden und dabei in einigen oder allen 6 Richtungen der ECS-Größen variabel sind:

- Länge des parallel verarbeiteten Wortes ("Wortlängenmodularität", vgl. dazu Arbeiten von GREENSHIELDS, 1982)
- Anzahl der im Sinne eines Feldrechners nebenläufig arbeitenden Rechenwerke (z.B. LIPOVSKY, 1977, KARTASHEV, KARTASHEV, 1980)
- Anzahl der nebenläufig arbeitenden Prozessoren (ARNOLD PAGE, 1976)
- Anzahl der Stufen der Phasen-Pipeline (REGENSPURG, 1979)
- Anzahl der am Befehlspipelining teilnehmenden Rechenwerke (MILLER, COCKE, 1974, REDDI, FEUSTEL, 1976)
- Anzahl der im Sinne einer Makro-Pipeline kooperierenden Prozessoren (vgl. HÄNDLER, HOFMANN, SCHNEIDER, 1976).

Die Probleme eines solchen dynamisch adaptierbaren Rechners liegen auf der Hand: der Aufwand für die schaltbaren Verbindungen ist so erheblich, daß eine umfassende Realisierung des Konzeptes bisher weitgehend unmöglich erscheint. Wie bereits im Kapitel über Multiprozessoren am Beispiel CM* und C.mmp aufgezeigt, stellt sich die Frage nach der vollständigen Verbindung aller Elemente, allgemeiner nach der Art der Verbindungsnetzwerke. VICK, KARTASHEV, KARTASHEV, 1980 unterscheiden hier nach

- einstufigem Verbindungsnetzwerk: jedes Element kann jedes andere Element in genau einer Zeiteinheit erreichen, d.h. schnelle Verbindung, aber hoher Aufwand $O(n^2)$. So benötigt etwa das von KARTASHEV, KARTASHEV vorgeschlagene Modell eines adaptierbaren Rechners bei n PEs (Grundelementen der Verarbeitung) $2n^2$ Verbindungssteuerungen (vgl. ASE_i und MSE_i in Abbildung 5.1).
- mehrstufigem Verbindungsnetzwerk: die Kommunikation benötigt mehrere

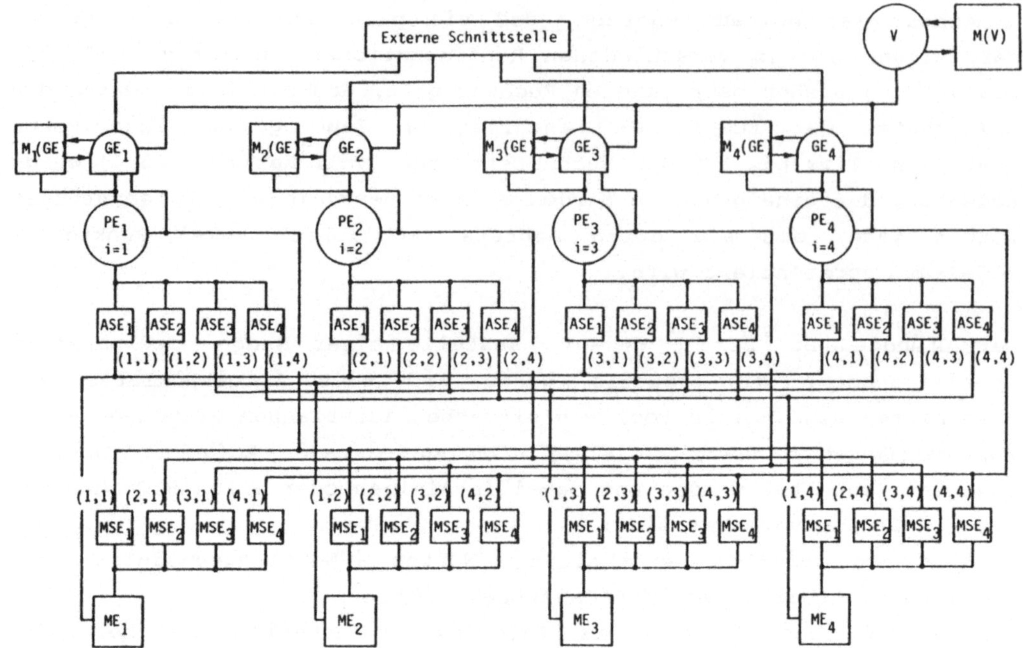

Abbildung 5.1. Darstellung der Verbindungsstruktur zwischen Prozessoren PE_i und Speichern ME_i in einer dynamischen Rechnerarchitektur nach KARTASHEV, KARTASHEV, 1980. Abkürzungen: V: Monitor, M(V): Speicher für Monitor, GE_i: E/A-Element, M_i(GE): E/A-Puffer-Speicher, ASE_i und MSE_i: Verbindungselemente

Zeiteinheiten, da Vermittlungsschritte notwendig sind, der Aufwand ist entsprechend reduzierbar (z.B. O(2 log n)).

Eine vollständige Behandlung der Verbindungsnetzwerke kann an dieser Stelle nicht erfolgen. Es wird u.a. auf SIEGEL, McMILLEN, MUELLER, 1979, KUCK, 1978 Kapitel 6 sowie THURBER, MASSON, 1979 verwiesen. Ein weiteres Problem wird darin bestehen, einen so universellen Grundbaustein zu finden, daß er sowohl als Teilstufe einer arithmetischen Pipeline als auch als Prozessorelement eines Multiprozessors gleich gut geeignet ist (vgl. etwa UM (universal module) bei KARTASHEV, KARTASHEV, 1979).

Es finden sich in der Literatur vornehmlich theoretische Ansätze, die die volle Flexibilität nach allen Richtungen in einer Rechnerstruktur vereinigen sollen (vor allem bei KARTASHEV, KARTASHEV, 1978, 1980a,b und c).

In den folgenden Abschnitten dieses Kapitels soll jedoch an einigen Beispielen gezeigt werden, daß mit gewissen Einschränkungen auch Realisierungen solcher adaptierbarer Rechnerstrukturen möglich und sinnvoll sind.

VICK, KARTASHEV, KARTASHEV, 1980 treffen eine erste Einteilung der Rechnerarchitekturen bezüglich ihrer Flexibilität: den statischen Architekturen stehen die adaptierbaren Strukturen gegenüber, die wiederum nach der Ebene, auf der die Anpassung stattfinden kann, unterschieden werden. Die genannten Autoren unterscheiden bezüglich der adaptierbaren Strukturen weiter zwischen den mikroprogrammierbaren-, den rekonfigurierbaren- und den dynamischen Rechnerarchitekturen. Rekonfigurierbare Architekturen erlauben die Strukturanpassung auf Rechenwerksebene, dynamische Architekturen auf Prozessor- oder Rechnerebene.

Realisierung der Verbindungsstruktur / Realisierung des Leitwerkes	fest	konfigurierbar	dynamisch konfigurierbar
mikroprogrammiert	fixe Rechnerarchitektur	Baukastensystem mit fixem Befehlssatz	dynamische Rechnerarchitektur mit fixem Befehlssatz
mikroprogrammierbar	fixe Rechnerarchitektur mit statisch erweiterbarem Befehlssatz	Baukastensystem mit statisch erweiterbarem Befehlssatz	dynamische Rechnerarchitektur mit statisch erweiterbarem Befehlssatz
dynamisch mikroprogrammierbar	fixe Rechnerarchitektur mit dynamisch erweiterbarem Befehlssatz	Baukastensystem mit dynamisch ersetzbarem Befehlssatz	dynamische Rechnerarchitektur

Abbildung 5.2. Einteilung von Rechnerarchitekturen gemäß ihrer Flexibilität bezüglich der Anpassungsfähigkeit von Verbindungs- und Leitwerksstruktur

Es erscheint jedoch sinnvoller, flexible Rechnerarchitekturen gemäß den zwei wesentlichen Merkmalen ihrer Anpassungsfähigkeit zu unterscheiden (vgl. Abbildung 5.2):

- der Realisierung des Leitwerkes mit den Varianten mikroprogrammiert, mikroprogrammierbar, dynamisch mikroprogrammierbar (Definition dieser Begriffe in BODE, HÄNDLER, 1980, Kapitel 5.2),
- der Realisierung der Verbindungsstruktur, die fest, konfigurierbar und dynamisch konfigurierbar sein kann.

Mit dieser Einteilung entstehen die folgenden Klassen von Rechnerstrukturen:

- fixe Rechnerarchitekturen sind gekennzeichnet durch fest vorgegebene Verbindungsstrukturen und können feste Befehlssätze (mikroprogrammiert), erweiterbare Befehlssätze oder dynamisch erweiterbare Befehlssätze haben. Zu den beiden letzten Klassen gehören die Emulatormaschinen Burroughs B 1700 und Nanodata QM-1 (vgl. SALISBURY, 1976).
- konfigurierbare Rechnerarchitekturen sind Baukastensysteme, die auf der Basis von universellen Grundelementen (Bausteinen) durch statische Herstellung von Verbindungen (z.B. über Stecker und Multiports) zu fast beliebigen Strukturen ergänzbar sind. Ferner können sich Baukastensysteme gemäß den drei Stufen der Mikroprogrammierbarkeit unterscheiden. Ein typisches Beispiel für ein Baukastensystem mit fixem Befehlssatz ist das System DIRMU (HÄNDLER, ROHRER, 1980, MAEHLE, 1981).
- dynamische Rechnerarchitekturen sind gekennzeichnet durch die Möglichket, die Verbindungsstruktur zur Laufzeit (programmiert) zu variieren. Weiteres Unterscheidungsmerkmal ist ferner der Grad der Fähigkeit zur Betriebsartenanpassung durch die verschiedenen Stufen der Mikroprogrammierbarkeit. Typische Vertreter dynamischer Rechnerarchitekturen sind die bereits mehrfach genannten Entwürfe von KARTASHEV, KARTASHEV, 1980a und b sowie X-TREE (PATTERSON, FEHR, SEQUIN, 1979).

Die Variation der Rechnerarchitektur durch Mikroprogrammierung erlaubt die Bereitstellung verschiedener Maschinenbefehlssätze (konzeptioneller Maschinen) auf genau einer Hardware, dem Wirtsrechner, und wurde in Band 1 (BODE, HÄNDLER, 1980, im Kapitel über Mikroprogrammierung) als die Technik der Emulation besprochen. Insbesondere durch die zunehmende Verwendung von mikroprogrammierbaren Bitslice-Mikroprozessoren für die Realisierung von modernen Rechenanlagen wird diese

Technik bereits heute mehr und mehr verwendet (vgl. BODE, KILGENSTEIN, 1982, MICK, BRICK, 1980, WHITE, 1981).

Abschließend sei darauf hingewiesen, daß sich in der Literatur keine einheitliche Nomenklatur für die Bezeichnung adaptierbarer Rechnerstrukturen durchgesetzt hat. Oft werden an ihrer Stelle die Begriffe rekonfigurierbare, dynamische, flexible oder modulare Architektur verwendet.

Die wesentlichen Architekturziele, die beim Entwurf adaptierbarer und dynamischer Multiprozessorstrukturen zu berücksichtigen sind, wurden in Form von "Thesen für die 80er Jahre" bei HÄNDLER, 1981 zusammengefaßt:

- <u>Evolutions-These:</u> das Princeton-Erbe ist ein tragfähiges Fundament. Für den Aufbau größerer Multiprozessorsysteme bietet sich die PRINCETON-Struktur als universelles Grundelement an, Modifikationen dieser Struktur müssen erst aus Erfahrungen bei der Anwendung von Multiprozessorsystemen abgeleitet werden. Tatsächlich greifen viele Architekturen beim Aufbau unkonventioneller Strukturen auf Grundelemente vom PRINCETON-Typ zurück.

- <u>Minimierung der Kompliziertheit:</u> Multiprozessoren auch mit einer Vielzahl an Komponenten sollten dennoch aus einer möglichst geringen Anzahl verschiedenartiger Grundelemente aufgebaut werden (vgl. auch "universal module" bei KARTASHEV, KARTASHEV, 1980a), nicht als Verbund vieler spezialisierter Einzelkomponenten (Spezialhardware). Vorteile ergeben sich dabei durch:
  - . potentielle Steigerung der Verfügbarkeit (gleichartige Elemente können bei Anwendung von fail-soft-Strategien, vgl. auch Abschnitt 5.2, gegeneinander ersetzt werden)
  - . billige Herstellung der Grundelemente als Massenartikel (später in VLSI-Technologie)
  - . Vereinfachung bei Prüfung, Wartung, Ersatzteilhaltung.

- <u>Konstante lokale Komplexität führt zu linearer globaler Komplexität:</u> die globale Verbindungsstruktur von Multiprozessoren ist so zu wählen, daß der Verbindungsaufwand mit $O(n)$ wächst (n = Anzahl der Prozessoren). Vollständige Verbindungen mit $O(n^2)$ wie in C.mmp (vgl. Kapitel 4.3.1.1) sind für große n nicht tragbar. Ist die Anzahl k der benötigten Verbindungsein/ausgänge am einzelnen Prozessor konstant (d.h. die lokale Komplexität ist konstant), unabhängig von der Größe des Multiprozessors, so liegt das Prinzips der "begrenzten Nachbarschaften" vor und die globale Komplexität wächst mit kxn, d.h. linear mit der Anzahl der Prozessoren.

- Das Prinzip der Größenmodularität ersetzt das Familienkonzept: während die klassischen Universalrechner auch heute noch durch das Familienkonzept zu charakterisieren sind (vor allem die Rechner der IBM Systeme /360 und /370, vgl. Kapitel 2.2), d.h. kompatible Rechner eines Herstellers unterschiedliche Leistungsfähigkeit durch Verwendung verschiedenster Hard- und Firmware erhalten, ist zukünftig zu fordern, daß Leistungssteigerungen eines Multiprozessors durch dessen Erweiterung mit identischen Moduln erzielt werden. Die Größenmodularität setzt dabei eine geeignet erweiterbare Verbindungsstruktur voraus.

- Geeignete Wahl der Topologie: Untersuchungen von JONES/SCHWARZ, 1980 zeigen, daß in Multiprozessorsystemen von einem Lokalitätsverhalten ausgegangen werden kann: Programme und Daten lassen sich so anordnen, daß Zugriffe zu "weit entfernten" Bereichen relativ selten sind. Dennoch muß es über Vermittlungsschritte möglich sein, von jedem Punkt des Systems auf jede Ressource zuzugreifen: geeignete Globalstrukturen können dabei gegebenenfalls die Anzahl der Vermittlungsschritte in Grenzen halten (vgl. etwa die Pyramidenstruktur von EGPA in Abschnitt 5.1.3).

- Space-sharing ersetzt time-sharing: in der Entwicklung der klassischen Universalrechner auf Monoprozessor-Basis ist die Abwicklung quasigleichzeitiger Programme (multiprogramming) durch immer aufwendigere Betriebssysteme erreicht worden, die auch zur Laufzeit durch die häufigen Prozeßwechsel nicht unerheblichen "overhead" produzieren. Durch Verteilung verschiedener Programme auf die einzelnen Prozessoren eines Multiprozessors besteht die Hoffnung, die Anzahl der Prozeßwechsel und damit auch die Komplexität der zugehörigen Betriebssysteme zu reduzieren (vgl. NEHMER, 1981). Allerdings ergibt sich damit das neue Problem der automatischen Verteilung von Programmen und Daten auf eine Multiprozessor-Struktur, für das bisher keine tragfähige effiziente Lösung gefunden wurde. In den meisten Multiprozessorsystemen muß daher gegenwärtig der Benutzer die "Parkettierung" der Struktur mit Programmen und Daten selbst explizit angeben.

- <u>Flexibilitätsthese</u> bzw. <u>Betriebsarten-Modularität</u>: je nach Art des zu berechnenden Algorithmus muß ein Multiprozessorsystem in der jeweils geeignetsten Betriebsart verwendbar sein. Diese Variabilität kann dabei entweder durch geeignete Mikroprogrammierung oder durch eine Variation der Systemstruktur erzielt werden.

5.1 Adaptierbare und dynamische Rechnerstrukturen zur Steigerung der Leistung

Eine gewisse Form der Adaptierbarkeit wurde bereits bei den Rechnern ILLIAC IV und STARAN (vgl. Kapitel 4) beschrieben, die sich darauf bezieht, die Wortlänge variabel zu halten, d.h. ein vorhandenes Rechenwerk für die Verarbeitung von entweder 2 64-Bit Operanden oder 4 32-Bit Operanden zu verwenden (vgl. Kapitel 4.2.1):

$$t_{ILLIAC/Feld} = (1,0,0) * [(0,64,64) \vee (0,128,32)];$$

Ferner gab es die Möglichkeit, in Abhängigkeit des Algorithmus gewisse Rechenwerke eines Feldrechners nicht an der Ausführung eines Maschinenbefehls zu beteiligen (deaktivieren):

$$t_{ILLIAC/Feld} = (1,0,0) * [(0,64,64) \vee (0,63,64) \vee \ldots \vee (0,1,64)];$$

wobei lediglich die Variante der PE-Nutzung mit 64-Bit Parallelverarbeitung beschrieben wird.

Wegen des flexiblen Speicherzugriffs beim Assoziativrechner STARAN galt ferner (vgl. Kapitel 4.2.2.2):

$$t_{STARAN/Feld} = (1,2048,1) \vee (1,1024,2) \vee \ldots \vee (1,1,2048);$$

Schließlich galt für den Pipelinerechner CDC STAR 100, daß die arithmetischen Pipelines für je 2 Operationen mit einfach langen, oder für je 1 Operation mit doppelt langen Operanden verwendbar sind (vgl. Kapitel 3.2.1.1):

$$t_{CDC\ STAR\ 100} = (1,2,(64*4) + (64*8)) \vee (1,4,(32*4) + (64*8));$$

Neben diesen, vergleichsweise einfachen Arten der Adaptierbarkeit ist eine Reihe von Rechnern entstanden, die die Arbeitsweisen mehrerer Rechnerklassen in sich vereinigen. Solche Parallelrechner arbeiten einmal als konventioneller Parallelwortrechner, einmal als Feldrechner, als Multiprozessor oder als Rechner mit Makropipelining. Diese verschiedenen Arbeitsweisen können dann als "Betriebsarten" des Rechners bezeichnet werden (vgl. HÄNDLER, HOFMANN, SCHNEIDER, 1976, HÄNDLER, 1981). Drei derartige Rechner sollen hier kurz beschrieben werden: das Konzept OMEN, das die Eigenschaften des Assoziativrechners mit denen eines Parallelwortrechners vereinigt, der Rechner ICL DAP, der ebenfalls die Eigenschaften eines Feldrechners und eines Parallelwortrechners realisiert und das Projekt EGPA, in dem die Betriebsarten Parallelwortrechner, Assoziativrechner, Multiprozessor und Rechner mit Makropipelining nutzbar sind.

5.1.1 OMEN

OMEN (Orthogonal Mini EmbedmeNt) ist eine adaptierbare Rechnerstruktur, die die Betriebsarten Parallelwortrechner (16 Bit) und sequentieller Assoziativrechner vereinigt. Beide Betriebsarten können - wegen des Zugriffs auf den gemeinsamen Orthogonalspeicher - nur alternativ, nicht jedoch gleichzeitig verwendet werden:

$$t_{OMEN} = (1,0,0) * [(0,1,16) + (0,64,1)];$$

Eine ausführliche Beschreibung des von der Firma SANDERS Associates entwickelten OMEN, der wesentlich auf dem Prinzip des Orthogonalspeichers nach SHOOMAN, 1970 beruht, findet sich bei THURBER, 1976.

OMEN besteht aus zwei funktionellen Verarbeitungskomplexen, die einen gemeinsamen Orthogonalspeicher benutzen (vgl. Abbildung 5.3). Die horizontale Einheit ist eine DEC PDP-11. Für sie erscheint der Orthogonalspeicher wie ein herkömmlicher 16-Bit Wortspeicher, mit dem die PDP-11 normalerweise ausgerüstet wird. Die PDP-11 ist auch die Kontrolleinheit des Systems. So können die DEC Softwarepakete und die DEC Peripheriegeräte direkt benutzt werden, wodurch Entwicklungszeit und -kosten gespart wurden.

Die Flexibilität der Betriebsarten in OMEN wurde durch die spezielle Realisierung des Hauptspeichers als Orthogonalspeicher erreicht, d.h. es sind sowohl konventionelle "horizontale" wie auch "vertikale" Speicherzugriffe möglich. Der Speicher ist jedoch aus Kostengründen (vgl. THURBER, 1976) aus serienmäßigen 1 K-Bit MOS-RAM-Bausteinen aufgebaut, die kleinste Ausbaustufe hat eine Kapazität von 8 K 16-Bit Worten, volle Leistung des Rechners wird ab 64 K Worten erreicht.

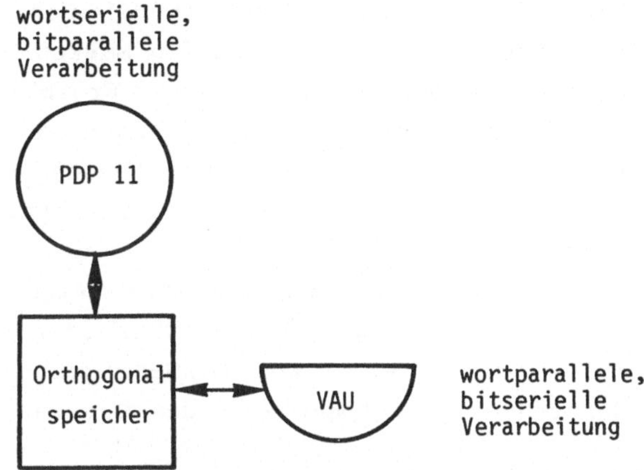

Abbildung 5.3. Vereinfachtes Blockschaltbild des Rechners OMEN mit den Betriebsarten Parallelwortrechner (PDP-11) und Assoziativrechner (VAU)

Die PDP-11 adressiert den Speicher byteweise. Der Speicherzugriff erfolgt verschränkt, so daß in einem Zyklus ein 16-Bit Wort gelesen werden kann.

Da der PDP-11-UNIBUS-Adressierungsmechanismus weitestgehend beibehalten wurde, können im vertikalen Zugriffsmodus keine einzelnen Bitslices adressiert werden, sondern jeweils das Byteslice, in dem das gewünschte Bitslice enthalten ist. Für die vertikale Verarbeitung besteht der Speicher aus 2048 Byteslices mit je acht Bitslices zu 64 Bits. Es müssen aber nicht in jedem Fall alle acht Bitslices gelesen werden, sondern der Lesevorgang wird abgebrochen, wenn alle Bitslices bis einschließlich des gewünschten gelesen sind. Die Zugriffszeit auf ein bestimmtes Bitslice hängt also von der Position des Bitslice innerhalb des Byteslice ab.

Die OMEN-Rechner sind als Familie unterschiedlicher Leistungsfähigkeit aufgebaut, wobei sich die einzelnen Elemente der Familie vornehmlich bezüglich der Leistungsfähigkeit ihrer unkonventionellen Rechenwerke (vertikale Einheiten) unterscheiden. Abbildung 5.4 zeigt eine Übersicht über die einzelnen Varianten der OMEN-Familie. Im folgenden wird der Typ OMEN 64 beschrieben.

Die vertikale Einheit (VAU) besteht aus 64 PEs (ALUs). Jede PE ist ein 16-Bit Prozessor mit acht 16-Bit Registern, der auch als Bitslice-Prozessor mit 133 Registern (+5 Masken-Bit) betrieben werden kann. Die Register werden als Operanden-, Ergebnis- oder Indexregister benutzt. Fünf 1-Bit "Maskenregister" werden verwendet zur Aktivitätssteuerung der PE, zur Zugriffssperre bei Speicheroperationen auf dem Orthogonalspeicher und zur Divisions-, Multiplikations- und Übertragssteuerung.

Die Gesamtkonfiguration des OMEN zeigt Abbildung 5.5. Die E/A erfolgt über die PDP-11 oder den UNIBUS, oder direkt über den Speicher. Über diesen können auch zwei OMEN-Prozessoren zusammengeschlossen werden oder schnelle Peripherie an das System angeschlossen werden.

Das Scoreboard kontrolliert den Zugriff der einzelnen Komponenten auf gemeinsame Betriebsmittel. Es ist einfacher als dasjenige der CDC 6600 (vgl. Kapitel 2.1.1.3) und steuert im wesentlichen den Zugriff auf den Orthogonalspeicher, den Mikroprogrammspeicher (zweistufig: Nanoprogrammtechnik) und die Schleifenkontrolle.

	OMEN 61	OMEN 62	OMEN 63	OMEN 64
Orthogonal-Speicher	8k -128k 16-bit Worte	8k - 128k 16-bit Worte	16k - 128k 16-bit Worte	16k - 128k 16-bit Worte
Register (VAU)	8 Bits pro PE	37 Bits pro PE	133 Bits pro PE	wie OMEN 63, zusätzlicher ROM-Speicher für FFT-Koeff.
ALU (VAU)	Bitserielle Arithmetik		vollparallele Gleitkomma-Arithmetik	

Abbildung 5.4. Charakteristika der Elemente der Rechnerfamilie OMEN

Der Befehlsspeicher enthält die Befehle, die im OMEN ausgeführt werden sollen. Er ist als Keller organisiert. Die Schleifenschachtelungstiefe im Keller kann höchstens 8 betragen. Diese Einschränkung ist durch die Schleifenkontrolle gegeben. Die Befehle können auf Vektoren mit bis zu 4096 Elementen operieren. Die Tatsache, daß intern nur 64 PEs vorhanden sind, wird durch interne Schleifen verdeckt. Matrixoperationen sind auf 8x8 Matrizen möglich.

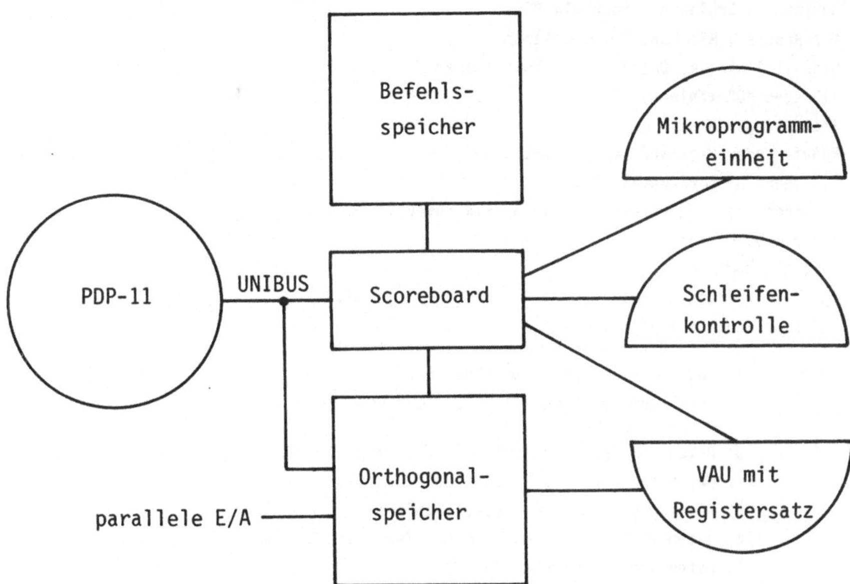

Abbildung 5.5. Funktionsschaltbild der Rechner der Familie OMEN

Die Mikroprogrammeinheit umfaßt einen ladbaren Mikroprogrammspeicher, der die Mikroprogramme enthält, die die Kellerbefehle implementieren. Es werden vertikale Mikroinstruktionen benutzt, die durch Nanoinstruktionen implementiert werden. Abbildung 5.6 zeigt eine Übersicht über typische VAU-Befehle.

Dem Benutzer stehen drei höhere Sprachen zur Verfügung: Extended FORTRAN, Extended BASIC und APL. Nur APL wurde speziell für den OMEN entwickelt. BASIC und FORTRAN sind DEC-Versionen, unterstützt durch die Möglichkeit, Makros definieren zu können.

Anhand der Befehlstabelle (Abbildung 5.6) und der Eigenschaften der VAU-Varianten (Abbildung 5.4) erkennt man, daß die OMEN-Rechner auf bestimmte Anwendungen hin zugeschnitten sind: OMEN 61 und OMEN 62 sind für Bitslice-Manipulationen und Assoziativverarbeitung konzipiert, OMEN 63 und OMEN 64 für arithmetische Verarbeitungen, wie sie in

VAU - Befehle	Fußnote
• Absolutwertbildung	1, 2
• Adresse vom Extremwert (Max., Min.)	3
• Boolesche Operationen	4
• Arithmetische Operationen	1, 2
• Laden, Speichern	1, 4
• Vergleichen, Korrelieren	1, 4
• Horizontal Schieben (innerhalb PEs)	4, 5
• Vertauschen, Mischen, Transponieren	4
• Mehrbit-Schieben, Daten in VAU invertieren	4
• "1" oder "0" zählen	
• Real/integer Wandlung	
• Fourier oder Hadamard Transformationen	6
• "1" oder "0" horizontal zählen	
• Lineares Gleichungssystem lösen, Matrix invertieren	7
• Polynom berechnen	1, 2
• Vertikal-Register laden	
• Spezial Arithmetik/Logik $PE_j = PE_j \cdot PE_{j+2^k}$; $j = 0, 1, 2, \ldots$	8
• Addition/Subtraktion (gemischt)	9

Fußnoten: 1: Daten aus Register oder Speicher

2: Daten vom Typ Byte, Real, Integer Complex, Floating, Double Integer

3: Daten vom Typ Byte, Integer, Floating, Double Integer

4: Daten der Länge 1, 8, 16 oder 32 Bit

5: Logisch oder arithmetisches Schieben

6: Daten vom Typ Complex Integer oder Real-Eingabe

7: Daten vom Typ Floating-Point

8: Beliebige arithmetische oder logische Operationen, 1, 2, 4, ..., N/2 Ergebnisse

9: Eine Maske definiert: wo addiert, wo subtrahiert wird

Abbildung 5.6. Beispiele typischer VAU-Befehle in den Rechnern der Familie OMEN (nach THURBER, 1976)

Signalverarbeitungsalgorithmen, wie beispielsweise der Fast Fourier Transformation, vorkommen. Da die größeren Modelle alternativ bitseriell oder 16-Bit parallel zu betreiben sind, gilt

$$t_{OMEN\ 63/64} = (1,0,0) * \{(0,1,16) + [(0,64,16) + (0,1024,1)]\};$$

Die Rechner der Familie OMEN haben keine weite Verbreitung gefunden, sind aber als erste Rechner mit mehreren Betriebsarten (entwickelt Anfang der 60er Jahre) von großem Interesse. Abschließend ist zu bemerken, daß der Begriff "Familie" hier in einem anderen Sinne verwendet wird, als bei BODE, HÄNDLER, 1980 eingeführt, da die OMEN-Rechner nicht in dem Sinne kompatibel sind, wie etwa die verschiedenen Modelle der IBM Systeme /360 und /370.

5.1.2 ICL-DAP

Der von ICL entwickelte Distributed Array Processor wurde 1973 erstmals vorgestellt (REDDAWAY, 1973a und b).

Der Grundgedanke besteht darin, ein Feld von 1-Bit Rechenwerken (PEs) mit lokalen RAM-Speichern als Zusatzelement für einen konventionellen Großrechner vom Typ ICL 2900 anzubieten. Um den gesamten Feldrechnerteil bei nicht feldartigen Programmen nicht brachliegen zu lassen, ist es jedoch auch möglich, die lokalen Speicher der Feldrechenwerke als konventionellen Hauptspeichermodul zu verwenden. Es gilt daher

$$t_{ICL\ 2900/DAP} = (1,0,0) * [(0,1,32) \vee (0,n,m) \vee (0,4096,1)];$$

$$\text{mit } n \times m \leqq 4096, \quad \text{Standard: } n = m = 64;$$

wobei die drei möglichen Betriebsarten:

- konventioneller Parallelwortrechner mit erweitertem (DAP)-Speicher (erstes Tripel in der eckigen Klammer),
- konventioneller Parallelwortrechner und DAP-Feldrechner (Wortlänge ≦ 64 Bit),
- konventioneller Parallelwortrechner und DAP-Assoziativrechner (Wortlänge 1 Bit),

durch das "v" getrennt sind.

Abbildung 5.7 zeigt den Grundaufbau des Rechners ICL 2900 und eines angeschlossenen DAP. Ausgangspunkt für den Feldrechnerteil ist eine sehr einfache 1-Bit Verarbeitungseinheit (ALU, hier PE genannt), die mit einem lokalen RAM-Speicher verbunden ist. Für sich betrachtet ist diese Verarbeitungseinheit relativ langsam. Schließt man jedoch sehr viele dieser Verarbeitungseinheiten zusammen, so daß sie von einem Befehlsstrom gesteuert im Sinne eines Feldrechners nebenläufig arbeiten, dann lassen sich beträchtliche Geschwindigkeitssteigerungen erzielen.

Die Gesamtheit der PE-Speicher bildet einen Standardspeichermodul eines konventionellen Rechners. Das PE-Feld samt Speicher kann also einen Teil des Hauptspeichers ersetzen.

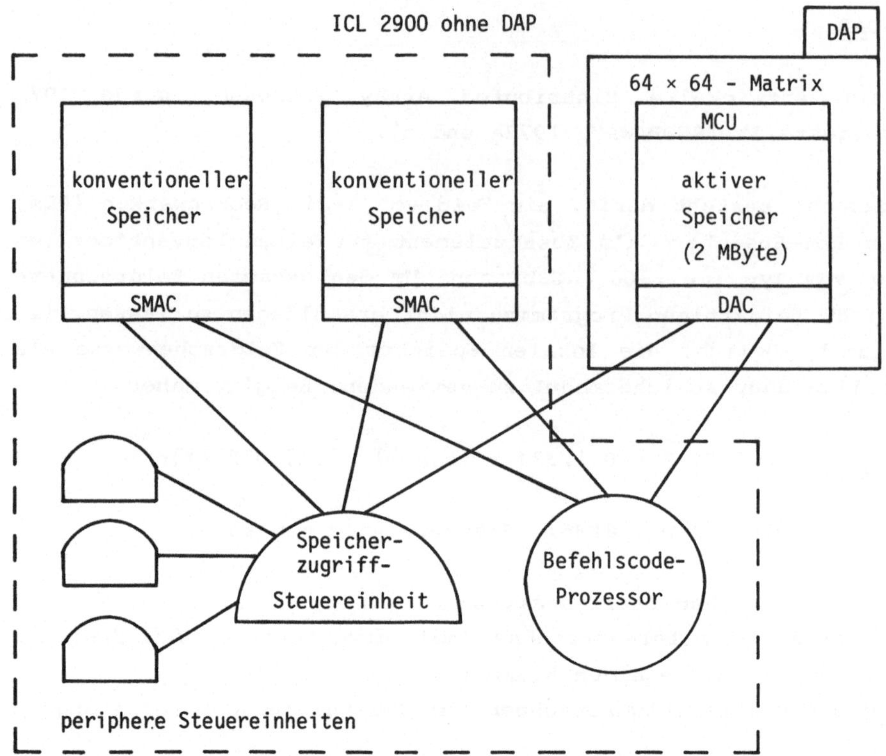

Abbildung 5.7. Funktionsschaltbild des Rechners ICL 2900 mit angeschlossenem Feldrechner DAP.
SMAC: Speichermehrfachzugriff-Steuereinheit
MCU : DAP-Steuereinheit
DAC : DAP-Zugriffssteuereinheit

Aus der Eigenschaft des DAP, auch als konventioneller Hauptspeicher fungieren zu können, ergibt sich notwendigerweise die Seitenlänge des PE-Feldes, die ein Vielfaches der Wortbreite des Wirtsrechners (also 32) sein sollte.

Die DAP-Pilotanlage hatte daher 1024 Verarbeitungselemente, die in einer 32x32-Matrix angeordnet sind. Jede PE umfaßt 1k-Bit eigenen bipolaren Speicher. Diese Anlage arbeitet seit dem Frühjahr 1976. Die heute erhältliche kommerzielle Ausführung (vgl. auch Abbildung 5.7) hat 4096 Verarbeitungselemente (64x64-Matrix) mit je 4k-Bit Speicher. Das entspricht einer Speicherkapazität von 2 MByte. Diese Anlage erbringt die fünffache Leistung des Pilotmodells.

Abbildung 5.8 zeigt den Aufbau der einzelnen 1-Bit PE mit ihrem zugeordneten Speicher. Alle Register, Datenpfade und verknüpfenden Elemente sind nur 1 Bit breit.

Die PEs sind untereinander mit ihren vier nächsten Nachbarn verbunden (Prinzip der beschränkten Nachbarschaften). Für Befehle, die die Information der Nachbar-PEs mit einbeziehen, bestimmt die Feldgeometrie, was an den Rändern passiert. Bei zyklischer Geometrie sind die Spalten und Zeilen an ihren Enden verbunden (Ringshift), bei ebener Geometrie müssen an den Kanten externe Daten zur Verfügung gestellt werden.

Die mikroprogrammierten PEs führen nur einfachste logische Grundfunktionen aus, auf die sich aber alle anfallenden Aufgaben zurückführen lassen. Gesteuert werden die PEs von der MCU (vgl. Abbildung 5.7), der Mikroprogrammsteuerung, die auch die Schnittstelle zum Rechner ICL 2900 enthält.

Der <u>Eingangsmultiplexer</u> jeder PE selektiert die Eingabe für die ALU. Sie kann vom Ausgang der ALU, von einem der vier Nachbarn (North, East, South, West) oder von der MCU über den Zeilen-Datenpfad kommen.

Der <u>Ausgangsmultiplexer</u> leitet die Ausgabe der ALU in den Speicher, an eine der vier Nachbar-PEs, die MCU oder an den ALU-Eingang zurück. Über den Ausgangsmultiplexer können Daten von der MCU über den Spalten-Datenpfad in den Speicher geschrieben werden.

Die ALU verfügt über drei 1-Bit Register und über einen 1-Bit Volladdierer. Register A dient der Aktivitätskontrolle. Mit ihm kann man bestimmen, ob eine PE die gerade anstehende Operation ausführen soll oder nicht (A=1 bzw. A=0). Das Q-Register wird als Akkumulator verwendet und das C-Register enthält den Übertrag. Das Addierwerk

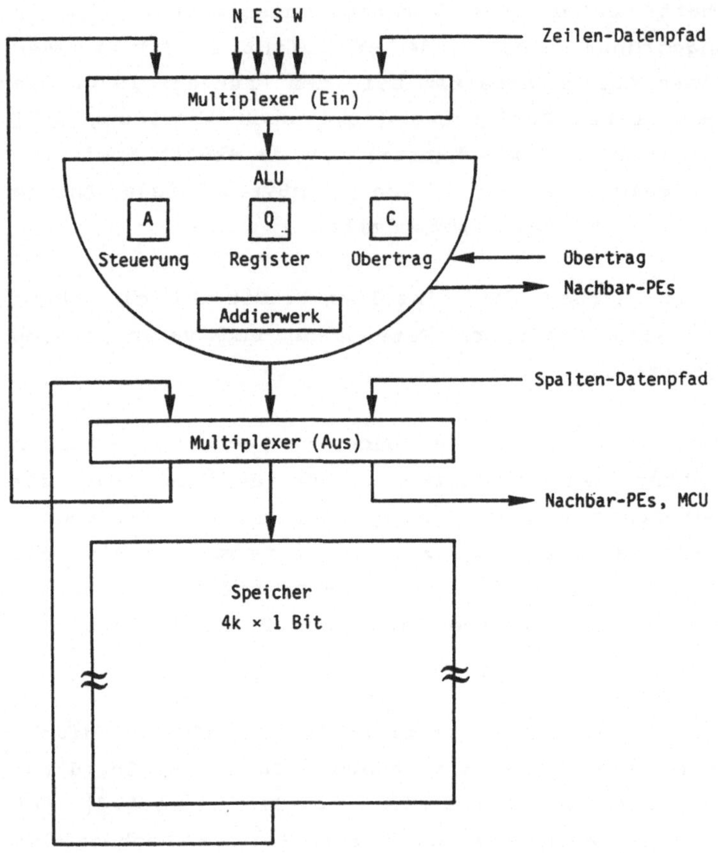

Abbildung 5.8. Aufbau eines 1-Bit Rechenwerkes (PE) mit lokalem Speicher im Rechner DAP

verknüpft den Inhalt von Q-Register, C-Register und den ALU-Eingang. Das Ergebnis kann ins Q-Register geschrieben oder auf den Ausgang gegeben werden, der Übertrag wird ins C-Register geschrieben.

Die Aufgaben der MCU lassen sich mit den Steuerfunktionen eines konventionellen Rechners vergleichen (vgl. Abbildung 5.9). Die acht allgemeinen Register M0 - M7 dienen der Befehlsmodifikation und dem Informationsaustausch (Daten und Adressen) mit dem PE-Feld. Die Breite der Register entspricht einer Seite der PE-Matrix (d.h. 32 oder 64 Bit).

Die Programme, die auf dem DAP ausgeführt werden sollen, werden als Ganzes auf den DAP-Speicher übertragen. Das hat den Vorteil, daß der DAP, sobald das Problem (Programm und Daten) geladen ist, unabhängig vom Host arbeiten kann und dieser inzwischen andere Funktionen erfüllen kann.

Ein Befehl belegt im DAP-Speicher 32 Bits. Die Befehle werden zeilenweise (horizontal) gespeichert (für die verschiedenen Speicherungsformate vgl. unten). Die Interpretation der Befehle erfolgt in der MCU, die dann die Ausführung im PE-Feld anstößt. Die Einrichtung eines Befehlspuffers ermöglicht es, kurze Programmschleifen in der MCU zu halten. Sie müssen explizit durch Codierung auf niedrigster Ebene spezifiziert sein. Die Ausführung wird beschleunigt, da weniger Befehlsholphasen nötig sind. Im Pilotmodell kann der Befehlspuffer 15 Befehle aufnehmen.

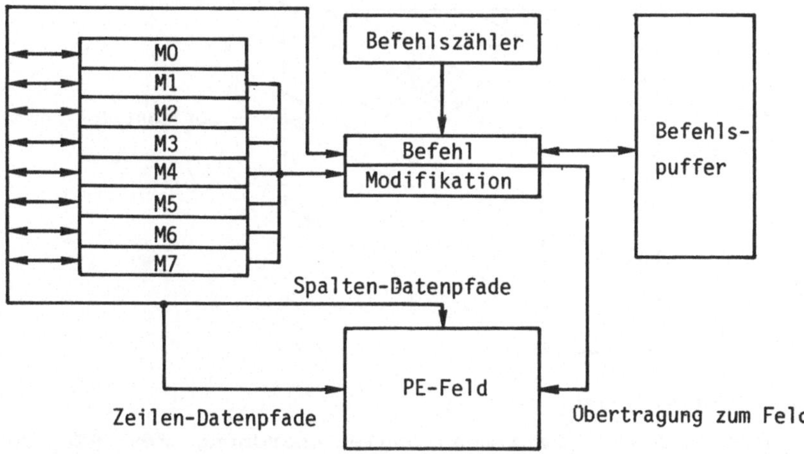

Abbildung 5.9. Aufbau der Steuerung (MCU) des Rechners DAP

Abbildung 5.10 zeigt die dreidimensionale Anordnung der lokalen Speicher im DAP. Die Abspeicherung von Daten in diesen Speichern kann im vertikalen Format bzw. im horizontalen Format erfolgen. Im vertikalen Format wird jedes Datum in genau einem PE-Speicher abgelegt, die Abarbeitung erfolgt dann bitseriell aber wortparallel (assoziative Betriebsart). Dieses Format eignet sich für die Parallel- und Assoziativverarbeitung, mit ihm erreicht man die höchste Verarbeitungsleistung.

Die Alternative dazu ist das horizontale Format (bitparallele, wortserielle Feldrechner-Betriebsart). Dabei wird ein Datum in einer Zeile der PE-Speicher abgelegt. Die Abarbeitung erfolgt dann bitparallel. In diesem Format werden auch die Befehle gespeichert. Es entspricht dem Hauptspeicherformat des Wirtsrechners ICL 2900.

Die Transformation der Daten von einem Format in ein anderes ist erforderlich, wenn sowohl der DAP als auch der Wirtsrechner auf dieselben Daten zugreifen. Die Transformation wird im DAP ausgeführt, es handelt sich um eine Funktion der MCU, die weniger Zeit als eine Multiplikation benötigt. So lange keine Synchronisation von DAP und ICL 2900 erforderlich ist, gilt also

$$t_{ICL\ 2900/DAP} = (1,1,32) * \{(1,0,0) * [(0,64,64) \vee (0,4096,1)]\};$$

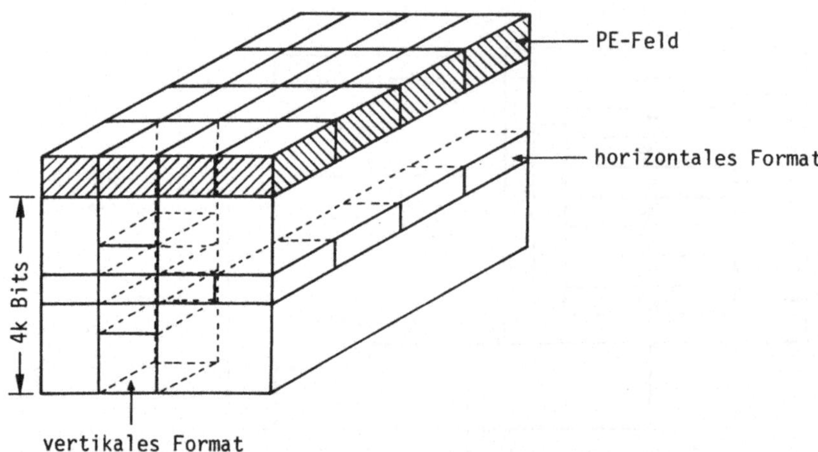

Abbildung 5.10. Dreidimensionale Anordnung der PEs und der lokalen Speicher im Rechner DAP

Für die Programmierung des DAP wurde von ICL die Sprache DAP-FORTRAN entwickelt (GOSTICK, 1978). Wie der Name schon sagt, handelt es sich um eine Erweiterung der Sprache FORTRAN.

Für den DAP gibt es zwei Klassen von Datentypen:

- solche, die im Hauptspeicherformat abgelegt und konventionell verarbeitet werden; es handelt sich hier um die in FORTRAN üblichen Datentypen,
- und solche, die im vertikalen Format gespeichert werden und im DAP-Modus verarbeitet werden. Insbesondere können hier zwei- und dreidimensionale Felder deklariert werden, wobei zwei Dimensionen durch die Größe des PE-Feldes festgelegt sind; die dritte kann vom Programmierer gewählt werden. Wird beispielsweise REAL B(,,4) deklariert, so ist B eine Matrix mit 64x64x4 Elementen vom Typ REAL. Ansonsten sind die Elemente der Felder von einem der oben genannten

Datentypen, wobei bei den Typen integer und real aus einer Anzahl von verschiedenen Genauigkeiten ausgewählt werden kann.

Arithmetische, logische und relationale Operationen können auf Skalaren, Vektoren und Matrizen ausgeführt werden, wobei folgende allgemeine Regeln gelten:

- ein unärer Operator wird auf alle Elemente des Feldes parallel angewandt,
- binäre Operatoren verknüpfen parallel die jeweils entsprechenden Elemente von Feldern gleicher Struktur. Das Ergebnis wird in einem Ergebnisfeld abgelegt. Bei Feldern ungleicher Struktur wird vor der Ausführung der Operation eine Strukturanpassung vorgenommen,
- für die Typenanpassung innerhalb von Ausdrücken und die Typenbestimmung des Ergebnisses gelten die gleichen Regeln wie im FORTRAN des Wirtsrechners.

Für die Bearbeitung von Matrizen stehen eine Reihe von Intrinsic-Funktionen zur Verfügung, wie beispielsweise

ROW(X) : ist X ein Skalar, so wird eine logische Matrix erzeugt, in der die x-te Zeile mit Einsen besetzt ist, die übrigen Zeilen mit Nullen,

COL(X) : erzeugt analog zu oben die Spalten einer Matrix,

TRANS(X) : generiert zur Matrix X die Transponierte,

EROT(X) : die Matrix X wird um eine Stelle nach Osten (East) geschoben,

EROT(X,Y) : die Matrix X wird Y Stellen nach Osten geschoben.

Für die übrigen Richtungen, sowie für Ringshifts sind analoge Funktionen definiert.

Alle Operationen werden durch Software aus elementaren Bitoperationen aufgebaut. Die meisten Berechnungen beinhalten somit Schleifen zur sequentiellen Abarbeitung der Bits eines Datums. Dafür wird von der MCU eine hardware-unterstützte DO-Instruktion bereitgestellt. Zur Behandlung von Vektoren (Länge 64) und Matrizen (64x64) benötigt der Benutzer in DAP-FORTRAN keine DO-Schleifen mehr. Sei zum Beispiel integer I und real B(,) deklariert, dann bewirkt die Anweisung B(,)=I, daß I in eine real-Größe konvertiert wird und dieser Wert allen 64x64 Elementen der Matrix B zugewiesen wird. Die Programme in DAP-FORTRAN sind somit im allgemeinen kompakter und lesbarer als in FORTRAN.

Wegen der bitweisen Verarbeitung gibt es auch keine feste Zahlendarstellung im DAP. Die gewünschte Genauigkeit wird programmiert. Standardmäßig implementiert ist das Gleitkommaformat des Rechners ICL 2900.

Ein Programm kann nicht nur aus DAP-FORTRAN-Routinen bestehen. Zumindest gestartet werden muß es auf dem Wirtsrechner, der auch die E/A zur Verfügung stellt. Der Wirtsrechner führt also alle "red tape"-Operationen aus. Das sind alle diejenigen Schritte, die für den Ablauf eines Programms notwendig sind, jedoch nicht das Ergebnis des Algorithmus beeinflussen (Organisationsaufgaben). Außerdem empfiehlt es sich, skalare Operationen auf dem Host auszuführen, da dies dort effektiver geschieht. Ein repräsentatives Programm für den DAP wird also eine Struktur haben, wie sie in Abbildung 5.11 dargestellt ist.

Die Kommunikation zwischen den einzelnen Programmteilen wird durch parameterlose Prozeduraufrufe abgewickelt. Daten werden in COMMON-Blöcken im DAP-Speicher gehalten, wo sie für den Host und den DAP gleichermaßen zugänglich sind.

Die FORTRAN-Programmteile werden mit dem Standardcompiler in die Maschinensprache des ICL 2900 übersetzt. Für DAP-FORTRAN steht ein eigener Compiler zur Verfügung, der den Code für den DAP erzeugt.

Zur Ausführung werden die übersetzten FORTRAN-Programme in irgendeinen Speichermodul des Systems geladen, die DAP-Programmteile in den DAP-Speicher. Die Ausführung beginnt im Rechner ICL 2900. Wird ein DAP-Unterprogramm aufgerufen, so wird der DAP aktiviert und führt dieses aus. Ein Aufruf eines FORTRAN-Unterprogramms aus einem DAP-FORTRAN-Unterprogramm heraus ist nicht möglich. Beim Rücksprung ins aufrufende FORTRAN-Programm stoppt der DAP in der Verarbeitung.

Die Funktionen, die in DAP-FORTRAN zur Verfügung stehen, dienen überwiegend der Matrizen- und Vektormanipulation, da der DAP in erster Linie für die Bewältigung rechenintensiver Probleme, wie sie bei Bildverarbeitung, Mustererkennung oder Satellitendatenverarbeitung auftreten, gedacht ist.

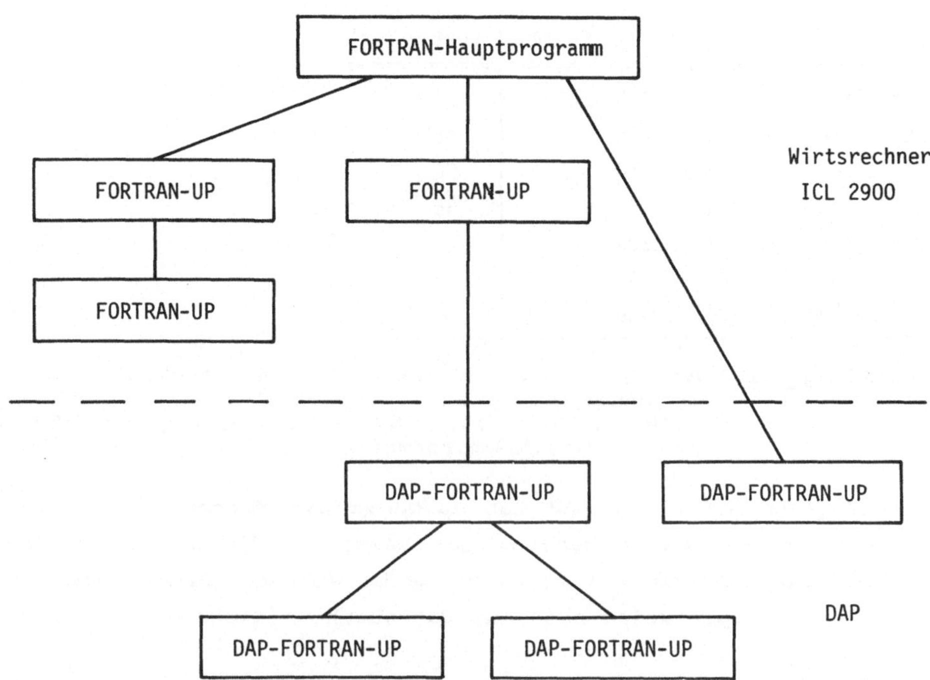

Abbildung 5.11. Aufbau eines FORTRAN-Programms für den Rechner ICL 2900 mit einem Feldrechner DAP

Es ist in DAP-FORTRAN auch möglich, Daten zwischen den PEs zu bewegen (über die Nachbarverbindungen) und PEs aus dem Feld zur Bearbeitung auszuwählen.

Die recht beachtlichen Leistungen des DAP, die von ICL angegeben werden (vgl. PARKINSON, 1977), hängen sehr stark von den Anwendungen ab und davon, mit welcher Effizienz sie auf das Feld übertragen werden können.

Abbildung 5.12 gibt eine Übersicht über einige typische Operationen und die dafür benötigten Ausführungszeiten.

Die Vorteile der parallelen Verarbeitung auf dem DAP kommen erst zum Tragen, wenn das Feld ausreichend ausgelastet ist. ICL empfiehlt bei einer 64x64 Matrix, erst bei mehr als 500 Daten in der vertikalen Betriebsart zu arbeiten. Bis zu 200 Daten ist die horizontale Betriebsart sicher effektiver. Dazwischen hängt es von der Anwendung ab, für welche Verarbeitungsart man sich entscheiden wird (BIRD, 1975).

Operation	Matrix (64×64)	Vektor (64)
Addition	135	32
Multiplikation	280	45
Division	350	90
Quadrierung	140	35
Quadratwurzel	200	-
Zuweisung (Z ← X)	13	1
Maximumsuche	50	-

Abbildung 5.12. Ausführungszeiten des DAP in Mikrosekunden (bei einer zugrunde gelegten Zykluszeit von 200 nsec), vgl. FLANDERS et al., 1977. Darstellung der Zahlen im 32-Bit Gleitkommaformat

Ursprünglich wurde der DAP für Aufgaben der Meteorologie entwickelt. Einige Autoren zeigen jedoch, daß seine parallelen und assoziativen Verarbeitungsfähigkeiten für eine Reihe weiterer Anwendungen geeignet sind, wie beispielweise auch für Datenbanken (MIERZOWSKI, 1978).

Die Einbettung in einen konventionellen Rechner bietet zum einen den Vorteil, die Einrichtungen dieses Systems, wie etwa die Speicherverwaltung, die Sprachen oder die E/A, nutzen zu können, zum anderen werden dem Benutzer die Vorteile der Feldrechner-Verarbeitung eröffnet. Abschließend sei noch erwähnt, daß mit dem DAP derzeit der einzige kommerziell erhältliche Rechner mit mehreren Betriebsarten vorliegt.

5.1.3 EGPA

Das EGPA-System (Erlangen General Purpose Array) ist ein seit Mitte der 70er Jahre verfolgtes Projekt von vier Lehrstühlen der Universität Erlangen-Nürnberg (Programmiersprachen, Betriebssysteme, Rechnerstrukturen, Rechnerarchitektur) für die Entwicklung eines größen-modularen Allzweck-Multiprozessorsystems mit linearer globaler Komplexität (HÄNDLER, HOFMANN, SCHNEIDER, 1976, HÄNDLER, 1981). Seit 1978 wird im Rahmen eines durch das BMFT geförderten Projektes eine Pilotpyramide aus 5 mikroprogrammierbaren 32-Bit Rechnern AEG 80-60 betrieben, die im folgenden genauer beschrieben sind. Die relativ mächtigen Einzelprozessoren wurden verwendet, da zu erwarten ist, daß bis Mitte der 80er Jahre Mikroprozessoren vorhanden sein werden, die vergleichbare Eigenschaften in Hard- und Software aufweisen werden.

Es soll hier zunächst gezeigt werden, inwieweit EGPA den am Anfang des Kapitels formulierten "Thesen für die 80er Jahre" genügt:

- Evolutions-These: Im Rahmen der Pilot-Pyramide des EGPA-Projektes ist dem "PRINCETON-Erbe" durch den Einsatz von nur leicht modifizierten Standard-Rechnern AEG 80-60 entsprochen, später wird man leistungsfähigere (Bitslice-)Mikroprozessoren verwenden.

- Minimierung der Kompliziertheit: In der EGPA-Pilot-Pyramide ist die Minimierung der Kompliziertheit durch ausschließliche Verwendung von Standard AEG 80-60 Rechnern als Grundelement einer dynamischen Multiprozessorstruktur erreicht.

- Konstante lokale Komplexität führt zu linearer globaler Komplexität: Bei EGPA gilt für die lokale Komplexität k = 9 (vgl. unten), für den Multiprozessor ist also eine globale Komplexität von k x n = 9n für die Verbindungsstruktur gegeben, d.h. der Aufwand steigt linear mit der Anzahl der Prozessoren.

- Das Prinzip der Größenmodularität ersetzt das Familienkonzept: Die Größenmodularität setzt dabei eine geeignet erweiterbare Verbindungsstruktur voraus, die im EGPA-System durch die Pyramidenstruktur gegeben ist (vgl. unten).

- Geeignete Wahl der Topologie: die in EGPA gewählte Pyramidenstruktur erlaubt es, daß über Vermittlungsschritte jede Ressource von jedem Prozeß erreicht werden kann. Bei Verwendung der höheren Ebenen der Pyramide gelingt es, die Anzahl der Vermittlungsschritte um einen Faktor $\frac{2.\mathrm{ld}\ d}{d}$ zu reduzieren, wenn d die Distanz der Ressourcen in der untersten Ebene darstellt (vgl. unten).

- Space-sharing ersetzt time-sharing: die Vereinfachung der Betriebssystemstruktur durch "space-sharing" schlägt sich im EGPA-Projekt in den "Rumpf-Betriebssystemen" der Prozessoren der Arbeitsebene nieder (vgl. unten). Lediglich der Steuerprozessor in der B-Ebene der Pilot-Pyramide verfügt über ein vollständiges Betriebssystem. Allerdings muß die Verteilung der Programme und Daten auf das Prozessor-Feld durch explizite Programmierung des Benutzers geschehen, eine automatische Parkettierung wird gegenwärtig durch das Betriebssystem nicht geleistet. Im Rahmen des Projekts sind für die parallele Programmierung jedoch Software-Hilfsmittel geschaffen worden, die die Angabe von Ausführungsanweisungen insbesondere in der Form von Makro-Datenflußausdrücken gestatten (KNEISSL, 1982).

- Flexibilitätsthese bzw. Betriebsarten-Modularität: je nach Art des zu berechnenden Algorithmus muß ein Multiprozessorsystem in der jeweils geeignetsten Betriebsart verwendbar sein. Im EGPA-System wird dies einerseits durch die Kooperation mehrerer Prozessoren bei der Ausführung eines gemeinsamen Programms, andererseits durch die mikroprogrammierte Befehlssatzerweiterung (Emulation) von assoziativem Verhalten (vgl. unten) erreicht.

Im folgenden wird die Struktur des EGPA-Systems genauer beschrieben: es handelt sich um ein "dreidimensionales" Rechnerfeld mit Pyramidenstruktur (vgl. Abbildung 5.13 und 5.14). Die oberen Ebenen der Pyramide (B- und C-Ebene in Abbildung 5.13 bei einer Pyramide mit 21 Elementarzellen) übernehmen die Verwaltungs- und Steuerungsaufgaben für das Gesamtsystem (Betriebssystem-Funktionen und Peripherieverwaltung), während die unterste Ebene (Arbeitsebene) mit der größten Anzahl an Prozessoren für die parallele Ausführung von Benutzerprozessen verwendet wird. Die Elementarzelle von EGPA besteht dabei aus jeweils einem Prozessor und einem ihm zugeordneten Speicher. Die Größenmodularität von EGPA wird durch die Erweiterbarkeit des Gesamtsystems durch solche Elementarzellen und deren Verbindungsstruktur mit konstanter lokaler Komplexität erreicht. Abbildung 5.14 zeigt die seit 1978 betriebene Pilotpyramide (durchgezogene Linien), bestehend aus 5 Elementarzellen unter Verwendung der Prozessoren AEG 80-60 (AEG, 1977) und 1 MB Gesamtspeicherausbau. Für jene Elementarzelle, die im Beispiel aus Prozessor A_{23} und Speicher MA_{23} gebildet wird, sind ferner die zugehörigen Sub- und Seitenstrukturen gestrichelt gezeichnet, um die 9 Verbindungen aufzuzeigen. Jeder Prozessor, hier A_{23}, kann auf die Speicher seiner 4 Nachbarn in Nord, Süd, Ost, West (MA_{13}, MA_{33}, MA_{24}, MA_{22}), auf seinen ihm selbst zugeordneten Speicher, MA_{23}, und auf die Speicher der vier ihm unmittelbar untergeordneten Prozessoren zugreifen. Man erkennt, daß innerhalb einer Ebene die Zugriffe zwischen benachbarten Elementarzellen bidirektional, die Zugriffe zwischen den Ebenen entsprechend der Steuerhierarchie jedoch nur "von oben nach unten" realisierbar sind. Für die "Ränder" der jeweiligen Ebenen sind die Verbindungen mit den Elementen der gegenüberliegenden Ränder im Sinne eines Torus hergestellt (in Abbildung 5.13 und 5.14 aus Übersichtlichkeitsgründen nicht dargestellt).

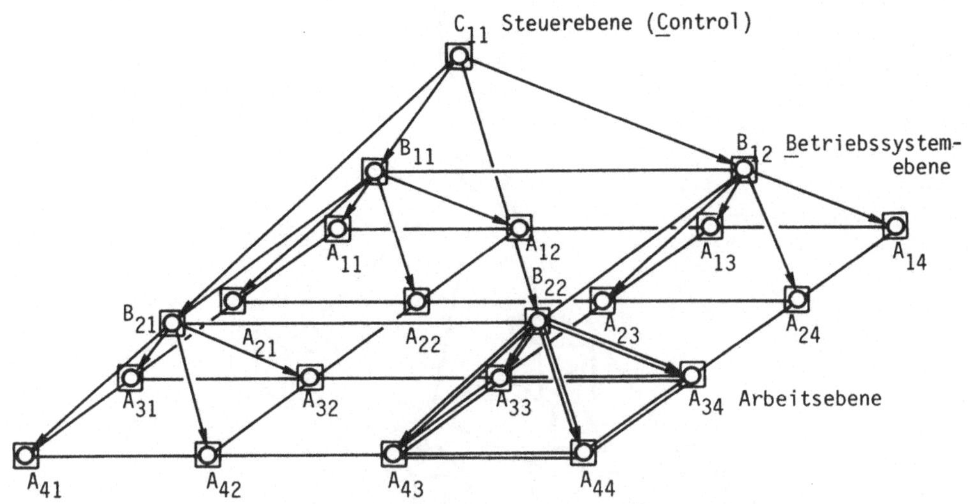

[Symbol] Elementarzelle von EGPA: Prozessor und zugeordneter Speicher
——► Unidirektionale Verbindung: Prozessor - Speicher
—— Bidirektionale Verbindung: Prozessor - Speicher

Abbildung 5.13. Vereinfachte Darstellung der Pyramidenstruktur von EGPA für den Fall n = 21, eine Elementarpyramide durch doppelte Linien gekennzeichnet

Die Kommunikationsmechanismen sind hardwareseitig vornehmlich durch Briefkastentechnik ("mailbox") realisiert, also durch Zugriffe der Prozessoren auf den gemeinsamen Speicher, der auf die einzelnen Elementarzellen aufgeteilt ist. Da auf jeden Speicher von maximal 6 Prozessoren aus zugegriffen werden kann, handelt es sich um Sechsport-Speicher mit entsprechendem Vorrangwerk (die verwendeten Rechner AEG 80-60 haben standardmäßig Multiportspeicher). Ferner existiert innerhalb der Elementarpyramide eine Prozessor-Prozessor-Interrupt-Kopplung, wobei ein zentraler Kommunikationsknoten (vgl. Abbildung 5.15) die Zieladresse j des Unterbrechungswunsches für die Adressierung des entsprechenden Prozessors verwendet und diese durch die Quelladresse i des unterbrechenden Prozessors ersetzt.

Zur Unterstützung der Prozeß-Kommunikation wurden in EGPA folgende Synchronisationsstrategien im Betriebssystem EGMOS (vgl. FROMM et al., 1982) implementiert:

- Synchronisation durch aktives Warten (polling einer gemeinsamen Speicherzelle, wobei aus Gründen der Speicherauslastung sowohl Maschinenbefehls- als auch Mikrobefehlswarteschleifen mit fester und

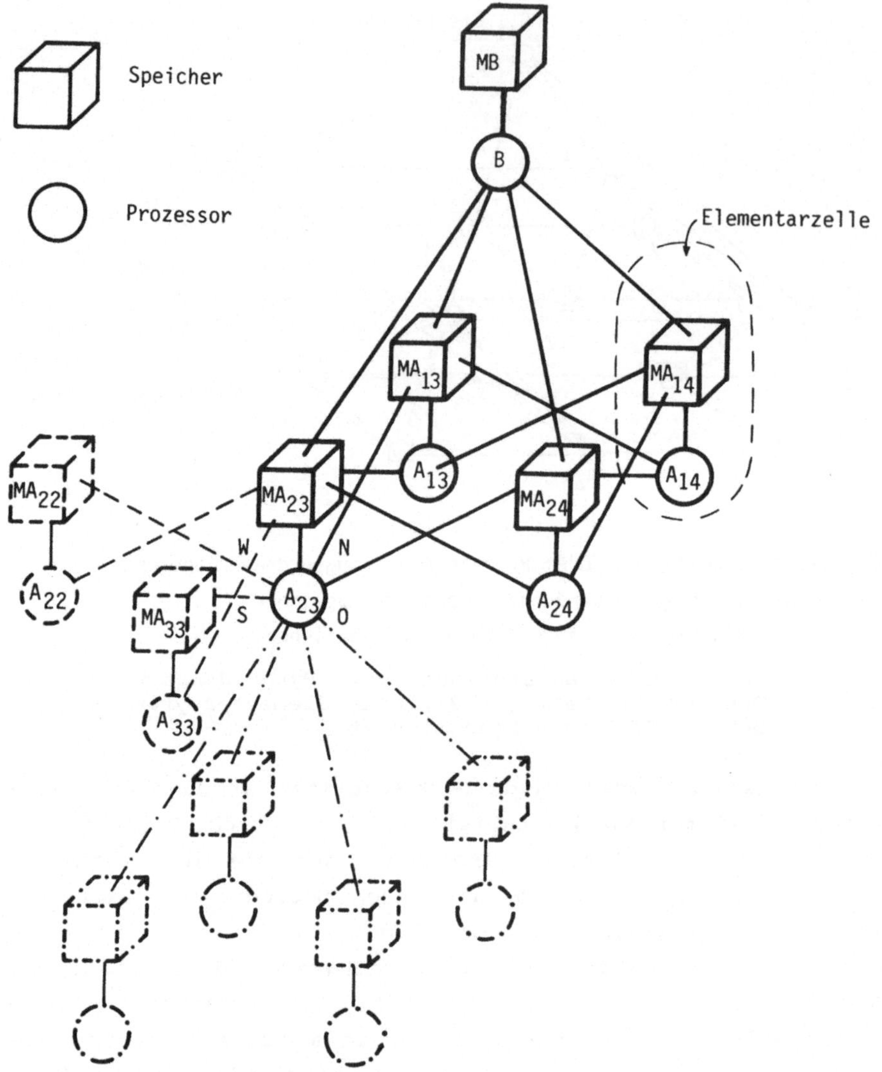

<u>Abbildung 5.14.</u> Detaildarstellung einer EGPA-Elementarpyramide und Verknüpfung mit einer Substruktur

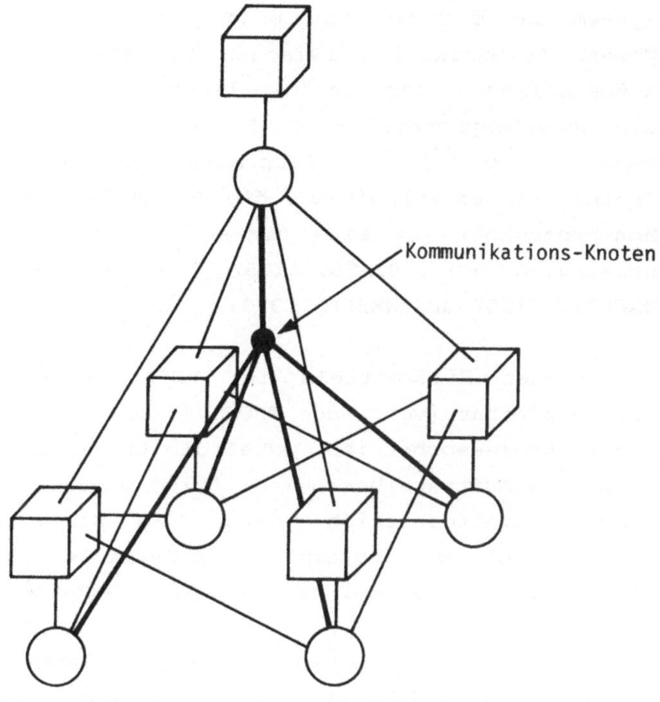

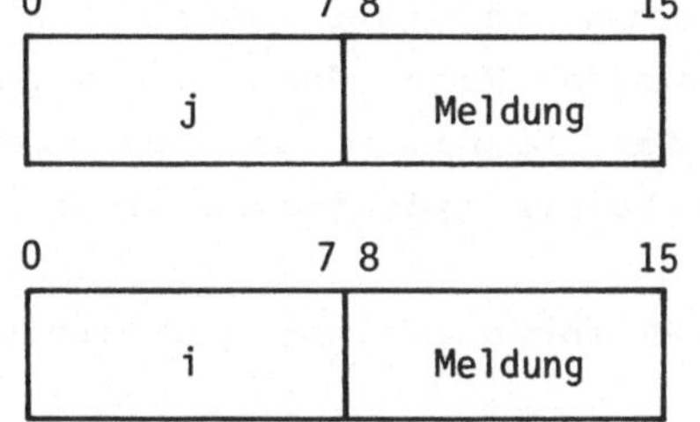

Halbwort von Prozessor i zum Kommunikations-Knoten von Prozessor j

Gleiche Meldung auf dem Weg vom Kommunikations-Knoten zum Zielprozessor

Abbildung 5.15. Darstellung des Prozessor-Prozessor-Interruptsystems und Format der Unterbrechungsinformation

variabler Abfragerate verwendet werden).
- Synchronisation über direkten Interrupt.

Das Betriebssystem EGMOS stellt eine Erweiterung des Multiprogramming Systems MARTOS (ATM, 1981) für den Einzelprozessor AEG 80-60 dar. Die Prozeß-Verwaltung wird im wesentlichen auf der B-Ebene im Multiprogramming durchgeführt, die A-Prozessoren verfügen nur über Rumpf-Betriebssysteme. Auf den Prozessoren der A-Ebene kann jeweils nur 1 Prozeß ausgeführt werden (Monoprogramming), die als Vertreter auf der B-Ebene über jeweils einen "Schattenprozeß" verfügen. Die vier Schattenprozesse der untergeordneten A-Ebene werden also im Betriebssystem des B-Prozessors behandelt wie gewöhnliche Prozesse der B-Ebene. Kommunikation zwischen Prozessen der B-Ebene und denen der A-Ebene finden über die jeweiligen Schattenprozesse der B-Ebene statt. Die Schattenprozesse sind durch das Betriebssystem für den Benutzer verdeckt, so daß die Interprozeß-Kommunikation zwischen verschiedenen Prozessoren so abläuft wie die Kommunikation zweier Prozesse auf einem Monoprozessor. Für eine umfassende Beschreibung der Betriebssystemstrategien vgl. BOSSE, 1980, DREYER, 1980, FROMM et al., 1982, MACKERT, 1980 und WEBER, 1979.

Mit diesen Hilfsmitteln ist EGPA in den folgenden Betriebsarten programmierbar (vgl. auch FROMM et al., 1982):

- Multiprozessorbetrieb, wobei die Einzelprozessoren voneinander unabhängige Aufträge bearbeiten ("independent mode")
- Multiprozessorbetrieb, wobei die Einzelprozessoren Unteraufträge eines größeren Programms nebenläufig ausführen ("concurrent mode")
- Makropipelining bzw. Makro-Datenfluß-Betrieb (Prozeßpipelining).

Ferner ist es prinzipiell denkbar, EGPA im Feldrechner-Modus zu betreiben (Nebenläufigkeit auf der Ebene der Einzelinstruktion). Die einzelnen Prozessoren von EGPA müßten dabei alle mit den gleichen Programmen geladen werden, die dann synchron getaktet ausgeführt werden, so daß die Prozessoren in ihrer Funktion auf die Ebene von Rechenwerken "degradiert" würden. Wegen der relativ hohen Synchronisationszeiten (ca. 6ms in der laufenden Implementierung) ist diese Betriebsart im Rahmen der Pilotpyramide jedoch nicht sinnvoll.

Die ECS-Beschreibung von EGPA für die einzelnen Betriebsarten lautet:

$$t_{EGPA/Multiproz} = (1,1,32) * (4,1,32);$$

$$t_{EGPA/Makropipeline} = (1,1,32) * (*4,1,32);$$

$$t_{EGPA/Feldrechner} = (1,1,32) * (1,4,32);$$

Gegebenenfalls kann auch der B-Prozessor neben den Steuerungsaufgaben Benutzerprogramme ausführen, so daß gilt:

$$t_{EGPA/Multiproz/5} = (5,1,32);$$

bzw.

$$t_{EGPA/Makropipeline/5} = (*5,1,32);$$

Da alle Betriebsarten alternativ und gemischt auftreten können, gilt ferner:

$$t_{EGPA} = \{(1,1,32) * [(4,1,32) \vee (*4,1,32) \vee (1,4,32)]\} \vee \{(1,1,32) * [(2,1,32) + (*2,1,32)]\} \vee \ldots;$$

Neben den bisher genannten Betriebsarten in EGPA wurde durch die mikroprogrammierte Befehlssatzerweiterung der Prozessoren des Systems die Emulation serieller Assoziativrechner ermöglicht: "Vertikalverarbeitung".

Der Gedanke der Vertikalverarbeitung (HÄNDLER, 1974) beruht im wesentlichen auf einer Uminterpretation der gespeicherten Daten und der verarbeitenden Einheit ALU konventioneller Rechenanlagen. Die konventionell -"horizontal"- abgespeicherten Daten der Wortlänge w (EGPA: w = 32) werden nicht als Worte der Länge 32 Bit betrachtet, sondern als stellengleiche Bits eines Blockes mit w abgespeicherten "vertikalen" Datenkomponenten der beliebigen Länge k. Die Funktionsweise der ALU ist dann nicht mehr bitparallel/wortseriell, sondern wortparallel/bitseriell wie bei seriell-assoziativen Rechnern (THURBER, WALD, 1975, vgl. Abbildung 5.16). Durch geeignete Mikroprogrammierung, d.h. entsprechende Kombination der in konventionellen "horizontalen" ALUs vorhandenen logischen Verknüpfungen können recht mächtige Assoziativbefehle sowie eine Vektorarithmetik für Vertikaldaten bereitgestellt werden. Lediglich zur Unterstützung der Ein/Ausgabe von Vertikaldaten wird eine Hardware-Sondereinrichtung, die "Drehscheibe" (HESSENAUER, 1977) verwendet. Vorteile der Vertikalverarbeitung sind (HOFMANN, 1977):

- höhere Verarbeitungsgeschwindigkeit durch Parallelisierung und Assoziativität (z.B. Suchoperationen),
- geringerer Speicherverschnitt bei Datenlängen mit $w \neq Sp$, (Sp = Speicherwortlänge),
- größere Benutzerfreundlichkeit durch einfache Darstellung paralleler, assoziativer Algorithmen, Anpassung der Datendarstellung an das Datum (z.B. Rechengenauigkeit).

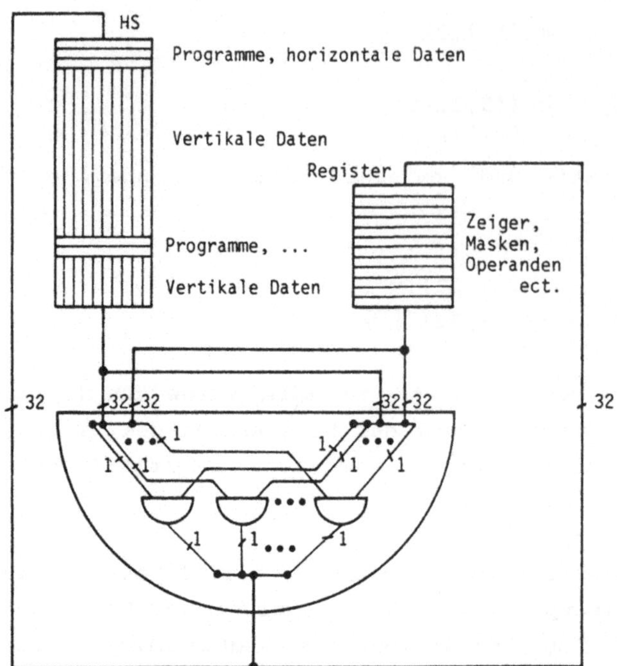

Abbildung 5.16. Schematische Darstellung von arithmetisch-logischer Einheit (ALU) und Hauptspeicher (HS) eines mikroprogrammierten Rechners mit Vertikalverarbeitung. Im HS stehen gemischt horizontale Programme und Daten, sowie Vertikaldaten. Die 32-Bit ALU arbeitet in der Vertikalverarbeitung wie 32 1-Bit Verknüpfungswerke

Gegenüber einer Realisierung der Aufgaben auf assoziativen Rechnern wie STARAN ergibt sich eine Verschiebung der Hardware-Software-Schnittstelle in Richtung auf die Software. Die Begründung hierfür liegt in der Überlegung, daß teuere Spezialhardware zwar gegebenenfalls kürzere Laufzeiten erbringt, die hohen Investitionen aber nur bei voller Auslastung (und großen Stückzahlen) zu rechtfertigen sind. Diese Auslastung ist bei der Vertikalverarbeitung auf konventioneller Hardware nicht nur durch assoziative Aufgaben gegeben, sondern durch konventionelle Aufgaben, in die jene eingestreut werden. Ferner ist im Mehrrechner-Betrieb wegen der Austauschbarkeit höhere Gesamt-Verfügbarkeit durch fail-soft-Mechanismen erzielbar.

Gegenüber einer Software-Simulation des assoziativen Verhaltens auf Maschinensprach-Ebene oder darüber ergibt sich ein hoher Laufzeitgewinn durch den Wegfall einer Vielzahl von Befehlshol- und Dekodier-Phasen, die entsprechende Unterprogramme beinhalten müßten. Den Mikroprogrammen für die Vertikalverarbeitung äquivalente Maschinensprachprogramme würden bis über 100 Befehle umfassen, wobei interne

Schleifen mit bis zu 25 Befehlen über jede einzelne Bitstelle von Sätzen oder Feldern durchlaufen werden müßten. Hier ergibt sich also durch die vertikale Verlagerung eine wesentliche Einsparung im Prolog/Epilog-Bereich (STOCKENBERG, van DAM, 1978).

Gegenüber der nicht-assoziativen Behandlung auf Maschinenebene erreicht die Vertikalverarbeitung die üblichen Vorteile serieller assoziativer Rechner. Etwa bei Suchoperationen über eine Datei mit n Sätzen kann bei gleichverteilten Werten im Durchschnitt spätestens nach 3 Vergleichsschritten (falls $n \leq w$, sonst in $3\lceil \frac{n}{w} \rceil$ Schritten) ein Ergebnis abgeleitet werden, wohingegen bei nicht-assoziativer Behandlung n Vergleiche notwendig wären. Ferner wird eine entsprechende Anzahl an Befehlsholphasen eingespart.

Analog zu den in assoziativen Prozessoren vorfindlichen Befehlsklassen (THURBER, WALD, 1975) lassen sich auch die implementierten Operationen der Vertikalverarbeitung in drei Gruppen einteilen:

- Assoziative Suchoperationen: Suchbefehle, Extremwertoperationen, Vergleiche über assoziative Information der Typen integer, real und character,
- Vektor-Arithmetik: Parallele Block- oder Skalar-Addition/Subtraktion auf Blöcken des Typs integer, arithmetischer Vergleich der Sätze von Blöcken, Summenbildung über die Sätze von Blöcken, Komplementbildung der Sätze von Blöcken,
- Hilfsoperationen: Einfügen und Extrahieren von horizontal implementierten Sätzen in vertikal implementierte Blöcke, Mischen von Blöcken, Index-Extraktion aus gegebenen (Ergebnis-)Masken.

Die genannten Befehle bilden eine durch die Anwendung von EGPA mitbestimmte Untermenge der in einer Pilotimplementierung auf dem Rechner INTERDATA 85 erstmals emulierten Vertikalverarbeitung (WICHMANN, 1977).

Die Probleme der Implementierung der Vertikalverarbeitung in EGPA sind in BODE, 1980a und b beschrieben. Die Anwendung der Vertikalverarbeitung für die Realisierung der Erweiterung einer höheren Programmiersprache EGFORT um ein Mengenkonzept wird bei GROSCH, 1982 dokumentiert.

Für die Bewertung der Vertikalverarbeitung wurden Laufzeitvergleiche der mikroprogrammierten Assoziativbefehle und der entsprechenden Programme in höherer Programmiersprache durchgeführt (ALBERT et al., 1980, BODE, HÄNDLER, 1981, ALBERT, BODE, HÄNDLER, 1982). Abbildung 5.17 zeigt die dabei erzielten Ergebnisse für einen Extremwertbefehl, wobei versucht wurde, die zu der Gesamtbeschleunigung (speedup) um Faktoren zwischen 33 und 37 beitragenden Elemente "Vertikale Verlagerung" (ca. 70 %) und "Assoziativität" (ca. 30 %) zu isolieren. Eine detaillierte Behandlung der Ergebnisse findet sich in der angegebenen Literatur.

Mit der Vertikalverarbeitung ergeben sich weitere Betriebsarten in EGPA, analog zu den bereits beschriebenen konventionellen Betriebsarten,

$$t_{EGPA/Multiproz\ v.} = (1,1,32) * (4,32,1);$$

$$t_{EGPA/Makropipeline\ v.} = (1,1,32) * (*4,32,1);$$

ferner theoretisch (jedoch aus den o.g. Gründen der großen Synchronsationszeiten nicht effizient) die synchron getaktete Arbeitsweise aller Prozessoren

$$t_{EGPA/V} = (1,1,32) * (1,128,1);$$

Laufzeiten von Mikroprogramm und höherer Programmiersprache (HPS, optimiert) für arithmetische Maximum Suche mit ausgewählten und zufallsgenerierten Daten.

Vertikale Verlagerung				Zufallsgen. Daten			Assoziativität
Satzlänge (bit)	Laufzeit Mikropr. (ms)	Laufzeit HPS (ms)	Speedup Vertikale Verlagerung	Laufzeit Mikropr. (ms)	Laufzeit HPS (ms)	Speedup "random"	Speedup Assoziativität
32	0.33	3.22	9.76	0.08	2.84	35.50	3.63
64	0.62	5.76	9.29	0.08	2.90	36.62	3.94
96	0.92	8.30	9.02	0.09	3.05	33.89	3.76
128	1.21	10.85	8.97	0.09	2.99	33.22	3.70

Abbildung 5.17. Vergleich der Laufzeiten der Mikroprogramme für die Vertikalverarbeitung und entsprechender Programme in höherer Programmiersprache

Die durch den Multiprozessorbetrieb von EGPA zu erzielenden Laufzeitgewinne gegenüber dem Monoprozessor-Betrieb werden derzeit noch intensiver untersucht. Erste Ergebnisse (vgl. HERCKSEN, KLAR, KLEINÖDER, KNEISSL, 1982) zeigen, daß die sogenannte MINSKY'sche Vermutung, die besagt, daß die erzielbare Leistungsteigerung für n Prozessoren mit weniger als der Ordnung $\frac{n}{\mathrm{ld}\ n}$ zunimmt (vgl. GILOI, 1980), nicht in jedem Fall zutrifft.
Abbildung 5.18 zeigt für das Beispiel einer perspektivischen Geländedarstellung mit Elimination verdeckter Linien auf der Basis einer kartographischen Datenbank (mit Höhenlinien-Information) die relativen Zeitanteile der Aktivität von 0,1,2,3 und 4 Prozessoren der A-Ebene. Selbst für ein solches, recht komplexes Programm kann gezeigt werden, daß durch Parallelarbeit der Prozessoren Laufzeitreduktionen zu erzielen sind. Alle Messungen im EGPA-System wurden mit speziellen Hardware- und Software-Monitoren durchgeführt.

Anzahl aktiver Prozessoren				
0	1	2	3	4
keiner: 13,5%	A1 : 1,0% A2 : 0,4% A3 : 0,7% A4 : 1,0%	A1,2 : 2,3% A1,3 : 1,6% A1,4 : 2,9% A2,3 : 1,7% A2,4 : 2,5% A3,4 : 1,9%	A1,2,3 : 7,6% A1,2,4 : 7,5% A1,3,4 : 6,5% A2,3,4 : 7.3%	A1,2,3,4 : 41,3%

Abbildung 5.18. Relative Anteile der Aktivität von 0,1,2,3 und 4 Prozessoren der A-Ebene während der Laufzeit eines komplexen Anwendungsprogramms im EGPA-System (KLAR, HERCKSEN, KLEINÖDER, KNEISSL, 1982)

5.2 Adaptierbare und dynamische Rechnerstrukturen zur Steigerung der Systemzuverlässigkeit (Fehlertoleranz)

5.2.1 Vorbemerkung zur Zuverlässigkeit von Rechnersystemen

Mit dem zunehmenden Einsatz von Rechnern für Aufgaben, bei denen hohe materielle oder sogar menschliche Werte von der richtigen Funktionsweise von Systemen abhängig sind, gewinnt auch die Frage nach der Zuverlässigkeit von Rechenanlagen immer größere Bedeutung. In Kapitel 2.4 der Rechnerarchitektur I (BODE, HÄNDLER, 1980) wurde dieser Tatsache bereits Rechnung getragen. Inzwischen hat sich im Bereich der Informatik unter dem Stichpunkt Zuverlässigkeit bzw. Fehlertoleranz von Rechensystemen ein vollständiges Teilgebiet entwickelt, in dem die genannte Fragestellung theoretisch wie praktisch untersucht wird (DAL CIN, 1979, DAL CIN, DILGER, 1981, GAEDE, 1977, MAEHLE, 1982, SIEWIOREK, SWARZ, 1982). Die jährliche internationale Tagung über fehlertolerante Rechnersysteme FTCS Nr i ergibt einen guten Überblick über die Entwicklung auf diesem Gebiet.

Im Zusammenhang mit adaptierbaren Rechnerstrukturen sollen hier redundante Systeme besprochen werden, die den Ausfall von Teilkomponenten so aufzufangen in der Lage sind, daß eine korrekte Arbeitsweise, gegebenenfalls bei verminderter Arbeitsgeschwindigkeit, weiterhin aufrecht erhalten werden kann ("fail-soft"). Um eine geeignete Einordnung der zu besprechenden Systeme zu ermöglichen, soll zunächst eine kurze Übersicht über Verfahren zur Steigerung der Zuverlässigkeit gegeben werden.

Prinzipiell ist eine Steigerung der Zuverlässigkeit durch
- Fehlerintoleranz und/oder
- Fehlertoleranz

zu erzielen. Fehlerintoleranz, also der Versuch, Fehler von vornherein zu vermeiden, wird bezüglich der Hardware durch Qualitätssteigerung, also verbesserte Technologie u.ä., bezüglich der Software z.B. durch Verifikationsverfahren angestrebt. Insbesondere durch die Hochintegration von Halbleiterbauelementen sind hier in den letzten Jahren große Fortschritte erzielt worden (Grobregel: die Verfügbarkeit eines Systems ist indirekt proportional zur Anzahl der Bausteine, die es realisieren). Verfahren der Fehlertoleranz gehen von dem "pessimistischen" Ansatz aus, daß Fehler dennoch nie ganz zu vermeiden sind und diese daher auch zur Laufzeit des Systems aufgefangen werden müssen.

Bezüglich möglicher Fehler unterscheidet man
- Hardware-Fehler,
- Software-Fehler,
- Bedienungsfehler.

Bezüglich der Hardware-Fehler unterteilt man ferner in
- Hardware-Ausfälle, also Fehler, die erst im Betrieb des Systems auftreten,
- Hardware-Entwurfsfehler.

Hardware-Ausfälle können vom Typ
- permanenter, also andauernder, oder
- transienter, also vorübergehender (sporadischer) Fehler

sein.

Auch Software-Fehler sind weiter zu unterteilen nach
- Spezifikations-Fehlern,
- Programmierfehlern.

Fehlertoleranztechniken mit Redundanz sind geeignet, auf die Fehlertypen Hardware-Ausfall und Programmierfehler zu reagieren. Hier unterscheidet man Verfahren mit
- statischer Redundanz,
- dynamischer Redundanz.

Bei Systemen mit <u>statischer Redundanz</u> werden Teile des Systems mehrfach (redundant) realisiert und führen unabhängig voneinander jeweils die gleiche Aufgabe aus. Die Ergebnisse aller Teile werden z.B. in einer Mehrheitslogik ("voter") verglichen, fehlerhafte Ergebnisse - solange sie in der Minderheit sind - unterdrückt. Allgemein werden diese Verfahren unter dem Begriff NMR (<u>N</u>-<u>m</u>odular <u>r</u>edundancy) zusammengefaßt. Abbildung 5.19 zeigt das Ersatzschaltbild einer TMR (<u>t</u>riple <u>m</u>odular <u>r</u>edundancy)-Schaltung. Statische Redundanz kann z.B. auch durch fehlerkorrigierende (also redundante) Kodes realisiert werden.

Bezüglich Fehlertoleranzverfahren mit <u>dynamischer Redundanz</u> unterscheidet man
- "stand by"-Verfahren,
- "fail soft"-Verfahren.

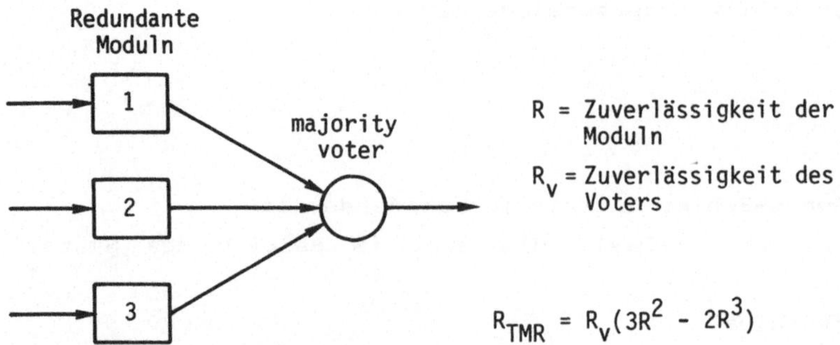

Abbildung 5.19. Fehlertolerantes System mit statischer Redundanz: TMR-Verfahren. Für die Berechnung der Zuverlässigkeit bzw. Verfügbarkeit vgl. BODE, HÄNDLER, 1980

Bei "stand by"-Verfahren (vgl. Abbildung 5.20) wird davon ausgegangen, daß zu einem Zeitpunkt jeweils nur ein Element aus der Menge redundanter Moduln über einen Schalter aktiviert wird. Tritt in diesem Modul ein Fehler auf (Verfahren zur Fehlererkennung sind vorausgesetzt), wird auf ein anderes - noch intaktes - Teilelement umgeschaltet (vgl. auch BODE, HÄNDLER, 1980, Kapitel 2.4.3.1).

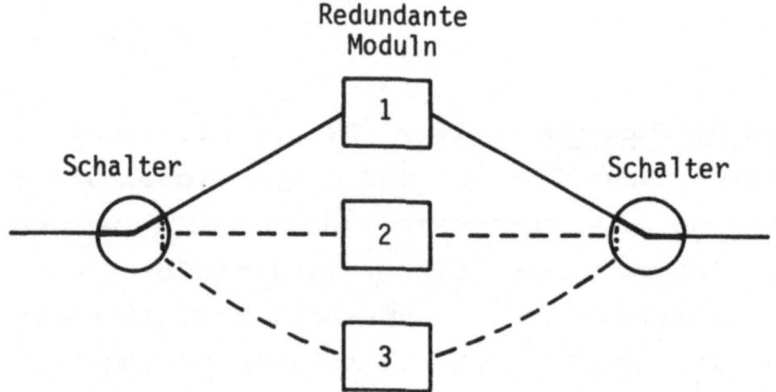

Abbildung 5.20. Fehlertolerantes System mit dynamischer Redundanz: "stand by"

Bei "fail soft"-Verfahren (vgl. Abbildung 5.21), die vor allem bei Multiprozessorsystemen Anwendung finden, sind zu einem Zeitpunkt alle Moduln in Betrieb. Durch geeignete Diagnoseverfahren überwachen sich diese Moduln z.B. über den Weg eines Verbindungsnetzwerkes gegenseitig und sind in der Lage, die als defekt erkannten Elemente abzuschalten und deren Aufgaben zu übernehmen, so daß die Funktionsfähigkeit des Gesamtsystems, wenn auch u.U. mit geringerem Durchsatz, erhalten bleibt.

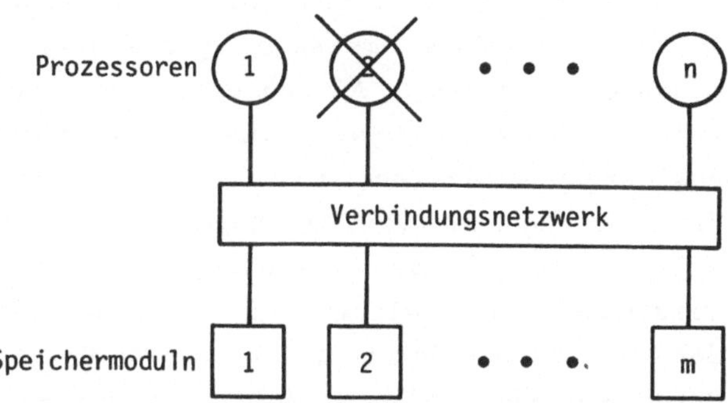

Abbildung 5.21. Fehlertolerantes Multiprozessorsystem mit dynamischer Redundanz: "fail soft"

Für Systeme mit dynamischer Redundanz ist vorausgesetzt, daß geeignete Verfahren zur Fehlererkennung und -beseitung vorhanden sind. Im einzelnen sind dazu die folgenden Schritte auszuführen:

- Fehlerdiagnose (Erkennung von Fehlern),
- Rekonfiguration (Elimination bzw. Isolation defekter Elemente),
- Wiederanlauf (recovery) mit konsistenten Daten.

Für die Durchführung dieser Schritte ist eine Vielzahl von Verfahren bekannt, die sich nach Zwecksetzung des Systems, Art des Algorithmus und Stufe der Implementierung (Hardware, Firmware, Software) unterscheiden. Eine Übersicht findet sich bei MAEHLE, 1977 und 1982.

Als Beispiel für ein fehlertolerantes System mit dynamischer Redundanz vom Typ "fail soft" soll nachfolgend der Multiprozessor PLURIBUS beschrieben werden.

5.2.2 PLURIBUS, ein fehlertoleranter Multiprozessor

Das System PLURIBUS wurde Anfang der siebziger Jahre von BBN (Bolt Beranek and Newman Inc.) mit dem Ziel entworfen und hergestellt, einen flexiblen Kommunikationsrechner für das ARPA-Rechnernetz bereitzustellen (HEART, ORNSTEIN, CROWTHER, BARKER, 1973, ORNSTEIN et al., 1975, KATSUKI et al., 1978). Das ARPA-Netz ist eine netzartige Verbindung von über 50 Großrechnern in den USA und Europa und erlaubt den Zugriff auf verschiedenste Systeme (u.a. auch ILLIAC IV) über Verbindungen mit einer Bandbreite von 50 Kbaud. Das Netz wird nach einer Paketvermittlungsstrategie betrieben, wobei in jedem Knoten des Netzes sogenannte IMP's (interface message processor) die Aufgaben der Übertragungsfehlerprüfung, Adreßüberprüfung und Weitergabe der Pakete sowie weitere Steuerungs- und Statistikaufgaben (Leitungstests, Auslastungsermittlung u.s.w.) übernehmen. Der IMP wurde zunächst durch je einen Rechner vom Typ Honeywell 516 bzw. 316 realisiert, die sich jedoch für diese Anwendung als zu unflexibel und zu wenig leistungsfähig erwiesen. Dies war der Ausgangspunkt für den Gedanken, den IMP nicht durch genau einen Prozessor zu realisieren, sondern durch ein adaptierbares Multiprozessorsystem, das den folgenden Eigenschaften genügen sollte:

- Erweiterbarkeit der E/A des IMP: je nach Art des Knotens (es handelt sich um ein vollständig unregelmäßiges Netz) soll eine fast beliebige Anzahl von Rechnern und intelligenten Terminals anschließbar sein.
- Modularität des Gesamtsystems: die unterschiedlichen IMP's sollen durch Variation der Anzahl der Prozessoren unterschiedlich hohen Durchsatz erlauben.
- Erweiterbarkeit des Speicherbereiches: für Kommunikationsarten mit hoher Geschwindigkeit (Satelliten-Kommunikation) müssen gegebenenfalls große Pufferbereiche bereitgestellt werden können.
- Verfügbarkeit des Gesamtsystems: die IMP's sollen hohe Verfügbarkeit durch Selbstdiagnose, Isolierung und Ersatz defekter Elemente ohne Ausfall des Gesamtsystems ermöglichen.

Abbildung 5.22 zeigt die Standard-Konfiguration eines PLURIBUS für die Realisierung der Aufgaben des IMP. Als Grundelemente für PLURIBUS dienen die Rechner LOCKHEED SUE, bzw. deren Bussysteme, die ausführlich in BODE, HÄNDLER, 1980, Kapitel 5.1.3, beschrieben wurden.

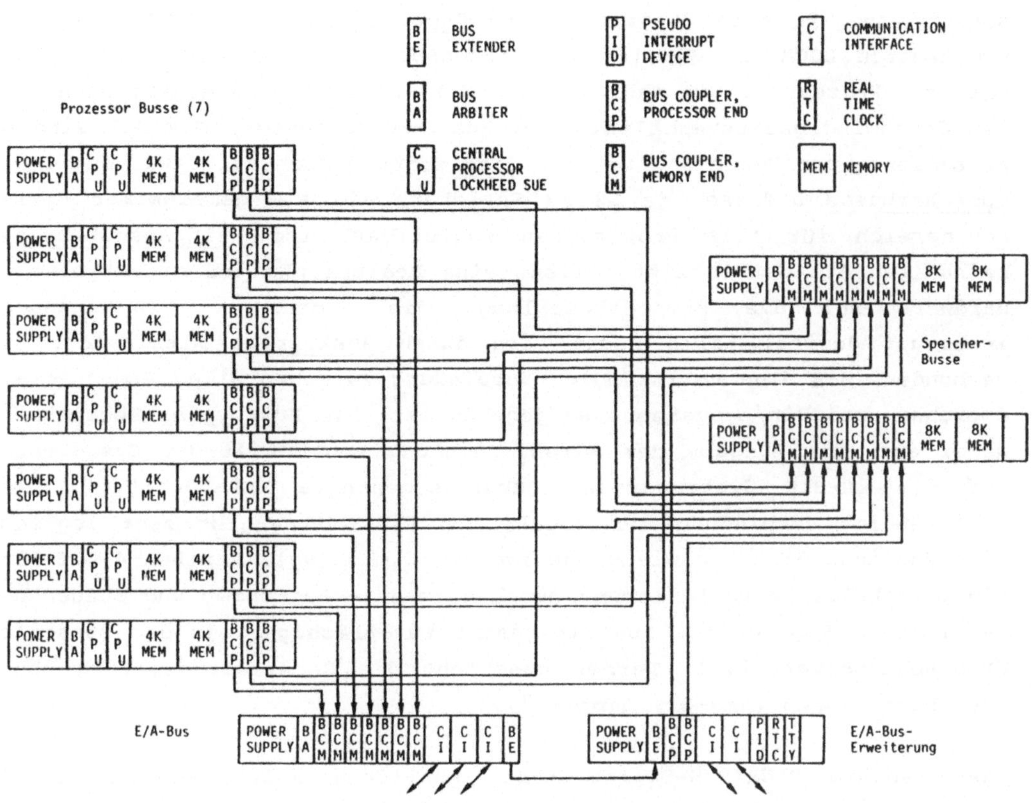

PLURIBUS kennt drei Typen von Grundmoduln, aus denen das Gesamtsystem zusammengesetzt werden kann (die Moduln werden wegen ihrer physikalischen Realisierung hier "Busse" genannt):

- Prozessorbus,
- Speicherbus,
- Ein/Ausgabebus.

Alle Modultypen (jeweils in Einheitsgehäusen) umfassen die Stromversorgung und je eine Busverwaltung. Prozessorbusse beherbergen je 2 Prozessoren LOCKHEED SUE (16-Bit Prozessoren) und je 8 KB Privatspeicher pro Prozessor. Die Wahl von 2 Prozessoren pro Bus ergibt sich aus dem Geschwindigkeitsverhältnis von Bus und Prozessor, maximal sind 4 Prozessoren pro Bus anschließbar, dies führt jedoch zu Buswartezeiten. Speicherbusse umfassen je 32 KB Speicher, die als gemeinsamer Speicherbereich für alle Prozessoren zugreifbar sind. Ein/Ausgabebusse beinhalten die Netzschnittstellen, eine Realzeituhr und eine Spezialhardware für die Prozeßabwicklung, die sogenannte PID (pseudo interrupt device). Alle Busse sind durch Buskoppler miteinander so verbunden, daß eine vollständige Verbindung zwischen allen Prozessor-, Speicher- und Ein/Ausgabebussen gegeben ist. Die Buskoppler übernehmen dabei auch die Aufgabe der Adreßumrechnung von der 16-Bit Busadresse auf die 20-Bit Systemadresse (über sogenannte MAP-Register). Die vollständige Verbindung der Moduln von PLURIBUS ergibt zwar logisch eine ähnliche Struktur wie diejenige von C.mmp (vgl. Kapitel 4.3.1.1), die physikalische Realisierung durch getrennte Leitungen und Steuerungen über Buskoppler ist aber insgesamt zuverlässiger als der zentrale Kreuzschienenverteiler. Ferner geschieht die Geräteadressierung über Speicheradressen ("memory mapping").

Das Standard PLURIBUS-System (vgl. Abbildung 5.22) besteht aus 7 Prozessorbussen mit 14 Prozessoren, 2 Speicherbussen mit je 32 KB gemeinsamem Speicher, einem Ein/Ausgabebus (mit Buserweiterung) und den zugehörigen Verbindungen. Es gilt also:

$$t_{PLURIBUS} = (14,1,16);$$

PLURIBUS ist im strengen Sinne des Wortes kein Allzweck-Rechner (auch wenn das in einigen Firmenschriften von BBN behauptet wird). So werden für das System z.B. auch keine höheren Programmiersprachen angeboten.

Die Tatsache, daß die auf PLURIBUS auszuführenden Programme von vornherein bekannt waren, wurde zu einer sehr eigenwilligen Multiprozessororganisation mit Fehlertoleranzeigenschaften genutzt (HEART et al., 1973):

- Alle auszuführenden Programme werden in kleine Aufträge zerteilt, die sogenannten "strips", deren Laufzeiten unter 300 µs betragen. Während ein Prozessor einen "strip" ausführt, kann er nicht unterbrochen werden, Prioritäten machen sich nur in der Ausführungsreihenfolge geltend.

- Die Prozessoren von PLURIBUS sind alle identisch, arbeiten asynchron und können jeden beliebigen "strip" im System ausführen. Es gibt also keinerlei Hierarchie der Prozessoren, auch das Betriebssystem und die E/A-Behandlung werden in "strips" zerteilt, die auf jedem beliebigen der völlig symmetrischen Prozessoren laufen können.
- Innerhalb des gesamten PLURIBUS gibt es genau eine zentrale Warteschlange, in die alle rechenbereiten Aufträge (strips), geordnet gemäß ihrer Prioritäten eingereiht werden. Diese Warteschlange ist vollständig passiv, d.h. die Zuordnung der Aufträge auf die Prozessoren geschieht ausschließlich unter Regie der Prozessoren, die nach Beendigung der Ausführung eines "strips" sich jeweils den nächsten auszuführenden Auftrag aus der Warteschlange holen und dabei den zugehörigen Eintrag entfernen ("Ansaugverfahren").
- Aus Geschwindigkeitsgründen ist die Warteschlange und ihre Prioritätsverwaltung durch Spezialhardware, die PID (pseudo interrupt device), realisiert.
- Durch die identische Realisierung der Einzelprozessoren und die verteilte Systemsteuerung sind Programme für PLURIBUS auf beliebig dimensionierten Konfigurationen lauffähig. Damit können fehlerhafte Prozessoren durch geeignete Diagnosestrategien (vgl. unten) auf einfache Weise entdeckt und abgeschaltet werden, wobei die Funktionsfähigkeit des Gesamtsystems bei verringertem Durchsatz erhalten bleibt. Je nach "Consensus"-Strategie kann PLURIBUS also aus Fehlertoleranzgründen dynamisch von 14 auf 13,12,11 usw. Prozessoren adaptiert werden, so daß gilt:

$$t_{PLURIBUS} = (14,1,16) \vee (13,1,16) \vee (12,1,16) \vee \ldots;$$

Die Flexibilität von PLURIBUS, wie sie in ECS beschrieben wird, ist hier ein Maß für die Fehlertoleranz:

$$F(t_{PLURIBUS}) = S;$$

Die Implementierung der Fehlertoleranzeigenschaften von PLURIBUS benutzt die redundante Hardware, geschieht aber vornehmlich in Software, d.h. daß auf verschiedensten Systemebenen zyklisch immer wieder Selbstdiagnose-Programme ausgeführt werden, die durch benachbarte Ebenen überprüft werden. Abbildung 5.23 zeigt die Sub-Systeme von PLURIBUS und ihre gegenseitige Überwachung. Auf der untersten Ebene wird die Diagnose durch einen 60 Hz Interrupt (watchdog-timer) hardwaremäßig angestoßen.

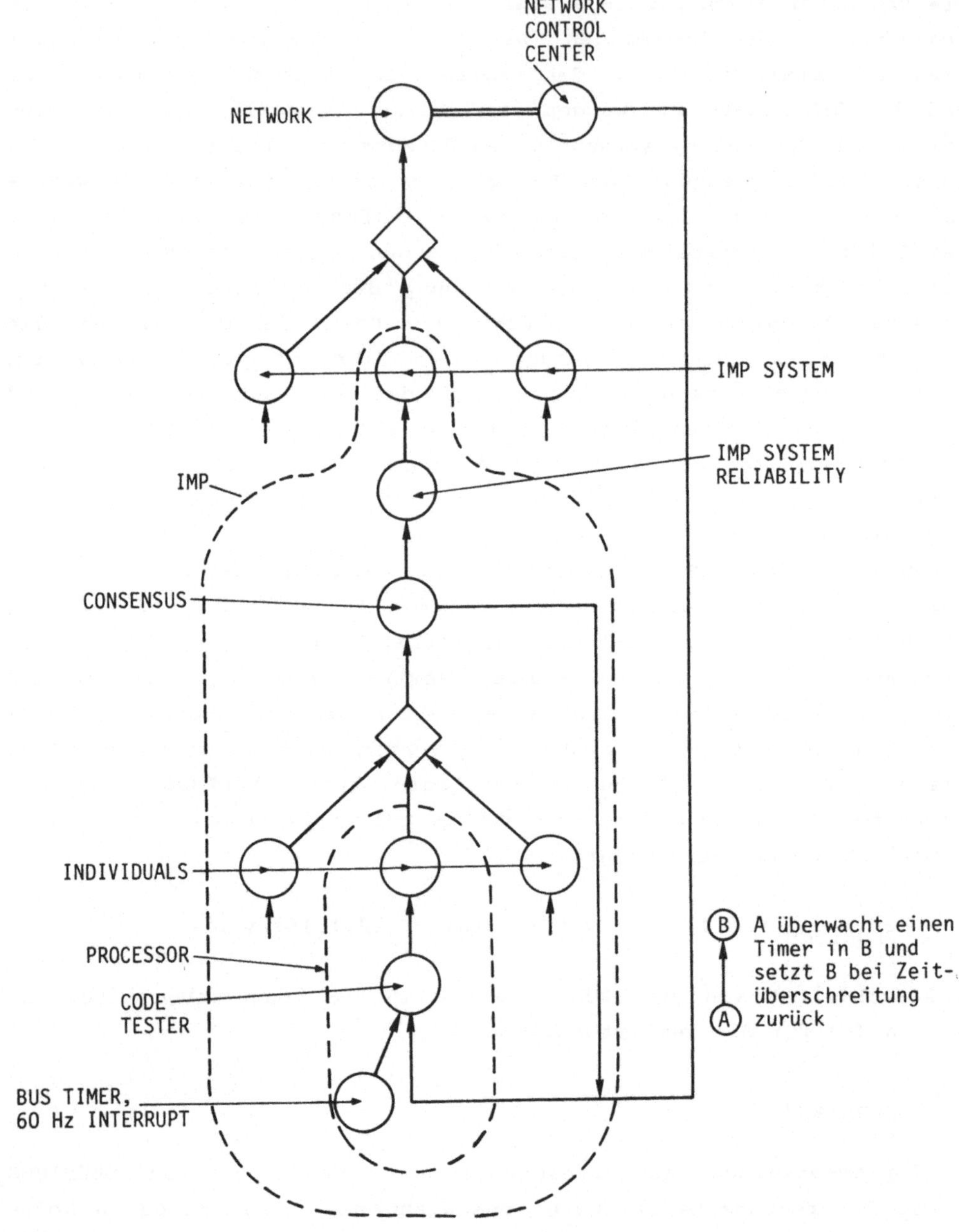

Abbildung 5.23. Hauptelemente von PLURIBUS und Überwachungsstruktur auf den einzelnen Ebenen

Diese Ebene überprüft den sogenannten "Code-Tester", der die Diagnose für die lokalen Speicher und ihrer Ansteuerung auf den Prozessor-Bussen über Quersummenbildung realisiert. Ferner überwacht der "Code-Tester" die Ebene der "Individuals", also der obersten Stufe der Diagnose auf Einzelprozessorebene. Jeder einzelne Prozessor ("Individual") bestimmt für sich, welche gemeinsamen Speicherbereiche und welche Prozessoren aus seiner Sicht intakt sind, bestimmt einen Speicherbereich, in dem diese Diagnoseinformation zwischen den Einzelprozessoren mit dem Zweck einer gemeinsamen Systemsicht ("Consensus") ausgetauscht werden soll und versucht, dem "Consensus" beizutreten.

Die "Consensus"-Bildung der Einzelprozessoren in PLURIBUS stellt ein zentrales Element der Fehlertoleranzeigenschaften dar. Mit dem Consensus wird einerseits eine Diagnoseebene beschrieben, die die nächste Stufe "IMP system reliability" überwacht, die Programme im gemeinsamen Speicher durch Quersummenbildung prüft und alle vorhandenen Hardware-Elemente (vom Prozessor bis zur PID) testet. Der Consensus ist aber auch gleichzeitig eine Bezeichnung derjenigen Prozessoren, die sich über eine gemeinsame Systemsicht geeinigt haben. Die Einigungsstrategie arbeitet über Tabellen der Ressourcen und ist veränderbar (einfache Mehrheit, 2/3 Mehrheit etc.).

Die Stufe "IMP system reliability" überwacht die Stufe "IMP system", insbesondere die Datenstrukturen. "IMP system" schließlich beobachtet das Verhalten des Gesamtnetzwerkes. Das "network control center" kann bei transienten Fehlern aller Prozessoren, die den Consensus lahmlegen würden, den Wieder-Anlauf des Systems ermöglichen.

Die Steuerung des PLURIBUS erfolgt durch das Betriebssystem STAGE, das die Fehlertoleranzeigenschaften durch schrittweisen, hierarchischen Aufbau der Hard/Software Ressourcen-Abbildung über Consensus und periodische Prüfung des Standes unterstützt. Abbildung 5.24 zeigt die elf Stufen des Betriebssystems ("stages"), die jeder Prozessor, ausgehend von Stufe 0, durchläuft. Bei Korrektheit wird jeweils die nächst höhere Stufe durchlaufen, die bereits aktivierten Stufen periodisch überprüft. Findet eine "stage" einen Fehler, werden alle höheren Stufen deaktiviert (für diesen Prozessor). Erst die höchste Stufe erlaubt die Ausführung der Anwendungsprogramme.

Stufen im PLURIBUS-Betriebssystem

Stufe (Stage)	Funktion der Stage
0	Checksum local memory code (for stages 0, 1, 2). Initialize local interrupt vectors, and enable interrupts. Discover Processor bus I/O. Find some real-time clock for system timing.
1	Discover all usable common memory pages. Establish page for communication between processors.
2	Find and checksum common memory code (for stages 3, 4, 5). Checksum whole page ("reliability page").
3	Discover all common busses, PIDs, and real-time clocks.
4	Discover all processor bus couplers and processors.
5	Verify checksum (from stage 2) of reliability page code (for rest of stages plus perhaps some application routines). External reloading of missing code pages is possible once this stage is running.
6	Checksum all of local code.
7	Checksum common memory code. Maintain page allocation map.
8	Discover common I/O interfaces.
9	Poll application-dependent reliability and initialization routines. Periodically trigger restarts of halted processors.
10	Application system.

Abbildung 5.24. Übersicht über die 11 Stufen des Betriebssystems STAGE für das System PLURIBUS und Darstellung der Funktionen für die Realisierung der Fehlertoleranz-Eigenschaften (aus ROBINSON, ROBERTS, 1978)

Auf jeder Stufe von STAGE findet ein Consensus aller Prozessoren statt, der über drei Register geschieht: durchläuft ein Prozessor eine stage, setzt er ein Bit im "next"-Register zum Zeichen dafür, daß er am Consensus teilnehmen möchte. Nach einer vorgegebenen Zeit, in der das entsprechende "next"-Bit den Wert "1" hatte, wird im Register "smoothed" das zu diesem Prozessor gehörige Bit gesetzt, das "next"-Bit zurückgesetzt. Der Prozessor darf nun über die Konfiguration mitentscheiden. Besitzt ein Prozessor einen Konfigurations-Änderungswunsch (aufgrund seiner Sicht des Systems), setzt er ein Bit im Register "fix-it". Solange dieses Bit den Wert "0" hat, ist der Prozessor nicht im Consensus, bzw. mit der Konfiguration einverstanden. Konfigurationsänderungen können jetzt nach verschiedenen Strategien angestoßen werden: z.B. nur bei völliger Übereinstimmung aller Mitglieder des Consensus ("smoothed" = "fix it"), nach 2/3 Mehrheit u.s.w. Diese Strategien können für die verschiedenen stages unterschiedlich gewählt werden.

Durch diese Organisation ist es gewährleistet, daß ein Prozessor, der einen Fehler sieht, aber nicht den Consensus erreicht (also mit hoher Wahrscheinlichkeit selbst fehlerhaft arbeitet), an diesem Punkt hängen bleibt (erreicht die höheren stages nicht) und daher die Gesamtfunktion des Systems nicht stört.

Am Beispiel von PLURIBUS zeigt sich, daß Redundanz in der Hardware allein die Zuverlässigkeit eines Gesamtsystems noch lange nicht erhöhen muß (JONES/SCHWARZ, 1980, sprechen vom "Mythos" der angeblich zuverlässigeren Multiprozessorsysteme). Vielmehr muß ein erheblicher Aufwand für die Fehlerdiagnose, -isolierung und das Wiederaufsetzen getrieben werden. Es ist ferner zu berücksichtigen, daß das vorliegende System ein Spezialrechner ist, da es möglich war, die Zerteilung aller - bereits im vorhinein - bekannten Programme in "strips" mit festgelegten Maximal-Ausführungszeiten vorzunehmen, so daß eine einfache Zeitüberwachung möglich ist und die Implementierung von Unterbrechungen unterbleiben konnte. Auch die Prozeß-Prozessorzuordnung wurde damit erleichtert. Die Konzepte von PLURIBUS sind also nicht auf einfache Weise auf Allzweckrechner zu übertragen.

5.3 Wertung

Abschließend bleibt festzustellen, daß die Probleme der Realisierung adaptierbarer und dynamischer Rechnerstrukturen noch nicht vollständig gelöst sind. Dies spiegelt sich in der Tatsache wider, daß die beschriebenen Rechnerstrukturen vornehmlich dem Forschungssektor zuzurechnen sind. Eine Ausnahme macht lediglich das kommerziell erhältliche System TANDEM (KATZMANN, 1981) mit Fehlertoleranzeigenschaften (Maximalausbau: 16 Prozessoren).

Die in der weiteren Entwicklung der Technologie abzusehenden physikalischen Grenzen für die weitere Beschleunigung konventioneller Bauelemente (vgl. etwa STEIN, 1978) lassen jedoch erwarten, daß in der weiteren Zukunft Parallelrechnerstrukturen in zunehmendem Maße eingesetzt werden.

Daß diese Strukturen der Forderung nach Flexibilität genügen sollen, läßt erwarten, daß die Forschungsanstrengungen in Bezug auf adaptierbare Rechnerstrukturen in den kommenden Jahren weiter verstärkt werden.

6 Literatur

ACKERMANN, W.B.:
Data flow languages. AFIPS, Proceedings NCC, Vol. 48, 1087-1095, 1979

ACM:
Papers of the 4th workshop on computer architecture for non numeric processing. SIGARCH Newsletter, Vol. 7, No. 2, 1978

AEG:
Prozeßrechner AEG 80-40, 80-60, Befehlshandbuch. AEG-Telefunken, Pub. Nr. ESV. 16.26/0977, Konstanz, 1977

ALBERT, B.; BODE, A.; HÄNDLER, W.:
A case study in vertical migration: the implementation of a dedicated associative instruction set. Microprocessing and Microprogramming, North Holland, No. 8, 257-262, 1981

ALBERT, B.; BODE, A.; JACOB, R.; KILGENSTEIN, R.; RATHKE, M.:
Vertikalverarbeitung: Beschleunigung von Anwenderprogrammen durch mikroprogrammierte Assoziativbefehle. In: HAUER, SEEGER (Hrsgb.): Hardware für Software, Berichte des German Chapter of the ACM, Teubner Verlag, Stuttgart, 6, 114-123, 1980

AMDAHL, G.M.:
Advances in computer technology. Future Systems, Infotech state of the art report, part 2, Invited Papers, 1-25, 1977

AMDAHL, G.M.; BLAAUW, G.A.; BROOKS, F.P.:
Architecture of the IBM System/360. IBM Journal of Research and Development, Vol. 8, No. 2, 87-101, 1964

ANACKER:
Josephson Technology. Seminar: "High-end-Computing", IBM Stuttgart, 2.-3.10.1979

ANDERSON, D.W.; SPARACIO, F.J.; TOMASULO, R.M.:
Machine philosophy and Instruction Handling. IBM Journal of Research and Development, Vol. 11, No. 1, 8-24, Jan. 1967

ANDERSON, S.F.; EARLE, J.G.; GOLDSCHMIDT, R.E.; POWERS, D.M.:
Floating-point execution unit. IBM Journal of Research and Development, Vol. 11, No. 1, 34-53, Jan. 1967

ARNOLD, R.G.; PAGE, E.W.:
A hierarchical, restructurable multi-microprocessor architecture. Proc. 3rd annual symp. on comp. architecture, 40-45, 1976

ATM:
MARTOS, Betriebssystem für ATM 80-60. ATM Computer GmbH, ATM ED. 16.1/0181, Konstanz, 1981

AUER, H.; HELL, W.; LEILICH, J.S.; SCHWEPPE, H.; SEEHUSEN, S.; STIEGE, G.; TEICH, W.; ZEIDLER, H.:
RDBM - A relational database machine. TU Braunschweig, Informatik Berichte, No. 8005, Juni 1980

AUROUX, A.:
A virtual machine system: VM/370. HASSELMEIER, SPRUTH (Hrsg.), Rechnerstrukturen, R. Oldenbourg, 288-307, 1974

BACKUS, I.:
Can programming be liberated from the von Neumann style? A functional style and its algebra of programs. CACM, Vol. 21, No. 8, 613-641, 1978

BAER, J.L.:
A survey of some theoretical aspects of multiprocessing. Computing surveys, Vol. 5, No. 1, 31-80, 1973

BAER, J.L. (ed.):
Proceedings of the 1977 international conference on parallel processing. IEEE catalog No. 77CH 1253-4c, 1977

BAER, J.L.:
Computer systems architecture. Pitman publishing ltd., London, 1980

BARNES, G.H. et al.:
The ILLIAC IV computer. IEEE Transactions on Computers C-17, Vol. 18, 746-757, Aug. 1968

BARTH, S.:
Analyse der assoziativen Verarbeitungsfähigkeiten von Spezialprozessoren (DAP, OMEN, STARAN), Vergleich mit der Vertikalverarbeitung im Projekt EGPA. Universität Erlangen-Nürnberg, IMMD III, Diplomarbeit, 1980

BASKIN, H.B.; BORGERSON, B.R.; ROBERTS, R.:
PRIME - a modular architecture for terminal-oriented systems. Proc. of SJCC, 431-437, 1972

BATCHER, K.E.:
STARAN, Series E. Proc. of the 1977 International Conference on Parallel Processing, J.L. BAER (ed.), 140-143, 1977

BATCHER, K.E.:
The multidimensional access memory in STARAN. IEEE Transactions on computers, C-26, 174-177, Feb. 1977

BATCHER, K.E.:
Architecture of a massively parallel processor. Proc. of the 7th annual symposium on computer architecture, 168-173, La Baule, 1980

BAUER, F.L.; GOOS, G.:
Informatik, Eine einführende Übersicht - Erster Teil. Springer Verlag, 1971

BAUM, R.I.; HSIAO, D.K.:
Database computers - a step towards data utilities. IEEE Transactions on Computers, C-25, 1254-1259, 1976

BELL, C.G.; KOTOK, A.; HASTINGS, T.N.; HILL, R.:
The evolution of the DEC system 10. CACM, Vol. 21, No. 1, 44-63, Jan. 1978

BELL, C.G.; NEWELL, A.:
Computer structures, readings and examples. Mc Graw Hill, New York, 1971

BERG, R.O. et al.:
PEPE - an overview of architecture, operation and implementation. Proc. of the National Electronics Conference, 312-317, 1972

BERKLING, K.J.:
A computing machine based on tree structures. IEEE Transactions on Computers, Vol. C-20, No. 4, 404-418, April 1971

BIRD, A.:
Technical description of the distributed array processor. National Research Region, ICL, Document No. AP2, Aug. 1975

BLAAUW, G.A.:
Computer Architecture. Elektronische Rechenanlagen, Vol. 14, No. 4, 154-159, 1972

BLAAUW, G.A.; BROOKS, F.P.:
The structure of SYSTEM/360, Part I - outline of the logical structure. IBM System Journal, Vol. 3, No. 2, 119-135, 1964

BLOOM, H.M.:
Conceptual design of a direct high-level language processor. CHU (ed.): High level language computer architecture, 187-242, 1975

BODE, A.:
Probleme der Emulation unkonventioneller Rechnerarchitekturen: pseudo-assoziative Verarbeitung im Projekt EGPA. ZIMMERMANN (ed.), GI-NTG Fachtagung: "Struktur und Betrieb von Rechensystemen", Informatik Fachberichte, Springer Verlag, Vol. 2, 138-148, 1980b

BODE, A.:
Vertical processing: the emulation of associative and parallel behavior on conventional hardware. SAMI, THOMPSON, MEZZALIRA (eds.): Microprocessor Systems, Proc. EUROMICRO '80, North Holland, 215-220, 1980a

BODE, A.; HÄNDLER, W.:
Classification d'architectures parallèles: introduction de la notation ECS et application au projet EGPA. R.A.I.R.O. Informatique/Computer Science, Vol. 12, No. 4, 317-331, 1978

BODE, A.; HÄNDLER, W.:
Rechnerarchitektur, Grundlagen und Verfahren. Springer Verlag, 1980

BODE, A.; HÄNDLER, W.:
Some results on associative processing by extending a microprogrammed general purpose processor. 6th workshop on computer architecture for non numeric processing, INRIA, ISBN 2-7261-0260-3, 1981

BODE, A.; KILGENSTEIN, R.:
Systementwurf mit Bitslice-Mikroprozessoren. 11 Folgen in: Elektronik Praxis, Vogel Verlag, insbesondere Folge 6, Juni 1982

BOLAND, L.J.; GRANITO, G.D.; MARCOTTE, A.U.; MESSINA, B.U.; SMITH, J.W.:
Storage System. IBM Journal of Research and Development, Vol. 11, No. 1, 54-68, Jan. 1967

BOSSE, U.:
EGPA - Betriebssystemkomponenten der A-Ebene. Universität Erlangen-Nürnberg, IMMD IV, Diplomarbeit, 1980

BOULAYE, G.; LEWIN, D.W. (eds.):
Computer Architecture. Proc. of the NATO Advanced Study Institute, 1976, D. Reidel Publishing Company, Boston, 1977

BOULIS, R.L.; FAISS, R.O.:
STARAN E performance and LACIE algorithms, Application Engineering. Goodyear Aerospace Corporation, Akron, Ohio, 1977

BUCHHOLZ, W.:
The system design of the IBM Type 701 Computer. Proc. IRE, Vol;. 41, No. 10, 1262-1275, Oct. 1953 (zitiert nach BELL, NEWELL, 1971)

BURKS, A.W.; GOLDSTINE, H.H.; VON NEUMANN, J.:
Preliminary discussion of the logical design of an electronic computing instrument (1946). Nachgedruckt in: RANDELL, B. (ed.): The origins of digital computers, Springer Verlag, 371-385, 1973

BURROUGHS:
The Deskriptor, a definition of the B 5000 Information Processing System. Burroughs Corp., Bulletin 5000-20002 P, Detroit, Feb. 1961

BURROUGHS:
B 6700 Information Processing Systems, Reference Manual. Burroughs Corp., Detroit, 1969

BURROUGHS:
Burroughs Scientific Processor. Burroughs, June 1977

CASE, R.P.; PADEGS, A.:
Architecture of the IBM system/370. CACM, Vol. 21, No. 1, 73096, Jan. 1978

CHEN, T.C.:
Overlap and Pipeline Processing. In: STONE (ed.): Introduction to Computer Architecture, SRA, 375-431, 1975

CHU, Y.:
High level language computer architecture. Academic Press, New York, 1975

COMTE, D.; HIFDI, N.:
LAU system: functional description and technological trade-offs. Proc. of the 1st European conference on parallel and distributed processing, SYRE, J.C. (ed.), Toulouse, 8-15, 1979

COMTE, D.; HIFDI, N.; SYRE, J.C.:
The data driven LAU multiprocessor system: results and perspectives. LAVINGTON (ed.): Information Processing 80, IFIP, North Holland, 175-180, 1980

COMTE, D.; SYRE, J.C. et al.:
Système LAU. Documentation Teau 1-17, CERT, Univ. Toulouse, 1973-1979

CONTI, C.J.; GIBSON, D.H.; PITKOWSKY, S.H.:
Structural aspects of the System /360 Model 85, General Organization. IBM Systems Journal, Vol. 7, No. 1, 2-14, 1968

CONTROL DATA:
Control Data 6600 Computer System, Reference Manual. 1st edition, Control Data Corporation, Aug. 1963

CONTROL DATA:
Control Data 7600 Computer System, Preliminary Reference Manual. Control Data Corporation, 1968

CONTROL DATA:
Control Data Cyber 70 Model 76, Sales Handbook. Control Data Corporation, Dec. 1972

CONTROL DATA:
CDC CYBER 170 Computer Systems, Hardware Reference Manual. Control Data Corporation, St. Paul, Minnesota, 1977

CONTROL DATA:
CDC CYBER 170 Computer Systems, Hardware Reference Manual. Revised version F, Jan. 1977

CONTROL DATA:
CDC CYBER 200/Model 203, Technical Description. Control Data Corporation, STAR Marketing Support Department, Jan. 1979

CRAY:
CRAY-1 S Series Hardware Reference Manual HR-0808. CRAY Research Inc., 1980

DAL CIN, M.:
Fehlertolerante Systeme. Teubner Studienbücher Informatik, 1979

DAL CIN, M.; DILGER, E. (eds.):
Self-diagnosis and fault-tolerance. Attempo Verlag, Tübingen, 1981

DAVIES, D.W.; BARBER, D.L.A.:
Communication networks for computers. John Wiley and Sons, London, 1973

DENENBERG, S.A.:
An Introductory Description of the ILLIAC IV System. Center for Advanced Computation, Univ. of Illinois, Urbana-Champaign, ILLIAC IV Document No. 225, July 15, 1971

DENNING, P.J.:
Virtual Memory. Computing Surveys, Vol. 2, No. 3, 153-180, Sept. 1970

DENNIS, J.B.:
Modular, asynchronous control structures for a high performance processor. ACM conference record, project MAC conference: "Concurrent systems and parallel computation", 55-80, 1970

DENNIS, J.B.:
First version of a data flow prccedure language. Lecture Notes in Computer Science, Springer Verlag, Vol. 19, 362-376, 1975

DENNIS, J.B.:
Data flow supercomputers. Computer, 48-56, Nov. 1980

DENNIS, J.B.; BOUGHTON, G.A.; LEUNG, K.C.:
Building blocks for data flow prototypes. Proc. of the 7th annual symposium on Computer Architecture, La Baule, 1-8, 1980

DENNIS, J.B.; FOSSEEN, J.B.; LINDERMANN, J.P.:
Data Flow Schemas. In: Proceedings of the Symposium on theoretical programming, Novosibirsk 1972, Lecture Notes in Computer Science, Springer Verlag, Vol. 19, 187-216, 1974

DENNIS, J.B.; MISUNAS, D.P.:
A preliminary architecture for a basic data flow processor. Proc. of the 2nd annual symposium on Computer Architecture ACM SIGARCH, Vol. 3, No. 4, 126-132, 1974

DESPAIN, A.M.; PATTERSON, D.A.:
X-TREE: A tree-structured multi-processor computer architecture. Proc. of the 5th annual symposium on Computer Architecture, IEEE, 144-151, 1978

DIECKMANN, J.; HARTENSTEIN, R.W.; KONRAD, W.:
Software-Zuverlässigkeit mit Rechnernetz-Baukästen verteilter Programmierung. HAUER, SEEGER (Hrsg.): Hardware für Software, Teubner Verlag, 188-197, 1980

DITZEL, D.R.:
Reflections on the high-level language Symbol computer system. Computer, Vol., 14, No. 7, 55-67, 1981

DORAN, R.W.:
Architecture of stack machines. In: CHU (ed.): High level language computer architecture, 63-108, 1975

DORAN, R.W.:
Computer Architecture: a structured approach. Academic Press, 1979

DREYER, T.:
EGPA - Abwicklung von Systemdiensten für die A-Ebene. Universität Erlangen-Nürnberg, IMMD IV, Diplomarbeit, 1980

ENSLOW, P.H. (ed.):
Multiprocessors and parallel processing. John Wiley, New York, 1974

ENSLOW, P.H. (ed.):
Proceedings of the 1976 international conference on parallel processing. IEEE catalog No. 76CH1127-06, 1976

ENSLOW, P.H.:
Multiprocessor organization - a survey. Computing Surveys, Vol. 9, No. 1, 103-129, March 1977

ENSLOW, P.H.:
What is a "distributed" data processing system? IEEE Computer, 13-21, Jan. 1978

ERISMANN, T.:
Digitale Integrieranlagen und semidigitale Methoden. HOFFMANN, W. (Hrsg.): Digitale Informationswandler, Vieweg Verlag, 160-211, 1962

FEILMEIER, M. (ed.):
Parallel Computers - Parallel Mathematics. North Holland, 1977

FENG, T.Y.:
Some characteristics of associative/parallel processing. Proceedings of the 1972 Sagamore Computer Conference, 5-16, 1972

FENG, T.Y.:
Parallel Processing. Lecture Notes in Computer Science, Vol. 24, Springer Verlag, 1974

FERRARI, D.:
Computer Systems Performance Evaluation. Prentice Hall, Englewood Cliffs, 1978

FEUSTEL, E.A.:
On the advantage of tagged architecture. IEEE Transactions on computers, Vol. C-29, No. 7, 644-656, July 1973

FLANDERS, P.M. et al.:
Efficient high speed computing with the distributed array processor. High speed computer and algorithms organization, Academic Press Inc., New York, 1977

FLYNN, M.:
Very high speed computing systems. Proceedings IEEE, 54, No. 12, 1901-1909, 1966

FLYNN, M.:
Some computer organizations and their effectiveness. IEEE Transactions on Computers, Vol. C-21, No. 9, 948-960, 1972

FOSTER, C.C.:
Content addressable parallel processors. Van Nostrand Reinhold Company, New York, 1976

FOSTER, C.C.:
Array and associative processors. Future systems, Infotech state of the art report, part 2, invited papers, 170-179, 1977

FOTHERINGHAM, J.:
Dynamic storage allocation in the ATLAS computer, including an automatic use of a backing store. Communications of the ACM, Vol. 4, No. 10, 435-436, Oct. 1961

FRICKE, G. et al.:
Hierarchisch organisierte Mehrrechnerstruktur hoher Leistungsfähigkeit. BMFT-Forschungsbericht, Siemens AG, München, 12/1980

FROMM, H.J.; HERCKSEN, U.; HERZOG, U.; JOHN, K.H.; KLAR, R.; KLEINÖDER, W.:
Experiences with performance measurements and modelling of a processor-array. submitted: IEEE Transactions on Computers, 1982

GAEDE, K.W.:
Zuverlässigkeit, Mathematische Modelle. Carl Hanser Verlag, München, 1977

GARCIA, O.N. (ed.):
Proceedings of the 1979 international conference on Parallel Processing. IEEE catalog No. 79CH1433-2C, 1979

GERMAIN, C.B.:
Das Programmier-Handbuch der IBM /370. Carl Hanser Verlag, München Wien, 1981

GILOI, W.K.:
Towards a better taxonomy for computer architectures. Internal Paper, University of Minnesota, Feb. 1977

GILOI, W.K.:
Rechnerarchitektur. Heidelberger Taschenbücher, Vol. 208, Springer Verlag, 1980a

GILOI, W.K.:
Rechnerarchitektur. Informatik Spektrum, Vol. 3, No. 1, 3-18, Springer, 1980b

GILOI, W.K.; GÜTH, R.:
Das Prinzip der Datenstruktur-Architekturen und seine Realisierung im STARLET-Rechner. Informatik-Spektrum, 1/1982

GOLDBERG, R.P.; MÄGER, P.S.; PERRY, J.G.:
Virtual machine and distributed processing. SIEGERT (ed.): Virtuelle Maschinen, TU München, TUM-INFO-03-79-00-300/1-FBMA, 203-231, 1979

GONZALES, M.J.:
SIMDA overview. Proc. of the 1972 Sagamore Computer Conference, 17-28, 1972

GOODYEAR:
STARAN E - Reference Manual. GER-16422, Goodyear Aerospace Corporation, Akron, Ohio, Nov. 1977a

GOODYEAR:
STARAN E - Programming Manual. GER-16423, Goodyear Aerospace Corporation, Akron, Ohio, Nov. 1977b

GOSTELOW, K.P.; THOMAS, R.E.:
A view of dataflow. AFIPS, Proceedings NCC, Vol. 48, 629-636, 1979

GOSTICK, R.W.:
Introduction to DAP-FORTRAN. Doc. No. AP20, ICL, London, 1978

GRIENSHIELDS, I.R.:
A dynamically reconfigurable vector slice processor. Dept. of E.E. and C.S., Univ. of Connecticut, Storrs, 1982

GROSCH, H.R.J.:
High speed arithmetic: the digital computer as a research tool. J. optical society of America, Vol. 4, No. 4, 306-310, April 1953

GROSCH, J.:
A language for set-theoretic concepts implemented by microprogrammed associative memory instructions. Proc. 7th GI-Fachtagung Programmiersprachen und Programmentwicklung, München, März 1982, Informatik Fachberichte, Springer Verlag Berlin, Vol. 53, 221-236, 1982

HÄNDLER, W.:
Sicherheitsfragen im Zusammenhang mit komplexen Rechnersystemen. Arbeitsblätter des Lehrstuhls für Elektronische Rechenanlagen, Universität Hannover, Bd. 1, Nr. 3, 1-20, 1964

HÄNDLER, W.:
The concept of macro-pipelining with high availability. Elektronische Rechenanlagen 15, 269-274, 1973

HÄNDLER, W.:
Unconventional computation by conventional equipment. Arbeitsberichte des IMMD, Universität Erlangen-Nürnberg, Vol. 7, No. 2, 1974

HÄNDLER, W.:
On classification schemes for computer systems in the post-von-Neumann-era. GI - 4. Jahrestagung 1974, SIEFKES, G. (ed.), Lecture Notes in computer science, Vol. 26, Springer Verlag, 439-452, 1975

HÄNDLER, W.:
Zur Genealogie, Struktur und Klassifizierung von Rechnern. In: Parallelismus in der Informatik, Wiss. Kolloquium aus Anlaß des 10-jährigen Bestehens des IMMD, Erlangen 10./11.6.1976, Arbeitsberichte des IMMD, Universität Erlangen-Nürnberg, Bd. 9, 1-30, 1976

HÄNDLER, W. (ed.):
Computer Architecture. Workshop der GI, Erlangen (Mai 1975), Informatik Fachberichte, Vol. 4, Springer Verlag, 1976

HÄNDLER, W.:
The impact of classification schemes on Computer Architecture. Proc. of the 1977 Int. Conference on Parallel Processing, J.L. BAER (ed.), IEEE, 7-15, 1977a

HÄNDLER, W.:
Aspects of parallelism in computer architecture. FEILMEIER (ed.): "Parallel Computers - Parallel Mathematics", North Holland, 1-8, 1977b

HÄNDLER, W.:
Evolution im Bereich der Technik. Sammelband "Evolution", Gustav-Fischer-Verlag, Stuttgart, 411-438, 1977c

HÄNDLER, W.:
Innovative Computer Architecture, how to enlarge parallelism and not complexity. Proc. of: Advanced Course in parallel processing systems, Loughborough, Sept. 1980a

HÄNDLER, W.:
Thesen und Anmerkungen zur künftigen Rechnerentwicklung. REGENSPURG, G. (Hrsg.): GMD-Rechnerstruktur-Workshop, Berichte der Gesellschaft für Mathematik und Datenverarbeitung, Oldenbourg Verlag, Vol. 128, 17-47, 1980c

HÄNDLER, W.:
Rechner von A bis Z - von Antikythera bis Zuse. Informatik-Spektrum, Vol. 3, No. 2, Springer Verlag, 105-112, 1980b

HÄNDLER, W. (ed.):
CONPAR 81, Conference on Analyzing Problem Classes and Programming for Parallel Computing, Proceedings, Lecture Notes in Computer Science, Vol. 111, Springer Verlag Berlin Heidelberg New York, 1981

HÄNDLER, W.; HOFMANN, F.; SCHNEIDER, H.J.:
A general purpose array with a broad spectrum of applications. Computer Architecture, HÄNDLER (ed.), Informatik Fachberichte, Vol. 4, Springer Verlag, 311-335, 1976

HÄNDLER, W.; ROHRER, H.:
Gedanken zu einem Rechner-Baukasten-System. Elektronische Rechenanlagen, Vol. 22, No. 1, 3-13, 1980

HASSELMEIER, H.; SPRUTH, W.G. (eds.):
Rechnerstrukturen. Oldenbourg Verlag, 1974

HEART, F.E. et al.:
A new minicomputer/multiprocessor for the ARPA-network. AFIPS Conference proc., Vol. 42, 529-537, 1973

HELLER, R.A.:
Experiences and opportunities in vertical migration of computing functions. ZIMMERMANN (ed.): Nachtrag zu IFB, Vol. 27, GI-NTG-Fachtagung, Struktur und Betrieb von Rechensystemen, Universität Kiel, 1-12, 1980

HERCKSEN, U.; KLAR, R.; KLEINÖDER, W.; KNEISSL, F.:
Measuring simultaneous events in a multiprocessor system. Proc. 1982 ACM Sigmetrics Conf., Seattle, 77-88, 1982

HESSENAUER, H.:
Support of Vertical Dataprocessing by Additional Hardware. Parallel Computers - Parallel Mathematics, FEILMEIER (ed.), Proc. of the IMACS(AICA)-GI-Symposium, München, North Holland, 83-86, 1977

HIBBARD, P.; HISGEN, A.; RODEHEFFER, T.:
A language implementation design for a multiprocessor computer system. 5th annual symposium on computer architecture, SIGARCH Newsletter, Vol. 6, No. 7, 66-72, 1978

HIGBIE, L.C.:
Supercomputer architecture. Computer, Vol. 6, No. 2, 48-58, Dec. 1973

HIGBIE, L.C.:
Applications of vector processing. Computer Design, 89-97, Feb. 1978

HINTZ, R.G.; TATE, D.P.:
Control Data STAR-100 processor design. COMPCON 72, IEEE, 1-4, 1972

HOBBS, L.C. et al.:
Parallel processor systems, technologies and applications. Spartan Books, 1970

HOCKNEY, R.W.:
Supercomputer Architecture. Future Systems, Infotech State of the Art Report, part 2: Invited Papers, 207-305, 1977

HOCKNEY, R.W.; JESSHOPE, C.R.:
Parallel Computers. Adam Hilger, Bristol, 1981

HOFFMANN, W.:
Implementation and Evaluation of Vertical Algorithms on a Microprogrammable Computer. Parallel Computers - Parallel Mathematics, FEILMEIER (ed.), Proc. of the IMACS(AICA)-GI-Symposium, München, North Holland, 79-82, 1977

HWANG, K.; BRIGGS, F.A.:
Computer architecture and parallel processing. To appear at: McGraw-Hill Book Company, 1982

IBBETT, R.N.:
The MU5 instruction pipeline. The Computer Journal, Vol. 15, No. 1, 42-50, 1972

IBBETT, R.N.; CAPON, P.C.:
The development of the MU5 computer system. CACM, Vol. 21, No. 1, 13-24, 1978

IEEE:
Proceedings of the 1973 Sagamore computer conference on parallel processing. IEEE catalog No. CH0812-8C, 1973

IEEE:
Proceedings of the 2nd annual symposium on computer architecture. Computer Architecture News, Vol. 3, No. 4, IEEE catalog No. 75CH0916-7C, Dec. 1974

IEEE:
Proceedings of the 1975 Sagamore Conference on parallel processing. IEEE, 1975

IEEE:
Proceedings of the 3rd annual symposium on computer architecture. IEEE catalog No. 76CH1043-5C, 1976

IEEE:
Proceedings of the 4th annual symposium on computer architecture. Computer Architecture News, Vol. 5, No. 7, IEEE catalog No. 77CH1182-5C, 1977

IEEE:
Proceedings of the 5th annual symposium on computer architecture. SIGARCH Newsletter, Vol. 6, No. 7, IEEE catalog No. 78CH1284-9C, 1978

IEEE:
Proceedings of the 6th annual symposium on computer architecture. SIGARCH Newsletter, Vol. 7, No. 6, IEEE catalog No. 79CH1394-6C, 1979

IEEE:
Proceedings of the 7th annual symposium on computer architecture. IEEE catalog No. 80CH1494-4C, 1980a

IEEE:
Proceedings of the 1980 International conference on parallel processing. IEEE catalog No. 80CH1569-3, 1980b

ILIČ, Z.V.:
The available and typical speed of EAI 2000 parallel processor (in digital terms). Electronic Associates Inc., West Long Branch, N.J., Scientific Computation Report SCR 77-2, Jan. 1977

von ISSENDORF, H.; GRÜNEWALD, W.:
An adaptable network for functional distributed systems. 7th annual symp. on computer architecture, IEEE, ACM, 196-201, 1980

JENSEN, C.:
Taking another approach to supercomputing. Datamation, 1978

JESSEN, E.:
Architektur digitaler Rechenanlagen. Sammlung Heidelberger Taschenbücher, Bd. 175, Springer Verlag, 1975

JOHNSON, P.M.:
An introduction to vector processing. Computer Design, 89-97, Feb. 1978

JONES, A.K.:
Some observations about parallel languages based on experience with multiprocessor software. NEHMER, J. (Hrsg.): Implementierungssprachen für nicht sequentielle Programmsysteme, Teubner Verlag, 9-25, 1981

JONES, A.K.; CHANSLER, R.J.; DURHAM, I.; FEILER, P.; SCHWANS, K.:
Software management for Cm*, a distributed multiprocessor. AFIPS, Proc. of the NCC, Vol. 46, 657-662, 1977

JONES, A.K.; SCHWARZ, P.:
Experience using multiprocessor systems - a status report. Computing surveys, Vol. 12, No. 2, 121-165, 1980

KAIN, R.Y.:
Automata theory: machines and languages. McGraw-Hill, New York, 1972

KARTASHEV, S.I.; KARTASHEV, S.P.:
Dynamic Architectures: Problems and Solutions. IEEE Computer, Vol. 11, No. 7, 26-45, July 1978

KARTASHEV, S.I.; KARTASHEV, S.P.:
A multicomputer system with dynamic architecture. IEEE Transactions on Computers, Vol. C-28, No. 10, 704-720, 1979

KARTASHEV, S.P.; KARTASHEV, S.I.:
Supersystems in the '80s: basic concepts of designing. EUROMICRO '80, Microprocessor Systems. software, firmware, hardware, SAMI, THOMPSON, MEZZALIRA (eds.), North Holland, 71-84, 1980

KARTASHEV, S.I.; KARTASHEV, S.P.:
Supersystems for the 80's. IEEE Computer, Vol. 13, No. 10, 11-14, Nov. 1980b

KARTASHEV, S.I.; KARTASHEV, S.P.:
Architectures for supersystems of the '80s. AFIPS Conf. Proc., NCC, Vol. 49, 165-180, 1980c

KASCIC, M.J. Jr.:
Vector processing on the CYBER 200. Infotech State of the art report: "Supercomputers", Infotech International Ltd., Maidenhead, 1979

KATSUKI, D. et al.:
PLURIBUS - An operational fault tolerant multiprocessor. Proc. of the IEEE, Vol. 66, No. 10, 1146-1159, Oct. 1978

KATZAN, H.:
Computerorganisation und das System/370. Oldenbourg Verlag, München, Wien, 1974

KATZMAN, J.A.:
A fault tolerant computing system. Tandem Computers, 1977, abgedruckt in DAL CIN, DILGER (Hrsg.): Self diagnosis and fault-tolerance, Attempo Verlag Tübingen, 156-173, 1981

KELLER, R.M.:
Look-ahead processors. Computing Surveys, Vol. 7, No. 4, 177-195, Dec. 1975

KERAMIDIS, S.; BOLCH, G.:
Betriebsprogrammierung I. Scriptum einer von Prof. Hofmann gehaltenen Vorlesung, Universität Erlangen-Nürnberg, 1974

KLUGE, W.E.:
Cooperating Reduction Machines. Gesellschaft für Mathematik und Datenverarbeitung, Bonn, 1982

KNEISSL, F.:
Realisierung von Makro-Datenflußmechanismen auf hierarchischen Mehrrechnersystemen, Universität Erlangen-Nürnberg, IMMD III, Dissertation, 1982

KOBER, R.:
A fast communication processor for the SMS multiprocessor system. In: SAMI, WILMINK, ZAKS (eds.): EUROMICRO, North Holland Publishing Company, 183-189, 1976

KOBER, R.:
Parallel System Structures. Siemens Forschungs- und Entwicklungs-Berichte, Springer Verlag, Vol. 7, No. 6, 316-318, 1978

KOBER, R.; KOPP, H.; KUZNIA, CH.:
SMS-101 - A structured multimicroprocessor system with deadlock-free operation scheme. EUROMICRO Newsletter, North Holland Publishing Company, Vol. 2, 56-64, 1976

KÖHLER, M.:
Durchsatzsteigerung von Rechnern durch Fließbandbearbeitung der Befehle. NTG-Fachberichte, Struktur und Betrieb von Rechensystemen, VDE-Verlag, Vol. 62, 103-112, 1978

KOHONEN, T.:
Content-Addressable Memories. Springer Verlag Berlin Heidelberg New York, 1980

KOZDROWICKI, E.W.; THEIS, D.J.:
Second generation of vector supercomputers. Computer, 71-833, Nov. 1980

KUCK, D.J.:
The structure of computers and computations. John Wiley and Sons, Vol. 1, 1978

KUNG, H.T.:
The structure of parallel algorithms. Advances in Computers, Academic Press, Vol. 19, 65-112, 1980

KUZNIA, C.:
Parallelrechner mit Mikrocomputern - ein Weg zu neuen Architekturen. Mikroprozessoren und ihre Anwendungen 2, HILBERG, PILOTY (eds.), Oldenbourg Verlag, 501-512, 1979

LALIOTES, T.A.:
Architecture of the SYMBOL Computer System. In: CHU (ed.): High level language computer architecture, Academic Press, 109-185, 1975

LAWRIE, D.H.; LAYMAN, T.; BAER, D.; RANDAL, J.M.:
GLYPNIR - A programming language for ILLIAC IV. CACM, Vol. 18, No. 3, 157-164, March 1975

LIPOVSKI, G.J.:
On a varistructured array of microprocessor. IEEE Transactions on Computers, Vol. C-26, No. 2, 125-138, Feb. 1977

LIPOVSKI, G.J. (ed.):
Proceedings of the 1978 international conference on parallel processing. IEEE catalog No. 78CH1321-9C, 1978

LIPOVSKI, G.J.; SZYGENDA, S.A. (eds.):
Proceedings of the first annual symposium on computer architecture. Computer Architecture News, Vol. 2, No. 4, IEEE catalog No. 73CH0824-3, Dec. 1973

LIPTAY, J.S.:
Structural aspects of the System /360 Model 85, The Cache. IBM Systems Journal, Vol. 7, No. 1, 15-21, 1968

LONERGAN, W.; KING, P.:
Design of the B 5000 system. Datamation, Vol. 7, No. 5, 28-32, May 1961

LORIN, H.:
Parallelism in Hardware and Software. Real and Apparent Concurrency, Prentice Hall Inc. 1972

MACKERT, L.:
EGPA Funktionen des Preludes. Universität Erlangen-Nürnberg, IMMD IV, Diplomarbeit, 1980

MAEHLE, E.:
Fehlertolerante Rechnerstrukturen. Diplomarbeit, Arbeitsberichte des IMMD, Universität Erlangen-Nürnberg, Vol. 10, No. 4, 1977

MAEHLE, E.:
Modulare fehlertolerante Multimikroprozessorsysteme nach dem Baukastenprinzip. VDI-Berichte, No. 395, 91-96, 1981

MAEHLE, E.:
Fehlertolerantes Verhalten in Multiprozessoren, Untersuchungen zur Diagnose und Rekonfiguration. Dissertation, Arbeitsberichte des IMMD, Universität Erlangen-Nürnberg, Vol. 15, No. 2, 1982

MASHBURN, H.H.:
The C.mmp/Hydra project: an architectural overview. In: SIEWIOREK, BELL, NEWELL (eds.): Computer structures: principles and examples, McGraw Hill, 350-370, 1982

MATICK, E.R.:
Memory and Storage. STONE (ed.): Introduction to computer architecture, SRA, 175-247, 1975

McKEEMAN, W.M.:
Stack computers. In: StONE (ed.): Introduction to computer architecture, 281-317, 1975

MEAD, C.; CONWAY, L.:
Introduction to VLSI Systems. Addison-Wesley publishing company, Reading, 1980

MICK, J.; BRICK, J.:
Bitslice microprocessor design. McGraw-Hill Book Company, 1980

MICROENGINE:
WD/90 Pascal MICROENGINE Reference Manual, The Microengine Company, 1979

MIERZOWSKI, K.:
"Additiver" Feldrechner: der Distributed Array Processor. Online-adl-nachrichten, Vol. 10, 802-806, 1978

MIES, P.; SCHÜTT, D.:
Feldrechner. B.I. Wissenschaftsverlag, Reihe Informatik/21, 1976

MILLER, R.E.; COCKE, J.:
Configurable Computers: A new class of general purpose machines. Proc. of the Intern. Symposium on theoretical programming, Lecture notes in computer science, Vol. 5, Springer Verlag, 285-298, 1974

MOTSCH, W.:
Assoziativspeicher, inhaltsadressierte Speicher, programmierbare Logikmatrizen - Versuch einer begrifflichen Präzisierung. Elektronische Rechenanlagen, Vol. 19, no. 6, 274-283, 1977

NEHMER, J.:
Verteilte Betriebssysteme - Ein Systemkonzept für den Abbau der Systemsoftwarekomplexität. In: REGENSPURG (Hrsg.): GMD-Rechnerstruktur-Workshop, Oldenbourg Verlag, 119-134, 1981

ORGANIK, E.I.:
Computer-system organization: the B 5700/B 6700 system. Academic Press, New York, 1973

ORNSTEIN, S.M. et al.:
PLURIBUS - a reliable multiprocessor. AFIPS Conf. Proc., NCC, Vol. 44, 551-559, 1975

PADEGS, E.:
Extension to floating point architecture. IBM Systems Journal, Vol. 7, No. 1, 22-29, 1968

PARKINSON, D.:
An introduction to array processors. Systems International, Nov. 1977

PATTERSON, D.A.; FEHR, E.S.; SEQUIN, C.H.:
Design considerations for the VLSI Processor of X-TREE. Proc. of the 6th annual symposium on computer architecture, SIGARCH News, Vol. 7, No. 6, 90-101, 1979

Van der POEL, W.L.:
A simple electronic computer. Applied science research, Vol. 2, 367s, 1952

POESCH, H.; FROMME, T.:
Programmorganisation bei kleinen Automaten mit innerem Programm. ZAMM 34, 307-308, 1954

PRECHTL, H.; SCHNEIDER, A.:
Firmware-Monitor zur Ermittlung von Hemmnissen bei der Fließbandverarbeitung. NTG-Fachberichte, Struktur und Betrieb von Rechensystemen, VDE-Verlag, Vol. 62, 94-102, 1978

RADC-SU:
Proceedings of the 1972 Sagamore computer conference of RADCAP and its application. Rome Air Development Center, Syracuse University, 1972

RAMAMOORTHY, C.V.; LI, H.F.:
Pipeline Architecture. Computing Surveys, Vol. 9, No. 1, 61-102, March 1977

REDDAWAY, S.F.:
An elementary array with processing and storage capabilities. International workshop on computer architecture, Grenoble, 1-25, June 1973

REDDAWAY, S.F.:
DAP - A distributed array processor. ICL, London, 1973 b

REDDI, S.S.; FEUSTEL, E.A.:
An approach to restructurable computer systems. Parallel Processing, FENG (ed.), Proc. of the 1974 Sagamore Conference, Lecture Notes in Computer Science, Vol. 24, Springer Verlag, 319-337, 1974

REDDI, S.S.; FEUSTEL, E.A.:
A restructurable computer system. Lab. for Computer Science and Engineering, Rice University, Houston, Texas, 1976

REGENSPURG, G.:
Entwicklung von Zentralprozessoren aus Einheitsbausteinen, Teil 1 und 2. Elektronische Rechenanlagen, Vol. 21, No. 2, 61-64, und No. 3, 125-129, 1979

RICE, R.:
The chief architect's reflections on SYMBOL IIR. Computer, Vol. 14, No. 7, 49-54, 1981

RICE, R.:
VLSI-Support Technologies, Computer Aided Design, Testing and Packaging, Tutorial. IEEE Cat. No. EHO 191-7, 1982

ROBINSON, J.G.; ROBERTS, E.S.:
Software fault-tolerance in the PLURIBUS. AFIPS Conference Proceedings, NCC, Vol. 47, 563-569, 1978

RUMBAUGH, J.:
A data flow multiprocessor. IEEE Transactions on Computers, Vol. C-26, No. 2, 138-146, Feb. 1977

RUSSELL, R.M.:
The CRAY-1 Computer System. CACM, Vol. 21, No. 1, 63-72, Jan. 1978

SALISBURY, A.B.:
Microprogrammable Computer Architecture. Americal Elsevier, 1976

SALTZER, J.H.; SCHROEDER, M.D.:
The protection of information in computer systems. Proceedings of the IEEE, Vol. 63, No. 9, 1278-1308, Sept. 1975

SAMI, M.; THOMPSON, L.; MEZZALIRA, L. (eds.):
Microprocessor systems: software, firmware and hardware. 6th EUROMICRO symposium, North Holland, 1980

SATYANARAYANAN, M.:
Commercial multiprocessing systems
sowie
Multiprocessing, an annotated bibliography. IEEE Computer, 75-96 und 101-116, Mai 1980

SCHNUPP, P.:
Rechnernetze. Walter de Gruyter Verlag Berlin New York, 1978

SCHÜTT, D.:
Parallelverarbeitende Maschinen. Informatik Spektrum, Vol. 3, No. 2, Springer Verlag, 71-78, 1980

SEAWRIGHT, L.H.:
A perspective on virtual machines. SIEGERT (ed.): Virtuelle Maschinen, GI-Arbeitsseminar, TUM-Info 03-79-00, 1-16, München, 1979

SHIMA, M.:
16-Bit-Chip genügt Mikro- und Minicomputeranforderungen. Elektronik, Sonderheft III: Mikroprozessoren, Produkte - Anwendungen - Tendenzen, Franzis Verlag München, 58-64, 1979

SHOOMAN, W.:
Parallel Computing with Vertical Data. Proc. 1960 Eastern It. Computer Conf., New York, 111-115, 1960

SHOOMAN, W.:
Orthogonal Processing. In: HOBBS et al. (eds.), Parallel Processor Systems, Technologies and Applications, Spartan Books, 297-308, New York, 1970

SIEGEL, H.J.; McMILLEN, R.J.; MUELLER, P.T.:
A survey of interconnection methods for reconfigurable parallel processing systems. AFIPS Conf. Proc., NCC, 529-542, 1979

SIEGERT, H.J. (ed.):
Virtuelle Maschinen, Nachbildung und Vervielfachung maschinenorientierter Schnittstellen. GI-Arbeitsseminar, 15./16.3.1979, TU München, TUM-Info 03-79-00-300/1-FBMA, 1979

SIEMENS:
MCS-86, SAB 8086 Family User's manual. SIEMENS AG, München, Oct. 1979a

SIEMENS:
Systembaukasten ARRAY-Computer SMS 80. SIEMENS AG, München (ohne Datum), 1979b

SIEWIOREK, D.P.; SWARZ, D.S.:
The Theory and Practice of Reliable System Design. Digital Press, 1982

SIEWIOREK, D.P.; BELL., C.G.; NEWELL, A.:
Computer Structures: principles and examples. McGraw Hill, 1982

SLOTNICK, D.L. et al.:
The SOLOMON computer. Proc. of the 1962 FJCC, 97-107, Dec. 1962

De SOLLA PRICE, D.J.:
An ancient greek computer. Scientific American, 60-67, June 1959

STEIN, K.U.:
Grenzen der Großintegration durch deterministische und stochastische Prozesse. SCHINDLER, GILOI (Hrsg.): 8. GI-Jahrestagung, IFB, Springer Verlag, Vol. 16, 149-174, 1978

STEVENS, W.Y.:
The structure of SYSTEM/360, Part II - System implementations. IBM System Journal, Vol. 3, No. 2, 136-143, 1964

STOCKENBERG, J.; VAN DAM, A.:
Vertical Migration for Performance Enhancement in Layered Hardware/Firmware/Software Systems. Computer, 35-50, May 1978

STONE, H.S.:
Introduction to computer architecture. Science Research Associates, Chicago, 1975

STONE, H.S.:
Parallel Computers. In: STONE (ed.): Introduction to computer architecture, 318-374, Science research associates, Chicago, 1975

SU, S.Y.H.:
A survey of computer hardware description languages in the USA. Computer, Vol. 7, No. 12, 45-51, Dec. 1974

SWAN, R.J.; BECHTOLSHEIM, A.; LAI, K.W.; OUSTERHOUT, J.K.:
The implementation of the CM* multimicroprocessor. AFIPS Conf. Proc. NCC, Vol. 46, 645-655, 1977

SWAN, R.J.; FULLER, S.H.; SIEWOIREK, D.P.:
Cm* - A modular multi-microprocessor. AFIPS Proc. of the NCC, Vol. 46, 637-644, 1977

SYRE, J.C. (ed.):
Proceedings of the 1st European conference on parallel and distributed processing. Toulouse, 1979

SYRE, J.C.; COMTE, D.; HIFDI, N.:
Pipelining, Parallelism, Asynchronism in the LAU System. Proc. of the 1977 Int. Conference on Parallel Processing, J.L. BAER (ed.), IEEE, 87-92, 1977

TANENBAUM, A.S.:
Structured computer organization. Prentice Hall, 1976

TEXAS INSTRUMENTS:
A description of the advanced scientific computer system. Texas Instruments Inc., M1001P, Austin, Texas, Dec. 1972

THEIS, D.J.:
Vector Supercomputers. IEEE Computer, Vol. 7, No. 4, 52-61, 1974

THOMPSON, Sir M.:
Proceedings of the Royal Society. Vol. XXIV, 271 ss., 1876

THORNTON, J.E.:
Parallel operation in the Control Data 6600. AFIPS Proceedings, FJCC, Vol. 26, 33-40, 1964

THORNTON, J.E.:
Design of a computer: the CONTROL DATA 6600. Foresman and company, Glenview, Illinois, 1975

THURBER, K.J.:
Large scale computer architecture: parallel and associative processors. Hayden, New York, 1976

THURBER, K.J.:
Parallel processor architectures - part 1: general purpose systems. Computer design, 89-97, Jan. 1979 a

THURBER, K.J.; MASSON, G.M.:
Distributed processor communication architecture. Lexington Books, 1979 b

THURBER, K.J.; WALD, L.D.:
Associative and parallel processors. Computing surveys, Vol. 7, No. 4, 215-255, Dec. 1975

TOMASULO, R.M.:
An efficient algorithm for exploiting multiple arithmetic units. IBM Journal of Research and Development, Vol. 11, No. 1, 25-33, Jan. 1967

TRELEAVEN, P.C.:
Principal components of data flow computers. Technical Report Series, University of Newcastle upon Tyne, No. 108, July 1977

TRELEAVEN, P.C.:
Exploiting program concurrency in computing systems. Computer, Vol. C-22, No. 1, 42-50, 1979

TRELEAVEN, P.C.:
Taxonomy of data driven and demand driven computer architecture. Proc. of IFIP WG 10.1 Workshop on classification, BLAAUW, HÄNDLER (eds.), Berichte des IMMD, Vol. 14, No. 8, 107-124, 1981

VICK, C.R.; KARTASHEV, S.P.; KARTASHEV, S.I.:
Adaptable Architectures for Supersystems. IEEE Computer, Vol. 13, No. 10, 17-35, Nov. 1980

WALLACH, Y.:
Alternating Sequential/Parallel Processing. Lecture Notes in Computer Science, Vol. 127, Springer Verlag, 1982

WEBER, G.:
Anpassung der Kachelverwaltung der AEG 80-60 an das EGPA-Mehrrechnersystem. Universität Erlangen-Nürnberg, IMMD IV, Diplomarbeit, 1979

WETTSTEIN, H.:
Aufbau und Struktur von Betriebssystemen. Carl Hanser Verlag, München-Wien, 1978

WHITE, D.E.:
Bitslice design: controllers and ALUs. Garland STPM Press, 1981

WHORF, B.C.:
Language, thought and reality. MIT press, Massachusetts, 1963

WICHMANN, H.:
Entwurf und Bewertung von Algorithmen für ein mikroprogrammiertes Parallel- und Assoziativkonzept auf Mikroprogramm- und Benutzerebene. Dissertation, Arbeitsberichte des IMMD, Universität Erlangen-Nürnberg, Vol. 10, No. 16, 1977

WIEHLER, G.; BRUNS, F.K.:
Siemens Engagement im Großrechnerbereich, Ankündigung von 8 Großcomputern. Elektronische Rechenanlagen, Vol. 20, No. 2, 92-97, 1979

WITTIE, L.D.:
Efficient message routing in a mega-micro-computer network. Proc. of the 3rd annual conference on computer architecture, 136-140, 1976

WULF, W.A.; BELL, C.G.:
C.mmp, a multi-mini processor. AFIPS Conf. Proc. FJCC, Vol. 41, II, 765-777, 1973

YAU, S.S.; FUNG, H.S.:
Associative processor architecture - a survey. Computing Surveys, vol. 9, No. 1, 3-27, March 1977

ZUSE, K.:
Die Feldrechenmaschine. MTW Mitteilungen, No. V/4, 1958

ZUSE, K.:
Der Computer, mein Lebenswerk. Verlag Moderne Industrie, München, 1970

7 Stichwortverzeichnis

Früher erschienene Titel

F. L. Bauer, H. Wössner
Algorithmische Sprache und Programmentwicklung
Unter Mitarbeit von H. Partsch, P. Pepper
1981. 109 Abbildungen. XV, 513 Seiten
DM 79,–. ISBN 3-540-09853-4

A. Bode, W. Händler
Rechnerarchitektur
Grundlagen und Verfahren
1980. 140 Abbildungen, 4 Tabellen. XI, 278 Seiten
DM 38,–. ISBN 3-540-09656-6

B. Buchberger, F. Lichtenberger
Mathematik für Informatiker I
Die Methode der Mathematik
2., korrigierte Auflage. 1981. 30 Abbildungen. XIII, 315 Seiten
DM 39,80. ISBN 3-540-11150-6
(Die Originalausgabe erschien in der Reihe „Informatik-Fachberichte, Band 35", 1980)

K. E. Ganzhorn, K. M. Schulz, W. Walter
Datenverarbeitungssysteme
Aufbau und Arbeitsweise
1981. 181 Abbildungen, 1 Schablone als Beilage. XVI, 305 Seiten
Gebunden DM 78,–. ISBN 3-540-10598-0

F. Gebhardt
Dokumentationssysteme
1981. 14 Abbildungen. 331 Seiten
DM 68,–. ISBN 3-540-10744-4

A. N. Habermann
Entwurf von Betriebssystemen
Eine Einführung
Übersetzt azs dem Englischen von K.-P. Löhr
1981. 87 Abbildungen. XII, 444 Seiten
DM 89,–. ISBN 3-540-10510-7

Informatik für Ingenieure
Herausgeber: F. L. Nicolet
Unter Mitarbeit von W. Gander, J. Harms, P. Läuchli, F. L. Nicolet, J. Vogel, C. A. Zehnder
1980. 53 Abbildungen, 20 Tabellen. X, 187 Seiten
DM 44,–. ISBN 3-540-09669-8

E. Horowitz, S. Sahni
Algorithmen
Entwurf und Analyse
Übersetzt aus dem Amerikanischen von M. Czerwinski
1981. XIV, 770 Seiten
DM 98,–. ISBN 3-540-10743-6

B. W. Kernighan, P. L. Plauger
Programmierwerkzeuge
Übersetzt azs dem Englischen von I. Kächele, M. Klopprogge
1980. IX, 492 Seiten
DM 72,–. ISBN 3-540-10419-4

P. C. Lockemann, H. C. Mayr
Rechnergestützte Informationssysteme
1978. 37 Abbildungen, zahlreiche Einzeldarstellungen. X, 368 Seiten
DM 39,–. ISBN 3-540-08996-9

T. W. Olle
Das Codasyl-Datenbankmodell
Übersetzt aus dem Englischen von H. Münzenberger
1981. XXIV, 389 Seiten
DM 79,–. ISBN 3-540-10669-3

A. K. Salomaa
Formale Sprachen
Übersetzt aus dem Englischen von E.-W. Dieterich
1978. 18 Abbildungen, 5 Tabellen. IX, 314 Seiten
DM 48,–. ISBN 3-540-09030-4

Springer-Verlag
Berlin
Heidelberg
New York
Tokyo